AN INTRODUCTION TO SOCIAL WELFARE

사회복지개론

이정자 박현승 양준의 임채윤 장해령 한중구

도서출판 조은

머리말

사회복지사가 100만 명 훌쩍 넘은지도 이미 오래 전 일이다. 우리나라는 사회복지에 대한 지식은 물론 복지수단에 대한 여러 논쟁이 상당한 실정이다. 우리의 복지에 대한 개념은 사실 어느 국가 못지 않게 발달해 왔다. 전통적으로 봉건제도에 따른 시혜적 관점에서의 구휼제도를 실시하여 왔으며, 군사정부가 선성장 후분배의 성장위주 신자유주의 경제정책을 채택함에 따라 사회복지는 성장론자들에게 밀리기도 하였다. 그러나 진보정부인 김대중 정부에 이어 새로운 문재인 정부는 보편적 사회복지체제를 채택함에 따라 새삼 사회복지는 국정의 중요한 이슈가 되고 있다.

사회복지에 대한 뜨거운 논쟁은 국민적 관심을 불러일으키면서 박근혜 정부는 기초연금에 보편제를 채택하는 대선공약을 내놓기도 했으나, 집권 후 선택제로 후퇴하여 사회복지에 대한 국민의 우려와 불만을 자초하기도 하였다. 그러나 진보성향의 정권 역시 보편제를 실시함에 있어서 엄청난 저항에 부딪히고 있는 게 작금 우리나라 사회복지의 현실이다.

이러한 상황 속에서 사회복지는 활발한 토론과 학습열기가 어느 분야 못지않게 지속되고 있으며, 학습자 또한 정점을 지났지만 꾸준히 유입되고 있다. 국가복지정책은 어느 정권을 막론하고 뜨거운 감자가 되고 있다. 세계 어느 나라를 막론하고 복지국가 지향하고 있는 실정이다.

이에 발맞추어 사회복지 관련 교재의 출판도 활성화 되고 있다. 그러나 새로운 교재라 해도 과거에 의존하는 구태의연한 내용으로 인해 학습자의 불만을 가중시키고 있다. 이 책은 새로운 목차를 구성하여 학습자에게 올바른 내용을 제공하고, 최신 국내외 이론을 소개하고자 한다.

이 책의 내용을 살펴보면,

Chapter 01. 사회복지의 기초
Chapter 02. 사회복지의 역사
Chapter 03. 사회복지 발달이론

Chapter 04. 인간행동
Chapter 05. 사회복지행정
Chapter 06. 사회복지조사
Chapter 07. 사회복지법제와 실천
Chapter 08. 사회복지실천
Chapter 09. 사회복지실천기술
Chapter 10. 지역사회복지
Chapter 11. 사회복지정책
Chapter 12. 사회보장
Chapter 13. 한국사회복지의 미래

이 책이 세상에 나오기까지 적지 않은 수고가 있었음을 감히 밝히고자 한다. 무릇 개론서란 쉬울 듯하면서도 수준조절이 굉장히 어렵다. 그렇지만 책이 나오고 보니 부끄러움이 앞선다. 교수님들과 학습자, 독자 여러분의 질책과 이해를 부탁드리고자 한다. 이 책의 출판에 수고하신 도서출판 김화인 사장님과 관계자 여러분들께 심심한 사의를 표한다.

2020년 2월 새학기를 맞아
대표저자 **이정자**

목 차 Contents

목 차 Contents

Chapter 1

사회복지의 기초

학습목표

1. 사회복지의 기초적 지식 습득
2. 사회복지와 현장과의 연계
3. 인접 학문과의 접목

학습내용

1. 사회복지의 개념
2. 사회복지의 기능
3. 사회복지의 가치
4. 사회복지방법론

개 요

사회복지는 사회구성원이 빈곤이나 불행이 없는 자유롭고 평등한 인간다운 삶을 영위할 수 있는 사회를 형성하는 것을 목적으로 한다. 즉, 인간의 존엄성 확보, 개인의 자립과 성장 · 발달 촉진, 사회의 통합과 안정 등으로 구분할 수 있다. 본 장에서는 사회복지의 기초지식을 서술하고자 한다.

Chapter 01
사회복지의 기초

1. 사회복지의 개념

1) 사회복지의 정의

사회복지라는 용어는 현대 산업사회의 발전과 더불어 발생한 여러 가지 사회문제와 관련하여 사용하게 되었다. 현대사회가 산업화, 도시화로 발전해 가면 갈수록 사회복지에 대한 관심은 더욱 높아져 가고 있으며, 이에 대한 욕구도 증대되어 가고 있다. 또한 사회복지라는 용어는 시대와 국가에 따라 그 의미가 다르며, 또한 학자들의 견해에 따라 그 의미가 다르기 때문에 반드시 동일한 뜻으로 사용되지 않고 있다(임정문 외, 2021: 41).

'social welfare'의 사전적 의미를 살펴보면, social의 의미는 '지역사회나 집단 속에서 같이 지낸다'는 뜻을 가지고 있다. 즉, 'social'은 사회 안에서 삶의 질과 개인, 집단, 사회 전체 간의 사회 내적인 관계를 뜻하는 것으로, 물질적이거나 영리적인 요소보다는 비영리적이며, 이타적 속성의 공동체적 삶의 요소에 관심을 기울이는 것이라 할 수 있다. 'welfare'는 사전적 의미로 '만족스러운 상태, 건강, 번영, 안녕' 등이다. 따라서, 'well'과 'fare'가 어우러진 것으로 '만족스럽게 지내는 상태'라는 의미이다. 즉, 사전적 의미로서 '사회복지'는 일단 사회 내의 사람들이 만족스럽고 평안한 상태를 유지할 수 있게 하는 것과 연결되어 있음을 알 수 있다(정무성 외, 2019: 18).

최근 'well-being' 이라는 유행어가 사용되고 있다. well-being과 welfare는 용어상 약간의 차이가 있다. well-being은 흔히 복리, 안녕이라고 번역되기도 하는데, 그 의미는 '복된 상태를 의미한다' 고 할 수 있으며, welfare는 '복된 상태로 나아간다' 는 역동적인 의미가 있다. 그래서 well-being은 welfare의 결과로서 이루어지는 상태라고 할 수도 있다(최일섭, 2018: 14).

복지의 개념에 대해 오브라이언과 페나(O' Brien and Penna, 1998: 7~8)는 '안녕(well-being)' 을 의미하며, 경제적 번영, 건강, 개인적 안전에 관한 것들과 관련될 수 있다고 하였다. 또한 복지는 협의의 급여제도에서 사회정책의 넓은 의미에 이르기까지 인간의 'well-being' 을 뜻한다(김성이, 2006: 14). 이런 관점에서 정원오(2011: 31)는, '사회복지' 에서는 복지의 사회적 의미와 공동체적 의미가 더 강조된다고 주장한다. 복지 혹은 안녕에 관하여 피츠패트릭(Tony Fitzpatrick)은 장기적 행복, 안정의 정도, 욕구와 선호가 충족되는지 혹은 억제되는지, 보상받을 가치가 있는 것을 획득하는지, 다른 사람들과 비교했을 때는 어떻게 느끼는지 등과 같은 것들에 연관시켰다. 중요한 것은 객관적인 측정보다 복지의 주관적 특성을 고려하는 일이다(Fitzpatrick, 2001: 5~11). 따라서, 복지는 건강, 교육, 주택, 그리고 현금과 자원 등에 대한 평가도 중요시 된다(Taylor, 2007: 24). 이러한 의미를 내포하고 있는 사회복지는 기존의 사회복지제도들이 사회구성원의 기본적인 욕구를 충족시키는 데 실패하고 비공식적 상호부조 기제가 여의하지 않을 때, 공식적인 상호부조 기제를 발전시켜 기능적인 공백을 메우며 성장하였다.

사회복지의 개념은 국가에 따라서, 시대에 따라서 달라질 수밖에 없다. 오늘날 유럽의 복지국가들과는 달리, 전문사회사업(social work)을 중심으로 사회복지를 이해하려는 미국에서는 사회복지를 협의적으로 개념화하는 경향이 있다. 즉, 사회복지가 궁극적으로는 전 국민의 복지를 추구한다고 하지만, 실제로 그 대상범위는 상당히 제한되어 있고, 또 그렇게 될 수밖에 없다는 입장이다.

사회복지와 사회사업이란 용어는 가끔 혼동되고 때로는 동의어로 사용된다. 실제로 사회복지는 폭넓은 의미를 가지며, 사회사업, 공공복지 그리고 기타 관련된 프로그램과 활동을 포함한다(Skidmore et. al., 2000).

사회복지와 사회사업은 흔히 혼동을 가져오는 개념으로, 학자들의 견해에 따라 그 의미가 다르기 때문에 이 두 가지 개념을 명확히 규정한다는 것은 쉬운 일이 아니다. 우리나라의 경우, 1950년대부터 1970년대 중반까지 미국 등 서구의 영향을 받아 '사회사업(social work)'이라는 개념이 교육이나 실천현장에서 통용되었다. 그러나 1970년대 후반에 이르면서 '사회사업의 토착화' 과제가 제기되었고, 당시 우리나라의 사회문제를 고려할 때, '사회복지'라는 광의의 제도적 접근이 필요하다고 하여 학계나 실천현장에서 사회사업(social work)의 이념적 접근이 우위를 차지하게 되었다. 그리하여 1980년대에는 사회사업과 사회복지라는 용어가 혼용되어 오다가, 1990년대에 이르러 '사회복지'로 통일되는 경향을 나타나게 되었다(권승, 2021: 64~66).

〈표 1-1〉 사회복지와 사회사업의 개념 비교

구분	사회복지	사회사업
어의적	이상적 측면을 강조	실천면을 강조
목적적	환경지향적	인간지향적
대상적	전체적, 불특정적	부분적, 특정적
방법적	제도, 정책, 고정적	지식, 기술, 역동적
기능적	사전적, 예방적, 적극적	사후적, 치료적, 소극적

자료: 서보준 외(2020: 27).

2) 사회복지의 주체와 객체

(1) 주체

사회복지의 주체란 사회복지를 실천하는 주된 체계를 의미한다. 즉, 공여자이다. 역사적으로 보면, 사회복지의 주체는 사회복지가 하나의 제도로서 분화되지 않았던 시기에는 가족이나 시장기구에 통합된 상태로 존재해 왔다. 그러나 시대의 변화와 함께 다른 제도들이 각기 기능적 전문화가 일어나면서 사회복지도 세분화의 길에 접어들어 지금까지 활동하고 있다.

일반적으로 사회복지의 주체는 '공공부문'과 '민간부문'으로 구분할 수 있다. 즉, 공공부문은 중앙정부 및 지방자치단체 등이고, 민간부문은 법인의 형태로 운영되는 것과 종교단체, 기업체, 자원봉사단체, 개인 등이다.

이러한 주체별 구분은 현실적으로 의미를 상실하고 있는데, 그것은 각국에서 대부분 사회복지가 공공부문과 민간부문이 함께 혼합된 형태로 이루어지고 있기 때문이다. 그럼에도 불구하고, 사회복지의 주체에 관한 분석적이고 구체적인 구분이 필요하다. 사회복지를 합리적이고 효율적으로 운영하며, 사회복지서비스의 효과성을 높이기 위해서는 분석적인 검토가 요구되기 때문이다.

공공부문은 사회복지를 제공하는 사회복지기관이나 시설의 소유자가 중앙정부이다. 그리고 사회복지의 재원은 대부분 정부예산에서 확보되고 있으며, 그 운영은 공무원들이 담당하고 있다. 반면에, 민간부문은 사회복지를 제공하는 기관의 소유자가 민간이며, 재원은 민간차원에서 이루어지고 있다.

사회복지의 주체별 구분을 파악하기 위해서 사회복지재원의 출처와 사회복지급여를 상호 연관시킬 필요가 있다(Glennereter, 2015). 즉, 동일한 공적부문이라고 하더라도, 사회복지재원의 출처에 따라 완전 또는 부분으로 세분화할 수 있다.

'공적부문'과 '사적부문'을 재원과 생산이라는 두 가지 차원에서 주체별 형태로 세분화하고 있다. 사회복지의 주체는 순수하게 공공부문과 민간부문으로 명확하게 구분하기보다는 매우 복잡하게 혼합되어 실시되고 있음을 알 수 있다. 오늘날 사회복지의 주체는 혼합된 형태로 이루어지고 있지만, 일단 공적인 사회복지 주체와 사적인 사회복지 주체가 지니고 있는 특성을 이해함으로써 양자를 적절하게 원용할 수 있을 것으로 본다. 즉, 기존의 연구문헌에서 도출된 공공주체와 민간주체 양자의 장단점을 상호보완하면서 우리의 실정에 맞는 사회복지의 주체별 형태로 운용할 필요가 있다.

(2) 객체(대상)

사회복지의 객체(대상)란 사회복지가 일차적으로 관심을 가지고 있는 것, 즉 이미 문제에 봉착한 사람들, 문제를 지닐 가능성이 있는 사람들, 문제를 야기시키는 조건 등을 의미한다. 사회복지의 대상은 단순히 빈곤이나 질병 등에 국한된 사회문제가 아니라, 복합체로서 보다 현실적이고 구체적인 반사회복지적 상황을 말한다. 이러한 대상은 사회복지가 역사적이고 사회적인 형성체이므로, 사회복지의 변화와 함께 다양하게 변천되어 왔다. 이런 맥락에서 사회복지의 대상을 일관성 있고 전체적인 특성을 조망하여 제시하는 것은 사실상 어렵다. 사회복지의 대상을 포착하는 것은 사회복지를 보는 관점과 밀접하게 연관되어 있으므로, 학자들에 따라 다양한 접근방법으로 논의되고 있는 실정이다.

사회복지대상자 중심은 사회복지를 필요로 하는 사람들이 누구인가 하는 것인데, 이는 역사적으로 많은 변화를 거쳐 선정되어 왔다. 사회복지 초기단계에 있어서는 소수의 사회적 약자에 국한하여 사회복지서비스가 제공되어 왔으나, 현대사회로 접어들면서 모든 국민을 대상으로 사회복지가 확대되는 현상을 볼 수 있다.

산업화 이전 사회에서 산업화 이후 사회로 변화됨에 따라 사회복지도 개인의 방향과 인식이 점차 확대되어 가는 경향을 보인다. 사회복지의 변화 내용은 다음과 같다(Romanyshyn, 1971).

① '보충적 서비스'에서 '제도적 서비스'로 변화되고 있다.
② '자선적 도움'에서 '시민의 권리'로 변화되고 있다.
③ '특수적 원리'에서 '보편적 원리'로 변화되고 있다.
④ '최저조건의 급부'에서 '최적조건의 급부'로 변화되고 있다.
⑤ '개인적 변화'에서 '사회적 개혁'으로 변화되고 있다.
⑥ '민간차원의 지원'에서 '공공차원의 지원'으로 변화되고 있다.
⑦ '빈민복지'에서 '복지사회'로 변화되고 있다.

사회복지 대상자 중심은 사회복지를 필요로 하는 사람들이 어떤 욕구의 변화를 갖게 되었는가 하는 것인데, 이것은 역사적으로 변화의 과정을 거치면서 발전되어 왔다. 사회복지 초기단계에서는 소수의 사회적 약자들을 대상으로 서비스가 제공되어 왔으나, 현대사회로 가면서 사회복지가 확대되는 현상을 볼 수 있다.

3) 사회복지의 구성요소

사회복지는 클라이언트의 욕구와 그 욕구를 해결할 수 있는 자원, 자원을 전달할 수 있는 전달체계를 기반으로 한다. 즉, 사회복지의 궁극적 목표의 하나는 대상자들(개인, 가족, 집단, 공동체 구성원 등)에게 그들이 필요로 하는 서비스를 제공하여 문제를 해결하는 것이다. 이러한 목표를 달성하기 위해 사회복지서비스를 제공하는 정부나 민간기관의 사회복지사는 해결해야 하는 사회문제가 무엇인지, 클라이언트가 가지고 있는 욕구가 어떤 것인지를 파악해야 한다. 그리고 해당하는 문제와 욕구를 해결할 수 있는 적절한 자원을 찾아낼 수 있어야 하며, 그러한 자원이 클라이언트에게 가장 효과적이고 효율적으로 전달될 수 있는 체계를 가지고 있어야 한다. 이처럼 사회복지는 욕구와 자원, 전달체계를 필수 요소로 가진다. 그 내용은 다음과 같다(류기형 외, 2018: 48~51).

(1) 욕구

욕구란 생존이나 안녕의 충족을 위한 물리적 · 심리적 · 경제적 · 사회적 필요라고 정의된다(Barker, 1991). 즉, 욕구는 무엇이 부족하여 충족되어야 하거나, 혹은 해결되어야 할 문제로 볼 수도 있다. 따라서, 누군가 스스로 자신의 욕구를 충족시킬 수 없을 때, 외부로부터 도움을 받지 않을 수 없는데, 이때 외부의 도움을 사회적으로 체계화, 제도화한 것이 사회복지이다. 따라서, 사회복지를 이해하기 위해서는 욕구에 대한 이해가 필수적이며, 사회복지학에서는 인간의 기본적 욕구 및 사회적 욕구, 사회문제, 욕구를 사정하는 방법 등에 대해 공부하게 된다.

욕구는 범위, 강도, 지속 정도 등에서 다양성을 띠고 있기 때문에 여러 유형으로 분류된다. 사회복지활동이 욕구를 해결하기 위해 존재한다 하더라도, 모든 종류의 욕구가 하나같이 사회복지의 대상이 되는 것은 아니다. 사회복지는 사회적 욕구라고 정의되는 욕구만 다루게 된다.

(2) 자원

자원이란 개인, 가족, 지역사회 구성원 및 국민 전체의 사회적인 욕구나 문제를 해결하기 위하여 필요한 수단을 의미한다. 사회복지 자원은 자원을 부담하는 주체가 누구인가에 따라 공공자원과 민간자원으로 구분할 수 있으며, 자원의 형태에 따라 인적자원과 물적자원 등으로 구분할 수도 있다.

클라이언트의 욕구 충족과 문제해결을 위해서는 충분한 양의 자원확보가 필수적이며, 사회복지사는 클라이언트의 욕구와 문계 해결에 적합한 수준의 자원을 확보하기 위해 노력하게 된다. 즉, 자원과 욕구의 중개자로서 사회복지사는 서비스를 필요로 하는 대상자를 찾아내고, 그들에게 서비스에 대한 정보를 제공해주며, 서비스가 제대로 전달되는가를 확인해야 한다. 한편, 사회적 약자인 클라이언트가 자신의 권리를 침해받고 적절한 자원을 확보하지 못하는 경우, 사회복지사는 합법적 수단을 활용하여 클라이언트의 권리를 옹호하고 방어하는 옹호자의 역할을 하기도 한다. 또한 지역사회 내에서 문제해결을 위해 필요한 적절한 자원이 확보되어 있지 않다면, 공동체의 문제를 해결하고 구성원의 욕구에 부합한 새로운 자원을 창출해 내는 자원동원의 역할을 수행하기도 한다.

(3) 전달체계

클라이언트에 대한 서비스가 효과적이고 효율적으로 제공되기 위해서는 서비스를 전달하는 체계 또한 제대로 작동해야 한다. 사회복지 전달체계는 사회복지의 주체로부터 사회복지의 대상에 이르기까지 연결되는 사회복지급여 및 서비스 전달망을 의미한다. 즉, 사회복지를 공급하는 자와 수요자를 연결시켜 주는 체계를 의미하며, 이러한 체계가 잘 갖추어져 있으면 사회복지 급여 및 서비스가 효과적으로 수요자에게 전달된다.

사회복지 전달체계는 크게 국가 및 지방자치단체가 주체가 되는 공공전달체계, 민간사회복지 기관 및 조직이 주체가 되는 민간전달체계, 국가와 민간이 함께 전달체계의 과정에 포함되는 민 · 관혼합전달체계 등으로 구분된다(한신애 외, 2018: 129). 클라이언트에 대한 서비스가 효과적이고 효율적으로 제공되기 위해서는 서비스를 전달하는 체계 또한 제대로 작동해야 한다. 사회복지 전달체계는 사회복지의 주체로부터 사회복지의 대상에 이르기까지 연결되는 사회복지급여 및 서비스 전달망을 의미한다. 즉, 사회복지를 공급하는 자와 수요자를 연결시켜 주는 체계를 의미하며, 이러한 체계가 잘 갖추어져 있으면, 사회복지 급여 및 서비스가 효과적으로 수요자에게 전달된다.

사회복지서비스 전달체계의 주요 원칙은 다음과 같다(한신애 외, 2018: 136~142).

첫째, 책임성의 원칙이다. 사회복지서비스의 책임자는 사회에 대한 책임, 클라이언트에 대한 책임, 전문가로서의 책임 등을 가진다. 사회로부터 위임받은 소정의 기능을 적절히 수행했는가, 클라이언트의 욕구를 최대한으로 해결해야 할 책임을 다하였는가, 전문가로서의 윤리강령을 준수하고 전문가로서의 지식과 기술을 지속적으로 연마하고 발전시켰는가와 관련한다.

둘째, 접근용이성의 원칙이다. 사회복지서비스를 필요로 하는 사람이 필요할 때 편리한 곳에서 해당 서비스를 받을 수 있는가 하는 문제는 매우 중요하다. 서비스 공급의 시기가 늦어진다면, 클라이언트의 문제가 그만큼 더 악화되어 서비스의 효과가 떨어지고 문제의 악영향이 크게 파급될 가능성도 높아지기 때문이다. 서비스가 제공되는 위치와 장소도 마찬가지이다.

셋째, 포괄성의 원칙이다. 클라이언트는 복합적 욕구를 가지고 다양한 서비스를 필요로 한다. 따라서, 이상적 전달체계는 클라이언트의 다양한 욕구를 처리할 수 있게 구성되어야 한다. 이를 위해 서비스는 통합 · 조정되어야 한다.

넷째, 적절성의 원칙이다. 클라이언트는 서비스의 궁극적 목표인 자활 및 재활을 성취하는 과정에서 필요로 하는 충분한 서비스의 양과 질을 공급받을 수 있어야 한다.

다섯째, 지역사회 참여의 원칙이다. 현대사회의 사회복지문제는 공식적 사회복지체계만으로 해결하기에는 서비스와 양과 질이 부족하다. 이상적 관점에서 보면, 공식적 체계가 비공식적 체계를 최대한 수용, 활용해야 한다.

2. 사회복지의 기능

사회복지의 기능은 사회적의 복지적 기능과 사회제도로 파악한 사회복지의 기능으로 분류한다(임정문 외, 2021: 44~47).

1) 사회제도의 복지적 기능

사회복지는 기존의 사회복지제도들이 사회구성원의 기본적인 욕구를 충족시키는 데 실패하고 비공식적 상호부조 기제도 여의치 않을 때, 공식적인 상호부조기제를 발전시켜 기능적인 공백을 메우며 성장하였다.

국가와 사회의 존립요건으로는 국가와 사회의 구성원들이 근심 없이 살아갈 수 있도록 수많은 기능이 사회로부터 제공되어야 하며, 그러한 기능을 수행하기 위한 사회제도가 함께 마련되어야 한다. 국가와 사회가 그 구성원들에게 제공해야 할 기능 속에는 생산과 분배, 교육, 여가 등 인간다운 삶을 살기 위한 인간활동의 대부분이 포함되어 있다. 즉, 전통사회에서 인간의 기본적 욕구를 충족시키는 일차적인 자원은 가족과 시장(경제)이었는데, 가족의 보호기능이 약화되고 시장의 생산과 분배기능이 균형을 이루지 못하여, 이에 국가의 개입이 늘어나면서 사회복지가 점차 발달하게 된 것이다. 주요한 사회제도는 다음과 같은 핵심기능을 수행하면서 나름대로 복지적 기능을 병행하고 있다.

2) 사회제도로 파악한 사회복지의 기능

(1) 생산 · 분배 · 소비의 기능(경제제도)

생활에 필요한 재화나 서비스를 생산하고 분배하며, 소비하는 과정과 관련된 기능을 의미한다. 이러한 기능은 교통과 통신이 발달하지 않아 인구의 이동과 교역이 제한되었던 전통사회에서는 가족, 이웃, 마을 등의 지역공동체를 중심으로 수행되었으나, 현대사회에서는 국내외의 기업들, 정부를 위시한 각종 전문기관,

종교단체, 교육기관 등에 의해서 수행된다. 이러한 기능을 주로 수행하는 제도는 경제제도이다.

(2) 사회화의 기능(가족제도)

사회화(socialization)는 사회존속에 필요한 가치관 · 관습 및 규범 등을 그 구성원에게 전수하는 기능을 의미한다. 이러한 과정을 통해서 사회성원들은 다른 사회의 구성원들과 구별되는 생활양식을 터득하게 된다. 사회화 과정은 개인의 어린 시절에 특히 중요하나 일생을 통해서 계속되는 것이 보통이다. 한 개인은 세상에 태어나면, 부모로부터 세상을 살아가는 데 필요한 가장 필요한 지식, 가치, 행동방식을 배우게 되며, 성장하면서 학교, 종교기관, 직장에서 또 인간관계를 통해서 보다 복잡하고 다양한 사회화를 경험하게 된다. 사회화의 기능을 수행하는 가장 일차적인 제도는 가족제도이다.

(3) 사회적 통제의 기능(정치제도)

사회통제(social control)는 사회구성원들에게 일정한 법과 규범을 지키도록 함으로써 사회의 존속을 유지하는 기능을 의미한다. 모든 사회는 그 구성원들이 지켜야 할 법, 도덕, 규칙 등의 규범을 갖게 된다. 이러한 사회통제의 일차적 집단은 정부로서, 정부는 경찰력(공권력)과 사법권을 통해서 보다 보편적으로 적용될 수 있는 법을 집행하는 강제력을 발휘한다. 한편, 다른 조직인 가정, 학교, 종교기관과 사회복지기관들도 이러한 기능을 부분적으로 수행한다. 그러나 사회구성원들에게 가장 광범위하고 강력하게 규범의 준수를 요구하는 곳은 정부이기 때문에 사회통제를 담당하는 일차적인 제도를 정치제도라고 부른다.

(4) 사회통합의 기능(종교제도)

사회통합(social integration)이란 사회체계를 구성하는 여러 집단 · 단체, 기관들 간의 결속력을 갖도록 하여 사회의 존속을 유지하는 기능을 의미한다. 사회통합이라는 용어 대신에 사회참여(social participation)란 용어를 사용하기도 한다. 이는 지역사회가 제공하는 제반활동에 그 구성원들이 자발적으로 참여하게 하는 것으로 이러한 기능을 수행하는 가장 대표적인 기관은 종교기관이다. 그러나 다른 사회적 기능에서와 마찬가지로 사회적 통합에 필요한 사회적 가치와 규범을 만들어 내는 사회조직으로서는 가정, 학교, 사회단체 등을 들 수 있다.

(5) 상부상조의 기능(사회복지제도)

상부상조(mutual support, aid, assistance)는 개인 스스로 문제를 해결할 수 없을 때, 사회구성원들 간에 서로 도와주는 기능을 의미한다. 과거의 전통적 사회나 오늘날의 후진사회에서 상부상조의 기능은 가족과 친척, 이웃사람들, 친목단체나 자선단체와 같은 일차적 집단에 의해 수행되었으나, 현대사회에서는 이러한 기능이 정부, 민간사회복지단체, 종교단체, 경제단체, 자조집단 등으로 옮겨지게 되었다.

3. 사회복지의 가치

가치(value)라는 말은 라틴어 '*valere*'인데, 이는 '강함, 승리, 혹은 그럴만 함'을 의미한다. 가치의 정의에 대한 설명으로는 ① 선(good)이나 바람직한(desirable) 것이며, 정서를 가진 질적인 판단, ② 사람에 관하여 그리고 사람 을 다루는 적절한 방법에 대하여 전문직이 갖고 있는 신념, ③ 믿음과 같은 것으로 좋고 바람직한 것에 대한 지침이며, 적절한 행동의 선택에 대한 지침, ④ 어떤 선택을 하도록 영향을 미치는 이념 등이다(김보기 외, 2022a: 71).

가치에는 다양한 차원이 있다. 왜냐하면 사회복지는 근본적으로 사회와 인간에 관심을 가지고 있기 때문에, 어떤 사회가 더 바람직한가 또는 어떤 인간이 더 바람직한가에 관한 가치를 갖지만, 사회복지 이외의 제도들도 사회와 인간에 관하여 나름대로의 가치를 갖는다. 인간과 사회에 관심을 갖지 않은 활동이나 사회제도가 있을 수 없기 때문에 사회복지의 가치는 다른 사회활동이나 제도들과 중복되기도 한다. 따라서, 사회복지의 가치가 사회복지 '고유의 가치'인 것은 아니다. 예를 들어, 사회복지에서는 아무리 중증의 장애를 가지고 있다 하더라도, 교육적 기회가 제공됨으로써 발달한다고 하는 가치를 가지고 있기 때문에 그 기회를 제공한다. 소위 '발달보장의 가치'이다. 그런데 이것은 교육활동이나 교육제도가 가진 가치이기도 하다.

그러므로 가치는 인간이 가지는 정신적 노력의 목표로 간주되는 객관적 당위이며, 가치관은 인간이 자기를 포함한 세계나 그 속의 만물에 대하여 갖는 평가의 근본적 태도나 보는 방법을 말한다.

1) 인간의 존엄성

인간의 존엄성은 인간이 신분이나 직업, 경제상태나 신체적 조건, 출신지역이나 민족, 피부색, 성별, 연령 등을 이유로 해서 차별하거나 차별받거나 인간성이 부정되어서는 안 된다는 가치이다.

인간의 존엄성은 인간 사회에서 절대적인 가치이자 최고의 목적적 이념이다. 인간의 몸에서 인간으로 태어난 이상, 인간은 존엄하다. 이 이념이 왜 절대적인가 하는 데에는 논란의 여지가 없다. 그것은 우리가 인간이기 때문이다. 다시 말해서 현대사회에서 인간의 존엄성은 "인간의 몸에서 태어난 모든 인간은 인간으로서 살아갈 존엄한 가치가 있으며, 권리가 있다."는 사실을 인정하는 것이다. 현대사회에서는 이러한 인간의 존엄성을 전제로 한 복지라는 이념이 중요한 가치로 추구된다. 모든 인간은 인간으로서 살아갈 존엄한 가치가 있으며 권리가 있다는 사실을 전제로 만약 누구든 기본적 욕구가 충족되지 못하거나 못할 가능성이 있는 경우, 이를 사회 또는 국가가 도와주어야 한다는 사상이 사회복지사상이다. 사회복지는 인간의 존엄성을 기본 가치로 하는 인간 지향적인 제도와 활동이라는 데 그 특징이 있다. 즉, 사회복지는 인간이면 누구나 인간으로서의 존엄성을 지켜나가면서 인간다운 삶을 보장하는 데 그 목적을 둔다.

대부분의 현대국가는 나름대로 '국민에게 건강하고 문화적인 삶의 수준을 보장하는 것이 국가의 의무'라고 헌법에 명시하고 있다. 국가는 국민의 생존권 보장을 위해 국민최저기준(national minimum)을 확보하고자 노력해 왔는데, 그 내용은 사회보장제도의 충실화로 대변된다. 생존권이 보장되기 위해서는 국민 최저수준의 생활을 영위하지 못하는 국민이 자신의 삶의 수준을 향상시켜 주도록 국가에 요구하는 권리, 즉 사회권으로서의 생존권이 보장되어야 하는 것이다. 그러나 사회보장제도에 의한 최저생활보장은 인간존엄성의 가치를 실현하기 위한 필요조건일 뿐 충분조건은 아니다. 이 가치는 사회문화차원에서 노력이 병행되어야 한다. 그 노력이란 편견과 차별이 없는 사회를 만들기 위한 노력이며, 그것에 의해서 인간존엄의 완전한 실현이 비로소 가능한 것이다. 정상화(normalization)의 실천과 그 문화의 보급은 그 노력으로서 평가되는 것이다.

인간의 존엄은 인간이 주체적인 존재라는 사실과 적극적인 자극과 기회제공에 의해 반드시 바람직한 변화를 가져오는 존재라고 하는 사실을 인식한다. 전자의 인식에 의해 '자기결정의 가치'가, 후자의 인식에 의해 '발달보장의 가치'가 생성되는 것이다. 인간의 존엄과 가치가 사회복지에 의해 어떻게 구현되는가는 사회의 지배적 가치체계에 의해 결정된다(오세영, 2021: 47~48).

2) 자유와 평등

(1) 자유

사회복지정책에서 고려해야 할 중요한 가치 중의 하나가 자유(freedom)이다. 자유는 사회복지정책의 확대를 비판하는 사람이 중요하게 생각하는 가치이기도 하면서 사회복지정책의 확대를 지지하는 사람들 또한 사회복지정책을 통해 추구하는 가치라는 점에서 흥미롭다.

이러한 자유(freedom)의 개념은 두 가지로 나누어 논의된다. 하나는 소극적 자유(negative freedom)이며, 다른 하나는 적극적 자유(positive freedom)이다(Berlin, 1969). 여기서 소극적 자유란 다른 사람의 간섭 혹은 의지(will)로부터의 자유를 말하는 반면, 적극적 자유는 자신이 원하는 것을 할 수 있는 자유를 말한다. 전자는 자유의 '기회(opportunity)'의 측면을 강조하는 반면, 후자는 자유의

'능력(capacity)'의 측면을 강조한다(양정하 외, 2020: 82).

벌린(Isaiah Berlin, 1909~1997)은 그의 저서 「자유론(*Liberty Incorporating Four Essays on Liberty*, 2002)」에서, 이를 적극적 자유라고 하였다. 벌린은 일체의 억압으로부터의 자유라는 소극적 자유의 중요성을 강조하면서 적극적 자유를 비판적으로 검토하고 있다. 또한 소극적 자유는 홉스(Thomas Hobbes, 1588~1679), 로크(John Locke, 1632~1704) 이래 전통적 · 고전적 자유의 개념으로, 외적 강제가 없는 상태를 의미하며, 언론과 사상의 자유, 종교의 자유 등 소위 국가로부터의 자유, 자유권의 내용이 이에 해당된다. 이에 반해, 적극적 자유는 자주적으로 혹은 타인과의 협동에 의해 인격의 성장에 노력하는 자유인데, 그린(Thpmas Hill Green, 1836~1882)은 적극적 자유를 강조한다. 그린에 따르면, 인간에게 있어 목적은 인격의 성장이며, 자유는 그 목적을 달성하기 위한 수단이므로 공공의 복지를 위해서는 개인 자유의 제한이 있을 수 있다는 적극적 자유라는 새로운 관념을 확립시켰다. 그린이 자유의 의미를 변경한 것은 정부의 적극적 기능을 정당화하기 위한 것이다(Wempe, 2017).

벌린의 「자유론」
(2002년 출판)

「그린의 적극적 자유」
(2017년 출판)

사회복지정책의 확대를 비판하는 사람들이 지지하는 자유의 개념은 '개인의 생각 · 행위에 대한 억압이나 통제가 없는 상태'를 의미한다. 이는 소극적 자유이다. 자유의 가치를 신봉하는 사람들은 시장에서의 '자유로운 선택'에 의한 자원분배가 가장 바람직하다고 본다. 이들은 국가가 시장에 개입하여 사람들의 자유로운 선택을 제한하는 것은 비효율적인 자원분배를 초래한다고 생각한다. 소극적 자유는 강요와 강압의 부재를 의미하기 때문에 침해당할 수 있는 경우가 간혹 존재하게 되는데, 대표적 예가 사회복지사의 가정방문을 받게 된다거나, 아동이 학교를 다니지 않으면 안 되는 경우이다.

현대복지국가에서 사회보험은 강제적 가입을 기본 요건으로 한다. 소득이 있는 사람들은 세금과 마찬가지로 사회보험료를 납부해야 하는 것이다. 빈곤층의 기본적 생활을 보장하는 공공부조제도 역시 세금을 재원으로 한다. 이때 소극적 자유를 지지하는 사람들은 자신의 재산권을 침해하는 사회보험료, 소득세, 재산세 등을 비판한다.

그러나 사회복지정책을 통해서 자유를 이룰 수 있다고 주장하는 사람도 있다. 이때 자유의 개념은 위에서 설명한 자유 개념과 다르다. 사회복지정책을 통해 추구하는 자유는 '사람들이 자신이 원하는 것을 적극적으로 할 수 있는 자유'를 의미한다. 자유를 누릴 여건이나 상황이 안 되는 상태에서는 소극적 자유가 주어진다 해도 실제로 누릴 수 있는 자유는 크게 줄어든다. 자신이 원하는 것을 할 수 있는 자유(적극적 자유)가 어떻게 보면 소극적 자유의 전제조건이라고 할 수 있다.

소극적 자유의 가치를 지지하는 사람들은 사회복지정책의 확대를 위하여 세금을 늘리는 것을 반대하고, 적극적 자유를 지지하는 사람들은 사회복지의 확대를 주장한다. 어떤 자유의 개념이 더 중시되는가는 사회구성원의 가치관에 따라 달라진다.

사회복지정책의 확대를 지지하는 사람들은 소극적 자유를 침해함으로써 감소하는 효용이 다른 사람들의 적극적 자유를 신장시킴으로써 증가하는 효용보다 작다고 주장한다. 이것은 사람들이 자유를 누릴 때 발생하는 한계효용은 자유가 커질수록 줄어든다는 논리(한계효용 체감의 법칙)에 근거하고 있다. 가난한 사람들을 위하여 사회복지정책을 확대하고자 부자들에게 세금을 부과할 때 부자들의 소극적 자유가 침해되어 효용이 감소한다. 그러나 부자들은 일반적으로 많은 양의 자유를 향유할 수 있기 때문에 이러한 효용의 감소는 크지 않다고 보는 것이다. 반면에, 사회복지정책으로 급여나 서비스를 받는 가난한 사람들의 적극적 자유가 커짐으로써 나타나는 효용의 증가는 부자가 잃게 되는 효용의 양보다는 크다는 것이다(류연규, 2021: 33~34).

자유를 이데올로기 측면에서 분류한다면, 고전적 자유주의와 사회주의로 나누어 설명할 수 있다. 그 내용은 다음과 같다(박주현, 2021: 54~55).

고전적 자유주의는 인간이 그의 이익을 추구하고, 그 행동 결과에 대한 책임을 질 수 있도록 어느 누구의 간섭도 받지 않고 자유를 누려야 한다고 보기 때문에 국가개입도 반대한다. 즉, 어떤 개인이 다른 사람이나 국가의 부당한 강제로부터 자유롭다면, 그는 그 자신과 국가의 이익을 위하여 그의 능력을 최대한 발휘하게 될 것이며, 따라서 자유는 개인주의와 밀접하게 관련되어 있다.

반면, 사회주의는 자유의 개념에 경제적 자유를 포함한다. 개인이 법적 · 정치적 자유를 누린다고 하여도 경제제도에 발이 묶여 있다면, 자유롭지 못하기 때문에 진정한 자유는 경제적 불평등과는 결코 함께 존재할 수 없다. 따라서, 진정한 자유를 위해 국가의 정책이 필요하다. 이러한 이유로 사회주의자들은 개인의 경제활동에 대한 국가개입이 개인의 자유를 침해한다는 자본주의자들의 주장을 받아들이지 않는다. 특히, 개인의 부, 재산, 권력 등의 축적에 대한 자유는 공적인 조치가 없을 경우, 소수의 권력집단만이 이러한 자유를 누리게 되기 때문이다. 따라서, 이 권력집단의 법적 · 정치적 · 경제적 자유를 제약하고, 자유 대다수를 보장하기 위한 국가의 행위가 필요하다.

사회복지정책은 다분히 사회주의적 자유의 개념에 입각해 있다. 국가의 조세를 통한 소득보장, 교육, 건강프로그램 등은 정부의 기능과 역할에 대한 고전적 자유주의자의 견해로부터 벗어나는 것을 의미한다. 그러나 사회복지정책에는 자유주의의 영향도 많이 남아 있다. 즉, 사회문제의 원인을 개인의 잘못으로 보고, 자산조사를 통하여 최소한의 급여나 서비스를 제공하거나, 개인의 자조를 강조하는 것 등은 고전적 자유주의의 잔재라고 볼 수 있다.

(2) 평등

평등(equality)에는 태어날 때부터 평등하다는 관념과, 실제적으로 평등한 대우를 받아야 한다는 규범적인 측면이 포함되어 있다. 이 이념은 인간의 존엄성과 관련시켜 논의할 수 있다. 인간의 존엄성과 평등의 개념을 연관시켜 볼 때, 평등의 이념에 기본적으로 내재되어 있는 것이 인간의 존엄성이다. 곧 사람의 능력,

그리고 사람이 처해 있는 환경 역시 각각 다르지만, 인간으로서의 가치나 존엄성은 모든 사람에게 태어날 때부터 절대적으로 평등하다. 따라서, 어떠한 사람도 사람의 몸에서 태어난 이상, 인간으로서 대우받을 권리가 있다. 인간으로서 대우받는다는 것은 인간이 수단이 아니라, 인격 그 자체로 대우받아야 한다는 것을 뜻하며, 이러한 대우는 누구에게든지 평등하게 보장되어야 한다.

평등은 일체의 차별을 부정한 균형의 상태를 의미하며, 조화라는 의미와도 상통한다. 사회복지가 생각하는 이상적인 사회의 모습 중의 하나는 바로 인간다운 삶의 질이 보장된 조화로운 사회이다. 인간다운 삶의 가장 기본적인 조건은 차별 없는 사회이다. 어떤 사람이라도 인종이나 출신지역, 신체적 · 정신적 조건, 사상적 신조, 학력이나 직업, 소득수준 등에 의하여 인간성이 무시되거나, 경시되는 일이 없는 사회를 일컫는다. 또한 인간다운 삶이 보장되는 사회의 조건은 사회구성원들 간에 삶의 질의 격차가 심하지 않은 사회, 즉 조화로운 사회이다. 조화란 심각한 불평등이 없는 상태이다. 경제와 사회의 조화, 남녀의 조화, 지역의 조화, 연령의 조화, 장애를 가진 사람과 그렇지 않은 사람 간의 조화, 정규직 노동자와 비정규직 노동자의 조화 등이 실현된 사회가 삶의 질이 높다(오세영, 2021: 49).

일반적으로 평등에는 세 가지 유형이 있다. 그 내용은 다음과 같다(박경일, 2020: 59~60).

첫째, 기회의 평등(equality of opportunity)은 오늘날 자본주의 사회에서 가장 널리 퍼져 있는 평등의 범주이다. 이것은 각 개인은 자신의 소질과 능력을 자유롭게 계발할 평등한 권리와 기회를 가질 뿐 아니라, 동일한 업적에 대해서는 동일한 보상이 주어진다는 입장이다. 또한 모든 사회적 제도에 대한 접근을 모든 사람에게 균등하게 열어 놓는다는 입장을 밝히고 있다.

둘째, 조건의 평등(equality of condition)은 기회의 평등과 연결되는 것으로 사회적 기회를 획득하려는 자유경쟁의 출발 조건을 평등하게 정비하고자 노력한다. 따라서, 순수하게 개인의 능력에 모든 것을 맡기는 것이 아니라, 개인의 능력부족을 사회적으로 메워주는 작업이 필수적이라고 인식한다. 예컨대, 100m 달리기에서 신체장애인은 얼마쯤 앞에서 출발하도록 하는 것이다. 이러한 조건의 평등은 사회적 약자에게 호의적 조치를 취함으로써 실질적 평등을 이루려는 것으로 볼 수 있으므로 이것은 긍정적 조치, 적극적 조치 또는 차별철폐행동(affirmative action)이라고 말할 수 있다.

셋째, 결과의 평등(equality of outcome)은 출발점이나 자연적 능력은 고려하지 않고 법적 조치나 정치적 수단을 이용하여 마지막 결과의 평등만을 얻고자 한다. 즉, 출발단계의 불평등을 마지막 단계의 사회적 평등으로 뒤바꾸어 놓으려 한다. 따라서, 이 경우 자유로운 경쟁이나 개인적 역량의 발휘는 억제되거나 무시된다. 예를 들어, 100m 달리기에서 모든 사람을 똑같이 골인시키는 것과 같다. 이러한 결과의 평등은 가장 적극적인 평등개념으로, 모든 사람에게 그들의 욕구나 능력의 차이에는 관계없이 사회적 자원을 똑같이 분배하는 것을 말한다. 그러나 수량적 평등의 개념이 의미하는 결과의 완전한 평등은 어떠한 사회에도 존재하지 않으며 현실적으로도 존재할 수 없다. 그렇지만 사회복지에는 완전한 수량적 평등은 아니더라도, 부분적인 수량적 평등을 가치로 삼고 있으며, 대표적 예로 공공부조를 들 수 있다.

3) 정의, 연대, 공공성

정의, 연대, 공공성은 다음과 같다(조추용 외, 2021: 43~47 ; 박경일, 2020: 57~58).

(1) 정의

정의(justice)는 공정함을 말하며, 아리스토텔레스(Aristoteles, B.C 384~B.C 322)는 평균적 정의와 배분적 정의로 나누었다. '평균적 정의'는 '같은 것을 같게'를 이르는 것으로 절대적 평균을 이른다. 예를 들어, 한 나라의 국민이라면 모든 사람에게 똑같이 선거권을 인정해 주어야 한다는 것이다. 영국이나 프랑스의 경우, 100여 년 전에는 여자와 노동자, 농민에게는 선거권을 주지 않았기 때문에 정의롭지 않은 사회였다고 할 수 있을 것이다. 배분적 정의는 '다른 것은 다르게'를 이르는 것으로 이는 각각의 사람들에게 각자의 몫을 나누어주라는 것으로, 급여나 성적을 줄 때 다른 사람보다 더 열심히 일한 사람이나 더 열심히 공부한 사람에게는 그에 상응하는 만큼의 대가를 주는 것이다.

롤즈(John Bordley Rawls, 1921~2002)는 1971년 그의 저서 「정의론(*A Theory of Justice*)」에서 정의로운 상태에 관해 언급하였으며, 정의와 관련해 두 가지 원칙을 주장하였다. 하나는 '평등의 원칙'으로 모든 사람은 자유와 권리를 평등하게 갖는다는 것과, 다른 하나는 '차등의 원칙'이다. 즉, 사회적 · 경제적으로 불평등이 존재한다면, 그 사회에서 가장 혜택을 받지 못하는 사람에게 가장 큰 이익을 줄 때 정의가 실현된다. 예컨대, 저소득층에게만 문화비를 지원해 주는 '문화 바우처'가 있다면, 그 혜택을 받지 못하는 사람들은 상대적으로 불평등하다고 느낄 수도 있을 것이다. 그러나 그러한 불평등이 그 사회에서 경제적인 어려움을 겪고 있는 사람에게 이익을 주는 것이라면, 모든 사람에게 공평하지 않다고 하더라도 정의롭다고 할 수 있다. 다른 하나는 '사회정의'로 공리주의는 최대 다수의 최대행복을, 롤즈는 '무지의 베일(veil of ignorance)'에서 선택할 최소극대화 원칙을 말하고 있다. 정의로운 사회의 기준은 사회의 최소 수혜자, 즉 소외계층에 대한 사회적 역할이 중요하다는 결론을 내리게 된다. 공리주의는 사회적 약자인 소외계층에 대해서는 희생을 강요할 수 있다는 비판을 받고 있다. 롤즈의 정의론은 공리주의 대안으로 소외계층의 자유까지도 포함할 수 있는 정의의 원칙을 제시한다.

존 롤즈

존 롤즈 「정의론」
(1999년 출판)

① 분배적 정의

분배적 정의는 어떤 것을 나눌 때 어떻게 하는 것이 공정한 것인가와 관련된 것을 말한다. 특히, 분배는 이익이 되는 것과 부담이 되는 것으로 나눌 수 있다. 예컨대, 이익이 되는 것은 임금이나 용돈, 성적, 선거권 같은 것이며, 부담이 되는 것은 숙제, 세금, 청소나 집안일 같은 노동, 벌 등이다. 아리스토텔레스나 롤즈에 따르면, 분배 시에 '같은 것은 같게', '다른 것은 다르게'의 원칙을 적용하면, 정의로운 분배가 될 것이다. 어떤 것을 받기 위해 노력한 정도나, 그것을 받을 만한 일을 했다거나, 꼭 그것을 받아야 할 필요가 같은 사람이 있다면 서로 같도록 분배하고, 다르다면 서로 다르게 분배하는 것을 이르는 것이다.

② 교정적 정의

교정적 정의란 어떤 잘못이나 피해에 대한 대응이 공정한가와 관련된 것이다. 예컨대, 수업시간에 교실에 있지 않고 운동장에 있다가 친구와 싸워서 친구를 다치게 했을 때, 수업시간에 자리를 이탈한 것과 친구와 싸운 것은 교칙을 위반한 잘못을 한 것이며 교칙위반과 상관없이 친구를 다치게 한 것은 피해를 입힌 것이라고 할 것이다. 즉, 교정적 정의는 '잘못'에 대해 어떤 처벌을 할지, '피해'에 대해 어떤 배상을 할지를 결정하는 것이다. 이때 정의로운 해결을 하려면, 당연히 잘못은 교칙에 따라 공정하게 처벌하여야 할 것이며, 피해에 대해서는 합당한 배상을 받아야 할 것이다.

③ 절차적 정의

절차적 정의란 어떤 것을 결정하고 판단하기 위해 필요한 정보를 모으는 방법이 공정했는지, 결정과 판단 과정의 공정 여부와 관련한 정의이다. 예컨대, 어떤 재판에서 재판 결과를 바꿀 만한 결정적인 증거를 새롭게 확보하였다고 했을 때, 새로운 증거확보과정에서 법으로 금지된 도청이나 불법으로 개인정보를 확보한 경우는 증거의 효력이 없는 경우와 같다. 이는 과정이 정의롭지 못했기 때문이므로 절차적 정의에 위배되었다고 할 수 있다. 또 다른 예를 살펴보면, 학교시험에서 부정행위한 학생을 어떻게 처벌할지를 두고 열린 회의에서 부정행위를 했다고 의심되는 학생 당사자에게 자신의 의견을 말할 기회도 주지 않고 감독자의 견해만으로 처벌을 한다면, 이 또한 정의롭지 못하다는 것이다. 따라서, 절차적 정의는 어떤 것을 결정하거나 판단할 때의 과정이 공정한지를 판단하는 것으로, 사회복지정책에서 말하는 사회정의(social justice)는 모든 국민이 인간다운 생활을 누리도록 보장하는 윤리라고 할 수 있다.

롤즈의 사회정의론은 공정성으로서의 정의(justice as fairness)를 강조한다. 즉, 어떠한 불평등도 가장 불리한 입장에 있는 사람들에게 최대의 이익을 부여하는 경우에는 허용이 가능하지만, 기타의 경우에는 모든 결과가 평등해야 한다. 예컨대, 부, 권위, 사회적 기회가 모든 사람을 위해 골고루 수혜 되거나, 특히 사회적으로 가장 불리한 구성원을 위해 혜택이 주어질 경우에만 정당하다.

(2) 연대

연대(solidarity)는 개인 간의 상호의존에 근거한 결합의 총칭을 의미하며, 사회연대는 사회구성원 상호 간 또는 구성원과 사회 간의 상호의존을 지탱하는 의식, 또는 같은 사회구성원으로서 공통적으로 나누어 가지는 귀속의식을 말하며, 서로에 대한 책임감을 강조한다.

사회연대 의식은 사회구성원들이 사회에 대하여 가지고 있는 소속감 및 연대감을 말한다. 자본주의 사회가 개개인의 능력이나 경쟁을 지나치게 강조한 나머지 사회적 불평등과 인간소외 현상을 가져왔다고 보고, 사회복지정책은 사회구성원 간의 따뜻한 정과 협동정신을 강조한다. 사람들은 공통의 위험에 빠지게 되면 이를 제거하기 위해 협동하는 것이 필요하고, 이러한 협동과 상호부조를 통하여 위험을 제거하거나 예방하게 된다. 오늘날 대표적인 사회적 위험이라고 할 수 있는 빈곤, 질병, 노령, 사망, 재해 등에 대해 국가적인 차원에서 마련되고 있는 사회보험제도들은 바로 이러한 사회적 위험에 대한 공동의 협동과 책임을 전제로 한 사회적 연대의식이라는 가치의 실현이다.

(3) 공공성

공공성(public)은 실제로 다양한 측면에서 해석되기 때문에 하나의 간단한 명제로 표현하기는 쉽지가 않다. 사전적 정의로는 어떤 사물이나 기관이 널리 사회

전반에 이해관계나 영향을 미치는 성격이나 성질을 이르며, 사회구성원 전체에 두루 관련된 것으로 어떤 실체가 아닌 사생활이나 사적인 것과 구분되는 공동의 공개된 성질을 이른다.

사회구성원 각자의 생각과 이해관계가 다르기 때문에 내용만이 아니라, 성질을 밝히는 과정이 중요하다. 공공성은 개인과 사회가 함께 시민의 삶을 지속해 나갈 구조를 만들어 가는 과정이자 가치로써 다수의 사람과 두루 연관된 문제라면 개인에게만 맡기거나 바라만 보고 있을 것이 아니라, 다 함께 해결해야 한다는 것이 공공성의 논리이다.

신자유주의의 등장으로 자유로운 경쟁이 중요시 되고 개인, 기업, 국가 차원에서 경제성장과 경쟁력 강화가 핵심이 되는 사회적 분위기가 만연해 있다. 이러한 사회가 다양성과 자유를 보장해 주는 것처럼 보일 수도 있겠으나, 실제로는 그 반대의 경우가 될 수도 있다. 이는 의견의 다양성, 기회의 균등, 사회적 약자의 보호 등은 오히려 소홀히 다루어질 수도 있음을 간과해서는 안 된다. 즉, 공공성을 내세우지만, 각 집단마다 규정하는 공공성의 의미와 대상은 매우 다르고, 다수의 집단들은 공공성의 의미를 자신들의 입장에서 남용하는 경우가 있기 때문이다. 공공복리는 어떻게 규정하느냐에 따라 다르다. 특히, 권력이 있는 집단에 의해 그 의미가 달라질 가능성도 있기 때문이다. 따라서, 논의과정을 공개하고 자유롭고 평등한 합의가 이루어지는 의사소통이 공공복리를 실현할 수 있는 바탕이 될 것이다.

4. 사회복지방법론

사회복지는 사회문제를 해결하는 응용과학으로써 사회정책과 사회사업을 포괄하는 실천학문이라 할 수 있다. 특히, 사회복지의 방법으로써 사회문제에 대한 개입은 정책론적, 병리론적, 기술론적 접근방법으로 구분하는데, 그 구체적인 내용은 다음과 같다(한신애 외, 2018: 35~36).

1) 정책론적 접근방법

사회제도의 결함으로 생긴 사회문제를 해결하는 사회정책으로 보는 견해다. 이것은 사회문제가 개인의 책임에 있다기보다는 국가나 사회의 책임으로써 국가정책에 의해 사회복지가 전개되어야 한다. 따라서, 사회정책의 연구대상은 빈곤문제, 노동문제, 계층문제, 사회구조문제 등에 관심을 두고 거시적인 맥락에서 접근하고 있다.

2) 기술론적 접근방법

개인의 성격결함에 대한 인간관계의 조정기술로 보는 견해이다. 이 관점은 인간의 욕구를 위기나 문제적 상황으로 규정하고, 문제의 소재가 부적응이나 욕구불만에서 일어난다고 본다. 이 접근방법은 주로 개인의 탈선행위, 심리적 부적응, 정신질환의 문제에 관심을 두고, 심리요법이나 환경조정 등을 통해서 해결하고 있다.

3) 병리론적 접근방법

사회병리현상의 원인을 발견하고 과학적 분석과 사회적 진단을 통해서 접근하는 견해다. 이 관점은 개인이나 집단의 병리적 근본문제를 해결하는 데 관심을 두고, 궁극적으로는 사회의 부분적 개량을 가능하게 하는 데 그 목적이 있다. 이 접근방법은 생물학적, 심리학적 입장에서 신체장애인, 정신질병자, 자살자 등과 같은 '개인적 병리', 매춘, 이혼 등과 같은 '혈연적 병리', 빈민가, 홍등가 등의 '지연적 병리', 부랑인, 직장부적응 등의 '직업적 병리' 등으로 구분하여 접근하고 있다.

이러한 접근방법은 나름대로 특정 상황에 따라 문제해결을 위해 접근하지만, 현실적인 사회문제의 상황으로 볼 때, 한 가지 방법에 의해 해결하는 것은 한계가 있다. 따라서, 개인, 가족, 직장, 지역사회 등의 특정문제에 대해 두 가지 방법이 동시에 적용되거나, 세 가지 방법이 절충되어 통합적으로 접근해야 하는 경우도 있다.

〈연습문제〉

1. 사회복지 개념의 속성이 아닌 것은?
   ① 사회복지는 다른 사회제도와 구별될 수 있는 특유의 사회적 기능을 갖는다.
   ② 사회복지는 특수대상층뿐만 아니라, 사회전체 성원의 안녕(well-being)을 추구한다.
   ③ 사회성원의 안녕은 그들의 사회적 욕구를 충족시킴으로써 증진된다.
   ④ 사회복지는 인간생활을 향상시키려는 제반시책과 노력을 포함한다.
   ⑤ 사회복지는 국가재정의 지출을 의미하므로 이 제도를 실시할 필요가 없다.

2. 사회복지와 사회사업의 구분에서 틀린 것은?

	사회복지	사회사업
①	이상적 측면을 강조	실천면을 강조
②	인간지향적	환경지향적
③	전체적, 불특정적	부분적, 특정적
④	방법적 제도, 정책, 고정적	지식, 기술, 역동적
⑤	기능적 사전적, 예방적, 적극적	사후적, 치료적, 소극적

3. 사회복지의 목적이 아닌 것은?
   ① 인간의 존엄성 확보 ② 개인의 자립과 성장 · 발달 촉진
   ③ 사회의 통합과 안정 ④ 최저생활보장 ⑤ 통치수단

4. 사회복지의 핵심가치가 아닌 것은?
   ① 인간의 존엄성 ② 인간의 자기결정권
   ③ 인간의 기회균등 ④ 인간다운 생활보장 ⑤ 정치적 자유

5. 사회복지정책 관련 원칙과 가치를 연결한 것으로 옳지 않은 것은?
   ① 보충성 원칙–자력구제 우선
   ② 열등처우 원칙–비례적 평등
   ③ 보험수리 원칙–개인적 형평성
   ④ 소득재분배 원칙–능력에 따른 부담
   ⑤ 최소극대화(maximin) 원칙–개인적 자유

정답 1. ⑤ 2. ② 3. ⑤ 4. ⑤ 5. ⑤

Chapter 2

사회복지의 역사

학습목표

1. 역사에 대한 기본적인 이해
2. 각국 사회복지 역사 탐색
3. 각국 사회복지 비교 분석

학습내용

1. 영국 사회복지의 역사
2. 미국 사회복지의 역사
3. 한국 사회복지의 역사

개 요

사회복지는 논리적으로 등장하기보다는 역사적 상황으로 인한 경우가 많다. 즉, 사회복지는 역사적 산물이며, 과거부터 계속되어 온 정치적 · 사회적 · 경제적 환경이 서로 얽혀서 현재의 모습으로 나타난 경우가 대부분이다. 따라서, 현재의 사회복지를 제대로 이해하기 위해서는, 사회복지가 역사적으로 어떻게 등장하였고, 또한 그 후에 어떻게 발전되어 오늘에 이르렀는지를 논의할 필요가 있다. 여기에서는 사회복지의 역사를 학습하고자 한다.

Chapter 02 사회복지의 역사

사회복지는 논리적으로 등장하기보다는 역사적 상황으로 인한 경우가 많다. 즉, 사회복지는 역사적 산물이며, 과거부터 계속되어 온 정치적 · 사회적 · 경제적 환경이 서로 얽혀서 현재의 모습으로 나타난 경우가 대부분이다. 따라서, 현재의 사회복지를 올바르게 이해하기 위해서는, 사회복지가 역사적으로 어떻게 등장하였고, 또한 그 후에 어떻게 발전되어 오늘에 이르렀는지를 논의할 필요가 있다. 사회복지의 역사는 다음과 같다.

1. 영국 사회복지의 역사

1) 중세의 사회복지

중세 초기는 로마제국의 붕괴로 시작된 대략 6세기에서 10세기에 걸치는 기간으로 볼 수 있다. 영국의 각 지방은 장원제도에 따라 영주와 기사 · 평민 · 농노 등의 신분을 가지고 있었으며, 가장 하층계급인 농노들의 생활은 극도로 열악하였다. 농노들은 영주의 토지에 귀속되어 토지와 함께 매매되어 그들의 생활은 영주의 관리하에 놓여 있었다. 따라서, 농노들의 삶의 환경은 전적으로 자신이 소속된 영주의 지배형태에 따라 좌우되었다.

중세 영국의 공식적인 사회서비스 활동은 대부분 교구를 중심으로 주로 이루어졌다. 각 교구마다 지역 내 가난한 사람들에게 구제활동을 실시하였다. 또한 중세 상인들의 길드제도는 상호부조의 기능을 수행하였고, 민간자선단체에 의하여 구빈원 등 임시보호시설들이 설치되어 가난한 이주자들에게 무료숙식을 제공하거나 응급구호 서비스 등을 실시하였다.

15세기 노동자들의 실제 임금은 영국 역사에 있어 가장 높은 수준이었으며, 14세기부터 15세기에 걸친 백년전쟁(Hundred Years' War, 1337~1453)과 장미전쟁(Wars of the Roses, 1455~1485)에 참전했던 많은 군인들에게 적절한 지원이 이루어지지 않아 이들은 부랑인과 빈민으로 전락할 수밖에 없었다.

이러한 현실로 인하여 국민들의 자유와 노동력을 통제하기 위하여 관련 제도들이 출현하게 되었는데, 노동능력이 있는 사람들에게 노동을 강요하는 내용들로 이루어졌다. 노동능력이 없는 노인이나 빈민의 구호신청을 조사하고 걸인을 등록하도록 하여 구걸허가증을 발급하기에 이르렀다. 이와 같이 구걸과 자선은 노동능력이 없는 사람들에게만 허용되었다(최원규 외, 2021: 80~84).

결론적으로 중세 영국의 복지역사는 교회를 중심으로 자선과 구호로 시작하였으나, 흑사병 등과 같은 일련의 현상으로 인해 점차 국가가 개입하여야 하는 대상으로 바뀌는 전환점에 이르게 된다. 물론 당시 국가개입 또는 책임의 의미는 오늘날 국민의 권리와 국가 의무라는 측면에서 해석될 수 있는 특징과는 거리가 멀다. 그럼에도 불구하고, 빈민에 대한 접근이 국가를 통해 이루어져야 할 필요성이 등장했다는 점은 후일 등장하게 되는 본격적인 구빈제도의 견인차가 되었다는 점에서 중요한 의미가 있다(박태정, 2020: 51).

2) 엘리자베스 구빈법

영국에서는 일찍이 「엘리자베스 구빈법」 이전에 구빈법이라는 일련의 제도들이 만들어졌다. 엘리자베스(Elizabeth I, 1553~1603) 여왕은 그동안 제정되고 실시되어 온 구빈 관련법들을 집대성한 「엘리자베스 구빈법(the Elizabethan Poor Law of 1601, 빈민법)」을 제정하게 되었다. 이 법에서는 구빈사업을 교구 단위의 자선행위로부터 국가가 구빈세에 의한 재정과 행정지원으로 시행하게 되는 계기를 만들었다. 당시 부랑자 수가 꾸준히 늘어났기 때문에 국가가 이에 대한 가시적인 조치를 취할 수밖에 없었다. 「구빈법」은 문자 그대로 빈곤한 사람의 구제를 목적으로 만들어졌다. 이 법은 정치적 · 경제적 · 종교적인 변화의 시기에서 빈곤에 대한 정부의 조치에 일반 국민의 여론을 수렴한 법이라고 할 수 있다. 이 법은 주로 농촌사회에 초점을 맞춘 것으로, 가족이나 친족으로부터 부양받지 못하는 빈곤한 사람들의 생활유지는 그 지방의 공동체인 교구가 책임진다는 것을 확인하였다(장갑수 외, 2019: 101).

이 법은 모든 교구에 무급의 구빈감독관을 임명 · 배치하여 치안판사의 동의를 얻어 교구 내의 부자에게 적당한 금액의 구빈세를 부과하여 징수할 수 있도록 하였다. 또한 교구 내에 있는 빈민들을 위해 구제를 제공할 만한 재정이 부족한 경우, 다른 교구에 지원을 요청할 수 있도록 제도화하였다(박태정, 2020: 53). 이 법의 가장 중요한 원칙은 무능력자에 관한 사항이다. 무능력자들은 최저임금 노동자 이하의 능력이라는 조건하에서만 도움을 받을 수 있다. 이 원칙은, 구빈원(workhouse)에 들어오기 어렵게 만들어져 있다. 구빈원에서는 공통의 기준을 두도록 시도하고 있지만, 매우 가혹한 곳도 있다.

「엘리자베스 구빈법」은 시행과정에서 여러 가지 부작용을 낳았다. 교구들은 교구 내 결혼을 가능한 한 억제했다. 새로 결혼한 부부 사이에 태어난 아이의 경우, 교구가 보살펴야만 하는 부랑자가 될 가능성이 컸기 때문이다. 이에 따라, 다수의 사생아가 출생했다. 또한 빈곤아동들은 토지노동, 가사노동 및 숙련노동의 고역을 도맡아야만 했고 거의 노예에 가까운 비참한 대우를 받았다. 모든 형태의 빈민을 구제할 능력을 가진 교구는 극소수였다. 무보수 구빈감독관은 자신의 일에 성실하지 않았고 부패하기까지 하였다(원석조, 2019: 49).

「구빈법」은 20세기 초 사회적 서비스망의 설립을 통하여 허물어지기 시작하였다. 이러한 발전을 위한 많은 공적은 웹 부처(Webbs)와 같은 사회개혁가의 힘에 기인한다. 이들은 영국법률위원회(Royal Commission on the Poor Laws, 1905~1909)에 의해 취해진 「구빈법」 운영의 재검토를 위해 중요한 역할을 하였다. 「구빈법」은 1949년에야 폐지되었다.

본래 이 법은 빈민통제에 목적을 두었기 때문에 대상자 선정의 엄격성을 견지하였고, 원외구호를 일정 수준 인정하면서도 본연의 방식은 원내구호를 기본 원칙으로 유지해 강제노동과 처벌 등 빈민억압정책을 주로 적용하였다. 특히, 빈민에 대한 가족 및 친족의 우선 책임을 명시하고, 대상자 선정에서도 엄격한 자산조사를 하였다는 점에서 공공부조제도의 시초라 할 수 있다. 그럼에도 불구하고, 빈민구제에 대한 국가(지방정부)의 책임을 최초로 규정하고 행정체계를 마련한 것은, 빈민에 대한 공적 개입과 지방정부 중심의 행정체계 구축의 시도라고 할 수 있는데, 이는 향후 근대적인 사회복지제도를 도입할 때 행정적 기반이 되었다고 평가되기도 한다(심상용 외, 2021: 59).

3) 정주법

「구빈법」에 따른 빈민구제의 책임은 전적으로 교구 중심의 지방정부에 있었다. 따라서, 만일 구제해야 할 빈민이 많을 경우에는 그만큼 교구민으로부터 더 많은 구빈세를 거둬야 하였다. 1660년대부터 농촌인구, 특히 빈민들이 대규모로 도시로 유입되면서 빈민을 구제해야 할 책임이 있던 교구 입장에서는 자신의 교구에 빈민들이 유입되어 구빈세가 증가하는 것을 달갑지 않게 여겼다. 그중에서도 재정 형편이 어려운 교구에서는 가능하다면 빈민의 수를 줄이거나 구빈의 수준을 낮추려고 하였고, 그 결과 빈민에 대한 처우는 매우 열악해질 수밖에 없었다. 이 같은 열악한 처우는 빈민이 보다 나은 생활환경 또는 일자리 형편과 재정 형편이 좋은 교구를 찾아다니게 만드는 문제를 불러왔다. 반면, 귀족계급은 자신의 농지에 유입해 온 농촌 빈민에게 더는 관대하지 않았다. 이에 「엘리자베스 구민법」이 제정된 지 약 60년의 시간이 흘러 구빈세를 부담하는 귀족과 교구에서는 빈민들의 거주이전을 보다 엄격히 제한하는 법률의 필요성을 제기하기 시작하였다(심상용 외, 2021: 64).

1662년 찰스 2세(Charles II, 1630~1685) 제위 시 제정된 「정주법(Settlement Act)」은 영국에서 성립된 부랑자 금지법을 말한다. 「정주법」은 빈번한 인구이동을 금지시키고, 빈민들을 농촌에 정착시키며, 구빈세(poor rate) 증가를 억제시킬 목적으로 제정하였다. 「정주법」은 「엘리자베스 구빈법」의 거주에 관한 규정을 독립법으로 분리 · 강화한 것으로, 교구로 하여금 구빈의 관할지역에 새로운 빈민들이 들어올 경우, 특별한 사유가 없는 한 이전의 거주지로 송환할 수 있도록 한 법이었다.

그러나 「정주법」은 빈민에게는 거주이전의 자유를 통제하는 것이 되었고, 임금노동자를 필요로 하는 상공업 신흥자본가들에게 노동력의 확보를 어렵게 하였으며, 일할 수 있는 노동자들에게는 실업의 원인이 되는 결과를 낳았다. 이 법령은 빈민의 자유로운 이동을 금지하여 선의의 빈민의 거주선택의 자유와 정의에 대한 뚜렷한 침해라는 비판을 받았다.

하지만 「정주법」도 산업화의 불가피한 현상인 대도시로의 노동력 유입을 막을 수는 없었다. 경제가 확대되는 사회에서 많은 노동력이 필요했기 때문에 「정주법」이 실제에서는 엄격하게 적용되지는 않았지만, 지방정부의 책임을 강조하고 복지혜택을 받기 위해서는 거주조건을 충족해야 한다는 원칙은 오늘날에도 지속되고 있다. 지방주의의 극단을 보인 「정주법」은 1795년 폐지되었다(원석조, 2019: 51).

4) 신구빈법

1832년에 「구빈법」의 조사를 위한 왕실위원회(royal commission)가 발족하게 되었다. 왕실위원회의 보고에 따라 1834년 「구빈법」이 전면적으로 수정됨으로써, 이 수정된 법을 1601년 「엘리자베스 구빈법」과 비교하여 「신구빈법(New Poor Law)」 또는 「구빈수정법」으로 일컫는다. 1601년 이래의 「구빈법」이 교구를 단위로 하고 지방행정을 지주로 하고 있는 데 반하여, 국가통제로 빈민처우의 전국적 통일화와 구빈행정의 중앙집권화를 위하여 3명의 정부위원 밑에 각 지방의 선거에 의한 구빈위원회를 설치하였다. 조직의 특색은 중앙에 3명의 위원, 지방에는 구빈위원을 두어 교구연합을 통괄했고, 중앙위원은 국왕에 의해 절대권을 가졌다.

19세기 초 영국의 사회복지제도는 높은 구빈세 부담으로 자본가들의 기존 제도에 대한 불만이 커졌다. 또한 나폴레옹전쟁의 패배에 따른 실업자의 증가와 식료품을 비롯한 생활용품비의 폭락으로 인해 많은 영세농들이 몰락함으로써 기아가 급증하고 구제를 요구하는 사람들의 수는 폭발적으로 늘어났었다. 「신구빈법」의 목적은 구빈비용을 최소화하는 데 있었으며, 균일처우의 원칙, 열등처우의 원칙, 작업장 활용의 원칙 등 3대 원칙이 강조되었다.

「원외구제법」을 폐지하고, 원내의 구빈 기준도 낮추고 「정주법」도 완화하여 노동능력이 있는 자에게 노동을 강제하는 것을 목표로 하였다. 즉, 공적구빈제도는 빈곤을 해결하지 못한다는 주장으로 빈곤의 자주 해결을 요구하고 원외구호를 최소화 내지 폐지, 재원은 구빈세로 하나 종전의 지방자치단체에서는 관리하지 못하고 중앙정부에 의한 전국 획일적인 구제를 기도하였다. 그러나 자본주의의 모순이 심화되고 사회문제의 심각화로 파탄되어 1948년 「국민부조법」이 공포됨에 따라 폐지되었다.

결론적으로 「신구빈법」은 영국 사회정책 역사에서 하나의 분수령이 되었다. 「신구빈법」 이후 빈민에 대한 어정쩡한 자비심이 완전한 억제로, 빈곤은 재발되는 문제가 아니라, 가차 없이 제거되어야 할 문제로 인식이 바뀐 것이다(원석조, 2019: 73).

5) 자선조직협회와 인보관운동

(1) 자선조직협회

민간자선기관과 단체 간의 연락 · 조정 · 협력의 조직화와 구제의 적정화를 시도하기 위하여 1869년에 자선조직협회(Charity Organization Society, COS)가 설립되었다. 자선조직협회는 자원봉사자인 우애방문원(friendly visitor)을 통해 빈민의 생활상태를 조사하기 위하여 가정방문과 면접을 실시하고, 구호신청자들에게 협회에 등록하게 하여 구호의 중복을 방지하고자 하였다. 이러한 자선조직협회의 활동은 이후 사회사업방법론인 개별사회사업과 지역사회조직론의 발전에 기초를 마련하게 되었다. 또한 우애방문원의 구성원은 대부분 여성으로 되어 있었는데, 단기간의 공식적인 교육과 훈련을 통하여 사회사업가의 자질을 확보하여 전문사회사업가의 양성이 이루어지게 되었다.

자선조직협회의 활동과 함께 당시 민간자원봉사운동이 발생하게 되는데, 도시빈민을 위한 조직적인 자선사업의 하나로서 옥스퍼드대학교와 케임브리지대학교의 학생들을 중심으로 시작된 인보관운동을 들 수 있다. 이들은 도시빈곤지역에서 빈민들과 함께 거주하면서 도시빈곤지역의 문제를 실제로 조사하여 도시빈민의 생활실태를 자세히 파악하고, 교육과 계몽 그리고 집단활동을 통하여 지역사회의 환경을 개선하고 빈민들의 자활능력을 향상시켜 빈곤의 문제를 해결하려 하였다.

(2) 인보관운동

경제적 상류층에 의하여 주도된 것이 자선조직화운동이라면, 급진적이고 개혁을 지향하는 대학생과 지식인들을 중심으로 이루어진 것이 인보관운동(Settlement Movement)이다. 인보관운동은 대학생을 중심으로 지식인들이 빈민지역에서 빈민들과 함께 공동생활하면서 빈민들에게 교육과 문화수준 향상을 목적으로 하는 사회개량운동으로, 집단사회사업, 사회행동, 지역사회조직의 사회사업 기술발전에 기여하였다(박태정, 2020: 93).

영국의 유명한 인보관으로 토인비 홀(Toynbee Hall, 1884)이 있다. 또한 인보관운동과 동시에 이루어진 것은 빈곤에 대한 사회조사활동이었다. 자선조직협회에서 활동하던 우애방문원들이 빈곤의 원인을 개인에게서 찾았던 것과는 대조적으로, 인보관운동에 참여한 사람들은 주거환경과 사회제도의 결함에 관심을 두었다(박원진 외, 2018: 57).

토인비 홀(Toynbee Hall, 영국 런던)

도시노동자들의 빈곤문제에 관심이 있었던 찰스 부스(Charles Booth, 1840~1916)를 비롯한 사람들이 런던시민 생활실태에 관한 조사를 통하여 직업, 생활 및 노동조건, 작업시간 및 임금, 실업상태 등을 조사하였다. 그 결과, 런던 인구의 30%가 빈곤선(poverty threshold, 빈곤소득선) 이하의 생활을 하고 있음을 발견하였고, 빈곤의 원인이 개인의 책임보다는 불충분한 임금, 부적절한 주택, 불결한 위생시설 등이라고 지적하였다.

이러한 조사결과들은 빈곤의 원인이 개인에게 있기보다는 사회구조적 결함에 의해 발생하는 것이기 때문에 사회문제에 대하여 범사회적인 대책이 필요함을 입증한 것이다. 이러한 사회조사활동들은 합리적인 조사를 통한 사회복지의 과학화에 기여하였다고 볼 수 있다.

6) 베버리지 보고서와 사회보장제도의 발전

영국의 처칠(Winston Leonard Spencer Churchill, 1874~1965) 정부는 제2차 세계대전 이후 붕괴된 사회복구에 필요한 조치를 강구하게 되었다. 경제학자인 베버리지(William Henry Beveridge, 1879~1963)를 위원장으로 하는 '사회보험과 관련 서비스에 관한 정부부처 간 조사위원회'를 설치하고, 1942년 「사회보험 및 관련 서비스(*Social Insurance and Allied Services*)에 관한 보고서」를 작성하여 국회에 제출하였다(원석조, 2020: 152~153).

「베버리지 보고서(Beveridge Report)」의 주요 내용은 국민생활의 불안요인이 되고 있는 5대 사회악으로 결핍(want) · 질병(disease) · 불결(squalor) · 무지(ignorance) · 태만(idleness)을 규정하였다. 이 가운데 사회보장의 궁극적 목표로 '빈곤'을 최우선적으로 제거해야 할 사회악으로 간주하고 '빈곤'한 국민들을 경제적 빈곤에서 벗어날 수 있도록 소득을 보장하는 사회보장제도의 기준을 제시하였다. 핵심적인 내용으로는 사회보험제도로서 사회보험제도의 원칙을 체계적으로 확대하여 적용하면 모든 국민의 빈곤문제를 해결할 수 있다고 주장하고 있다. 사회보험제도는 소득이 중단되거나 부수적인 비용지출이 생기는 경우, 사망 · 질병 · 재해 · 노령 · 결혼 · 출산 · 실업 등에 대비하여 일정 소득액을 보장하는 것을 내용으로 하고 있다(김영화 외, 2020: 63).

베버리지는 사회보험이 성공하기 위해서는 세 가지 기본 전제조건이 필요하다고 주장하였다. 즉, 가족수당(family allowances), 포괄적인 보건서비스(comprehensive health service), 완전고용(full employment)이 그것이다. 가족수당은 가족의 크기와 소득을 고려하여 결정되어야 하고, 보건서비스는 치료적일 뿐만 아니라, 예방적이어야 한다. 실업은 실업수당의 비용과 그에 따른 임금 손실을 감안하면 가장 낭비적인 문제이므로 완전고용은 매우 긴요한 전제조건이다(원석조, 2019: 238).

7) 대처리즘과 제3의 길

1960년대까지 영국은 세계적인 경제적 호황에 힘입어 「베버리지 보고서」에서 제시한 복지국가를 안정적으로 발전시켜 나갔다. 그러나 1970년대 이후 불어 닥친 세계석유파동에 따른 경기침체로 영국은 경제적 위기를 맞게 되었고, 1970년대 후반에는 소위 '복지국가 위기론'이 등장하게 되었다. 따라서, 「베버리지 보고서」가 제시한 전 국민을 대상으로 한 복지서비스를 국가의 책임으로 하였던 보편주의 원칙을 포기하고, 욕구대상자를 중심으로 한 선별주의적 사회복지정책으로 선회함으로써 제도적 서비스에서 보충적 서비스로 전환하게 되었다.

신자유주의의 이념을 국정목표로 삼았던 마가렛 대처(Margaret Hilda Thatcher, 1925~2013) 수상의 보수당 정부(1979~1990)는 사회복지의 공공재정 지출을 축소하고, 사회보장과 사회서비스 전달체계를 변화시켰으며, 대인적 사회서비스 영역에서는 지역 내의 사회보호서비스를 강조하였다. 그리고 지방정부 사회서비스의 조직과 운영을 개혁하여 서비스 전달체계에서 정부 및 공공부문 중심의 역할을 축소하고, 민간부문의 역할을 강조하는 정책을 단행하게 되었다(박태정, 2020: 162).

대처 수상은 신자유주의 경제학자 하이에크(Friedrich August von Hayek,

1899~1992)의 이론인 경쟁을 강조하는 자유시장 경제체제 이론을 바탕으로 사회복지를 공격하면서 「신구빈법」이 번창했던 "빅토리아 시대로 돌아가자."라는 슬로건을 세우고, 복지에 대한 국가책임 대신 자조(self-help)와 개인주의의 원칙을 강조하였다. 대처 정부에서 복지수급자가 되기 위해서는 자산조사를 거쳐야 했는데, 지나친 엄격함으로 인해 복지수급자에게 엄청난 수치심을 갖게 했다. 특히, 실업자들에게 유례없는 가혹한 조치들을 취했는데, 이들을 '일할 능력이 있음에도 불구하고, 일하지 않는 자, 국가복지에 기생하려는 복지의존자들'이라고 공격하면서 집권기간 내내 실업급여를 삭감하고 통제하는 정책으로 일관했다. 또한 노동유인을 강화하기 위해 실업급여를 받기 위한 근속기간 규정을 강화하는 한편, 남용을 방지한다는 명분 아래 자격규정을 까다롭게 함으로써 사실상 자격 있는 실업자 역시 굴욕감으로 수급을 포기하도록 유도했다.

대처 수상은 1983년과 연이어 1987년 총선에서도 승리하였고, 1990년 사임하기까지 11년 반 동안 영국 수상으로 재임하면서 성공한 정치가였다. 그러나 복지국가시대에 구축되었던 복지에 대한 합의를 파괴하고, 강력한 복지감축정책을 실시하였으며, 시민권으로 주어지는 국가복지 대신 능력에 따른 시장에의 의존을 고무함으로써 작지만 강한 정부를 달성하고자 하였다. 대처 수상은 자조원칙을 외치면서 "스스로 돕고 싶지만 여러 가지 장애로 스스로 도울 수 없는 사람들이 많다."는 사실을 애써 외면했다. 이런 점에서 대처 집권기는 복지의 암흑기였다(박병현, 2015: 128~129).

결국 대처 정부의 등장은 영국의 사회보장 및 사회복지역사에 있어서 전환점을 이루는 대 사건이다. 즉, 전후시대를 지배했던 베버리지적 복지원칙은 자유주의적, 빅토리아적 복지원칙으로 대체되었다. 이는 국가에 의한 국민적 최소생활의 유지와 연대적 공동체의 형성이라는 제2차 세계대전 이래의 복지국가 대원칙을 무너뜨리고, 그 자리에 자유경쟁과 적자생존의 논리를 채워 넣은 복지국가의 새로운 단계를 의미하는 것이다. 그러나 대처의 신자유주의 이념의 복지정책은 이후 보수당 정권에서 뿐만 아니라, 노동당 정권에서도 답습되었다(박진화, 2020: 216).

1997년 정권을 창출한 노동당의 토니 블레어(Tony Blair, Anthony Charies Lynton Blair) 수상은 과거 보수당 정부에서 추진하였던 복지축소정책을 고수할 것인지에 대해 딜레마에 빠지게 되었다. 복지개혁을 추진함에 있어 이전 보수당 정부의 선별주의 복지정책을 추진하느냐, 아니면 노동당의 전통인 보편주의 복지를 추진하느냐 하는 딜레마 속에서 블레어는 사회학자인 기든스(Anthony Giddens)가 주장하는 '제3의 길(the third way)'이라는 새로운 복지정책노선을 채택하게 되었다. 즉, 고복지-고부담-저효율로 요약되는 사회민주주의 복지국가 노선(제1의 길)과 고효율-저부담-불평등으로 정리되는 신자유주의적 시장경제 노선(제2의 길)을 지양하고 새로운 정책노선으로서, 시민의 사회경제생활을 보장하는 동시에, 시장의 활력을 높이자는 신노동당 프로젝트, 즉 구식 사회민주주의와 신자유주의로부터의 차별화 전략이었다(원석조, 2019: 339).

블레어 정부는 대처 정부에서 추진했던 복지축소정책의 틀에서 교육과 노동을 통합한 복지, 그리고 개인의 저축을 강조하는 방법론을 선택하고, 적극적인 서비스, 소비자중심 서비스, 전산 서비스를 통한 투명적 서비스 전달체계, 사회서비스 남용을 근절하기 위한 통합복지 시스템 구축, 서비스조직 간의 협력과 서비스 전달의 효율을 강조하는 효율적 서비스를 구축하는 정책을 시행하였다.

2. 미국 사회복지의 역사

1) 초기의 사회복지

19세기 초 미국은 주로 영국에서 이주해 온 식민지 개척자들이 대부분 사회의 각 분야에서 중추적인 활동을 하였는데, 그들은 영국의 법제나 관습을 그대로 가져와 미국의 정책에 적용시키려고 하였다. 청교도 윤리(puritanism)가 지배적이었기 때문에 노동을 미덕으로 여기고 나태는 죄로 여겼는데, 빈곤의 책임은 개인의 책임이라는 생각을 뒷받침하였다. 따라서, 이 시기의 빈민에 대한 구호활동도 이러한 빈곤관에 입각하여 시행되었다. 또한 활동의 주요 범위는 최소한의 범위로 이루어졌고, 대상도 고아, 과부, 병자, 장애인 등 노동능력이 없는 자와 일시적으로 노동능력이 상실되어 구제를 필요로 하는 자로 제한하여 시행되었다. 1886년 뉴욕에 근린조합이 설립되었으며, 이것은 미국 최초의 인보관이었다. 그 후 시카고에서 아담스(Jane Adams, 1860~1935)에 의해 헐 하우스(Hull House)가 세워졌는데, 이곳에는 오늘날의 지역사회복지관이 제공하는 서비스가 존재하였고, 노동조합의 활동공간이자 각종 사회문제를 토론하는 공간이기도 하였다(박원진 외, 2018: 65).

헐 하우스(Hull House, 미국 시카고)

뉴딜정책과 사회보장제도

제1차 세계대전에 이어 1929년 시작된 경제 대공황은 10월 주식시장의 붕괴로 이어지면서 상품의 가격은 떨어지고, 실업자의 급증을 초래하여 약 1,200만 명에서 1,500만 명에 이르는 노동자들이 직장을 잃게 되었다. 이로 인해 1920년대에는 실업과 빈곤이 급증하고 노동자, 소작인, 흑인 및 미망인 등의 불평등이 표출되었다.

대량의 빈민과 실업자들을 구제하기 위한 민간단체나 주정부의 자원과 재정이 고갈되어 이러한 사회문제를 해결하기 어려운 상황에 봉착하게 되었다. 이에 루즈벨트(Franklin Delano Roosevelt, 1882~1945) 대통령(제26대)은 뉴딜정책(New Deal)을 발표하여 실업자를 구제하기에 이르렀다. 뉴딜정책의 목적은 정부의 개입과 규제력에 의해 자본과 노동을 조직화하고, 이것을 통하여 산업에서는 일정한 이윤을 보증하게 함과 동시에, 다른 한편으로는 실업이나 저임금이 더 이상 확대되지 않도록 하자는 데 있다(김영화 외, 2020: 61).

루즈벨트 대통령은 1933년 「연방긴급구호법」을 제정하고 연방긴급구호청을 창설하여 연방정부의 실업대책으로 구제사업을 위한 보조금을 주에 교부하고 대규모의 노동력을 투입하고 공공사업을 단행하였다. 1935년 8월 14일에 제정·

공포된 「사회보장법」은 강제적 사회보험과 공공부조를 양축으로 하고 세 부분으로 구성되어 있는데, 그 내용은 다음과 같다.

① 사회보험 프로그램으로 연방노령보험체계와 연방정부와 주정부가 함께하는 실업보장제도
② 공공부조 프로그램으로 노령부조, 요보호 시각장애인 부조, 요보호아동부조 등을 포함시키는 3개 집단을 위한 연방정부지원제도
③ 사회복지서비스 프로그램으로 모자보건서비스, 아동복지서비스, 지체장애아동 서비스, 직업재활 및 공중보건서비스 등에 대한 연방정부의 보조금 지급

그 후 1943년 「직업재활법」과 1944년의 「공중보건서비스법」, 1946년에는 사회보장의 단일행정기구로서 사회보장청이 설립되었다. 미국의 사회보장제도의 특징을 살펴보면 다음과 같다.

① 연방정부가 직접 운영 · 관리하는 노령연금제도
② 각 주정부의 실업보험, 공공부조, 사회복지서비스에 대한 지원제도

이처럼 여기에서 특기할 점은 종전의 영국의 사회보험제도는 사회보험만을 대책으로 하고 있으나, 미국에서는 공공부조, 사회복지사업을 포함한 종합적인 대책이라는 점에서 다르다.

2) 복지국가 지향

미국의 사회복지는 베트남 전쟁으로 인해 후퇴하지 않을 수 없었다. 존슨 대통령은 막대한 전쟁비용을 충당하기 위해 케인즈(John Maynard Keynes, 1883~1946)의 수정자본주의를 사회복지에 적용할 수 없었다(원석조, 2019: 32). 케인즈의 복지이론은 소극적 복지에서 적극적 복지로, 작은 정부에서 정부개입으로의 전환을 의미한다.

미국의 경우, 1960년대와 1970년대 베트남 전쟁 후 경제적 호황과 유가파동으

로 인한 불황 등 사회적 변화가 복지정책에 끼친 영향은 다음과 같다.

① 유가파동에 의한 경기침체로 실업과 빈곤대책을 강구하기 위한 많은 정책들의 수립

② 흑인과 여성의 인권운동, 반전운동, 학생운동, 복리권 시위 등 시민의 권익옹호운동으로 사회사업 분야에서도 많은 법령을 새로 제정하거나 개정하였고, 관대한 사회복지정책 시행

1980년대에는 복지국가 위기론이 대두되면서 신보수주의 성향의 정책이 시행되었다. 이로 인해 복지국가는 사회보장제도의 내용과 양적인 측면에서 모두 축소되는 경향을 보였다. 즉, 이러한 변화는 정부의 복지비용의 삭감 및 지출구성의 변화, 공공서비스를 포함한 공공부문의 민영화 및 기업에 대한 규제의 완화, 지방정부의 역할축소, 노조를 포함한 사회세력의 역할 등의 정책기조를 취하는 등 최소 정부를 지향하게 되는데, 이를 '레이거노믹스(Reaganomics)'라고 한다. 결과적으로, 레이건 행정부(1981~1988)의 정책은 인플레이션을 감소시키고 미국경제의 일시적인 호황을 가져왔지만, 영국의 대처리즘(Thatcherism)과 같이 불평등의 증대를 큰 한계로 남기게 되었다. 이는 사회복지 지출을 감소하고 역진적 조세를 부과한 결과로 발생한 것이며, 실질적으로 불로소득과 자본이득의 증대로 노동자계층이 소외당하고 실질임금이 감소하고 실업이 증가하는 격심한 불평등을 발생시켰다. 이렇듯 레이거노믹스는 자본의 새로운 축적구조를 형성하지 못한 채 한계를 안고 있었다(박진화, 2020: 218). 사회복지의 세계사적 의미에서 볼 때, 동시대에 이루어진 레이거노믹스와 대처리즘으로 인해 사회복지는 신자유주의의 엄청난 파도에 휩쓸리게 되어 후퇴의 길을 겪게 되었다.

1992년 민주당의 빌 클린턴(Bill Clinton)이 대통령에 당선되면서 보편주의에 입각한 사회복지 프로그램을 제안하였으나, 여소야대의 의회에서 거부되었다. 그리고 과거 빈곤층에 대한 일률적인 복지정책이 빈곤층의 고착화를 야기하였다는 야당인 공화당의 빈곤정책 재검토의 요구에 의하여 빈곤층에 대한 대책으로 일자리창출에 '근로자 연계형 복지(welfare to work)' 제도를 도입하여, 생활보

호대상자가 일을 할 경우 일정 금액을 정부가 지원해 주는 방식으로 관련법을 전면 개정하였다(홍봉수 외, 2017: 106).

1990년대 미국 의회는 상원과 하원 모두 보수성향이 높은 공화당이 다수를 확보함으로써 사회복지정책은 단계적으로 축소되었다. 그 결과, 부양아동이 있는 빈곤가족에 대한 보조제도인 공공부조 등의 자격요건을 강화시켰고, 생산적 복지를 강조하게 되었다.

미국의 사회복지는 자유주의 시장경제 이념에 기초한 정책을 지속적으로 유지하고 있다. 미국은 개인주의와 지방분권주의를 중시하는 자조를 강조하는데, 이런 차원에서 공공부조의 의존도를 낮추고 자조능력을 갖춘 자에 대한 빈곤대책을 활발히 전개하고 있다. 그리고 지방분권주의에 입각한 제도의 운영이 기본적으로 각 주의 자치에 맡겨진 결과, 주정부마다 급부조건에 큰 차이가 있다는 특징을 지니고 있다.

미국과 영국의 사회복지를 역사적인 관점에서 비교해 볼 때, 서로 상반되는 면을 볼 수 있다. 영국은 사회제도정책을 발전시켜 왔으나, 오늘날은 이에 못지않게 직접적 대인서비스와 사회복지방법론적 접근에도 역점을 두고 있는 데 반하여, 미국은 역사적인 특수성이나 개인존중이라는 민주주의의 특징으로 대인적 서비스, 즉 사회방법론의 발달에 큰 성과를 거두어왔으나, 최근에는 보다 바람직한 제도와 사회정책 및 계획의 과제연구가 활발히 전개되고 있음을 알 수 있다.

20세기 말 이후 영국과 미국을 포함하여 서구의 복지국가들은 조정단계에 있다고 할 수 있다. 전후 복지국가들이 시행하고 있는 사회복지제도들은 대부분 대량생산방식에 기반을 둔 산업사회의 구조에 맞는 제도들이었다. 그러나 세계화, 탈산업화, 정보화 등이 진행되면서 국가 간 경쟁이 심화되었고, 이러한 국가 간 경쟁의 심화는 과거 국가단위 사회복지체제에 변화를 요구하게 되었다.

일찍 세계화와 정보화에 성공한 영국과 미국 등 영미계 국가들은 1990년대 이후 동서냉전이 끝나고 정치적 이데올로기가 무너져가고 있던 상황에서, 새로운 무역 · 금융 질서와 경제체제(WTO, FTA)로 세계질서를 재편해 나가기 시작하였다. 즉, 정치적 이데올로기에 의하여 유지되었던 균형이 시장을 중심으로 한 신자유주의적 경제질서로 대체되었던 것이다. 그리고 이러한 변화에서 상대적으로 뒤떨어진 독일, 프랑스, 스웨덴 등 전통적인 유럽의 복지국가들은 국가경쟁력이 상대적으로 약화되면서, 사회민주주의적 이데올로기를 지닌 국가 중심의 사회복지체제에서 벗어나 국가경쟁력을 확보하고자 하는 노력들이 나타나고 있다.

3. 한국 사회복지의 역사

한국의 사회복지는 정부수립 전까지 큰 성과를 내지 못하고 있었다. 과거 봉건국가체제에서는 시혜적 성격이 있었다고 한다면, 일제강점기에는 식민지통치의 성격이 강했다고 할 수 있다. 미군정 역시 일시적이고 과도기적인 형태에 불과했다. 따라서, 정부수립 전까지는 국가적 차원의 사회복지라고 하기에는 미흡한 점이 많았다. 이런 면에서 한국의 사회복지 시행은 정부수립 이후로 보는 것이 타당하다. 그 내용은 다음과 같다.

1) 이승만 정부

1948년 8월 15일 대한민국 제1공화국 이승만 정부(1948.8~1960.6.)가 수립되어 보건후생부 및 노동부가 사회부로 통합됨에 따라 보건, 후생, 노동 및 부녀 등에 관한 행정을 관장하였다. 그 후 1949년 3월에 보건부가 창설되어 사회부에서 관장하던 보건행정을 분할하여 주관하였으나, 1955년 2월에 보건 및 사회 양부는 다시 보건사회부로 통합되었다.

정부수립 당시 제정된 헌법 제19조에는 "노령, 질병, 기타 근로능력이 없는 자는 법률이 정하는 바에 의하여 국가의 보호를 받는다."라고 하여 국민의 생존권을 명문으로 규정하였다. 그러나 이 헌법이 규정한 국민의 생존권을 보장하는 관계 법률이 제정되기도 전인 1950년에 한국전쟁이 발발하여, 신생 대한민국으로서는 도저히 물적으로나 인적으로나 감당하기 곤란한 일대 궁지에 빠지게 되었다. 즉, 요구호자는 일시에 엄청난 수로 급격히 증가하는 반면, 소요 물자와 자금은 극히 제한되어 있어서, 전쟁 중에는 주로 요구호자들의 최소한의 생명유지를 위한 응급구호에 치중할 수밖에 없었다.

1952년 3월 현재 전국에 3,935,152명의 피난민과 4,583,974명의 이재민 및 1백만 명의 전 · 사상자가 발생했다. 그중에서도 요보호아동의 구호와 보호문제는 당시의 여러 가지 사회문제와 더불어 긴급히 해결해야 할 문제로 제기되었다. 정부는 재정 부족 때문에 요구호자 구호를 위해 외국 원조단체들의 협조를 받게 되었다. 미군정 때부터 한국을 원조하고 있던 국제원조처, 경제협력처, 전시 긴급원조 한국민간구호단체, 유엔한국재건단(UNKRA) 등의 외국 원조단체는 중앙구호위원회를 조직하여 긴급구호를 실시하였다. 지방에서도 각급 구호위원회를 조직하여 중앙구호위원회의 지휘감독 아래, 부산지역에 우선 피난민수용소를 설치하여 수용 · 보호하는 한편, 거제도와 제주도에는 집단수용소를 설치하여 피난민 응급구호를 하였다(손병덕, 2020: 85~86).

한국전쟁으로 시설수용보호를 필요로 하는 난민이 다수 생겨났다. 이와 같은 사회적 요구에 따라 고아시설, 양로시설, 모자원 등의 각종 후생시설이 휴전협정 성립 후에 급속히 증가하여, 1959년에는 총 686개의 각종 시설이 설립되었다.

한국전쟁은 사회복지에 두 가지 큰 변화를 가져왔다.

첫째, 정부수립 후 단계적 · 계획적으로 준비해 오던 사회부의 모든 정책이 무산되고 임시적 · 응급적 정책으로 전락하였다.

둘째, 막대한 외국 원조로 인해 한국사회에 의존적 구제방식을 심화시켜 놓았다.

이 시기에는 한국전쟁 발발로 수많은 전쟁이재민, 고아와 미망인, 부상자 등이 발생하여 미국을 중심으로 한 외국 민간원조단체가 주축이 된 공공부조적인 구호활동이 주로 이루어졌다. 당시 정부는 사회복지를 추진할 적극적 의사는 물론 능력도 없었다. 따라서, 사회복지에 대한 법률로는 「근로기준법」과 「공무원연금법」 제정 외에는 특별한 입법이 없었다. 그리고 이러한 사회복지입법은 사회복지법의 개념적 정의를 아직까지 내리지 못한 상태에서 실시되었다. 즉, 사회복지에 관한 입법이 법률적 · 입법적 근거에 의해 시행된 것이 아니라, 정부 관계 부처의 행정명령에 의해 시행되었던 것이다. 물론 제헌 헌법에 생존권을 명문화하였으나, 하위조항이 없어서 실제로 생존권은 보장되지 못하였다(박진화, 2020: 261).

이와 같이 정부수립 이후 1950년대의 사회복지는 임시응급구호와 전후 복구에 급급하였으며, 근대적인 사회복지제도가 제대로 자리 잡지 못하였다.

2) 박정희 정부

박정희 정부는 제3 · 4공화국(1961.5~1981.3.)을 이끌었다. 1960년 4 · 19혁명에 의해 이승만 정부가 붕괴된 후 탄생한 제2공화국 민주당 정부(1960.6~1961.5.)는 나름대로 자주적이고 민주적인 발전의 길을 모색하였다. 그러나 반목과 대립 속에서 정치적 · 사회적 혼란이 그칠 줄 몰랐고, 그 와중에 무정부적 혼란을 청산한다는 명분으로 1961년 5월 16일 군부가 쿠데타를 일으켰다. 군사정부는 절대 빈곤을 해소한다는 혁명공약의 실천을 위해, 1962년부터 제1차 경제개발 5개년 계획을 추진하였고, 1963년에는 박정희 대통령을 중심으로 한 제3공화국이 출범하였다. 사회복지제도가 그나마 형식을 갖추게 된 것은 이때부터이다(박태정, 2020: 218).

1962년부터 시작한 경제개발로 도시화 및 산업화 현상이 나타나고, 도시 빈곤층, 가출 및 비행, 미혼모, 주택 부족 등 과거와는 다른 여러 가지 사회문제들이 드러나기 시작하였다. 그러나 당시 군사정부는 한정된 재원을 경제개발에 집중하기 위해 사회복지에 대해서 소극적이었다. 한편, 노동자계층의 미성숙으로 노조의 조직력이 미약했고, 그들의 권익을 추구하기 위한 이익 표출은 거의 없었으며, 일반 국민의 경우도 사회복지에 대한 이해나 주장이 거의 없었다.

군사정부 시절에는 국민의 지지를 얻기 위해 여러 가지 사회복지 관련법들이 제정 · 공포되었다. 사회보험 부문에서 「공무원연금법」(1960), 「선원보험법」

(1962), 「군인연금법」(1963), 「산업재해보상보험법」(1963), 「의료보험법」(1963)이 제정되었고, 공공부조 부문에서 「생활보호법」(1961), 「군사원호보상법」(1961), 「재해구호법」(1962), 「국가유공자 및 월남 귀순자 특별보호법」(1962) 그리고 사회복지서비스 부문에서 「아동복리법」(1961), 「윤락행위 등 방지법」(1961), 「자활지도에 관한 임시조치법」(1968) 등이 제정되었다. 그 밖에 1963년에는 「사회보장법」이 제정되었다.

이와 같이 1960년대는 전례 없이 사회보험 및 생활보호를 중심으로 한 근대적인 사회복지법제를 마련하였다. 이와 같은 사회복지법제는 그 내용상으로는 비교적 장기적인 안목과 효율적인 합리성을 가지고 있었지만, 형식적인 사회복지법제의 도입이라는 의견이 많았다. 이는 사회복지제도가 구빈적 · 단편적 성격으로부터 벗어나 국가 중심의 체계적인 사회복지제도로 자리 잡는 계기는 되었으나, 그 시행은 성공적이지 못하였다.

1960년대 사회복지의 특징 중 하나는 공무원, 군인 등 사회적 지배계층을 위한 사회보장제도가 우선적으로 제정되었다는 것이다. 이는 후진적 사회복지 발달의 한 형태로서, 사회보장제도의 확충이 복지적인 측면보다는 정치적 지배의 편의성을 위해 이루어졌다는 것을 말해 주고 있다. 1972년 박정희 대통령이 유신헌법을 만들어 대통령의 권한을 대폭 강화하고 유신체제를 유지하자, 이에 대한 체제 도전이 끊임없이 일어났다. 따라서, 체제의 정통성 확립을 위해 무언가 최소한 국민들의 지지를 받을 수 있는 유인을 제공하지 않으면 안 되는 정치적 상황이었다.

당시 사회경제적 상황을 보면, 1960년대 제1차 및 제2차 경제개발 5개년 계획이 성공적으로 수행됨으로써 산업화 · 도시화 현상이 나타나기 시작했고, 절대빈곤에서 탈피하여 고도의 경제성장을 이룩하게 되었지만, 산업화 · 도시화 현상은 필연적으로 각종 사회문제를 가져왔다. 특히, 빈부의 격차가 심해져 상대적 박탈감 및 위화감이 사회에 팽배하여 사회적 불안이 조성되었다. 이런 상황에서 1972년부터 시작된 제3차 경제개발 5개년 계획부터는 본격적으로 사회개발정책을 수행하게 되었다.

1970년대의 사회복지 관련법들을 보면, 사회보험 부문에서는 「사립학교 교원연금법」(1973), 「국민복지연금법」(1973), 「개정 의료보험법」(1976), 「공무원 및 사립학교 교직원 의료보험법」(1977), 「월남귀순자 특별보상법」(1978)이 제정되었으며, 사회복지서비스 부문에서는 「사회복지사업법」(1970)이 제정되었다. 이 가운데 「사립학교 교원연금법」과 「공무원 및 사립학교 교직원 의료보험법」은 국가 건설과 유지에 필수적인 공무원과 교직원에 대한 특별한 배려로 통치수단의 일환이라고 볼 수 있다. 「국민복지연금법」은 법만 제정해 놓고 실시하지 못하였는데, 그 이유는 제도의 수립목적이 중화학공업을 위한 내자조달의 수단으로 국민들이 인식하게 됨으로써, 국민의 지지와 호응을 받지 못했기 때문이다.

3) 전두환 · 노태우 정부

1979년 10 · 26사건으로 박정희 대통령의 유신체제가 종말을 고하고, 1980년 5 · 17 군사 쿠데타의 성공으로 전두환 정부(1981.3~1988.2.)의 제5공화국이 출범하였다. 전두환 정부는 민주주의의 토착화, 정의사회 구현, 교육혁신 및 문화창달과 더불어 복지사회의 건설을 국정지표로 내세웠으며, 1982년부터 시작된 '제5차 5개년 개발계획'에서도 경제와 사회의 균형적인 발전을 기본 목표로 삼았다.

전두환 정부는 부족한 체제 정통성을 확보하기 위하여 일단의 사회복지 입법을 단행하였다. 사회복지 서비스 부문에서는 「사회복지사업기금법」(1980), 「심신장애자복지법」(1981), 「노인복지법」(1981)을 제정하였고, 「아동복리법」을 「아동복지법」(1981)으로 개정하였으며, 「사회복지사업법」(1983)을 전면 개정하여 사회복지종사자를 사회복지사로 그 명칭을 변경하고 사회복지사 자격을 1급, 2급, 3급으로 구분하였다. 그리고 공공부조 부문에서는 「생활보호법」(1983)을 개정하여, 생활보호 유형에 자활보호와 교육보호를 추가하였고, 「최저임금법」(1986)을 제정하였다.

전두환 정부 후반부터는 '한국형 복지모형'이 논의되기 시작하였다. 한국형 복지모형이 등장하게 된 배경은 1970년 중반 이후 선진복지국가에서 복지국가 위기론이 대두되고 있었기 때문에, 한국에서도 자칫 잘못하면 복지병을 유발할 수 있다는 정책 관련자들의 우려 때문이었다. 이는 엄밀한 의미에서 당시 영국 등의 사회주의 복지정책에 대한 반감과 복지재원마련의 곤란을 이유로 한 복지 후퇴의 성격이 짙다고 할 수 있다.

이러한 한국형 복지모형은 제6차 경제사회발전 5개년 계획(1987~1991)과 맥락을 같이하고 있다. 제6차 계획의 기본 방향은 ① 우리 경제 · 사회 발전수준에 맞는 복지시책이어야 하고, ② 가족과 지역사회의 복지기능을 최대한 조장하며, ③ 자립정신에 입각한 복지시책을 전개하고, ④ 민간의 복지자원을 최대한 동원한다는 것 등이다. 그리하여 1980년대 후반부터는 시설수용 위주의 복지사업으로부터 탈피하여 지역복지와 재가복지가 강조되기 시작하였다.

1988년 출범한 노태우 정부(1988.3~1993.2.)는 제5공화국의 사회보험제도를 대부분 확대 시행하여, 국민연금제도(1988), 전국민의료보험제도(1989), 최저임금제도(1988)를 시행하였다.

제6공화국 정부에서 제정 또는 개정된 사회복지 관련법은 「모자복지법」(1989) 제정, 「심신장애자복지법」을 「장애인복지법」(1989)로 개정, 「노인복지법」(1989) 개정, 「장애인 고용촉진 등에 관한 법률」(1990) 제정, 「의료보호법」(1991) 개정, 「영유아보육법」(1991) 제정, 「고령자고용촉진법」(1992) 제정, 「사회복지사업법」(1992) 개정 등이었다.

노태우 정부의 사회복지제도 발전의 특징은 다음과 같다.

첫째, 국민연금제도, 최저임금제도, 전국민의료보험제도 실시 등 소득 및 의료보장의 확대가 이루어지기 시작하였다.

둘째, 1988년 '서울 장애자 올림픽' 이후 장애인 종합대책을 수립하였으며, 이어서 '장애인 고용촉진 등에 관한 법률'을 제정하여 장애인복지에 대한 변화를 시도하였다.

셋째, 지역복지의 중추적인 서비스 전달체계인 사회복지관을 전국적으로 확대 실시하였다.

넷째, 「아동복지법」과는 별도로 「영유아보육법」이 제정되면서 영유아 보육사업이 크게 부각되었다.

다섯째, 재가복지를 중시하여 재가복지봉사센터가 급격하게 증가, 1987년부터는 사회복지 전문요원을 영세민 밀집지역의 동사무소에 배치하기 시작하였다.

4) 김영삼 정부

김영삼 대통령의 '문민정부(1993.3~1998.2.)'가 등장한 1990년대는 세계화라는 흐름이 새로운 국제질서로 자리 잡아 가고 있었다. '우루과이라운드(UR)' 협상 타결에 이은 세계무역기구(WTO)체제가 세계경제를 규정하는 요소로 등장하면서 국가경쟁력이 중요한 국가적 과제로 떠올랐다. 이와 함께 독일의 통일, 동구 공산권의 몰락, 복지국가 위기론 이후 신보수주의 이데올로기의 확산 등 세계는 빠른 속도로 변화하고 있었다. 공산권이 몰락하면서 제2차 세계대전 이후 유지되어 오던 동서대립의 양극체제가 무너진 공간을 미국은 유일한 강대국으로서 세계화와 정보화라는 새로운 기준으로 세계를 재편해 나갔다.

김영삼 정부는 1993년 아시아태평양경제협력체(APEC) 정상회담 이후 개방과 무한경쟁을 의미하는 세계화를 정책목표로 설정하였으나, 1960년대 이후 계속된 관 주도 압축성장은 많은 문제점을 내포하고 있었다. 이 중에서도 가장 취약한 부문은 외환금융 부문이었다. 외환금융 부문에서 시작된 외환위기로 인하여 김영삼 정부는 국제통화기금(IMF)의 구제금융을 요청할 수밖에 없었고, 한국경제는 최악의 침체와 함께 상당부분을 외국자본에 의존하게 되었다.

김영삼 정부는 1993년 신경제 5개년계획의 사회복지 부문에서 '제7차 경제사회발전 5개년 계획'에서 복지정책의 기본 방향을 국가발전 수준에 부응하는 사회복지제도의 내실화에 두고, 국민복지를 증진시킬 것을 제시하였다. 또한 1995년에는 성장 위주의 정책에서 벗어나 삶의 질과 생산적인 국민복지에 적극적인 관심을 기울여야 할 것이라고 강조하였다(최원규 외, 2021: 419). 그러나 실질적인 성과는 미미하였다.

김영삼 정부에서 제정 또는 개정된 사회복지 관련법들을 보면, 사회보험 부문에서는 「고용보험법」(1993) 제정, 사회복지서비스 부문에서는 「정신보건법」(1993) 제정, 「사회복지공동모금법」(1997)을 제정하였다. 또한 「사회보장에 관한 법률」을 폐지하고, 「사회보장기본법」(1995)을 제정하였다. 김영삼 정부의 사회복지제도에서 가장 큰 변화는 사회보험 부문으로, 전 국민 대상 국민연금제도의 확대 실시와 더불어 전 사업장에 대한 고용보험제도의 적용, 전 국민 의료보험의 실시 등으로 기존의 산재보험제도를 포함한 4대 보험체계를 완성하였다.

5) 김대중 · 노무현 정부

1997년의 이른바 'IMF 외환위기' 하에서 출범한 김대중 대통령의 '국민의 정부(1998.3~2003.2.)' 에서는 대량실업 사태로 인해 사회안전망이 취약하다는 분석과 함께 사회복지제도의 발전에 중요한 전기가 마련되었다. 주목할 만한 조치와 입법으로는 노사정위원회 출범(1998), 고용보험의 모든 사업장으로 확대(1998), 「사회복지공동모금회법」 제정(1998), 「국민건강보험법」 제정(의료보험 전체 통합, 1999), 전 국민 연금 실시(1999), 「국민기초생활보장법」(1999) 제정 등 사회안전망 구축에 힘을 쏟았다. 특히, 이른바 '생산적 복지' 의 근간이 되는 국민기초생활보장제도는 지난 40년간의 시혜적 단순보호차원의 생활보호제도로부터 국가책임을 강화하는 현대식 복지제도로 대전환했다는 점에서 한국에서 복지국가의 출범을 가져다 준 획기적인 것으로 평가되고 있다(박진화, 2020: 282).

국민의 정부에 의한 적극적 사회복지정책에 힘입어 한국은 비록 OECD국가들의 복지수준에는 뒤지지만, GNP 대비 10% 이상을 사회복지에 투자하는 이른바 '후진복지국가' 의 대열에 진입하게 된 것이다.

국민의 정부를 승계한 노무현 대통령의 이른바 '참여정부(2003.3~2008.2.)' 에서는 '참여복지' 가 주창되었다. 참여복지의 핵심은 '선성장 후분배' 의 기조를 유지해 왔던 역대 정부들과는 달리, 경제성장과 분배정의 간의 균형발전을 모색하는 것이었다. 참여복지의 이념은 복지에 대한 국가의 책임 강화, 복지정책의 수립 · 집행 · 평가과정에서의 국민참여를 무엇보다 강조하였다. 그리고 참여복지의 시각에서는 복지와 경제, 분배와 성장의 선순환관계를 강조하였다. 즉, 복지증진을 통해 경제가 성장하고, 경제성장을 통해 복지증진을 꾀할 수 있다(박태정, 2020: 228).

참여정부는 참여복지 이념을 실현하기 위해 '참여복지 5개년 계획'을 수립하였다. 참여복지 5개년 계획은 「사회보장기본법」에 의거하여 2004년부터 2008년까지 추진될 '사회보장장기발전계획'이었다. 이는 보건복지부 주관 아래 민간전문가와 5개 관계부처(문화관광부, 정보통신부, 노동부, 여성부, 건설교통부)가 공동으로 참여하여 수립된 범정부 차원의 장기복지종합정책이었다. 이 계획은 제1차 사회보장장기발전계획(1999~2003)에 의해 그 기본틀이 갖추어진 사회안전망의 내실화를 목표로 하였다. 그리고 저출산 · 고령화 등 사회경제적 변화에 대응한 복지인프라 구축 및 복지서비스의 확대를 도모하였다. 나아가 전 국민에 대한 보편적 복지서비스 제공, 상대빈곤의 완화 등을 통해 풍요로운 삶의 질이 구현되는 참여복지공동체 구축을 목표로 하였다.

이러한 목표에 따라 참여정부는 기초생활수급자와 의료급여수급자를 확대하는 등 기초보장의 확대를 추진하며, 장애수당 대상자를 확대하거나, 노인일자리를 확대하고, 빈곤아동에 대한 지원을 확대하는 등 사회서비스의 개선에도 노력하였다.

그 외 기존 복지제도로 대처하기 어려운 위기상황에 대처하기 위한 「긴급복지지원법」(2005)을 제정하였고, 24시간 긴급지원을 위한 '보건복지통합콜센터 129'를 운영하기 시작했다.

새로운 지방의 복지수요 증대에 대처하여 사회복지재정의 지방 이양과 함께 지역복지인프라 확충에 노력하였다. 그 결과, 전국 시 · 군 · 구에 지역복지협의체가 구성되어 '지역사회복지계획'을 수립하고, 지역복지시책을 심의, 의결하는 기능을 하고 있다. 저출산대책으로 대통령이 위원장을 맡는 저출산 · 고령사회위원회를 출범시켜(2005년 9월) 5개년 기본계획을 마련하였다(박진화, 2020: 284).

참여정부가 실시한 새로운 사회복지제도는 2007년 노인장기요양보험과 2008

〈대통령직속 저출산고령사회위원회 현판〉

년 기초노령연금(2014년 기초연금으로 변경)이다. 노인장기요양보험은 노인케어비용을 사회보험화한 고령화 대비책이었다. 우리나라 고령화 수준에 비해 다소 이른 감이 있었지만, 세계 최고속도로 진행 중인 고령화에 선제적으로 대응한다는 의미가 있었다. 기초노령연금은 국민연금에서 배제된 노인을 위한 소득보장제도라는 점에서 의미를 부여할 수 있다(원석조, 2019: 422~423).

6) 이명박 · 박근혜 정부

이명박 정부(2008.3~2013.2.)는 사회복지의 기조를 '능동적 복지'로 정했는데, 능동적 복지란 일할 능력이 있는 사람에게 일자리를 주고, 도움이 필요한 사람에게 국가가 따뜻한 손길을 제공하는 것이다. 정부는 이를 달성하기 위하여 평생복지 기반 마련, 예방 · 맞춤 · 통합형 복지, 시장기능을 활용한 서민생활안정, 사회적 위험으로부터 안전한 사회를 위한 성장과 분배 등 네 가지를 전략으로 내세운 사회복지정책을 추진하였다(원석조, 2019: 423).

이 시기에 사회복지 관련 법률에는 「다문화가족지원법」(2008), 기존의 「고령자고용촉진법」을 폐지하고 「고용상 연령차별금지 및 고령자고용촉진에 관한 법률」(2008) 제정, 「실종아동 등의 보호 및 지원에 관한 법률」(2008), 2005년 제정 당시는 한시법이었던 「긴급복지지원법」을 영속법으로 개정(2009), 기존의 「청소년의 성보호에 관한 법률」을 폐지하고 「아동 · 청소년의 성보호에 관한 법률」(2009) 개정, 「장애인연금법」(2010)을 제정하였다. 1994년에 제정된 「성폭력 범죄의 처벌 및 피해자 보호 등에 관한 법률」이 '성폭력 범죄의 처벌 등에 특례'와 성폭력 범죄의 피해자 보호 등에 관한 사항'을 함께 규정하고 있어서, 이에 대한 효율적 대처에 한계가 있음을 인식하고, 2010년 4월 15일 「성폭력범죄의 처벌 등에 관한 특례법」과 「성폭력방지 및 피해자보호 등에 관한 법률」로 분리하여 제정하였다. 그리고 「장애인활동지원에 관한 법률」(2011) 제정과 사회복지사의 처우향상을 위하여 「사회복지사 등의 처우 및 지위향상을 위한 법률」(2011)을 제정하였고, 「노숙인 등의 복지 및 자립지원에 관한 법률」(2011)과 「장애아동복지지원법」(2011)을 제정하였고, 「사회보장기본법」(2012.1.26.)의 전면 개정과 인화학교 아동 성폭력문제로 「사회복지사업법」(2012)이 대폭 개정되었다. 또한 「가족친화 사회환경의 조성촉진에 관한 법률」(2012)과 「장애인 · 고령자 등 주거약자 지원에 관한 법률」(2012)을 제정 · 시행함으로써 사회복지를 한 단계 더 성숙시켰다.

이명박 정부가 추진했던 '사회안전망' 정책은 세 가지로 분류할 수 있다.

첫째, 보편적 복지정책으로 빈곤층뿐만 아니라, 중산층 이하의 일반 국민 대다수를 국가복지정책의 직접적 수혜대상으로 확대한 것이다.

둘째, 예방적 복지정책으로 실직이나 교육사각지대에 놓인 사람들이 적시에 도움을 받을 수 있도록 하는 정책을 표방하였다.

셋째, 맞춤형 복지정책으로 각각의 취약계층에게 맞춤형 복지혜택의 지속적인 제공이 가능하도록 사회복지 전달체계를 획기적으로 개선한 정책이다.

박근혜 정부(2013.4~2017.3.)는 2013년 1월부터 시행된 「사회보장기본법」의 전면 개정에 맞추어 '사회보장기본계획(2014)'을 수립하였는데, 사회보장의 비전을 '더 나은 내일, 국민 모두가 행복한 사회'로 하였으며, 생애주기별 맞춤형 사회안전망 구축, 일을 통한 자립지원, 지속가능한 사회보장기반 구축의 3대 정책방향을 제시하였다. 이는 이전에 수립되었던 사회보장 장기발전방향과는 달리, 개별 계획보다 우선한다고 명시함으로써 기본 계획으로서 구속력을 강화하였으며, 소요재원 및 조달방안을 포함하여 구체성을 강화하였다.

박근혜 정부에서 사회복지 관련 법률로는, 기존의 「기초노령연금법」(2007)을 폐지하고 「기초연금법」(2014)을 제정하였다. 이는 노인세대를 위한 안정적인 공적연금제도를 마련하여 소득과 재산을 환산한 소득인정액이 보건복지부장관이

정하여 고시한 금액 이하인 65세 이상의 노인 중 소득 기반이 취약한 70%의 노인에게 기초연금을 지급함으로써, 노인 빈곤문제를 해소하고 노인의 생활안정과 복지증진에 기여하게 되었다.

2014년에는 「국민기초생활보장법」을 개정하여 탈수급의 경우, 지원이 전무한 상황에서 사각지대가 발생하고 있으므로 맞춤형 빈곤정책으로 전환하여 지원대상을 확대하고, 개별 맞춤형 급여체계를 마련함으로써 탈수급 유인을 촉진하고 빈곤예방기능을 강화하였다. 따라서, 절대적 빈곤선인 최저생계비 기준을 폐지하고, 상대적 빈곤선의 기준인 중위소득에 의한 보장대상자 선정기준에 따라 급여종류별로 다층화한 맞춤형 급여체계를 도입하였다. 또한 「사회보장급여의 이용 · 제공 및 수급권자 발굴에 관한 법률」(2014)을 제정하여 「사회보장기본법」에 따른 사회보장급여의 이용 및 제공에 관한 기준과 절차 등 기본적 사항을 규정하고, 지원을 받지 못하는 지원대상자를 발굴하여 지원함으로써 사회보장급여를 필요로 하는 사람의 인간다운 생활을 할 권리를 최대한 보장하고, 사회보장급여가 공정하고 효과적으로 제공되도록 하며, 사회보장제도가 지역사회에서 통합적으로 시행될 수 있도록 그 기반을 구축하는 것을 목적으로 하였다. 특히, 공공전달체계를 확립하였다.

2016년 「정신건강증진 및 정신질환자 복지서비스 지원에 관한 법률」은 1995년 제정된 「정신보건법」을 대체하였다. 이 법은 정신질환의 예방 · 치료, 정신질환자의 재활 · 복지 · 권리보장과 정신건강 친화적인 환경조성에 필요한 사항을 규정함으로써, 국민의 정신건강증진 및 정신질환자의 인간다운 삶을 영위하는 데 기여하기 위하여 제정하였다. 이 법은 정신질환자의 범위를 중증정신질환자로 축소 정의하고, 전 국민 대상의 정신건강증진의 장을 신설하며, 비자의 입원 · 퇴원을 강화하고 정신질환자에 대한 복지서비스 제공을 추가하였다.

박근혜 정부의 중요한 복지정책은 다음과 같다.

첫째, '국가책임보육'의 명제 아래 소득수준에 관계없이 보편적으로 0~5세 무상보육과 양육수당정책의 도입이다.

둘째, 2014년 7월 1일부터 기초노령연금을 기초연금으로 확대 개편하여 65세

이상 노인에게 상향된 연금을 지급하는 정책이다.

셋째, 4대 중증질환에 대한 건강보험 지원율에 대해 일부 급여항목을 대상으로 국가부담을 확대한 정책이다.

박근혜 정부 출범 시 사회복지정책은 과거의 지속적인 노력에도 불구하고, 여전히 해결해야 할 많은 문제점이 내재하고 있었다. 즉, 양극화 문제와 저출산·고령화 문제해결이 시대적 요청이었다. 박근혜 정부의 복지정책은 보수정권임에도 진일보하여 잔여적 복지모델에서 벗어나 보편적 복지정책의 시도가 많았다는 평가이다. 그럼에도 불구하고, 대선공약으로 기초연금을 65세 이상 노인 전부에게 지급하겠다는 보편주의 도입은 집권 후 전체 노인인구의 65%만을 수급대상으로 국한시킴으로써 신자유주의적 발상에서 벗어나지 못했다는 평가가 있다. 특히, 노인복지를 빙자한 정권재창출이라는 불명예를 얻기도 하였다.

그러던 중 2017년 3월 10일 박근혜 대통령은 탄핵으로 인해 헌법재판소에서 파면이 결정되었다. 이는 한국 헌정사상 초유의 사태로, 이 과정에서 사회는 혼란을 가져오게 되었고, 사회복지정책에서도 새로운 정책이 요구되었다.

7) 문재인 정부

박근혜 대통령의 탄핵으로 2017년 5월 10일에 문재인 대통령의 진보정권이 출범함에 따라 보편적 사회복지정책의 추구로 사회복지정책에 있어서 근본적인 변화가 일어나게 되었다. 즉, 신자유주의에서 사회민주주의의 요소를 추가하는 방향으로 정책기조가 변경됨으로써, 사회복지 각 분야에서 획기적인 전환이 이루어지게 되었다. 문재인 정부는 경제성장률 이상으로 정부지

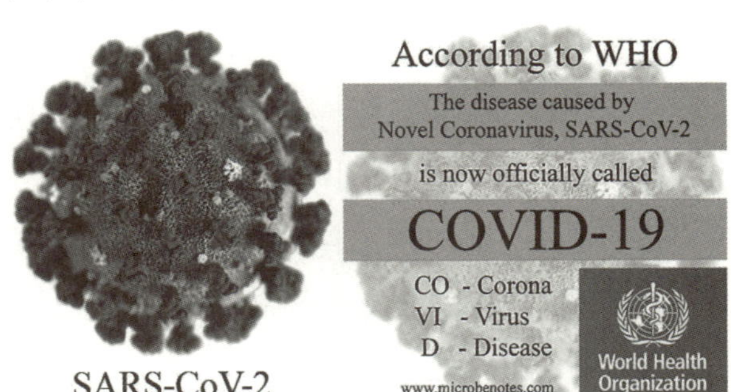

[코로나 19]

출을 더 늘리는 '확장적 재정정책'을 천명하고 일자리 창출과 복지서비스 수혜 범위의 대폭 확대를 강조하였다. 2017년 8월 29일에 발표된 '2018년 예산안'과 '2017~2021년 국가재정운용계획'에 따르면, 2018년 복지예산은 2017년보다 12.9% 증가한 146조 2천억 원으로, 전체 지출 429조 원의 34%에 해당하는 사상 초유의 규모이다. 대통령 임기 중 연평균 9.8%씩 늘릴 계획이며, 2021년 전체 예산 중 38%까지 올릴 것으로 계획·발표하였다. 그러나 2019년 12월 중국 우한(武漢)에서 처음 발생한 후, 전 세계로 확산된 새로운 유형의 코로나19(COVID-19, corona virus disease 19)로 인한 막대한 재정지출은 문재인 정부의 보편적 복지정책에 대해 선택제로의 정책 선회를 요구받기에 이르렀다.

문재인 정부의 사회복지정책은 '포용적 사회복지체계의 구축'에 있다. 문재인 정부는 이를 통해 국민의 삶의 질 수준을 2040년까지 세계 10위 수준으로 높이겠다는 목표를 제시했다.

21세기에 들어와서 한국 사회복지정책은 대상, 내용, 범위, 실시체계의 측면에서 복지국가에 진입한 것으로 평가되고 있다. 그러나 고부담 고복지에 대한 각계의 합의가 이루어지지 못하고 있고, 일단 증가된 복지지출은 감소할 수가 없어 재정위기를 겪은 국가의 대부분은 복지예산을 방만하게 운영하다가 어려움에 빠졌다는 지적이 있는 만큼, 경제와 복지의 균형발전에 정부, 기업, 민간부문의 합의가 요청되고 있다.

결론적으로 한국 사회복지정책의 역사를 살펴보면, 빈곤, 질병, 전쟁, 국가의 경제적 위기 등과 같은 상황에서 국민복지의 책임을 강조하고 대처해 왔음을 발견할 수 있다. 대처방안으로서 사회복지 관련법을 제정함은 물론, 변화되고 다양한 국민의 복지욕구에 따른 법령의 제·개정을 통해 한국 실정에 맞는 사회복지정책을 수립하고, 사회복지서비스를 통해 사회통합을 추구함으로써 국가위기를 극복해 왔음은 매우 고무적인 현상이라고 할 수 있다. 그러나 막대한 복지재정지출로 인한 국민부담에 직면하여 보편제와 선택제의 논쟁은 앞으로 한국사회가 해결해야 할 과제로 남게 되었다.

2019년 2월 12일 국무회의에서 확정된 '제2차 사회보장 기본계획은 다음과 같다.

<table>
<tr><td>비전</td><td colspan="4">국민 모두가 함께 잘사는 포용사회</td></tr>
<tr><td rowspan="2">추진 원칙 및 전략</td><td colspan="2">포용적 사회보장체계 구축</td><td colspan="2">사회보장 제도의 연계·조정 강화</td></tr>
<tr><td colspan="2">지역사회 중심
서비스 이용체계 구축</td><td colspan="2">포용과 혁신의 상호보완체계 구축</td></tr>
<tr><td>중장기 목표</td><td colspan="4">국민 삶의 질 향상 : OECD 28위('17) → 20위('23) → 10위('40)</td></tr>
<tr><td rowspan="4">4대 핵심 분야별 목표 및 중장기 방향 ('40)</td><td>고용</td><td>저임금 근로자 비중 축소
22.3 ('17)
▶ 15.0% ('40)</td><td colspan="2">◆ 노동형태 다양화, 노동이동 증가에 대응하는 일자리 안전망 확충
◆ 평생학습체계 구축 및 인적자원 역량 제고</td></tr>
<tr><td>소득</td><td>상대빈곤율 완화
17.4% ('17)
▶ 11.3% ('40)</td><td colspan="2">◆ 공공부조 역할 강화 및 청년층·장년층 등 근로연령층의 소득보장 확대
◆ 초고령사회에 대응하여 1인 1연금 및 다층노후소득보장 체계 확충</td></tr>
<tr><td>건강</td><td>건강수명 연장
73세 ('16)
▶ 78세 ('40)</td><td colspan="2">◆ 건강보험 보장성 강화로 의료비 부담 경감
◆ 의료이용체계의 효율화로 건강보장의 지속가능성 제고</td></tr>
<tr><td>사회서비스</td><td>GDP 대비 사회서비스 투자 비율 확대
5.7% ('15)
▶ 10.7% ('40)</td><td colspan="2">◆ 생애주기별·대상별 다양한 사회서비스 확충
◆ 지역사회에서 주거·돌봄·의료 등 통합 서비스를 제공하는 지역사회 통합돌봄 완성 및 질 높은 사회서비스 인력 양성</td></tr>
<tr><td rowspan="2">핵심 추진 과제 ('23)</td><td>고용·교육</td><td>소득</td><td>건강</td><td>사회서비스</td></tr>
<tr><td>1. 인적 자원의 역량 제고 및 차별없는 출발선 제공
2. 일자리안전망 확충 및 적극적 노동시장 정책 강화
3. 노동시장 격차완화 및 일·생활균형 달성</td><td>1. 취약계층의 인간다운 삶을 위한 공공부조 제도 역할 강화
2. 근로연령층 소득보장 확대
3. 노후소득보장체계 확충</td><td>1. 건강보험 보장성 강화 및 건강보장의 지속가능성 제고
2. 필수의료 보장
3. 예방적 건강관리 체계 구축</td><td>1. 생애주기별, 대상별 사회서비스 확충
2. 지역사회 중심 서비스 보장체계 구축
3. 공급체계의 공공성 강화 및 신뢰성 제고</td></tr>
<tr><td>기반</td><td colspan="4">· 사회투자 확대 · 사회보장 이용체계의 연계 강화
· 차세대 사회보장 정보시스템 구축 및 정책 분석의 과학화</td></tr>
</table>

자료: 보건복지부(2019.2.12.).

[그림 2-1] 제2차 사회보장 기본계획(2019-2023)

연습문제

1. 영국의 복지국가 발달과정에 관한 설명으로 옳지 않은 것은?
   ① 1930년대 경제공황으로 경제문제에 대한 국가개입의 필요성이 증대되었다.
   ② 베버리지는 강제적인 사회보험을 국민최저선 달성을 위해 가장 중요한 제도로 보았다.
   ③ 1950년대와 1960년대는 복지국가의 황금기에 해당된다.
   ④ 베버리지는 결핍(궁핍), 질병, 무지, 불결, 나태를 5대 악으로 규정하였다.
   ⑤ 영국의 구빈법이 공식적으로 폐지된 것은 1차 대전 이전의 일이다.

2. 독일 비스마르크의 사회입법에 관한 설명으로 옳은 것은?
   ① 1883년 제정된 질병(건강)보험은 세계 최초의 사회보험이다.
   ② 1884년 산재보험의 재원은 노사가 반씩 부담하였다.
   ③ 1889년 노령폐질연금이 전 국민을 대상으로 시행되었다.
   ④ 사회민주당이 사회보험 입법을 주도하였다.
   ⑤ 질병(건강)보험은 전국적으로 일원화된 통합적 조직에 의하여 운영되었다.

3. 한국 사회복지정책의 역사에서 가장 나중에 나타난 일은?
   ① 일반적 공공부조제도의 실시
   ② 산재보험의 전 사업장 확대
   ③ 통합주의 건강보험 실시
   ④ 기초노령연금 실시
   ⑤ 생산적 복지 추진

4. 1970년대 복지국가 위기 이후 일어난 일이 아닌 것은?
   ① 신자유주의 정치 이념의 확대
   ② 새로운 사회적 위험에 대한 관심 증가
   ③ 복지에 대한 시민권 강조
   ④ 복지의 민간공급 확대
   ⑤ 사회투자국가모형 대두

정답 1. ⑤ 2. ① 3. ④ 4. ③

Chapter 3

사회복지 발달이론

학습목표

1. 발달이론에 대한 이해
2. 각 발달이론의 시대적 배경
3. 발달이론 간 비교 분석

학습내용

1. 산업화이론
2. 독점자본이론
3. 사회민주주의이론
4. 이익집단정치이론
5. 국가중심이론
6. 확산이론
7. 시민권론
8. 사회양심론
9. 음모이론

개 요

사회복지의 역사적 변천과정을 분석하는 것은, 사회복지의 역동적인 변천과정을 명확히 이해하는 데 도움이 된다. 사회복지정책이 형성되고 집행되며 평가되는 과정에는 직간접적으로 이해관계가 있는 사회집단들이 자신들에게 유리한 정책이 수립되고 집행될 수 있도록 하기 위해 온갖 노력을 기울인다. 여기에서는 사회복지의 발달이론들을 학습하고자 한다.

Chapter 03
사회복지 발달이론

사회복지의 역사적 변천과정을 분석하는 것은, 사회복지의 역동적인 변천과정을 명확히 이해하는 데 도움이 된다. 사회복지정책이 형성되고 집행되며 평가되는 과정에는 직간접적으로 이해관계가 있는 사회집단들이 자신들에게 유리한 정책이 수립되고 집행될 수 있도록 하기 위해 온갖 노력을 기울인다. 한편으로는, 시민사회단체나 종교집단들도 일반 대중이나 소외집단의 이익을 대변하기 위해 다양한 노력을 전개한다. 이러한 집단들의 노력과정을 통해서 그 시대의 사회적 욕구와 사회문제는 어젠다의 지위에 오르게 되고, 적절한 정책대안이 마련되어 사회복지제도가 정립되는 데 기여하게 된다(김기원, 2020: 181). 여기에서는 공통적으로 논의되고 있는 발달이론들을 중심으로 살펴보기로 한다.

1. 산업화이론

산업화이론(industrialization theory)은 사회복지와 관련된 이론으로, 수렴이론(convergence theory) 또는 기술결정론(technological determination)이라고도 한다. 윌렌스키(Harold L. Wilensky), 르보(Charles N. Lebeaux) 등의 학자가 주장하였다. 산업화이론은 기술과 산업화에 의한 경제수준이 사회복지의 수준을 결정한다는 이론이다. 산업화이론의 요체는 서로 다른 정치이념과 정치문화를 가진 국가들도 산업화만 이룩되면 복지국가로 발전되어 유사한 사회복지체계를 갖게 된다고 보는 점이다(오세영, 2021: 181).

일반적으로 산업화이론은 사회복지를 산업화의 산물로 간주한다. 다시 말해서 선진산업사회의 복지체계와 내용은 이데올로기나 법적 · 정치적 제도, 사회적 양심이나 권리 등이 아니라, 오로지 기술과 산업화의 수준에 달려 있다고 주장한다. 이 이론에 따르면, 자본주의체제이든 사회주의체제이든 정치적 · 경제적 체제에 관계없이 경제발전 수준이 비슷하면 사회복지의 수준 또한 비슷해진다.

산업화이론은 복지국가의 발전을 설명하는 이론들 가운데 가장 먼저 등장하였고, 또한 가장 많이 논의되고 따라서 가장 많이 비판받는 이론이다. 산업화이론에 따르면, 복지국가의 발전은 산업화된 사회에서 발생하는 욕구에 대한 대응이 산업화로 인해서 가능해진 자원을 통해서 이루어진다고 본다. 이 이론은 크게 사회적인 관점과 경제적인 관점에서 설명이 이루어진다(김태성 외, 2019: 144~148).

첫째, 사회적 관점에서 보면, 산업화는 산업화 이전에 없었던 새로운 사회문제를 야기하며 사회복지의 대상을 증가시켰다. 즉, 산업화는 산업재해의 문제, 대규모의 실업문제, 노동자의 대규모 도시이동으로 인한 도시화에 따른 범죄, 주택문제 등 여러 문제, 빈곤층 집중화 현상 등의 문제를 초래하여 사회복지의 필요성이 커져 국가는 이에 대응해야 한다. 또한 산업화는 가족구조와 인구구조의 변화를 초래하였고 복지에 대한 국가의 역할을 더욱 증가시켰다.

둘째, 경제적 관점에서 보면, 산업화는 노동인구(labour force)의 속성을 이전 시대에 비하여 크게 변화시켰다. 즉, 산업화는 이전과 달리 노동력을 팔아야만 생계를 유지할 수 있는 사람들의 수를 크게 증가시켰는데, 이들의 소득이 질병, 노령, 실업, 산업재해 등으로 중단될 때, 그들의 삶은 크게 위협받게 되어 국가가 이러한 문제들의 해결에 적극적으로 나설 수밖에 없다. 그리고 산업사회에서는 새롭고 전문적인 기술이 중시되고, 숙련되고 건강한 노동력의 지속적인 공급이 필요해지는데, 산업화된 사회에서 분열된 가족이 이러한 기능을 맡기에는 한계가 있기 때문에 국가가 적극적으로 개입하게 된다. 또한 산업사회에서는 노사관계를 비롯한 다양한 계층의 이해관계가 첨예하게 대립하는 경향이 있는데, 이를 해결하기 위해서 국가개입이 필요하다. 무엇보다 중요한 것은 산업화는 경제성장을 가져와 국가가 사회복지에 사용할 수 있는 자원을 축적시킨다는 것이다.

산업화에 의해서 사회복지 욕구도 증가하고 이것을 해결할 수 있는 경제적 자원이 있다고 해서 반드시 복지국가 발전이 이루어지는 것은 아니다. 여기에는 산업화 이외의 다른 변수, 특히 정치적 변수(예를 들어, 좌익정당 혹은 우익정당의 세력, 이익집단의 활동 등)들이 더 중요할 수도 있다. 즉, 산업화가 복지국가 발전을 비교적 잘 설명할 수 있는 것도 국가들의 경제적 수준이 일정 이하까지의 단계이며, 그 이상의 수준에서는 다른 변수들이 복지국가의 발전을 더 잘 설명한다.

2. 독점자본이론

복지국가에 관한 독점자본이론은 전통적 마르크스주의 이후 자본주의의 속성이 독점자본주의로 변화되고 국가의 개입이 강화되자 이러한 변화에 부응하기 위해 새로이 개발된 신마르크스주의(neo-marxism)이론이다. 전통적 마르크스주의에 따르면, 지배계급의 이익만을 추구하는 착취적인 자본주의 사회에서는 다수의 복지가 보장될 수 없으며, 진정한 복지국가가 이루어지기 위해서는 생산수단의 사회화를 통하여 생산은 사회적 기준에 의해 이루어지고, 분배는 인간의 욕구에 따라 이루어져야 한다고 주장한다(김기원, 2020: 124).

그러나 전통적 마르크스주의 이후, 자본주의 사회는 커다란 변화가 이루어지기 시작했는데, 자본주의는 고전적인 경쟁적 자본주의로부터 점차 독점적 자본주의로 변화하기 시작하였다. 이러한 현상은 특히 2차 세계대전 이후에 더욱 뚜렷이 나타났다(Baran & Sweezy, 1966). 또한 이 시기에 국가의 역할도 바뀌어 소극적인 역할에서 점차 적극적으로 자본주의 경제에 개입하여 국가의 역할이 매우 중요하게 됨에 따라 일반 국민들의 복지도 책임지는 '복지국가'가 등장하였다. 이러한 상황에서 전통적 마르크스주의를 수정, 발전시키는 이른바 신마르크스주의가 등장하여, 변화된 자본주의(고도의 독점자본주의)를 분석하기 시작하였다. 이러한 가운데 복지국가의 발전을 독점자본주의의 속성과 연결시켜 설명하게 된 것이다.

복지국가 발전을 설명하는 신마르크스주의는 여러 형태가 있으나, 계급갈등과 국가의 역할의 두 면을 기준으로 하면, 크게 세 가지로 분류할 수 있다(Skocpol, 1980).

첫째, 도구주의(instrumentalism) 관점과 구조주의(structuralism) 관점에서는 복지국가를 독점자본의 기능적인 필요성에 대한 대응으로 보는 것에서는 유사하나, 복지국가에서의 국가의 역할에 관하여는 다른 시각을 가지고 있다. 도구주의 관점에 따르면, 국가는 자본가계급의 이익을 결정하는 도구에 지나지 않기 때문에 주요한 복지정책은 자본가계급에 의해서 제안되고 결정된다.

둘째, 구조주의 관점에 따르면, 국가는 자본가계급의 단기적인 이익을 희생하더라도, 자본주의 경제의 장기적인 안정과 강화를 위하여 어느 정도의 자율성을 갖고 자본가계급에 반하는 복지정책을 추진하고 또한 자본축적의 역할을 적극적으로 수행한다.

셋째, 이러한 두 가지 관점과 달리, 정치적 계급투쟁의 관점에서는 복지국가가 장기적이든 단기적이든 반드시 자본가계급의 이익만을 위하여 존재하는 것이 아니고, 복지국가는 자본가계급과 노동자계급의 정치적 · 계급적인 투쟁에 따라 그 성격이 결정된다고 본다. 따라서, 노동자계급의 세력이 강하면 복지국가는 진정으로 노동자계급을 위한 형태가 될 수 있는 것이다. 복지국가의 발전을 자본가계급과 노동자계급 사이의 투쟁에서 노동자계급의 승리로 보는 사회민주주의 관점은 이러한 측면에서 정치적 계급투쟁의 관점에 속한다 할 수 있다.

독점자본이론에 대한 평가는 다음과 같다(김태성 외, 2019: 166~167).

복지국가의 발전을 설명하는 독점자본이론은 기여한 바가 크다.

첫째, 이것은 산업화이론이 무시한 자본주의의 문제(계급문제, 노동력 재생산 등)를 분석하여 복지국가 발전을 설명한 점이다.

둘째, 이러한 분석을 통해 누가 복지국가로 인해 이익을 보느냐는 문제에 대한 답을 명확히 해주었다. 산업화이론은 이러한 문제에 대해 모호하여 복지국가에서는 사회전체의 이익이 확대되는 것으로 보았다.

셋째, 이러한 관점을 통해 복지국가의 성격을 좀 더 거시적으로 볼 수 있게 한 점이다.

넷째, 이 이론을 통하여 국가의 역할에 대한 이해를 더 높일 수 있다. 산업화이론에서는 국가의 역할을 산업화로 야기된 문제에 대한 피동적인 대응으로 본 반면, 독점자본이론에서는 왜 국가가 적극적으로 자본주의 발전단계에서 경제체계에 개입해야 하는가를 보여준다.

다섯째, 이러한 관점을 통해 구체적인 복지국가정책의 내용을 분석하는 데 도움을 준다. 예를 들어, 오늘날 고도로 발전된 복지국가에서도 여전히 구빈법의 잔재를 갖고 있는 복지 프로그램이 존재하는 이유를 규명하는 데 기여한다.

이러한 긍정적인 면에 반하여, 독점자본이론은 다음 몇 가지의 한계를 갖고 있다.

첫째, 이 이론은 복지국가의 발전을 설명하는 데 지나치게 자본주의 구조로부터의 경제적 결정론(economic structural determinism)에 의지한다.

둘째, 민주정치에서 여러 행위자들의 역할을 무시한 점이다.

셋째, 이러한 이론이 고도 산업자본주의에 모두 적용될 수 있느냐의 문제가 있다. 고도 산업자본주의에서의 복지국가의 발전 정도는 큰 차이가 있는데(예를 들어, 미국과 스웨덴), 독점자본이론으로는 이러한 차이를 설명하는 데 한계가 있다. 다시 말해서 자본주의 경제의 구조만으로는 설명이 안 되는 '자유'의 영역을 간과하였다.

넷째, 이러한 이론에서 사용하는 개념들이 너무 거시적이며, 경험적 조사에 사용하기가 어렵기 때문에 이러한 이론을 지지 혹은 반박할 실증적 연구에 어려움이 있다.

3. 사회민주주의이론

사회민주주의(social democracy)는 생산수단의 사회적(공적) 소유와 사회적(공적) 관리에 의한 사회의 개조를 민주주의적인 방법을 통해서 실현하려고 하는 주장 또는 운동으로 19세기 말부터 제1차 세계대전까지 제2인터내셔날(1889~1914)에 집결한 사회민주당의 이론과 정책의 총칭이다. 19세기 말 자본주의하의 노동자에게도 참정권이 주어져 정치적 · 형식적 민주주의는 달성되었지만 경제적 민주주의는 아직 달성되지 않았는데, 이것을 획득하는 것이 노동자 계급의 과제라는 발상으로부터 사회민주주의란 용어가 생겼다.

산업화이론과 독점자본이론은 각 이론들이 배경으로 하는 이념적 틀이 크게 달라, 산업화이론은 복지국가의 발전을 설명하는 데 있어서 자본주의 사회에서 계급갈등의 문제를 무시하는 반면, 독점자본이론은 계급갈등의 문제에 초점을 맞추었다. 그러나 이러한 두 이론의 유사성은 복지국가 발전을 어떤 기능적 필요성(functional imperatives)에 대한 대응으로 필연적으로 결정된다고 설명한다는 것이다. 즉, 산업화이론에 의하면, 산업화만 되면 그것의 기술발전으로 인하여 국가의 지배적 이념에 상관없이 복지국가의 확대는 필연적이라는 것이다. 독점자본이론 역시, 자본주의가 독점자본의 단계에 가면 자본축적 혹은 노동력 재생산의 필요성 때문에 복지국가는 필연적으로 확대되어야 한다는 것이다.

이와 같이 두 이론은 "정치는 무관하다(Politics does not matter)."고 주장하는 반면에, 사회민주주의이론은 '정치'를 중요시 여긴다. 사회민주주의이론은 독점자본이론처럼 자본주의에서의 계급갈등에 초점을 맞추었지만, 독점자본이론이 이러한 계급갈등에서 자본의 일방적인 이익추구라는 관점으로 설명한 것과 달리, 사회민주주의이론은 노동의 정치적 세력 확대의 결과로 설명한다. 다시 말해서 복지국가는 노동자계급을 대변하는 정치적 집단의 정치적 세력이 커질수록 발전한다. 복지국가는 자본과 노동의 계급투쟁에서 노동이 획득한 승리의 전리품으로 본다(김태성 외, 2019: 167~168).

사회민주주의이론은 복지국가의 전개에 대한 계급투쟁적 관점이라고 할 수 있는데, 이것은 노동운동의 요구라는 측면이 강하다. 이 이론은 서구 유럽 자본주의의 발전과정에서 노동운동이 수행한 역할에 초점을 맞추면서 노동계급의 조직화 정도와 조직된 노동세력의 정치적 동원 정도를 그 지표로서 중시한다. 즉, 복지국가의 발전은 노동조합 등을 통하여 노동계급이 얼마나 조직되어 있으며, 또한 노동계급정당을 통하여 얼마나 정치적으로 동원될 수 있는가에 따라 주로 결정된다는 논리이다. 사회민주주의이론은 노동계급이 가진 권력자원과 정치적 동원이 사회주의의 이행에 핵심적 변수라는 입장을 취한다. 우선, 특정국가의 자원분배구조는 시민사회 내의 계급갈등과 계급 간 권력배분구조의 산물임을 중시하고, 생산영역에서의 계급적 분화가 갈등의 일차적 조건임을 받아들인다. 이러한 입장을 취하는 학자들(Gøsta Esping-Andersen, Walter Korpi, John Stephens 등)은 노동자계급과 자본가계급의 권력 불균등은 항구적인 것이 아니며, 노동계급은 노동조합과 정당을 통해서, 즉 동력자원의 동원기제로서 노동조합의 조직률 확대와 노동자 정당에의 지지를 통하여 자본에 대한 힘의 열세를 어느 정도 만회할 수 있다고 본다(고세훈, 2000: 52~53).

20세기에 들어서서 절차적 민주주의의 확대가 대세로 되면서 의회를 통한 사회주의로의 개혁적 이행이 가능하다는 낙관이 확산되었고, 이러한 개혁적 입장은 제1차 세계대전 이후 서유럽 사회민주주의의 확고한 노선으로 자리 잡았다. 주목할 만한 점은 사회민주주의가 비록 변혁의 형식으로 의회주의를 택하였다 하더라도, 실현되어야 할 궁극적인 목적가치로서의 사회주의는 견지하여 왔다는 점이다. 사회민주주의이론에서 사회주의의 달성은 정치적 힘의 확보를 통해 평등한 정책을 추진해 나갈 때 달성될 수 있는 목표이며, 사회복지정책의 확대는 사회주의로 가는 하나의 과정으로 평가될 수 있다.

4. 이익집단정치이론

이익집단은 공통의 목적을 가지고 공공정책에 영향을 미치기 위해 노력하는 개인들의 조직체를 말한다. 이익집단정치이론(interest group politics theory) 또는 이익집단론(interest group theory)에 따르면, 사회복지정책은 이러한 이익집단들 간의 갈등과 타협의 산물로 간주한다. 즉, 이익집단정치이론은 각종 이익집단들의 정치적 힘이 사회복지정책 발달에 영향을 미친다는 것이다. 국가들은 많은 정책을 둘러싸고 다양한 이해집단들이 자신의 정치적 힘을 통해 이익을 반영하기 위해 노력한다. 이 이론에 따르면, 1945년 이후 복지국가는 계급이익이 아니라, 압력집단정치의 영향력으로 발전되었으며, 또한 계급적 구분을 초월하여 사회의 다양한 집단들의 욕구와 요구에 대응하였다(Janowitz, 1976). 즉, 다양한 복지이해집단의 움직임에 따라 사회복지정책이 발달한다고 보는 견해이다.

경제발전과 민주주의의 진전과 함께 이익집단들의 요구가 커지고 다양화되는 것은 세계 어느 나라에서나 나타나는 공통된 현상이다. 이익집단이라고 하면, 노동조합이나 경영자단체, 그리고 의사나 변호사와 같은 직능단체가 먼저 떠오르지만, 오늘날 이익집단은 계급이나 직능을 넘어 연령, 인종, 언어, 종교를 중심으로 결성되기도 한다. 퇴직한 노년층의 이익집단화가 좋은 예이다. 이들은 숫자도 많고, 투표율도 높으며, 정치적으로 활동적이다. 이익집단은 경제적 다양화와 정치적 민주화의 결과로만 결성되는 것이 아니라, 역동적인 집단행동으로도 조직되고 또 조직력이 강화된다. 공통의 이익을 중심으로 집단이 형성되고, 이들 집단의 행동을 통해 이익을 관철시키게 되면, 집단 역동성은 더욱 강해진다.

이익집단의 성장은 정부지출의 증대를 가져오는 경향이 있다. 다시 말해서 이익집단이 구성원들의 집단이익을 실현하기 위해 국가에 대해 가하는 압력은 결국 복지비의 증대를 가져온다는 것이다. 자유민주주의는 선거를 통한 경쟁을 통해 제도적 질서를 만들어가는 체제라고 할 수 있다. 정당은 정책을 형성하는 집단이라기보다는 선거에서의 승리를 위해 모인 느슨한 연합체에 가깝다. 이때 잠재적인 이익집단이 정치지도자를 중심으로 조직화되고, 그 대표자를 통해 자신들의 이익을 실현시키고자 선거에 조직적으로 참여한다면 상당한 힘을 발휘하게 된다. 이런 점에서 정부지출은 이익집단들이 자신의 이익을 실현하기 위해 벌이는 정치적 단체활동의 정치적 과정이다(Pampel and Williamson, 1992: 38~40).

한편, 이익집단정치이론에서 중시하는 것이 정부의 역할이다. 이익집단정치이론은 기본적으로 사회는 안정되어 있고, 권력은 분산되어 있어 한 집단(또는 계급)이 지배적인 권력을 행사할 수 없다고 전제하는 다원주의를 기반으로 하기 때문에 다양한 이익집단들의 이익 상충을 조정하는 데 있어 정부의 역할이 중요하다. 예컨대, 보건의료 분야에서 의료소비자인 국민과 그 생산가인 의료전문직 간의 갈등을 중재하여 타협에 이르게 하는 게 국가의 임무인 것이다. 이때 국가는 중립적이어야 함은 물론이다. 따라서, 국가가 비중립적이고, 국가가 중재하는 경우라도 대중의 이익보다는 국가 자체의 이익을 더 중시한다는 비판과 권력이 분산되어 있지 않다는 반론이 제기될 수 있다(Lowe, 1993: 27~28).

이익집단정치이론은 제도를 놓고 서로 다른 이해를 가진 집단들이 행사하는 영향력을 분석하고 각 집단들의 이해관계를 적절히 폭로함으로써 정책과 이익집단들의 관계를 근본적으로 파악할 수 있으며, 나아가 이익집단들의 영향력 행사양상을 생동감 있게 포착할 수 있게 해주는 장점이 있다. 그러나 계급과 대비해 보면, 취약점이 드러난다. 즉, 이익집단정치이론에 의하면, 권력은 적대적인 계급으로 구분되는 것이 아니라, 국가와 정권을 포함한 권력을 둘러싸고 경쟁하는 여러 집단으로 구성된다. 이는 권력의 한 범주로서의 계급을 경영자, 노동조합, 정당, 정부기구 등으로 대치한다는 것을 의미한다. 이것은 계급 간의 갈등이나 투쟁이 압력집단 간의 소전투로 환원되는 결과를 낳는다. 다시 말해서 복지국가와 복지국가 내의 다양한 사회복지정책들은 자본과 노동 간의 대립이 아니라, 관련된 다양한 이익단체 간의 대립과 타협의 산물로 해석되는 것이다. 예컨대, 보건의료 분야에서의 위기는 의사나 약사 등 몇몇 집단이 행사하고 있는 지배력과 전문적 지식 및 제도적 통제를 통해 자기권력을 제도화하여 자기이익에 가장 적합한 환경을 조성하려는 데서 오는 것으로 간주된다. 계급을 이익집단으로, 계급갈등을 이익집단 간의 갈등으로 대치하는 것은 대중의 관심을 특정 쟁점(예컨대, 보건의료 부문)에만 집중하게 만들어 위기에 처한 것은 그 부분만이 아니라는 사실을 망각하게 만든다. 결국 상황을 이렇게 인식하면, 자본주의의 계급권력관계를 초월하여 자본주의를 강화하는 데 자신도 모르게 봉사하게 된다(원석조, 2020: 255).

5. 국가중심이론

지금까지 사회복지 발전을 설명하는 네 가지 이론은 사회복지에 대한 수요의 증대에 초점을 맞추었다. 산업화이론이나 독점자본이론은 각기 산업화나 독점자본축적에의 기능적 필요성 때문에 사회복지에 대한 수요가 증대한 것이고, 이익집단정치이론이나 사회민주주의이론은 각기 이익집단이나 노동자계급의 정치적인 힘의 증대로 인한 사회복지에 대한 수요가 증대하여 확대된 것으로 본다. 이와 달리, 국가중심이론(state-centered approach)은 사회복지를 제공하는 공급(supply)의 측면에서 복지국가의 발전을 설명한다. 이 이론은 사회복지에의 수요의 변화에도 불구하고, 국가는 국가 나름대로 사회복지 확대가 필요한 이유들을 갖고 있다고 본다. 다시 말해서 유사한 사회복지에의 수요에 처해 있어도 국가에 따라 특정한 국가구조의 차이에 따라 대응하는 것이 다르다는 것이다(김태성 외, 2019: 181). 또한 이익집단정치이론에서는 국가와 관료조직을 사회복지정책 도입의 중개자(transferring media)로 간주하고, 계급투쟁론(신마르크스주의 이론)에서는 국가를 지배계급의 도구로 보는 데 반해, 국가중심이론에서는 사회복지정책에 대해 독립된 주체인 국가가 스스로 문제를 인식하고 해결하려고 하는 노력의 산물(특정 집단의 요구를 반영한 게 아니라)로 파악한다. 그런 의미에서 '국가론(the statist approach)' 이라고도 한다.

국가중심이론이 가장 중시하는 것은 문제를 발견하고 해결책을 찾아내며 그것을 수행하는 정부관료조직의 역할이다. 국가중심이론에서는 사회적 쟁점과 그 해결책은 점차 복잡해지는 경향이 있으며, 정치인과 이익집단의 역할은 약화되는 반면에, 관료와 전문가의 역할은 더욱 중요해진다(원석조, 2020: 268). 국가중심이론은 국가나 관료기구의 주도성에 초점을 둔다. 사회복지정책 발달에 정당이나 이익집단이 중요한 역할을 하기도 하지만, 지속적으로 영향을 미치는 것은 공공관료들이라고 본다. 즉, 복지정책이 사회의 필요와 다양한 세력들의 이해관계를 반영하기도 하지만, 궁극적으로 국가 엘리트들과 관료집단의 의지와 능력에 의해 결정된다고 보는 것이다. 각 국가의 복지수준과 복지제도의 차이는 국가구조나 정치제도 혹은 관료기구의 차이에 있다는 것이다(김영화 외, 2020: 128).

국가중심이론은 산업화, 독점자본, 이익집단, 노동자계급 등의 요인들이 복지국가의 발전에 영향을 준다는 점은 인정하지만, 이 이론의 강조점은 이러한 영향들이 독립적인 국가조직에 의해서 매개가 된다는 점이다. 이 이론에 따르면, 지금까지의 4이론들은 복지국가 발전에서의 국가의 역할은 단순시행자(산업화이론)나 자본가의 하수인(독점자본이론), 다양한 이익집단들의 요구의 중재자(이익집단정치이론), 혹은 노동자계급의 요구에 대한 타협자(사회민주주의이론)로서의 소극적인 역할이었다. 반면에, 국가중심이론은 국가의 적극적인 역할을 강조하여 복지국가의 발전을 설명하는 거시적이고 사회적인 배경적 원인과 구체적인 한 국가의 사회복지정책 사이의 관계는 각 국가들이 갖고 있는 국가구조의 특이성에 의하여 결정된다고 본다(Evans et al., 1985).

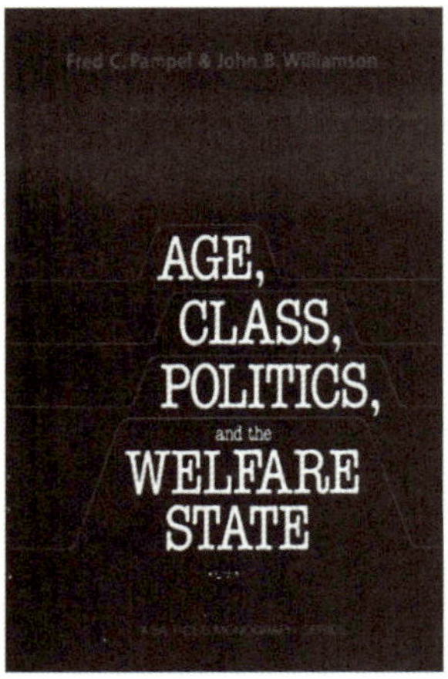

「연령, 계급, 정치, 그리고 복지국가」
(1992년 출판)

팜펠과 윌리암슨(Fred C. Pampel & John B. Williamson)은 1989년 그들의 저서 「연령, 계급, 정치, 그리고 복지국가(*Age, Class, Politics, and the Welfare State*)」에서, 국가의 역량(state capacity)은 국민의 요구에 대한 국가의 대처능력을 좌우한다는 점에서 국가의 성격이 사회복지수준을 결정한다고 하면서 국가중심이론을 뒷받침하고 있다. 그 이유는 다음과 같다.

첫째, 국가의 중앙집권화와 조합주의자(corporatist) 조직은 집권자들이 원하는 정책의 시행을 위해 복지비 확대를 가져온다. 정부, 기업, 노조의 엘리트들이 집중화되어 있으면(조합주의, corporatism), 복지확대를 반대하는 분파들의 저항을 효과적으로 제압할 수 있다. 그리고 복지확대에 대한 국민적 합의를 이끌어내기도 용이하다.

둘째, 행정기관 관료제의 확대는 복지비 지출을 증대시킨다. 행정조직의 확대는 인건비 지출과 자체 예산의 확대를 가져온다.

셋째, 국가조세구조도 복지비 지출과 관계가 있다. 직접세와 사회보장세의 비중이 높을 경우, 복지비 지출이 상대적으로 어렵다. 간접세에의 의존도가 높을 경우, 복지비 지출의 증대에 필요한 조세의 증액에 대한 반대가 상대적으로 적다.

넷째, 선거의 시점도 복지비 지출의 시점에 영향을 줄 수 있다.

다섯째, 국방비와 같이 경쟁관계에 있는 지출항목이 복지비 지출을 억제할 수 있다. 전쟁 중이거나 국가 간 군사적 긴장도가 높을 경우, 군사비는 복지비에 우선한다.

6. 확산이론

확산이론(diffusion theory)은 사회복지가 국제적 모방과정으로서 한 나라의 사회복지정책이 다른 나라에 영향을 미친다는 데 초점을 둔 이론이다. 확산이론에 따르면, 근대국가들이 발전하면서 그 발전이 확산되어 전통적 국가들에게 영향을 미친다. 이 이론은 서구사회의 발전모형을 기초로 근대화를 사회발전의 가장 중요한 요소로 강조하며, 진화론적 입장을 취한다. 확산이론의 논리적 핵심은 사회복지정책의 도입을 모방과정의 결과로 인식한다는 점이다.

콜리어와 메식(Collier & Messick, 1975)에 의하면, 확산은 두 가지 유형으로 구분된다.

첫째, 위계적 확산(hierarchical diffusion)이다. 이는 기술혁신이나 새로운 제도가 선진국에서 후진국으로 확산되는 경우를 말한다. 일반적으로 근대화가 먼저 진행된 국가들로부터 늦게 진행된 국가로 위계적 확산이 진행되는데, 개발도상국은 근대화의 수준이 낮은 상태에서 사회복지제도와 프로그램을 도입한다.

둘째, 공간적 확산(spatial diffusion)이다. 이는 어떤 국가에서 만들어진 기술이나 제도가 우선 인접 주변국을 중심으로 하여 점차적으로 확산되는 경우를 말한다. 1880년대의 독일 비스마르크의 사회보험제도가 점차적으로 유럽 전역으로 확산된 경우가 그 예이다.

7. 시민권론

시민권론(citizenship theory)은 사회복지정책의 발달을 시민권의 변천이라는 측면에서 진화론적으로 설명하는 이론으로, 사회복지정책이 발달하는 것은 시민권의 수준이 높아지기 때문이라고 보는 이론이다. 대표적인 학자로는 마셜(Thomas Humphrey Marshall)이 있다. 마셜은 1963년 그의 저서 「교차로와

「교차로와 에세이에서의 사회학」
(1963년 출판)

에세이에서의 사회학(*Sociology at The Crossroads and other Essays*)」에서, 시민권(citizenship)은 공동체의 완전한 사회구성원에게 부여된 여러 가지의 권리와 권력을 향유할 수 있는 지위로 보았으며, 시민권의 요소를 공민권, 정치권, 사회권으로 분류하면서 시민권의 변천을 진화론적 입장에서 분석하고 있다.

공민권(civil right)은 산업혁명을 통해 봉권주의 체제가 붕괴되고 자본주의가 도래하던 18세기에 형성되었으며, 인간의 기본권적인 자유권을 비롯, 평등권을 보장받는 권리 및 이와 관련된 권리이다. 개인의 자유와 법 앞에서의 평등을 보장받을 권리를 말한다.

정치권(political right)은 19세기에 발달한 권리로서, 한 사람의 성원으로서 투표할 수 있는 권리뿐만 아니라, 대의기구에 선출될 수 있는 권리이며, 국가의 정치에 적극적으로 참여할 수 있는 권리이다.

사회권(social right)은 20세기에 확립된 권리로 적정 수준의 경제적 복지로부터 사회적 유산을 공유하고, 그 사회의 보편적 기준에 따라 문명화된 삶을 살 수 있는 권리이며, 생존권적 기본권이라고도 한다. 사회권은 자본주의 및 시민사회 성장의 토대였던 공민권과 민주주의의 확대를 가능하게 했던 정치권의 변증법적 상호작용의 결과물이다.

그러므로 시민권 중 첫 번째인 공민권은 기본적으로 법률제도를 통해 구현되고, 두 번째의 정치권은 정치제도에 의해 구현되며, 세 번째인 사회권은 사회서비스를 통해 구현된다.

마셜의 궁극적 관심은 시민권과 사회적 불평등의 관계, 구체적으로 양자의 공존관계에 있었다. 그는 시민권과 사회적 불평등은 양립 가능한 것으로 보았다. 사회권은 소속감을 창조하지만, 계급 간 불평등을 폐지하는 것과는 별 관련이 없다고 보았다. 시민권은 계급불평등을 감소시키기는커녕, 어떤 의미에서는 사회적 불평등의 구조가 더욱 견고하게 유지될 수 있도록 조건의 평등이라는 상황을 만들어낸다는 것이다. 이러한 의미에서 복지국가는 불평등을 참을 수 있을 만한 것으로 그리고 정당한 것으로 만든다. 하지만 마셜은 시민권의 평등이라는 요소와 자본주의의 불평등이라는 요소 사이에는 일정 정도의 긴장이 있다는 것은 인식하였다. 즉, 불평등이 심할 경우 사회적 소요나 폭동이 일어날 수 있기 때문에 사회적 효율을 해치지 않으면서 사회적 불평등을 완화시키기 위한 노력이 필요하다고 보았던 것이다. 사회적 불평등의 완화제가 바로 사회복지정책이었다(Mishra, 1981).

8. 사회양심론

사회양심론(the social conscience theory)은 1950년대 영국 사회복지정책학의 통설로서 애용되었고, 그 이후 오늘날에 이르기까지 사회사업가들은 물론 박애주의자들에게 큰 영향을 미치고 있다. 이 이론의 대표적인 저작으로는 홀(M. Penelope Hall)의 저서 「현대 영국 사회서비스(*The Social Services of Modern England*, 1952)」가 있다(Higgins, 1981).

「현대 영국 사회서비스」
(2013년 출판)

사회양심론은 인도주의에 기초하고 있다. 사람은 인간에 대한 기본적인 연민과 동정을 가지고 있으며, 국가 역시 이타주의(altruism)에 기반을 둔 사회적 책임이 있음을 가정한다. 사회양심은 개인적인 차원에서는 상호부조 정신과 기부문화가 발달할 수 있는 근거가 되고, 사회적인 차원에서는 지역사회나 공동체, 지방자치단체, 중앙정부 등에서 인도주의에 입각한 사회적 의무감이 복지정책을 확대할 수 있다고 보는 것이다.

이러한 사고는 오래 전부터 인간사회에 존재하고 있어서, 복지마인드의 가장 근본적인 인식 틀을 형성해 왔다. 사회양심론에 따르면, 사회복지정책의 발달은 타인의 고통을 해소하려는 개인의 이타적 양심이 사회적 · 국가적 정책으로 표현되는 것이다(김영화 외, 2020: 113).

사회양심론은 정부의 사회복지정책을 국가의 자선활동으로 간주한다. 즉, 국가의 복지활동을 동정주의적 관점(sympathetic view)으로 보는 것이다. 그리고 사회복지제도에 대한 연구를 다른 사회제도에 대한 연구와 구별하고 있으며, 사회복지정책의 발전에 대한 정치적 요인을 무시하고 사회복지정책을 이상주의(realism)와 인간사회에 관한 지식 · 정보의 발전의 결과로 본다(원석조, 2020: 269~270).

사회복지정책의 발전을 아동의 성장과정에 유추하고 있는 진화론적 관점을 취하고 있으며, 진화적 관점은 당연히 사회복지정책 발전의 역전 불가능성(사회복지정책 발전의 필연성)과 발전에 대한 낙관주의를 내포한다. 그러나 최근의 공공정책들의 잇따른 실패와 사회문제의 재발로 인해 사회양심론의 설득력은 매우 약화되었다.

9. 음모이론

음모이론(the conspiracy theory)은 사회양심론에 정면으로 도전하는 입장을 취하고 있는데, 이 이론에 따르면, 사회복지정책의 주 목적은 인도주의나 인정(compassion)의 실현이 아니라, 사회안정 및 질서유지와 사회통제이다. 따라서, 사회복지정책의 변화 시기를 지배계층이 기존의 사회질서가 위협을 받고 있다고 느끼는 때라고 주장하면서 사회복지정책의 변화를 줄곧 진화의 과정을 밟아 발전만 되는 것이 아니라, 개선과 악화의 양면이 언제라도 교차될 수밖에 없는 성질의 것으로 본다.

피벤과 클로와드(Frances Fox Piven & Richard Cloward)는 1971년 그들의 저서 「빈곤층 규제: 공공복지의 기능(*Regulating the Poor: The Functions of Public Welfare*)」에서, 전통 사회복지정책론에서는 별로 다루어지지 않던 계급갈등과 정치적 편의주의의 중요성을 강조하면서 이를 뒷받침하기 위해 대공황 이후의 미국사회복지사를 분석했다. 그 결과, 그들은 대량실업에서 파생되는 시민소요사태가 발생하면 공공복지제도가 시작되거나 확장되며, 반대로 정치적 안정이 회복되면, 그러한 프로그램은 폐지되거나 감축되어 버린다는 사실을 발견했다. 사회보험의 원조로 알려진 비스마르크(Bismarck) 입법 동기에 대해 당시 격화일로에 있던 노동자계급 중심 사회주의 운동을 저지시켜 기존 질서를 유지하기 위한 속셈으로 보는 견해 역시 이 부류에 속한다.

「빈곤층 규제」
(1993년 출판)

조지와 윌딩(Victor George & Paul Wilding)은 이러한 속셈으로부터 실시되는 복지제도를 일컬어 복지국가의 '마키아벨리적 관점'이라고 하면서 이 관점은 지배계층이 예상되는 근로계층으로부터의 엄청난 요구를 사전에 봉쇄할 목적으로 원하든 원하지 않든 간에 미리 선수를 쳐서 양보하는 것이 사회복지정책이라고 해석한다.

음모이론의 또 다른 시각은 마르크스주의자들에 의해 제공된다. 사빌레(Saville, 1957~1958)는 사회복지정책을 자본주의에 절대 필요한 안정과 효율의 유지를 위한 물리적 강압책의 대안으로 보고 있다. 오코너(O'Conner, 2017)에 의하면, 정부의 사회복지 지출액은 시장의 법칙에 의해 결정되는 것이 아니라, 계급 또는 집단 간의 사회, 경제적 갈등에 의해 구조적으로 결정된다. 결국 마르크스주의자들은 사회복지정책을 단기적으로는 폭력사태의 방지를 위한 자본주의자들의 방편으로, 그리고 장기적으로는 노동자계급의 혁명에 대한 정열을 식히는 전략으로 보고 있다. 그리하여 핀커(Pinker, 1974)는 사회복지정책이 빈곤자들의 성공기회를 개선시킬 수 있고, 혁명의 변화 없이도 사회정의의 요구를 충족시킬 수 있는 가능성을 과시하고 있기 때문에 마르크스주의자들의 눈에는 함정, 환상 또는 이단으로 비치고 있다고 주장한다.

연습문제

1. 사회복지정책 발달이론에 대한 설명으로 옳지 않은 것은?
   ① 산업화론은 산업화에 따른 욕구 증가의 대응으로 사회복지정책이 발달했다.
   ② 산업화론에 따르면, 경제성장과 산업화는 복지국가로 수렴한다.
   ③ 독점자본주의 이론에서는 복지정책이 자본가의 도구라고 한다.
   ④ 권력자원론에 따르면, 노동자의 경제적 권력이 복지정책 발달을 이끌었다고 주장한다.
   ⑤ 다원주의론에서는 계급정치보다 이익집단 정치를 중시한다.

2. 복지국가의 발달을 설명한 이론으로 옳지 않은 것은?
   ① 사회양심론은 복지정책을 낙관적으로 접근한다.
   ② 음모이론에 따르면, 사회복지정책은 인도주의에 기반을 둔다.
   ③ 시민권의 발달에서 사회권은 가장 최근에 획득되었다.
   ④ 사민주의 입장에서 노동자계급의 정치적 영향력은 중요한 요인이다.
   ⑤ 이익집단이론에서 노동조합은 수많은 이익집단 중 하나이다.

3. 복지국가 발달이론을 올바르게 설명하지 않은 것은?
   ① 국가중심주의 이론은 국가 관료들의 자기이익 추구 행위가 복지국가 발전을 가져온다.
   ② 수렴이론은 산업화로 인해 발생된 사회문제 해결을 위해 사회복지가 발달한다고 본다.
   ③ 수렴이론은 산업화와 이로 인한 인구사회구조의 변화에 주목한다.
   ④ 확산이론은 한 나라의 사회복지정책이 다른 나라에 미치는 영향을 강조한다.
   ⑤ 시민권론은 정치권의 실현을 통해서 완전한 시민권의 실현이 가능하다고 본다.

4. 국가중심이론을 올바르게 설명하지 않은 것은?
   ① 사회복지 수요측면에서 사회복지정책 발달을 설명한다.
   ② 국가발전의 장기적인 안목에서 형성된다.
   ③ 정책형성과정을 중시한다.
   ④ 국가의 적극적인 역할을 강조한다.
   ⑤ 국가의 구조적 · 제도적 요인에 따라 복지정책이 달라진다.

정답 1. ④ 2. ② 3. ⑤ 4. ①

Chapter 4

인간행동

학습목표

1. 인간행동이론의 숙지
2. 정신분석과 타 이론과의 관계
3. 사회복지실천과의 관계성

학습내용

1. 인간행동의 개념
2. 정신분석
3. 심리사회적 이론
4. 행동주의
5. 인본주의
6. 인지이론

개 요

인간행동은 겉으로 드러난 인간의 신체적 움직임을 말한다. 그러나 심리학에서는 외부로부터 관찰할 수 있는 신체적 행동뿐만 아니라, 사고나 인지과정과 같은 정신적 행동까지를 포함한다. 따라서, 인간행동은 여러 가지 형태로 나타난다. 여기에서는 인간행동이론을 학습하고자 한다.

Chapter 04
인간행동

1. 인간행동의 개념

사회복지는 인간의 삶의 질 향상과 밀접한 관련이 있는 학문이다. 따라서, 모든 사회복지실천 활동은 필연적으로 인간에 대한 이해를 바탕으로 하여 접근할 수밖에 없다. 마찬가지로 사회복지사(social worker)도 클라이언트(client)와 면대면의 만남과정에서 클라이언트, 즉 인간을 이해하면서 사회복지실천을 수행해 나간다(엄태완, 2020: 12). 인간행동이 사회복지실천에서 중요한 이유는 사회복지사가 사회복지실천에 참여하는 모든 사람들의 행동에 주목해야 하기 때문이다. 실천현장에서 사회복지사는 클라이언트를 맞이하게 되고, 클라이언트를 관찰하면서 그들의 욕구, 문제, 변화의 정도를 파악해야 한다. 그 외에 사회복지실천에 참여하는 자원봉사자나 다양한 협력자들의 행동을 통해 그들의 제반 상황을 이해할 수 있어야 한다. 따라서, 사회복지전문직에서는 인간을 돕는 실천행위를 하기 이전에 반드시 인간에 대한 정확한 이해를 갖추어야 한다.

일반적으로 인간행동은 겉으로 드러난 인간의 신체적 움직임을 말한다. 그러나 심리학에서는 외부로부터 관찰할 수 있는 신체적 행동뿐만 아니라, 사고나 인지과정과 같은 정신적 행동까지를 포함한다. 따라서, 인간행동은 여러 가지 형태로 나타난다. 즉, 신체적 행동으로는 언어, 표정, 가벼운 손놀림, 일 등을 들 수 있다. 정신적 행동으로는 느낌, 스트레스 과정 등이 있다. 이러한 행동은 특정한 목적을 위해 일시적으로 일어나기도 하고 무의식적으로 나타나기도 한다. 예를 들어, 클라이언트(client)가 약속하고 사회복지사를 만나러 가는 것은 의식적 행동이고, 면접 중 클라이언트나 사회복지사가 하는 하품은 무의식적 행동이다. 또한 인간행동은 자극에 의해 일어나기 때문에 이런 자극을 일으키는 행동을 동기라고 부른다. 이러한 자극을 사회복지실천에서는 개인의 욕구라고 말하기도 한다(표갑수 외, 2021: 23).

인간행동은 생애발달단계별로 상이한 특성을 가지고 있다. 즉, 유아기, 아동기, 청소년기, 성인기, 장년기, 노년기와 같은 각 발달단계마다 인간행동은 특이한 성격을 가지고 있다. 그렇기 때문에 사회복지의 각 분야를 위한 지식으로는 발달연령에 따른 신체적 · 심리적 · 사회적 변화를 이해함으로써 구체적인 인간이해에 도달해야 한다. 최근 사회복지실천에서는 개인의 무한한 능력과 다양한 체계 수준의 환경 간 영향을 고려하여 인간행동을 파악하려는 시도가 다양한 이론적 수준에서 이루어지고 있다(이영호 외, 2018: 11).

인간행동은 문화, 태도, 정서, 가치, 윤리, 유전, 환경 등에 영향을 받은 인간에 의해 표출된 행위이고, 그 행위는 본능, 욕구, 충동, 분노, 기쁨, 절망 등의 내적 상태를 포함한다.

베르거(Robert Berger) 등은 1982년 그들의 저서 「인간행동: 사회복지 관점(*Human Behavior: A social work Perspective*)」에서 인간행동에 영향을 미치는 요인은 다음과 같이 규정하고 있다.

첫째, 유전적 · 신체적 특성과 같은 생물학적 원인이 있다.

둘째, 개인의 인지 · 심리 · 정서적 원인이 있다.

셋째, 정치 · 경제 · 종교 · 교육 등과 같은 사회구조적 원인이 있다.

넷째, 오랫동안 축적된 가치 · 생활양식과 같은 문화적 원인이 있다.

인간행동
(1982년 출판)

2. 정신분석

1) 정신분석의 개요

정신분석이론(psychoanalytic theory)은 20세기 서구문명의 지적 충격이라고 할 수 있는 프로이트(Sigmund Freud, 1856~1939)에 의해 최초로 개발된 성격발달이론이다. 정신분석이론이란 인간의 정신세계의 대부분을 차지하고 있는 무의식에 초점을 두어 무의식적인 성적 · 공격적 충동에 의해 발생하는 갈등을 파악하고 이를 분석한 이론이다. 프로이트이론의 특징은 인간의 성격발달에서 성적 욕망을 강조하고 있다(김영철 외, 2022: 104).

지그문트 프로이트

정신분석이론에서는 개인의 행동과 감정, 생각 등이 우연히 일어난 것이 아니라, 무의식적인 성적 · 공격적 충동에 의한 것이라 여기며, 결정론적 관점에 바탕을 두고 있다. 따라서, 사회복지사는 클라이언트의 현 문제를 이해하기 위해 과거의 경험, 특히 무의식적으로 내재되어 있는 성적 · 공격적 충동을 이해하고, 클라이언트가 이러한 경험과 충동을 통찰력을 가지고 인식하도록 하여 현재의 문제를 이해할 수 있도록 돕는 데 그 목적이 있다. 나아가 정신분석이론에서는 현 문제에 대한 치료적 처방을 제공하기보다는 클라이언트의 통찰력 혹은 문제인식 능력과 이해력을 향상시키는 데 그 초점을 두고 있다(손병덕 외, 2019: 29).

정신분석이론은 프로이트의 학설로 그의 이름을 따서 '프로이트주의(Freudism)' 라고도 부른다. 그의 학설은 '자유연상법(free association)'을 사용한 신경증 치료기술로서, 또 인간심리의 해명으로서 성립하였다. 프로이트의 자유연상법이란 꿈이나 말의 차이, 글의 차이 등의 현상을 포착하여 그때 마음속에 떠오르는 것을 계속해서 서술하는 것으로, 의식되지 않고 심리 깊숙한 곳에 감추어져 억압되어 온 심리활동을 읽어내고, 그에 기초하여 신경증의 치료법을 세우는 것을 말한다. 1896년 그는 이런 방식을 '정신분석(psychoanalysis)'이라고 명명했다. 그는 신경증의 치료에서 얻은 지견을 꿈, 남 앞에서 빗나간 말을 하는 것, 농담이라는 형식으로 방출시키는 속마음 등을 연구하여 1900년 이후 자기 나름의 심리학체계를 세우고 이를 '정신분석'이라고 불렀다. 여기서 '학'을 붙이지 않은 것은, 자기의 학설이 처음부터 가설에서 출발한 것이고 과학적인 입증이 불가능한 것이어서 감히 정신분석학이라고 하지 못했던 것이다.

그는 다양한 정신장애를 지닌 환자들을 면담하며 치료하는 과정에서 무의식과 성적인 욕구의 중요성을 깨달았다. 또한 자기분석의 경험에 근거하여 인간의 무의식적인 내면세계를 설명하는 성격이론을 제시함으로써 인간이해의 새로운 지평을 열어 현재를 사는 우리들에게 자신이 모르는 마음의 세계가 있다는 것을 가르쳐 주었다. 프로이트의 이론은 인생의 초기 경험이 인간의 성격발달에 미치는 영향을 강조하였으며, 성적 에너지인 리비도의 욕구충족이 발달에 큰 영향을 미친다고 보았기 때문에 '심리성적 발달이론(psychosexual development theory)'이라고도 불린다(박희숙 · 강민희, 2017: 15).

정신분석기법을 응용한 분야를 굳이 심리학으로 표현하자면, 의식보다 더 깊은 무의식영역의 연구를 강조하였기 때문에 '심층심리학(depth psychology)'이라고 부른다. 심층심리학은 무의식적 요인이 어떤 방식으로 의식이나 행동에 영향을 주는가를 살펴보기 때문에 '정신역동학(psychodynamics)' 또는 '역동심리학(dynamic psychology)'이라는 용어로도 표현한다. 감각 및 지각 또는 사고에 대한 초점을 맞추는 초창기 심리학 연구가 마음이나 영혼(psyche)에 대한 정적인(static) 접근방법이라면, 심층심리학은 정신과정에서의 동적인(dynamic) 요소, 즉 동기나 경향성, 관심, 정서, 갈등 등을 비롯하여 그들의 상호작용에 초점을 맞추는 접근방법이다. 곧 '동적'이라는 용어는 내적인 에너지의 '상호작용' 이라는 의미를 내포하고 있다. 심층심리학 분야는 인간의 성격이 형성되거나 발달하는 것을 비롯하여 정상범주에서 벗어난 행동의 원인을 설명하는 데 주로 응용되고 있다(윤가현 외, 2019: 29~30).

이와 같이 그는 무의식의 근저로부터 오는 성적 본능과 그것을 억압하는 힘을 기계론적으로 설명하고 있다. 본원적 욕구 '에스(Es)'와 그것을 받고 있는 '자아', 그리고 자아가 스스로를 제어하는 '초자아'가 있어, 이 초자아에 반하는 경우에 자책감이 생기고 여기로부터 우울이나 열등감 등이 생기게 된다. 억압되어 있는 '에스'에 의한 욕구의 힘(콤플렉스)을 어떤 방법으로든 해방시키는 것에 신경증 요법의 의미가 있다.

2) 핵심 개념 및 내용

인간의 정신세계

프로이트이론은 인간의 성격을 지형학적 모형과 구조적 모형으로 제시하고 있으며, 지형학적 모형은 우리의 심리를 나타내는 것으로 무의식, 전의식, 의식으로 구분된다. 마음을 나타내는 구조적인 모형은 원초아, 자아, 초자아로 구분되며, 이 각각의 삼차원의 구조가 상호작용하여 전체 성격체계를 구성하고, 각각의 하위체계는 개인의 행동에 각기 다른 영향을 미친다.

(1) 지형학적 모형

프로이트는 보이지 않는 인간의 정신을 보다 잘 설명하기 위해 의식, 전의식, 무의식이란 개념을 포함한 정신의 지도를 빙산(iceberg)에 비유하여 그려 냈다. 즉, 우리가 볼 수 있는 빙산은 거대한 실체의 일부이듯 인간의 '의식'은 우리 정신세계의 극히 일부이며, 우리가 의식하지 못하는 '무의식'이라는 거대한 부분이 인간 정신의 내면 깊은 곳에 있다는 것이다. 그리고 무의식을 다시 전의식과 무의식으로 구분하였다(Freud, 1905, 1923 ; 박언하 외, 2019: 33~35 ; 강상경, 2018: 62~67).

① 의식

의식(conscious)은 현재 인간이 감지하고 느끼는 모든 것을 의미하며 외부세계와 직접 맞닿아 있는 영역이다(Freud, 1923). 하지만 인간은 외부세계의 모든 것을 의식하진 못한다. 의식의 내용은 새로운 생각이 정신에 들어오고, 오래된 생각은 정신에서 물러나면서 계속적으로 변한다. 당신이 생각하여 현재 어떤 것을 얘기할 때, 당신은 아마도 의식의 일부분을 표현하고 있다고 할 수 있다. 프로이트는 우리가 자각하고 있는 의식은 빙산의 일각에 불과하다고 하여 우리가 자각하지 못한 부분이 많다는 것을 강조하였다. 그렇다면 우리가 의식하지 못하는 많은 부분들은 사라진 것일까? 프로이트는 의식 영역 밖의 훨씬 큰 세계가 전의식과 무의식이란 이름으로 인간의 성격과 행동에 지대한 영향력을 행사하고 있다고 믿었다.

② 전의식

전의식(preconscious)은 지금 현재 의식되지는 않지만, 기억해내려고 조금만 노력을 기울이면 비교적 쉽게 의식될 수 있는 영역이다. 예를 들어, 길을 가다가 낯익은 한 사람을 만났다. 그 사람이 반갑게 아는 척을 하며 다가오는데, 잘 기억이 나지 않는다. 그때 그 사람이 자신이 초등학교 6학년 때 같은 반 친구였음을 알려오면 불현듯 그 시절의 잊고 지냈던 추억들이 되살아난다. 전의식은 의식과 무의식의 중간에 있는 자각으로서 꽤 용이하게 의식으로 가져올 수 있는 정신의 부분이다. 엄격히 말하면, 전의식은 무의식의 부분이지만, 쉽게 거기에 저장된 기억, 지각, 생각이 의식으로 변화될 수 있는 의식의 아랫부분이다. 전의식은 무의식과 의식을 연결하는 역할을 하는데, 정신분석치료에 의해 무의식 속에 잠재되었던 내용이 전의식으로 나오고 전의식수준에서 다시 의식될 수 있다.

③ 무의식

프로이트는 의식된 현실에서 받아들여지기 어려운 충동이나 욕구 혹은 고통스러운 기억과 감정을 의식 아래로 억압하는 경향이 있다고 주장하며, 이를 설명하기 위해 무의식(unconscious)이란 개념을 학문적으로 처음 사용하였다. 프로이트의 가장 큰 공헌은 무의식에 대한 인식이다. 무의식은 정신의 가장 깊은 곳에 자리해서 개인적인 노력으로 의식화될 수 없고, 리비도 같은 정신 에너지의 원천으로 인간의 생각과 행동을 결정하는 원동력이다. 무의식에 대한 임상적인 증거는 꿈, 말실수, 망각, 자유연상이나 도출된 자료, 최면 암시, 정신적 증상의 상징적 내용 등이다. 또한 의식과 무의식 사이에 존재하는 전의식은 현재 의식하지는 못하지만 조금만 노력하여 회상하려고 마음을 집중하면 전의식에 저장된 기억이나 지각, 생각 등을 의식으로 전환할 수 있는 정신이다. 따라서, 그의 이론의 핵심은 무의식이라고 해도 과언이 아니다.

(2) 구조적 모형

「자아와 원초아」
(2018년 출판)

프로이트는 1923년 그의 저서 「자아와 원초아(*the Ego and the Id*)」를 통해서 자아, 원초아, 초자아의 삼원적 구조모형(*tripartite structural model*)을 소개하였다. 그는 원초아, 자아, 초자아라는 세 가지 심리적 구조를 제안했으며, 특히 자아의 기능을 중요하게 여겼다. 인간의 정신세계는 매우 충동적이고 비합리적인 마음, 현실을 인식하는 합리적인 마음, 도덕과 양심을 중시하는 마음이 서로 충돌하고 타협하면서 외부세계와 상호작용한다고 하였다(이우언 외, 2017: 153).

① 원초아

원초아(Id)는 원초적 자아 또는 자아의 원초라는 뜻의 이 한자 조어로 프로이트의 이론에서는 '그것'이라는 독일어 3인칭 대명사인 'Es'이다. '그것'의 내용은 유전된, 신체조직에서 유래하는 충동들로서, 심리학적으로 중요한 것은 배고픔과 목마름 같은 생리적 욕구들보다는 성과 공격의 충동들이다. 현실과 접촉이 없으므로 진정하게 '심리적' 현실이라고 할 수 있는 원초아는 쾌락원칙을 따르며 일차과정적으로 기능한다.

원초아는 심리적 에너지의 원천이자 본능이 자리 잡고 있는 곳이다. 그리고 근본적으로 성적이고 공격적인 충동으로 마음에 대한 본능적 압력의 종합적인 조직을 나타낸다. 이는 쾌락의 원리(pleasure principle)에 따라 본능적 욕구를 충족시키기 위하여 비논리적이고 맹목적으로 작용한다. 원초아에는 욕망 실현을 위한 사고능력이 없으며, 단지 욕망의 충족을 소망하고 그것을 위해 움직일 뿐이다. 원초아는 무의식적(unconscious)이거나, 의식 외적(out of awareness)인 존재이다. 반사작용으로 생리적이며 자동적 반응, 즉 눈 깜박임, 재채기 등을 말한다. 이는 일차적 과정으로 긴장을 제거해 주는 대상의 영상을 떠올림으로써 긴장을 해소하는 것으로, 예를 들어 목마른 나그네가 물을 보는 상상을 하는 것을 들 수 있다.

② 자아

라틴어 *ego*의 번역인 '자아(Ego)'는 프로이트에게서는 독일어 일인칭 대명사인 '나'이다. '나'는 보고 들으며, 기억하고, 감정을 느끼며, 판단을 내린다. '나'는 수의적 운동을 맡는다는 점에서 성격의 '집행자'이다. 원초아로부터 자아가 분화되는 이유는 욕구충족과 긴장해소는 결국 바깥세계에서 오는 또는 찾는 대상들을 통해서만 가능하기 때문이다. 자아는 너무 강한 자극들은 피하고 적당한 자극들을 찾아내며, 결국 바깥세계를 유리한 쪽으로 변화시키기를 배운다.

현실의 원리에 입각하여 욕구충족을 위해 적합한 대상이 발견될 때까지 긴장해소를 보류할 수 있다. 이차적 과정으로 현실적 사고과정을 통하여 통제하고 반응할 환경의 성질을 검토, 선정하고 욕구를 어떤 방법으로 만족시킬 수 있는가 결정한다. 현실을 무시하고 쾌락의 원리에 입각하여 작용하는 원초아(Id)와 이상지향적 작용을 하는 초자아(Superego)를 통합, 조정하는 중재자 역할을 한다. 예를 들어, 목이 마를 때 '물'의 심상을 떠올리는 것이 아니라, 기다리면 물을 가져다 줄 것이라고 기대하는 것이다.

③ 초자아

초자아(Superego)란 프로이트에서 '위-나', 즉 '나의 위'에 있는 존재이다. 인간의 아동기는 유난히 길며, 부모에 의존해 사는 기간이 길기 때문에 이 부모의 영향을 지속시키는 구조가 자아로부터 분화되어 독립하게 된다. 부모의 영향에는 물론 부모의 개성뿐 아니라, 부모가 이어가는 가족, 민족의 전통의 영향, 부모가 대표하는 당시의 사회적 환경의 요구들도 작용한다. 또한 아동이 커가면서 초자아는 부모의 대리인들, 즉 교육자, 공적인 모델들이 주는 영향도 받게 된다.

사회적 · 전통적 가치와 이상의 내적 기준으로 성격의 도덕적 무기, 현실보다는 이상을, 쾌락보다는 완성을 위해 작용한다. 이는 자아에서 분리된 부분으로 개인이 생의 초기에 받는 도덕적 훈련의 잔재이며, 가장 중요한 아동기 동일시와 이상적인 포부의 침전물이다. 따라서, 초자아는 사회기준을 내면화하여 심리적인 보상과 처벌을 한다. 보상이란 자존심과 자기애의 느낌이고 벌이란 죄의식과 열등감의 느낌이다. 부모가 어린이에게 설명해 줌으로써 부모가 어린이에게 주는 보상이나 벌에 대한 반응으로 발달한다. 이때 양심, 즉 부모가 자녀의 행동에 대하여 부적합하다고 하거나 벌하는 것으로 발달하며, 자아이상, 즉 자녀의 행동을 승인, 칭찬해 주는 것으로 발달함으로써 선에 대한 개념이 발달한다.

3) 심리성적 발달단계

「성욕에 관한 세 편의 에세이」
(2021년 출판)

프로이트는 1905년 그의 저서 「성욕에 관한 세 편의 에세이(*Three essays on the theory of sexuality*)」에서 심리성적 발달단계(psychosexual development)를 제안했는데, 이는 발달심리학에서 최초의 발달단계이론 중 하나이다. 심리성적 발달단계는 인간의 발달이 성 에너지의 집중 부위를 중심으로 단계별로 이루어진다는 이론이다. 즉, 프로이트에 따르면, 인간의 성격이 심리성적 발달단계에 따라 형성된다.

심리성적 발달단계의 주요 내용은 〈표 4-1〉과 같다.

〈표 4-1〉 심리성적 발달단계의 주요 내용

단계	연령	성 감 대	주요 발달과제
구강기	출생~1세	• 입, 입술, 혀긴장과 만족의 주요 부위가 입, 입술, 혀에 집중되어 있으며, 깨물고 빠는 활동이 주가 된다.	이유

항문기	2~3세	• 항문항문과 인접 부위가 관심의 중요 영역으로 수의적인 괄약근의 조절을 획득하게 된다.	배변훈련
남근기	3~6세	• 생식기주된 관심과 자극이 성기에 집중되며, 남근이 남녀의 주요 관심 장기가 된다. 자위행위가 흔히 일어나고, 거세 공포에 대한 강렬한 집착이 보인다. 여아에서 남근 선망이 관찰된다. 아이는 반대 성의 부모와 결혼하기를 원하며, 동시에 동성의 부모가 제거되기를 바란다.	오이디푸스 콤플렉스 동성 부모와의 동일시
잠복기	6~12세, 13세	• 특정 부위 없이 성적 에너지는 잠재되어 있음. 오이디푸스 콤플렉스가 해결되면서 성적인 관심이 상대적으로 잠잠해지는 시기이다. 성욕은 더욱 사회적이고 적절한 목적(예, 학업이나 운동 등)으로 변환된다. 초자아가 형성되어 도덕적이고 윤리적인 발달이 일어나게 된다.	자아방어기제의 발달
생식기	13~18세	• 생식기프로이트의 심리성적 발달의 마지막 단계이며, 사춘기가 시작되고 오르가슴에 도달할 수 있는 능력은 있지만, 실제적인 친밀감을 가지기까지는 시간이 더 필요하다.	성적 친밀감의 성숙

자료: 김영철 외(2022: 127) 재인용.

4) 사회복지실천과의 연계

프로이트가 확립한 정신분석은 광범위하게 인간에 대한 이해 및 심리적 문제해결에 적용되어 왔다. 정신분석은 사회복지실천에서도 클라이언트와 관계형성 및 사정, 그리고 개별 및 집단 면담의 과정에서 실천적이고 이론적인 도구로 활용되고 있다(엄태완, 2020: 60).

프로이트의 정신분석이론과 사회복지실천과의 연계를 살펴보면 다음과 같다(장수환, 2017: 152~153).

첫째, 정신분석에서는 클라이언트의 가족력과 개인력을 자세하게 밝혀 클라이언트가 현재 가지고 있는 문제에 대한 특징을 파악할 수 있도록 도와준다. 이때 사회복지사는 적극적으로 클라이언트의 얘기에 경청하고 다양한 정보를 얻기 위해 노력하게 된다.

둘째, 정신분석기법에서 사용하는 자유연상기법을 활용할 때, 때때로 클라이언트는 아동기에 대한 생각이나 느낌을 말할 수 없게 되거나 하고 싶지 않을 때도 있다. 이것을 정신분석에서는 치료에 대한 저항이라고 표현하는데, 사회복지실천 개입을 하는 과정에서도 이런 저항이 발생할 수 있다. 따라서, 사회복지사는 이러한 클라이언트의 저항을 해석하고 분석하였을 때, 클라이언트와의 친화관계를 지속적으로 유지해 나가는 데 도움을 줄 수 있다.

셋째, 클라이언트가 개입과정 중에 실수 행위를 한다든지, 실언 등을 할 경우에, 사회복지사는 그런 클라이언트의 실수와 관련하여 클라이언트의 무의식에 존재하는 잠재적 갈등이나 감정을 이해함으로써, 클라이언트의 현재 심리상태를 적절하게 사정할 수 있다.

넷째, 개입과정 중에 클라이언트는 사회복지사에게 자신의 부모에게 느끼는 감정을 가질 수도 있는데, 이런 것을 '전이'라고 한다. 사회복지사는 클라이언트의 전이반응을 잘 다룰 필요가 있다. 즉, 사회복지사는 클라이언트의 전이적 욕망이나 공상을 어느 정도 충족시켜줌으로써 그 욕망의 강도를 줄어들게 할 수 있다. 이런 과정을 통해, 사회복지사는 클라이언트의 신경증적 불안을 야기할 수 있는 자극이 그만큼 줄어들게 되는 효과를 관찰할 수 있다.

3. 심리사회적 이론

1) 심리사회적 이론의 개요

정신분석가이며 자아심리학자인 에릭슨(Erik Homburger Erikson, 1902~1994)에 의해 체계화된 심리사회적 이론(psychosocial theory)은 프로이트가 성본능(libido)을 중시한 것과는 달리, 인간의 성격발달에서 개인의 자아와 사회의 역할을 모두 중요시하였다. 특히, 사회문화가 성격발달에 미치는 영향을 강조하였기 때문에 그의 이론을 '심리사회적 이론'이라고 부른다.

에릭 에릭슨

에릭슨(Erikson, 1950, 1982)에 따르면, 내적 본능 및 욕구와 외적 문화적 · 사회적 요구 간의 상호작용으로 인해 심리사회적 발달이 전 생애를 통해 계속된다. 그리고 내재된 '기초안(ground plan)'에 의해 발달이 이루어진다고 믿었다. 그에게 있어 핵심 개념은 자아정체감의 발달이다. 확고한 자아정체감을 확립하기 위해서는 일생을 통해 여덟 가지의 위기(또는 갈등상황)를 성공적으로 해결해야 한다. 매 단계마다 갈등상황(또는 위기)은 '신뢰감 대 불신감'이나 '통합감 대 절망감'에서처럼 긍정적인 결과와 부정적인 결과를 초래할 수 있다. 즉, 여덟 개의 발달단계마다 나름대로의 갈등이 있으며, 그 갈등은 양극의 결과를 초래할 수 있다. 후기의 저술에서 에릭슨은 갈등을 성공적으로 해결할 수 있는 잠재력(potential strength) 또는 생명력(vital strength)에 대해 언급하고 있다. '성공적인 해결'은 반드시 긍정적인 측면만을 의미하는 것은 아니다. 최상의 해결책은 긍정적인 측면과 부정적인 측면이 균형을 이루는 것이다(김영철 외, 2022: 131).

에릭슨은 다른 발달단계 이론가들과는 달리, 특정 단계의 과업이나 위기를 완전히 해결하지 않고서는 다음 단계로 진행할 수 없다고 생각하지는 않았다. 위기를 해결하든 해결하지 못하든 일정한 연령에 도달하면, 생물학적 성숙이나 사회적 압력에 의해 다음 단계로 진행하게 된다고 보았다. 새로운 단계에서는 새로운 윤리와 새로운 갈등을 만나게 된다. 60세나 70세가 되었을 때에 전 단계에서 해결하지 못한 과업이나 위기는 그대로 남아 있어 자아통합감을 이루고자 할 때 장애가 된다.

에릭슨은 성격이 일련의 단계를 거쳐 발달한다는 프로이트의 관점을 받아들였으나, 심리성적 발달에 초점을 맞춘 그와 달리, 심리사회적 발달이론을 수립하였다. 심리사회적 발달이론은 개인의 전 생애에 걸쳐 일어나는 사회의 영향력을 고려하며, 성격이란 생애 초기 몇 년에 걸쳐 완성되는 것이 아닌 전 생애를 걸쳐 진화된다(정옥분, 2015: 67).

에릭슨은 '전 생애발달(life-span development)'이라는 개념을 제안한 최초의 인물이며, 그는 성격의 발달이 점성적(후성설) 원리(epigenetic principle), 즉 앞 단계의 발달이 이후의 연속된 단계를 예측할 수 있다는 원리에 의해 진행된다고 보았다. 또 각 단계에는 심리사회적 위기(psychosocial crisis)가 존재하며, 이는 하나의 전환점으로 성장 잠재력이 큰 동시에, 매우 취약한 기간을 말한다. 각 단계에서 다루어져야 하는 발달과제가 어떻게 해결되느냐에 따라 개인의 특징적인 행동패턴이 결정된다. 이때 자아(ego)는 각 단계에 나타나는 두 특성 사이의 균형을 발달시키며, 갈등의 양 측면을 모두 통합해야 한다. 갈등이 균형적으로 통합될 때 '자아특성' 또는 '덕목(virtue)'이 나타난다.

정신분석학의 아버지는 프로이트이며, 에릭슨 역시 정신분석학자이다. 따라서, 그의 이론에서도 프로이트의 영향력을 당연히 관찰할 수 있다. 프로이트 이론과 마찬가지로 에릭슨 또한 연령, 혹은 시기에 따른 단계적 발달을 제안하고 있으며, 최소한 청소년기까지의 발달단계의 구분은 프로이트의 심리성적 발달단계의 연령대와 매우 유사하다. 하지만 에릭슨의 이론은 프로이트 이론과 비교할 때 크게 두 가지 두드러진 차이점을 보인다(김영철 외, 2022: 132~133).

첫째, 프로이트는 아동이 성숙함에 따라 그들의 성적 쾌감의 원천이 구강에서 항문, 성기로 옮겨가면서 발달단계가 나뉜다는 심리성적(psychosexual) 발달단계를 제안했다. 반면, 에릭슨의 이론은 성적 쾌감을 포함하는 동시에, 아동과 그들에게 중요한 인물, 혹은 아동을 둘러싼 사회문화적 맥락 간의 상호작용에서 발달의 원천을 찾고자 했다. 즉, 개인의 생물학적 욕구보다는 개인을 둘러싼 사회적 관계가 성격형성에 더 중요하다고 보았으며, 개인이 새로운 발달 시기에 획득한 능력이나 관심이 그가 상호작용하고 있는 사회의 요구와 얼마나 들어맞는가에 의해 개인의 적응이 영향을 받는다는 것이다. 이러한 이유에서 그의 발달이론을 '심리사회적(psychosocial) 발달이론'이라고 일컫는다.

둘째, 프로이트는 성격발달이 청소년기 이전에 이루어진다고 보았다. 프로이트의 관점에서는 성기기(genital stage)에 이르러 성인의 성적 취향을 가지게 된다면 더 이상의 변화는 기대하기 어렵다. 반면, 에릭슨은 개인과 사회와의 상호작용을 강조했기 때문에 변화와 성장은 청소년기 이후에도 계속된다고 보았다. 청소년기와 중년기, 노년기의 사회적 상호작용의 본질이 다르기 때문에 이들은 심리사회적으로도 다른 발달단계에 있을 것이다. 따라서, 그의 발달 이론은 영아기에서 죽음에 이르는 전 생애에 걸쳐 제시된다. 그러한 의미에서 에릭슨은 최초의 전 생애발달 심리학자라고 할 수도 있다.

2) 핵심 개념 및 내용

(1) 자아

프로이트는 자아(ego)가 원초아와 초자아의 세력 중간에 있다고 보았으나, 에릭슨은 이 두 세력을 어느 정도 무시하고 자아가 자율적인 기능을 하는 것으로 간주했다(Erikson, 1963). 이 차이는 성격이 어떻게 기능하는지에 관한 에릭슨의 관점을 암시하는데, 성격이 주로 본능이나 부모의 영향을 받는 것으로 생각하는 대신, 에릭슨은 부모, 형제자매, 다른 사람들을 포함한 사회의 모든 구성원의 영향을 받는다고 보는 것이다. 그리고 성격이 아동기 초기에 거의 형성된다고 믿는 대신, 지속적으로 사회와 관계되어 발달한다고 보았다.

(2) 점성원칙

심리사회적 자아발달은 점성원칙(epigenetic principle)을 토대로 한다(Erikson, 1965). 점성원칙이란 성장하는 모든 것은 기초안을 가지며 이 기초안으로부터 부분이 발생하고, 각 부분이 특별히 우세해지는 시기가 있으며, 이 모든 부분이 발생하여 기능하는 전체를 이루게 된다. 각 요소는 결정적 시기가 정상적으로 도달하기 전에도 어떤 형태로든 존재한다. 이와 같이 생물학적으로 인간은 수태되면서 이미 기본적 요소들을 가지나 시간의 경과에 따라 이 요소들이 결합, 재결합하여 새로운 구조를 형성하듯이 심리사회적 성장도 이 원리를 따른다. 즉, 건강한 성격은 각 요소가 다른 모든 요소에 체계적으로 관련되면서 적절하게 연속적으로 발달하게 된다.

(3) 아이덴티티

에릭슨(1994b: 295)에 따르면, 아이덴티티의 개념 또는 용어는 미국의 흑인혁명(Negro revolution)에 관한 문헌의 대부분에 보급되어 있고, 다른 나라들에서도 식민지적 사고방식의 잔재로부터의 해방을 찾는 유색 인종들과 유색인 국가들(colored races and nations)의 혁명의 심리적인 핵심 속의 그 무엇을 나타내는 것처럼 보인다.

에릭슨은 심리사회학적 발달단계에 있어서 청소년기 아이덴티티에 대해 논하고 있다. 에릭슨(1982: 109)에 따르면, 아이덴티티는 이미 출생 시부터 구별되는데, 소년과 소녀는 각각 그들의 이름에서 아이덴티티를 발견할 수 있다. 그에 따르면, 기술과 도구의 세계(the world of skills and tools)와 좋은 초기 관계를 형성함에 따라, 그리고 사춘기(puberty)의 도래와 더불어 아동기(childhood)는 막을 내린다. 그리고 청소년기(youth)가 시작된다. 사춘기와 청소년기에 있어서 이전 시기에 의존했던 모든 동일성과 연속성(sameness and continuities)은 다시 다소 의문을 남기는데, 초기 아동기(early childhood)의 신체성장과 동등한 신체성장의 급속성 때문에 그리고 새로이 부가된 생식기관의 성숙 때문에 이런 동일성과 성숙성에 의문이 생기게 된다.

발달하는 청소년들(growing and developing youths)은 자신들 내부에서의 이런 생리적 혁명에 직면해서 이제 일차적으로 자신들이 타인들의 눈에 어떻게 보이는지를 자신이 자신들에게서 느끼는 점들과 비교해서 생각하게 되고, 이전 시기에 길러둔 역할과 기술들을 당시의 직업적 원형(occupational prototypes)과 연결시키는 방법을 생각하게 된다. 연속성과 동일성이라는 새로운 감각을 찾기 위해서, 청소년들은 초기 몇 년의 오랜 전장에서 재전투를 치렀고, 심지어 그렇게 하기 위해서 그들은 인위적으로 완벽하게 선의적인 사람들(perfectly well meaning people)에게 '적의 역할(roles of adversaries)'을 부과해야 한다. 그리고 그들은 궁극적인 '아이덴티티의 수호자(guardians of a final identity)'로서 장기간 지속되는 '우상과 이상(idols and ideals)'을 자리에 앉힐 준비가 되어 있다(Erikson, 1993a: 261).

3) 심리사회적 발달단계

에릭슨은 1950년 그의 저서 「아동기와 사회(*Child and Society*)」에서 생애주기발달을 8단계로 설명하고 있다. 에릭슨의 발달이론은 '심리사회적(psychosocial) 발달단계'라고 한다.

에릭슨의 심리사회학적 발달 8단계는 〈표 4-2〉와 같다.

「아동기와 사회」
(1993년 출판)

〈표 4-2〉 에릭슨의 심리사회학적 발달 8단계

발달단계		심리사회적 위기	덕목	주요 대상
1	영아기	기본적 불신 대 신뢰 (basic mistrust vs. trust)	희망 (hope)	어머니(모성 인물)
2	초기 유아기	자율성 대 수치심과 의심 (autonomy vs. shame and doubt)	의지 (will)	부모(부성 인물)
3	유아기	주도성 대 죄책감 (initiative vs. guilt)	목적 (purpose)	기본 가족
4	아동기	열등감 대 근면성 (inferiority vs. industry)	능력 (competence)	이웃, 학교
5	청소년기	정체성 대 역할 혼란 (identity vs. role confusion)	충실 (fidelity)	동료집단, 외부집단
6	성인기	친밀감 대 고립감 (intimacy vs. isolation)	사랑 (love)	친구, 연인, 회사동료 등
7	중년기	유발 대 침체 (generation vs. stagnation)	돌봄 (care)	분업과 가사분담
8	노년기	자아통합 대 절망 (ego integrity and despair)	지혜 (wisdom)	인류, 우리들

자료: 김영철 외(2022: 150~151) 재인용.

4) 사회복지실천과의 연계

에릭슨의 심리사회이론은 사회복지실천에서 클라이언트 개인뿐만 아니라, 클라이언트를 둘러싼 환경의 중요성, 즉 환경 속의 인간(Person In Environment, PIE)에 대한 시각을 제공하였다. 전통적으로 사회복지는 환경 속의 인간을 강조하며, 이를 클라이언트 사정과 개입의 기초로 삼아 왔으므로 에릭슨의 이론은 사회복지실천에 잘 부합되는 이론이다. 또한 인간이 전 생애를 통하여 성장하며 변화한다는 그의 이론은 인간발달에 대해 새로운 관점을 제시하였다. 에릭슨 이전에 인간발달은 10대 말까지 완성되는 것으로 알려졌으나, 에릭슨의 전 생애 발달이론으로 인해, 인간의 발달은 노년기까지 평생 지속됨을 인식하게 되었다. 따라서, 에릭슨이론은 노인에 대한 새로운 시각을 제시하였고, 이에 따라 노인복지정책의 수립과 서비스 제공에도 영향을 미쳤다(오창순 외, 2015: 136~137).

사회복지사의 역할과 실무원칙으로는, 클라이언트의 일생에 걸친 성격발달과정을 이해하고, 클라이언트가 자기분석에 참여하도록 하여 발달적 역사를 파악해야 한다. 클라이언트가 심리사회적 위기를 해결하는 과정에서 경험한 성공과 실패를 파악하고 현실을 왜곡하며 자아기능을 축소시킨 발달영역을 결정할 수 있어야 한다. 다양한 사회제도가 어떤 방식으로 클라이언트의 심리적 안녕을 지지하고 방해하는지 확인하고 클라이언트가 환경 속에서 자신의 위치에 관해 새로운 인식을 가지도록 해 주어야 한다(구혜영, 2015: 55).

그러므로 에릭슨의 심리사회적 이론은 사회복지를 전공하는 학생의 자신에 대한 이해에도 도움이 될 수 있다. 따라서, 에릭슨의 심리사회적 발달단계를 자신의 인생에 적용하여 자서전 혹은 자기분석보고서를 작성해 보는 것이 유용하다.

4. 행동주의

1) 행동주의이론의 개요

심리학의 제2세력인 행동주의는 인간행동을 연구하는 심리학의 주요한 세력으로서 20세기 후반을 지배해 왔다. 행동주의자들은 인간의 관찰될 수 있는 행동만이 과학적 심리학의 연구주제가 된다고 주장하였다. 특히, 행동주의는 실용주의가 지배하는 미국의 학문적 토양에 부합하여, 1930~1960년대까지 미국에서 전성기를 이루었다.

행동주의이론은 인간행동의 대부분은 학습되거나 학습에 의해 수정된다는 기본 전제에 근거를 두고 있기 때문에 학습이론이라고도 불린다. 행동주의 학습이론에 의하면, 인간은 학습을 통하여 지식과 언어를 습득하고 태도와 가치를 형성하며, 능력을 터득하고 경험을 통해 자신에 대한 통찰력을 기른다. 학습은 인간이 주어진 환경의 조건에 따라서 결정된다. 특히, 스키너는 대부분의 인간행동은 내적 충동보다는 외적 자극에 의해 동기화된다고 주장하였다. 인간행동은 그 결과, 즉 보상과 처벌에 의해 유지되는 것이므로 인간을 이해하기 위해서는 무의식, 의식 등의 경험적 실증이 불가능한 것을 연구하기보다는 '경험적 실증이 가능한 행동'을 연구하여야 한다고 주장하였다. 사회학습이론에서 행동은 관찰이나 모델을 통해서 학습되며 관찰된 행동이 행동적 재생산을 하기 이전에 내적인 인지적 과정에 의해 먼저 형성된다고 하였다(표갑수 외, 2021: 254).

행동주의 접근의 기초가 되는 중요한 학습이론으로는 파블로프(Ivan M. Pavlov)의 실험에 근거한 고전적 조건화(classical or respondent conditioning)와 스키너(B. F. Skinner)의 조작적 조건화(operant conditioning)를 들 수 있다. 초기에, 행동치료는 이러한 학습원리를 인간활동에 논리적으로 확장한 것으로 간주되었다. 그러나 오늘날의 행동치료는 더 이상 고전적 조건화와 조작적 조건화이론의 임상적 적용이라고 단순히 정의할 수 없을 정도로 다양한 발전을 이룩하였다.

행동주의와 사회학습이론의 전통을 이어 받은 반두라(A. Bandura)는 급진적 행동주의의 단점을 보완하고자 하였다. 이들은 인지의 중요성을 내포한 사회적 행동과 학습이론을 행동주의 원리에 따르면서, 심리학의 다른 개념을 행동주의에 통합시키려고 노력하였다. 이들의 이론은 매우 단순한 실험실 상황에서 벗어나 보다 복잡한 사회적 맥락에서 연구되어야 함을 강조하였다. 또한 동물을 연구하기보다는 인간을 대상으로 연구하여 행동의 원리를 밝혀야 한다고 주장하였다(노안영 · 강영신, 2011: 365).

그러므로 행동주의자들은 인간이 조건화의 산물이라고 보며, 모든 인간학습의 기본적 유형으로서 자극 · 반응의 패러다임을 주장하였다. 행동주의의 주요한 변화는 1960년대 학습의 인지에 대한 중요성이 점차 수용되면서 사회적 학습이론으로 발전되었다.

여기서는 성격에 대한 행동 및 사회적 학습관점으로 행동주의의 권위라고 할 수 있는 파블로프의 고전적 조건화(classical conditioning), 스키너의 조작적 조건화(operant conditioning), 반두라의 사회학습이론(social learning theory)이라는 세 가지 접근방법으로 분류하여 살펴보고자 한다.

2) 고전적 조건화 : 파블로프

행동주의적 학습이론(learning theory)은 인간의 모든 행동은 자극과 반응의 연합이며 이는 외적 조건과 경험에 의해서 형성된다고 본다. 즉, 인간은 반응적 존재로서 환경에 의해 만들어지는 존재이기 때문에 환경을 세분화시킬 수 있다면, 인간이 어떻게 반응할 것인지를 예측할 수 있다는 것이다. 행동주의적 학습이론에서는 기본적으로 모든 유기체의 행동을 조건화(conditioning)의 결과라고 보고 있다. 고전적 조건화란 일정한 자극에 의해 선천적으로 유발되는 반사를 처음에는 그것과 아무런 관계가 없던 중립자극과 연합시킴으로써 이 중립자극이 선천적인 반사반응을 유발하게 되

이반 파블로프

는 것을 말한다.

파블로프(Ivan Petrovich Pavlov, 1849~1936)는 소화에 대해 연구함으로써 노벨상을 수상한 러시아의 생리학자였다. 식사시간에 실험실을 드나들다가 개가 침을 흘리는 것을 보고 자신이 개에게 하나의 신호 또는 예언적 자극대상이라는 것을 발견하고 정식실험을 하였다. 우연한 발견에 의해 시작된 이 실험은 '고전적 조건화(classical conditioning)' 또는 '반응적 조건화(respondent conditioning)' 라고 불리는 심리학의 역사에서 주요 반환점이 된 중요한 실험이 되었다(이주희 외, 2013: 171).

그는 개의 침샘 일부를 외과적으로 적출하여 먹이를 먹을 때마다 분비되는 침의 양을 측정하는 연구를 하고 있었다. 그런데 문득 그 개가 먹이 주는 사람 발소리를 듣거나, 빈 밥그릇만 보아도 침을 분비한다는 것을 발견하였다. 그 유명한 파블로프의 고전적 조건화의 개념이 바로 여기서부터 출발했다. 즉, 그 개는 발소리와 그릇이 먹이와 함께 나타난다는 일종의 '연합' 을 학습한 것이고, 따라서 처음에는 침 분비와 아무 상관이 없었을 소리와 그릇이 먹이와 같은 효과를 지니게 된 것이다. 이를 보다 구체적으로 알아보기 위해 파블로프는 먹이를 주기 전 항상 불빛을 보여 주며 먹이와 같은 효과를 가질 수 있는가를 알아보았고 그 결과는 적중했다.

고전적 조건화는 다음과 같은 네 가지의 요소를 가정한다.

① **무조건자극**(Unconditional Stimulus, US): 자동적 · 생득적 반응을 유발하는 자극(예, 먹이)

② **무조건반응**(Unconditional Response, UR): 학습되지 않은 자동적 · 생득적 반응(예, 먹이에 대한 침분비)

③ **조건자극**(Conditional Stimulus, CS): 무조건자극과 짝지어져 새로운 반응(즉, 무조건반응)을 유발하는 자극(예, 발소리, 빈 밥그릇, 또는 불빛)

④ **조건반응**(Conditional Response, CR): 조건자극에 의해 새로이 형성된 반응(예, 조건자극에 대한 침 분비)

[그림 4-1] 파블로프의 개와 실험장치(좌), 고전적 조건화 절차(우)

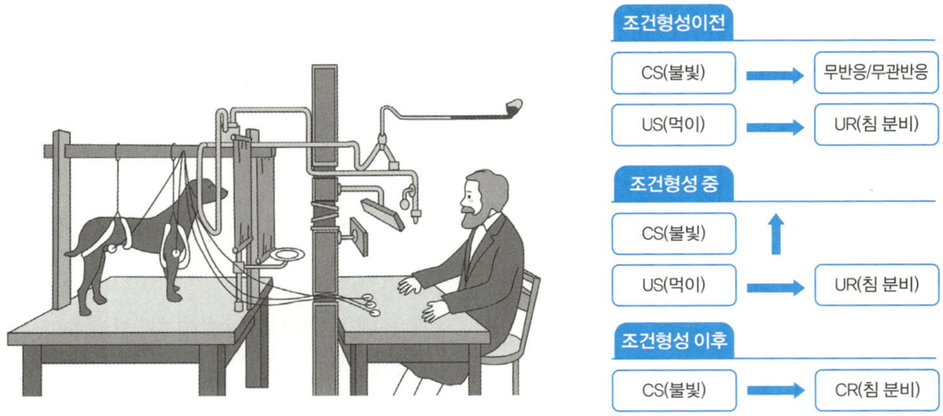

자료: 김영철 외(2022: 207) 재인용.

3) 조작적 조건화 : 스키너

벌허스 프레데릭 스키너

스키너(Burrhus Frederic Skinner, 1904~1990)는 행동을 반응적 행동(respondent behavior)과 조작적 행동(operant behavior)으로 구분하였다. 파블로프의 고전적 조건화는 어떤 자극에 따라 나타나는 반응적 행동을 학습하는 것이기 때문에 유기체의 의도와 상관없이 이루어지는 학습이다. 반면, 조작적 행동은 유기체가 다양한 환경조건에서 능동적으로 적절한 반응을 함으로써 보상을 받거나 유리하게 적응하는 것이다. 즉, 유기체의 자발적 반응에 대하여 강화(보상)를 함으로써 학습을 하는 것이다. 스키너는 이러한 종류의 학습을 '조작적 조건화(operant conditioning)'라고 하였다. 여기서 조작적이란 유기체가 자극에 대해 단순히 반응하는 것이 아니라, 환경을 조작하여 변화시킨다는 의미이다. 즉, 학습은 반응에 수반하는 결과의 영향을 받는다는 것이다. 따라서, 조작적 조건화는 수의적 반응이 그 결과에 의해 통제된다는 의미를 갖는다. 이러한 조작적 조건화는 자발적인 인간행동의 설명에 더 큰 비중을 차지하고 있다(이주희 외, 2013: 181).

[그림 4-2] 스키너상자

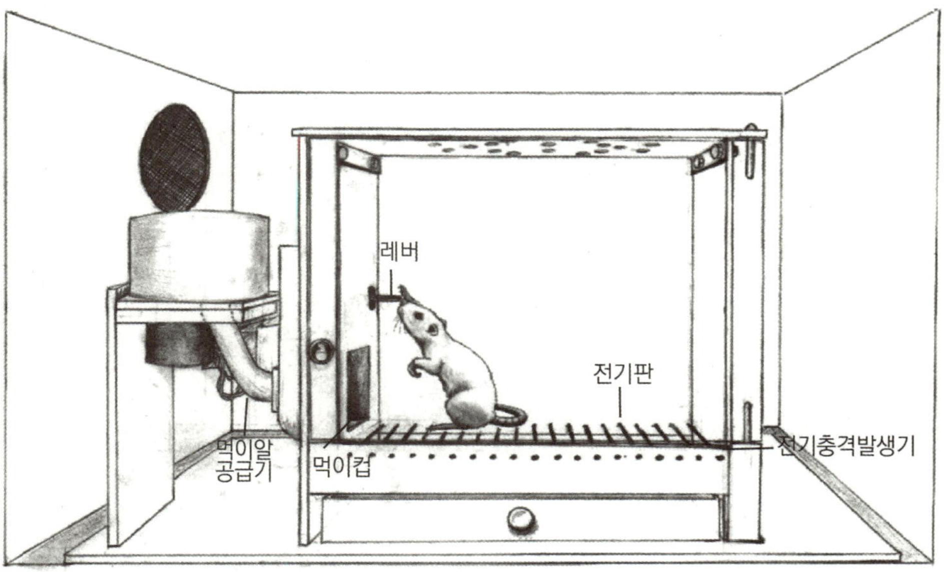

자료: 김영철 외(2022: 217) 재인용.

5. 인본주의

1) 인본주의의 개요

칼 로저스

인본주의(humanitarianism)는 1940년대에 로저스(Carl Ransom Rogers, 1902~1987)에 의하여 개발되어 지금까지 계속 발달하고 있는 인간의 성장과 변화에 대한 접근법이다. 이 이론은 내담자 및 인간의 변화 및 성장을 존중하며, 일치성, 공감 및 긍정적 존중의 태도를 존중한다. 인본주의(현상학)는 개인의 주관적 경험, 감정 그리고 세계와 자신에 대한 개인적 견해 및 사적 개념을 연구한다. 로저스는 현상학적 심리학자의 한 사람으로서, 사람의 행동은 그 사람이 세계를 어떻게 지각하느냐에 달려 있다고 보았다. 행동이란 개인이 세계를 지각하고 해석한 직접적인 사건의 결과로 생기므로, 인간행동을 잘 이해하기 위해서는 그 개인의 '내적 준거 틀(internal frame of reference)'을 이해하는 것이 필요하다고 보았다.

인본주의는 잠재적으로 능력이 있는 개인 안에 이미 존재하는 능력을 해방시키는 것을 심리치료의 목표로 삼는다. 만일 어떤 특정한 조건이 제시된다면, 개인은 점차로 실현의 능력을 가지고 그가 조건부 가치에 의해 내사시켜 온 한계를 극복해 나갈 수 있을 것이다. 여기에서 특정한 조건이란 치료적인 관계 내에서 개인이 진솔성이나 일치성, 정확한 공감적 이해 및 무조건적인 긍정적 존중을 지각하는 것이다. 이때 내담자의 성격 변화는 그의 존재가 자신의 내적 경험을 좀 더 많이 인식하는 방향으로 자신의 내적 경험이 유동적이고 변화할 수 있도록 허용하는 방향으로, 그리고 그의 내적 경험과 일치하게 행동하는 방향으로 일어날 것으로 보고 있다(장수환 외, 2017: 259).

인본주의이론은 정신역동학파에서 말하는 본능적이고 역동적인 개념을 거부하고, 자기(self)에 관한 것에 초점을 두기 때문에 '현상학적 이론' 또는 '자아실현이론'이라고 불린다. 현상학적 이론은 개인이나 생활사건에 대한 자기인식은 성격발달을 이해하기 위한 준거 틀을 제공한다는 사실을 강조하고 있다. 현상학적 입장에 따르면, 각 개인은 행동의 주체이며, 행동이란 단지 내부세계의 관찰 가능한 표현일 뿐이기 때문에 인간의 경험에 대한 연구를 하는 것이 필요하다. 또한 생활사건에 대한 개인적인 해석에 기반을 두고서 환경에 반응을 나타내는 개인을 이해하는 것이 중요하다는 입장이다(최옥채 외, 2021: 119~120).

인본주의이론은 무의식적 결정론에 근거한 정신분석이론과 환경결정론에 근거한 행동주의이론의 입장에 반대하는 '제3세력의 심리학'에 속한다. 인본주의이론에서는 사랑, 선택, 창조성, 의미, 가치, 자아실현과 같은 인간의 자아실현경향과 긍정적 측면에 초점을 둔다(Corey, 2016).

인본주의이론의 발달에 기여한 주요 인물들 중에서 로저스는 모든 인간이 긍정적 방향으로 성장하고자 하는 경향과 자기결정 및 자아실현경향을 가지고 있으며, 자신의 운명을 스스로 결정하고 자유롭게 선택하는 존재라는 점을 중시하는 '인간 중심적' 접근방법(personal-centered approach)을 제시하였다 또한 매슬로우(Abraham Maslow) 역시 인간을 자아실현을 위하여 노력하는 존재로 규정하고, '욕구위계이론'을 제시하였다.

2) 인간중심이론의 개요

로저스의 인간중심접근은 1940년대 상담 및 심리치료의 주요한 추세에 도전하면서 탄생되었다. 즉, 그는 프로이트의 정신분석에서 취하는 치료자 중심치료보다 내담자 중심치료를 강조하였고, 지시적 접근보다 비지시적 접근이 내담자를 조력하는 데 효과적임을 주장하였다. 로저스는 인간의 기본적 동기로서 실현화 경향성을 가정하였으며, 성격을 변화시키고 향상시킬 능력이 각 개인 내에 있다는 것을 제안하였다. 그는 유기체의 지혜를 강조하였으며, 경험을 통한 인간의 가치화 과정을 필수적인 것으로 생각하였다(노안영 · 강영신, 2011: 320).

로저스의 성격이론은 개인의 독특한, 주관적인 경험을 강조한다. 그는 삶 속에서 사건들을 보고 해석하는 방식이 행동에 결정적인 영향을 준다고 믿었다.

로저스의 저서 「클라이언트중심치료(*Client Centered Therapy*, 1965)」에 따르면, 각 개인은 주관적 세계에서 생활하며, 이른바 과학자가 말하는 객관적 세계조차도 주관적인 지각, 목적 및 선택 등의 산물이다. 어느 누구도 다른 사람들의 내적 참조 틀을 완전히 가정할 수 없기 때문에 개인 자신이 그의 실체가 무엇인지에 대한 가장 큰 자각의 잠재력을 지닌다. 다시 말해서 개인은 자신에 대한 세계 최고의 전문가이며 자신에 대한 최상의 정보를 지니고 있다. 로저스에게 있어서 행동은 지각되는 장에서 경험하는 유기체의 욕

「클라이언트 중심치료」
(2020년 출판)

구를 만족시키려는 유기체의 전형적인 목표 지향적인 시도이다.

3) 핵심 개념 및 내용

(1) 유기체

유기체(organism)의 긍정적인 방향으로 경험하대, 거부당하는 경험은 선택하지 않는다. 이 과정은 자기실현을 보충하는 것으로서 실현화과정과 관련되어 있으며, 유기체의 긍정적인 성장 방향으로 도움이 된다. 어릴 때의 이 과정은 매우 효율적인데, 그것은 어린이의 가치관념이 매우 분명하기 때문이다. 그러나 경험이 계속되고 확대되면, 유기체는 자기가 거부당하는 경험은 선택하지 않으려고 한다. 즉, 아기는 배가 고프면 음식에 긍정적인 가치를 부여하는 반면, 배가 부르면 부정적인 가치를 부여하게 되는데, 이는 긍정적인 가치개념이 따뜻함이나 돌봐줌과 관련되어 있기 때문이다.

대체로 우리는 좋아하고 싫어하는 것을 구별하면서 살게 된다. 다시 말해서 우리 인간은 우리에게 좋은 것과 나쁜 것을 구분할 수 있다. 어릴 때에는 가치부여과정이 계속되며 융통성 있게 작용하고, 긍정적이냐 부정적이냐의 기준은 유기체를 유지 또는 확대하느냐 안 하느냐가 되어, 한 번 발달하게 되면, 이것은 자아가 된다. 가치부여과정은 개인 속에서 발생하는데, 그 개인이 바람직하다고 느끼는 경험이나 바람직하지 않다고 느끼는 경험이 함께 연결되어 있는 것이다. 어른이 되면, 대부분이 이 유기체적인 가치부여과정과 고리가 끊어지게 되어, 우리의 가치에 있어서 불분명하고 불안해지게 되는 것이다.

(2) 자기실현 경향성

자기실현 경향성(self-actualization tendency)이란 인간이 본능적으로 타고나는 자신을 보호하고 고양시키며, 자신의 잠재력을 최대한 실현시켜 개인의 유지나 향상을 위해 노력하는 인간의 본성을 말한다. 인간은 선천적으로 자신을 유지시키거나 향상시키기 위하여 자신의 능력을 개발하는 경향성을 지니고 있다.

이러한 자기실현 경향이 아기로 하여금 경험적 잠재력을 확대하도록 하여 부모와 같은 중요한 타인과의 상호작용이 일어나게 되고, 이러한 상호작용의 결과 아기의 유기체적 경험의 일부가 '자기' 또는 '자기개념'으로 분화된다. 인간행동의 근원을 자기실현의 욕구로 보았는데, 이 욕구는 다양성을 가지고 있다(신기원 외, 2016: 208).

로저스는 자기실현 경향성이 성장과 퇴행 중 어느 하나를 선택해야 하는 상황에 처하게 될 때, 더욱 두드러지게 나타난다고 보았다. 즉, 그는 모든 인간이 퇴행적 동기도 지니고 있지만, 그보다는 성장 지향적 동기, 즉 자기실현욕구가 기본적 행동동기라고 보았다. 그런데 현실지각이 왜곡되어 있을 경우, 퇴행적 동기가 더 우세하게 유아적 수준의 행동을 나타내는 경우도 있다. 그렇지만 자기실현의 과정은 완전한 최종상태를 말하는 것이 아니라, 죽을 때까지 보다 유능한 인간으로 되어가는 과정이다. 이러한 과정을 통하여 모든 인간은 삶의 의미를 찾고 주관적인 자유를 실천해 나감으로써, 점진적으로 완성되어 간다는 점을 로저스는 강조했다(이우언, 2017: 255).

(3) 일관성과 위협

사람은 현실적 자기와 경험 사이의 일관성을 유지하려고 노력한다. 자기구조와 일관되는 경험들은 지각되어 그 구조의 일부가 된다. 어떤 것들은 자아와 아무런 상관이 없어 보이므로 그냥 지나쳐 버리게 된다. 자아와 상치하거나 자아에 위배되는 체험은 개인에게 위협을 준다. 이 위협에 대항하기 위해 사람들은 흔히 이 체험을 거부하거나 그 의미를 왜곡시킨다.

문제가 되는 것은 거부나 왜곡 때문에 문제의 본질을 제대로 파악하지 못할 수 있다는 데 있다. 개인은 자신의 자아를 유지하고, 보호하고, 고양시키려는 강력한 욕구를 지니고 있으므로, 자아에 위배되는 것을 쉽게 걸러내 버리고자 하는 유혹을 받는다. 이는 개인의 자아정체성 확립에 크게 도움이 되는 특성이기도 하지만, 성격이나 행동이 변하기 어려운 측면을 설명해 주는 측면도 가지고 있다. 많은 가치의 조건들도 위축된 자아개념을 형성하게 한다. 그러한 경우, 그 사람은 경험에 개방적이지 못하게 되고, 따라서 자아에 위배되는 많은 체험, 지각, 기억들이 우리의 의식에 포함되지 못하고, 결국 개인의 성장 또한 그렇게 위축될 가능성이 높다(안범희, 2011: 366).

그러므로 로저스의 내담자 중심치료의 핵심이 되는 것은 바로 이러한 '왜곡된 자아상'의 실체를 본인 스스로가 깨닫게 하는 데 있다.

(4) 충분히 기능하는 사람과 조력자의 특성

로저스(Rogers, 1961)는 임상경험을 통해 '충분히 기능하는 사람(fully functioning person)'에 대한 몇 가지 사항을 제시하고, 심리치료에 있어서 조력을 주는 관계에 있는 치료가 지녀야 할 몇 가지 자질을 들고 있다. 그는 최적의 도움을 주는 관계는 심리적으로 원숙한 사람에 의해 창조되는 어떤 생각을 가짐으로써 조력자의 특성은 곧 원숙한 인간의 특성과 일치되는 것임을 시사하고 있다.

4) 성격발달

내담자를 조력하기 위해 상담자가 갖추어야 할 세 가지 태도 혹은 특성은 일치성(congruence or genuineness), 무조건적 긍정적 존중(unconditional positive regard) 그리고 공감적 이해(empathic understanding)이다(노안영 · 강영신, 2011: 333).

(1) 일치성

진정한 상담자는 있는 그대로의 자신이 되려고 한다. 상담자는 겉치레를 하지 않고, 개방적이며 진솔하다. 그래서 내담자는 상담자가 진실하다고 느낀다. 일치성이 있는 상담자는 내담자와 인간 대 인간으로 만날 수 있다. 진실한 관계에서 상담자는 내담자와 부정적인 감정조차도 자유롭게 공유한다.

(2) 무조건적 긍정적 존중

상담자는 내담자를 한 인간으로 깊고 진실하게 도와준다는 것을 의미한다. 상담자가 내담자에게 무조건적 긍정적 존중 또는 수용을 제공할 때, 내담자가 스스로 자아탐색을 할 수 있게 된다.

(3) 공감적 이해

상담자가 마치 내담자라는 가정을 결코 잃지 않으면서 내담자의 내적 참조 틀에 의해서 파악한 내담자의 주관적 가치나 감정을 되돌려 주는 것을 의미한다. 공감적 이해의 조건은 경험을 지각하는 상담자의 능력과 그 순간의 내담자의 의미가 된다. 내담자의 경험이나 내담자가 하는 말에 대한 기계적인 반응이 아니라, 내담자 그 자체를 하나의 존재로 보고 내담자와 함께 하는 것이다. 경청은 내담자에 의해 경험된 감정, 그리고 개인적인 의미를 이해하는 활동이며, 공감의 필수적인 요소이다.

5) 사회복지실천과의 연계

인본주의이론은 심리치료 분야의 변화를 야기한 주요 원동력이다. 로저스는 인간본성에 대해 낙관적인 관점을 가지고, 실천가가 감정이입적 · 무조건적인 긍정적 관심으로 클라이언트를 수용하면 변화가 일어난다고 보았다. 이러한 클라이언트 중심 모델은 실천가 – 클라이언트의 관계를 위계적 · 지시적 접근에서 수평적 · 인간적 관계로 전환시켰고, 이는 사회복지영역에서 사회복지사와 클라이언트의 관계를 설명하는 데 중요한 기반이 되었다. 또한 인본주의이론의 중요한 원칙들이 사회복지실천에 영향을 주었다.

오늘날 사회복지실천에서는 인본주의 이론의 효과성이 입증되면서 활발하게 적용되고 있다. 사회복지사는 인간중심의 접근기술을 활용하여 클라이언트의 문제를 돕는다. 인본주의이론은 인간의 존엄성을 가장 중요하게 여기는 기본 철학을 바탕에 두기 때문에 모든 사람이 사랑과 수용에 대한 기본적인 욕구가 있다고 전제한다. 이에 사회복지사는 클라이언트에 대한 감정이입, 존중하기, 진실성에 초점을 맞추면서 개입해 나간다. 사회복지사는 클라이언트의 인격과 문제를 따로 분리하여 바라보려는 노력이 필요하다. 이러한 관점은 한 개인의 전체에 대한 왜곡된 평가를 막을 수 있기 때문이다. 변화할 수 있다는 긍정적인 측면에 관심을 기울이면서 상담기술을 효과적으로 적용해야 한다(김경은 외, 2020: 255~256).

그러므로 로저스의 이론은 사회복지학 이외에도 다양한 학문적 배경을 가진 상담전문직의 발전을 가져왔다. 특히, 인간중심치료는 교육, 건강, 산업, 군대 등 다양한 분야에서 상담기술을 훈련하는 사람들의 개입모델이 되었다.

6. 인지이론

1) 인지이론의 개요

인간의 발달과 환경 속에서의 기능에 대한 폭넓은 관점을 형성하기 위해서는 인지이론에 대한 이해를 가져야 한다. 그 이유는 개인의 인지에 따라 환경의 의미가 달라지기 때문이다. 인지이론은 인지의 획득과 기능에 초점을 두는 이론으로서, 한 개인이 무엇을 어떻게 알게 되고 생각하게 되는지, 그리고 무엇을 느끼고 행동하는지에 초점을 두기 때문에 인간의 잠재력과 행동을 이해하고 이를 변화시키는 데 필수불가결한 이론적 기반이 된다(권중돈, 2021: 529).

인지이론에서는 인간을 매우 주관적인 존재로 규정한다. 즉, 이 세상에는 객관적인 현실이란 존재하지 않으며, 각 개인의 주관적 현실만이 존재하기 때문에 개인의 행동이나 사고를 이해하기 위해서는, 그 개인의 주관적 현실을 이해해야 한다고 보았다. 행동주의이론에서는 인간행동이 환경의 영향을 받는다고 주장하지만, 인지이론에서 '안다는 것'은, 개인과 환경 간의 상호작용에 의하여 형성된다고 보았다(Norlin & et, al. 2008). 또한 인지이론에서는, 인간의 무의식에 초점을 두고 인간을 다분히 충동적

장 피아제

존재로 보는 정신분석이론과 달리, 인간의 의식에 초점을 두고 인간을 사고하는 합리적인 존재로 인식한다. 더불어 환경적 원인들이 인간에 의해서 어떻게 지각되고 인식되는가에 중점을 두고 있다.

피아제(Jean Piaget, 1896~1980)의 인지이론은 인간이 외부세계를 이해하고 파악하는 바탕인 인지적 구조가 형성되는 과정을 설명한다. 그는 지식의 구체적 내용에 관심을 가진 것이 아니라, 적극적 과정으로서의 인식에 관심을 가져, 인지적 성숙과정을 주된 연구영역으로 하였다. 여기서의 인식은 경험을 조직화하고 의미를 부여하는 과정으로 말한 것을 해석하고, 문제를 해결하며, 정보를 종합하고, 복잡한 과제를 분석하는 포괄적인 인지적 활동을 말한다.

피아제는 인식의 근원이 아동의 생물학적 능력에 있다고 가정하였다. 생물학을 전공한 피아제는 큰 호수에 있던 연체동물을 작은 연못으로 옮겼을 때, 환경의 변화로 인해 유기체에 구조적 변화가 오는 것을 관찰하고, 연체동물이 어느 정도 환경에 적응해 나갈 수 있는 특성을 가지고 태어난다는 구조상의 유연성을 깨달았다. 피아제의 연체동물에 관한 연구는 인간에게서 유사점을 발견하는 계기가 되었는데, 이는 아동이 나이가 들면서 사고과정의 유연성을 보이며 문제를 잘 해결한다는 발견이다. 즉, 인간의 뇌는 인지적 구조를 변화시킴으로써 환경에 적응하는 능력을 가지고 있으며, 지능은 환경이 적절한 다양성과 탐구에 대한 지지를 제공하면 체계적인 방식으로 발달한다는 것이다(이인정 · 최해경, 2020: 337~338).

인지이론은 사고의 획득과 기능에 초점을 두는 이론으로서 한 개인이 무엇을 어떻게 알게 되고 생각하게 되는지, 그리고 무엇을 느끼고 행동하는지에 초점을 두기 때문에 인간의 잠재력과 행동을 이해하고 이를 변화시키는 데 있어서 필수 불가결한 이론적 기반이 된다. 피아제는 인간이 유아기에서 성인기로 성장하는 과정에서 다양한 단계를 거치면서 생각하고 배우는 능력을 갖춘다고 하였다(고명석 외, 2018: 83). 피아제는 아동의 사고과정으로 동화와 조절을 새로운 지식에 대한 평형을 이루기 위한 기제로 제시하면서, 성인의 사고과정과 질적으로 다르다는 것을 임상적으로 연구하였다. 아동의 인지발달은 언어적인 기술을 획득하는 것처럼 사고와 추론기술을 발달시키는 과정을 의미하며, 아동이 어떻게 생각하는지와 또 발달해 가면서 어떻게 변화하는지에 초점을 맞춘다(표갑수 외, 2021: 229).

결론적으로 인지는 지식, 의식, 사고, 상상, 추론, 문제해결, 개념화, 분류, 상징, 지각, 학습 등 정신적 과정을 포괄하므로, 인간의 심리과정을 이해하는 데 인지이론은 매우 중요하다. 피아제의 인지발달에 관한 이론은, 성격의 한 측면으로 간주될 수 있는 인지기능의 다양한 발달수준을 개념적으로 설명해주어 인지적 측면의 인간행동과 인간발달에 관한 사회복지사의 이해를 넓히는 데 기여한 바가 지대하다.

2) 핵심 개념 및 내용

(1) 인지

인지(cognition)란 자극을 조직화하여 지식을 얻는 심리적 과정으로 총체적 정신과정을 포함하는 포괄적 개념이다. 포괄적 개념이라는 점에서 알 수 있는 것처럼, 최근에는 인지를 지식, 의식, 지능, 사고, 상상, 계획과 전략의 개발, 합리화, 추론, 문제해결, 개념화, 분류 및 유목적화, 상징, 환상, 그리고 꿈과 같은 이른바 높은 수준의 정신과정을 모두 포함하는 개념으로 받아들인다. 이러한 인지의 개념에서 볼 수 있는 것처럼 인지이론은 인간이 외부세계를 이해하고 파악하는 바탕인 인지적 구조가 형성되는 과정을 설명하는 이론이다. 인지연구는 지식의 구체적 내용뿐만 아니라, 인지적 성숙과정을 연구하는 것이다.

인지이론은 다음과 같은 특징을 갖는다. 인지이론에서는 인간의 지능은 생물학적 적응의 연장이고 연령에 따라 단계별로 한 단계에서 높은 단계로 발전한다고 가정한다. 지금까지 살펴본 다른 이론들과 비교할 때, 인지이론이 갖는 중요성과 특징은 다음과 같다. 즉, 인지이론은 개인의 인지적 특성에 따라서, 환경의 의미가 달라진다는 것을 의미한다. 인지이론의 입장에서는 환경적 자극이 있을 때 개인은 인지적 특성에 따라서, 그 자극을 인지적으로 재해석하고 환경에 반응한다고 가정한다. 이러한 의미에서 인지이론은 생물학적 결정론과 환경적 결정론에서 벗어나, 개인의 사고가 감정과 행동에 미치는 영향력에 초점을 둔다고 볼 수 있다.

(2) 도식

「아동심리학」
(2019년 출판)

1969년 피아제와 인헬더(Jean Piaget and Bärbel Inhelder)의 저서 「아동심리학(*The Psychology of the Child*)」에 따르면, 도식(schema)은 어원적으로 '형태'라는 의미이며, 일반적으로 사물이나 사건 또는 사실에 대한 전체적인 윤곽이나 개념을 말한다. 피아제는 개념보다 도식이란 용어를 선호했는데, 도식이 언어와 그 외 다른 상징적 체계들이 발달하기 전인 유아기의 개념 및 개념적 연결에 해당되는 것이라고 보았다. 그는 도식을 행동이 유사한 상황 속에서 반복되면서 전승되거나 일반화되는 행동의 구조 또는 조직으로 정의했다. 그리고 도식이 사건, 감정, 관련된 심상, 행동, 또는 생각들의 의미 있는 배치임과 동시에, 자료나 정보가 투입될 때 일종의 준거 틀로 기능한다고 보았다. 이에 따르면, 도식은 정신적 조직화의 일차적 단위이며 인간은 도식을 통해 환경에 적응한다.

유아는 기본적 도식을 가지고 태어나, 조직화와 적응의 과정을 통해 새로운 도식을 개발하고 기존의 것들을 변화시킨다. 빨기와 잡기 같은 최초의 도식은 본질적으로 반사적이다. 도식은 연합에 의해 발달하는데, 반사가 다른 경험과 연합되면 빨기, 잡기, 보기와 같은 단편적인 행동이 좀 더 반경이 넓어지고 통합적으로 된다. 예를 들어, 보기, 잡기, 빨기는 동시에 보고 잡으며 빠는 것으로 통합된다. 도식은 일생에 걸쳐 계속해서 개발되며 수정된다(이인정 · 최해경, 2020: 340).

(3) 조직화

조직화는 신체적 또는 심리적 과정을 일관된 전체로 종합하는 식으로 배우는 것이 아니라, 성숙해지면서 상이한 도식들을 결합시키는 것이다. 즉, 서로 다른 감각의 입력정보들을 상호 관련시키는 것이다. 예를 들어, 출생 후 몇 달이 지나면 유아는 어떤 대상을 쳐다보고 그것을 잡을 수 있게 된다. 보이는 것을 잡는다는 것은 보는 것과 잡는 것을 결합한 행동이다. 심리적 측면에서 조직화는 떠오르는 생각들을 이치에 맞게 종합되는 것을 말한다.

3) 인지발달단계

피아제는 1954년 그의 저서 「아동의 현실구성(*The Construction Of Reality In The Child*)」에서, 감각 및 운동능력의 결과로 이루어지는 인지발달에서 출발하여 추상적이고 논리적 사고의 습득과 표현, 즉 형식적 사고로 완결되는 인지발달의 네 단계를 제시하였다. 그 내용은 〈표 4-3〉과 같다.

피아제의 인지발달단계

인지발달단계	연령	특 징
감각운동기 (sensorimotor stage)	0~2세	• 감각운동에 기초하여 다양한 감각경험 및 발달 • 대상영속성 개념 획득 • 사물을 직접 탐색하고 조작하여 학습함. • 하위 여섯 단계로 구분 ① 반사활동(0~1개월): 반사가 보다 효율적이며 모든 대상을 빨기 도식에 동화시킴. ② 1차 순환반응기(0~4개월): 새로운 경험을 반복하며, 협응 등 초보적인 학습능력이 생김. ③ 2차 순환협응기(4~10개월): 우연한 발견의 의도적 반복으로 새로운 반응능력을 갖게 됨. ④ 2차 도식협응기(10~12개월): 기존 도식을 새로운 대상에 활용, 조절 확대 ⑤ 3차 순환반응기(12~18개월): 문제해결을 위한 새로운 수단을 발견하고 반복 ⑥ 상징적 표상기(18~24개월): 행위의 내면화, 시작 전 상황에 대한 사고를 하기 시작

전조작기 (preoperational period)	2~7세	• 보이지 않는 것을 기억하는 표상적 상징이 가능 • 상징놀이, 물활론, 보존 개념의 부족 등의 특성(물활론-생명이 없는 대상에서 생명과 감정을 부여, 예를 들어, 곰인형이 무서울까 봐 빨리 집에 가야 한다고 함.) • 자아중심적 사고, 직관적인 사고 • 사고는 가능하나 논리적이지는 않음.
구체적 조작기 (concrete operational period)	7~11세	• 분류, 영속성, 서열화, 보존 개념의 획득 • 실제적이고 구체적인 대상과 사상들에 한정된 논리만 가능 • 간단한 산술과 연산 이해 • 자아중심성에서 탈피하여 자율적 도덕성 획득
형식적 조작기 (formal operation)	11세~	• 논리적 · 연역적 추론, 추상적 사고 가능 • 가능성과 실제 간의 가설적 문제의 해결 가능 • 체계적인 사고능력, 다양한 해결책 고려할 수 있는 사고능력 발달

자료: 김영철(2022: 297~297) 재인용.

[그림 4-3] 피아제의 인지발달단계

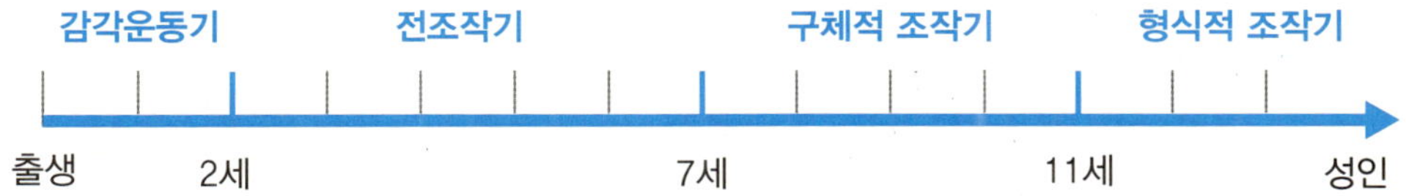

자료: 송형철 외(2018: 128).

연습문제

1. 프로이트(Freud)의 심리성적 발달단계로 옳은 것은?
   ① 구강기－남근기－항문기－생식기－잠복기
   ② 구강기－항문기－남근기－잠복기－생식기
   ③ 항문기－남근기－구강기－생식기－잠복기
   ④ 항문기－구강기－남근기－잠복기－생식기
   ⑤ 잠복기－구강기－항문기－남근기－생식기

2. 조작적 조건화에 대한 설명으로 옳지 않은 것은?
   ① 인간행동은 유전적 요인에 의해 결정되는 것으로 본다.
   ② 조작적 조건화에서 행동의 동인은 보상을 얻기 위하여 이루어진다.
   ③ 인간이 환경적 자극에 능동적이고 자발적으로 반응하고 있음에 주목한다.
   ④ 인간행동은 예측이 가능하며 통제도 가능하다.
   ⑤ 인간은 기계적 존재라고 보았다.

3. 로저스 이론의 주요 개념이 아닌 것은?
   ① 현상학적 장 ② 지금－여기 ③ 자기실현
   ④ 자아의 창조적 힘 ⑤ 무조건적인 긍정적 존중

4. 피아제의 도덕성 발달이론에 대한 설명으로 옳은 것은?
   ① 도덕성 판단력이 인지발달에 병행되는 것으로 보았다.
   ② 자율적인 도덕에서 타율적인 도덕 판단의 세계로 이행되는 과정이다.
   ③ 10~11세 이후 연령의 아동은 규범이나 법률에 따르고 복종하는 것만이 최고의 선이라고 본다고 주장하였다.
   ④ 피아제는 보편적이고 일반적인 상황에서 이루어진 도덕적 판단에 근거해서 이론을 구성하였다.
   ⑤ 도덕성 발달의 8단계를 주장하였으나 순서가 정해진 것은 아니며, 개인에 따라서는 중간단계를 건너뛰기도 한다고 주장하였다.

정답 1. ② 2. ① 3. ④ 4. ①

Chapter 5
사회복지행정

학습목표

1. 행정에 대한 기본적 이해
2. 전달체계에 대한 이해
3. 관리체계의 업무분담 학습

학습내용

1. 사회복지행정의 개념
2. 사회복지의 조직
3. 인적자원관리
4. 재정관리
5. 정보관리

개 요

사회복지행정은 사회복지정책을 서비스로 전환시키는 사회복지조직의 목표달성을 위한 조직구성원의 협력적인 활동의 체계와 과정이다. 사회복지행정은 하나의 정책전환과정의 특성을 강조하기도 하고, 사회복지실천의 한 방법으로 보기도 하며, 전문적인 개입활동 또는 실천활동의 특성을 가진다고 파악하기도 한다. 또한 행정의 특성을 강조하여 사회복지행정이 관리기술 또는 관리과정으로 제시되기도 한다. 본 장에서는 사회복지행정의 전반적인 이해를 돕고자 한다.

Chapter 05
사회복지행정

1. 사회복지행정의 개념

사회복지행정(social welfare administration)이란, 일반적으로 사회복지(social welfare)와 행정(administration)의 합성어로 설명한다. 즉, 사회복지행정은 사회복지목표의 체계적인 실현을 위해 사회복지조직을 중심으로 사회복지정책이 서비스대상자에게 보다 더 효과적이고, 효율적인 서비스로 전환하는 일련의 과정을 의미한다. 따라서, 사회복지행정은 사회복지대상자가 최적의 서비스를 제공받을 수 있는 일련의 행위를 포괄하고 있다(이정서, 2021: 16).

사회복지행정이란 사회복지행정은 사회복지를 행정 또는 관리한다는 뜻이다. 여기에서 행정이란 정부조직의 활동을 지칭하는 것이 아니라, 보다 폭넓게 공공이나 민간 조직의 경영이나 관리를 포괄하는 용어이다. 여기서 행정(administration)과 관리(management)라는 용어는 유사한 성격의 개념이다. 다만, 행정은 공공의 사무를 지칭하는 것으로 많이 쓰였고, 관리는 보다 일반적인 용어로 쓰이는 경향이 있다. 우리나라에서 '경영'이라는 용어는 보다 상급 차원의 관리를 의미하는 것처럼 쓰인다. 따라서, 사회복지행정이라고 할 때, 행정, 관리, 경영의 의미를 포괄한다(한신애 외, 2018: 11).

광의의 개념은 모든 계층을 대상으로 사회적 욕구를 충족시키기 위한 사회복지서비스 방법으로 프로그램 급부 및 서비스 체계와 최소한의 욕구를 제공한다. 즉, 의식주, 보건, 의료, 교육, 훈련, 경제활동 등 국민생활에 대한 최저수준을 확보해 주는 사회적 서비스를 총칭한다. 종합적인 사회복지 개념은 모든 국민의 인간다운 생활을 보장하고 삶의 질을 향상시키기 위하여 국가와 여러 단체들의 조직적이고 체계적인 노력을 통하여 이루어지는 제반활동을 말한다. 행정은 정치권력을 배경으로 공공정책을 형성하고 구체화를 이룩하려는 행정조직의 집단행동이라고 할 수 있다. 대개 강제성을 지닌 정치권력으로 권력과 관리능력을 동시에 가지고 있으며, 행정조직을 중심으로 공익을 추구하는 일련의 집단행동이다. 따라서, 사회복지행정은 사회복지조직의 운영과 목표달성을 위하여 관리자의 가치, 지식, 기술, 리더십을 반영하여 조직의 목표를 기획(planning)하여 실천(doing)하고 성과를 평가(seeing)하는 체계적인 관리활동이다. 협의의 사회복지행정이 관리자에 의한 체계적인 개입의 관리활동이라면, 광의의 사회복지행정은 조직의 운영과 목표달성을 위하여 조직의 모든 구성원들이 참여하고 기여하는 사회과학적 지식으로 접근하는 것이다. 물론 협의의 관점과 광의의 관점이 중첩되어 있지만, 협의의 사회복지행정인 개별사회사업(case work), 집단사회사업(group work), 지역사회조직사업 (community organization)만으로는 사회의 욕구와 문제를 해결할 수 없어 현대에는 사회복지조직의 운영과 목표달성을 위해 사회과학적 지식과 기술을 접목시키고 있으며(Patti, 1983), 사회복지행정의 이 두 개념을 엄격하게 구별하기보다는 지식과 기술을 연속적으로 활용한다. 그리하여 사회복지 행정이란 사회복지정책을 사회복지서비스로 전환시키는 데 필요한 사회복지조직의 총체적인 관리활동이다. 사회복지가 하나의 제도로 발전되어 공적 · 사적 조직을 통해 전달되므로 협의의 개념을 포함한 광의의 개념으로 보는 것이 바람직하다(전해황 외, 2021: 11).

사회복지행정의 정의에 대한 학설에서 알 수 있듯이 하나의 정책전환과정의 특성을 강조하기도 하고, 사회복지실천의 한 방법으로 보기도 하며, 전문적인 개입활동 또는 실천활동의 특성을 가진다고 파악하기도 한다. 또한 행정의 특성을 강조하여 사회복지행정이 관리기술 또는 관리과정으로 제시되기도 한다.

2. 사회복지조직

1) 사회복지조직의 개념

조직은 복수의 직원이 모여서 목적달성을 위해 협동하는 구조이며 조직기능을 다할 수 있도록 팀워크가 이루어져야 한다. 관리자는 조직 이념과 방침을 주지시키고 분명한 커뮤니케이션과 역할분담, 적절한 인재배치, 작업 사이의 상호연계가 가능한 체제를 만들어야 한다. 특히, 클라이언트 욕구에 맞는 서비스개선이 신속히 이루어지도록 현장의 사회복지사에게 적절하게 권한이 위임될 필요가 있다.

조직구조란 구성요소들 사이에 상호작용이 이루어지는 객관적인 유형으로서 조직을 구성하는 틀을 의미한다. 일반적으로 공식적 조직은 업무분화와 위계질서, 통제범위 같은 조직의 요소를 고려하여 틀을 구성하게 된다.

현대적 조직은 권한이 분산된 형태를 유지하므로 행정가와 직원 사이에 책임을 분담하고 협동적으로 일을 하며 창의성과 동기를 유발하려고 한다. 권한 분산의 정도가 높을수록 조직 효과성은 높아질 것이다. 조직구조에 대한 개념을 명확히 함으로써 조직의 내부적 운영과정을 보다 깊이 이해하게 될 것이다.

조직구조를 구성하는 요소란 조직구조의 국면 또는 구조적 특성에 영향을 미치는 요인과 지표를 말한다. 여기에는 조직의 규모, 조직의 기술, 조직의 공식화, 집권화와 분권화가 포함된다.

(1) 규모

조직의 규모를 나타내는 기준은 프로그램 이용자 수, 종사자 수, 건물 면적, 연간 예산, 보조금 규모 등을 들 수 있다. 조직 규모가 커지면 대체로 전문화가 지속되다가 일정한 수준에 도달하면, 전문화의 진행정도가 떨어진다. 규모가 커질수록 공식화가 진행되고 분권화가 촉진된다. 최근 사회복지기관은 내부적으로는 팀 중심의 업무수행으로 조직화가 이루어지고 있다.

(2) 기술

조직기술이란 일하는 방법과 작업과정에 사용되는 지식을 말한다. 다시 말해서, 조직이 목표달성을 위하여 투입물을 산출물로 변환시키는데 이용하는 지식이나 도구, 기법 등을 의미한다. 예를 들어, 자원봉사센터는 봉사자를 모집하여 그들의 활동을 필요로 하는 기관의 선호에 맞게 조정 · 배치하는 중개기법(mediating technology)이 주된 기술이 될 것이다.

(3) 공식화의 정도

조직 내의 직무 표준화의 정도를 뜻하며 종사자들이 언제, 무엇을, 어떻게 해야 할지를 규정한다. 따라서, 공식화의 정도가 지나치게 높으면, 사회복지사들이 전문적으로 판단할 수 있는 재량권은 매우 낮아지게 된다. 비숙련직일수록 공식화의 정도가 높고 고도로 전문화된 직종일수록 공식화의 정도는 낮다. 조직기술과 관련하여 일상적이고 단순화된 기술을 사용하는 조직은 공식화 경향이 높다. 지나친 공식화는 목표와 수단의 전도현상을 초래하며 갈등과 소외현상을 심화시킬 수 있다. 따라서, 사회복지사와 같은 전문직종의 경우 공식화 정도가 너무 높으면, 전문적인 서비스 적용이 어려워지고 소진이 초래될 수 있다.

(4) 집권화와 분권화의 수준

집권화와 분권화는 조직 내의 권력배분과 위임수준에 따라 달라진다. 행정활동의 통일성을 확보하거나, 최고 관리층이 일사불란한 결정이나 규칙 적용을 선호할 경우 집권화가 촉진될 것이다. 반면에, 조직의 사기를 높이거나 인적자원의 역량을 향상시키고 참여를 선호할 경우에는 분권화가 강조될 것이다. 만일 소규모 조직이나 강력한 리더십이 필요한 위급상황, 종사자의 능력이나 자질이 부족한 상황일 경우에는 집권화가 바람직하지만, 권위주의와 형식주의를 강화함으로써 창의성과 자발성이 저해될 수 있다. 분권화는 신속한 의사결정이 가능하고 업무를 감소시키며, 책임감과 협조감을 증진시킬 수 있지만, 업무가 중복되고 행정역량이 분산되는 경향이 있다.

2) 사회복지 조직구조의 형태

조직은 조직을 구성할 수 있는 기본 골격이 있다. 이를 조직구조라고 한다. 조직의 구조를 만드는 것은 조직의 목표를 보다 효과적이고 효율적으로 달성하기 위한 것이다. 조직구조의 유형은 매우 다양하다. 조직구조의 형태는 다음과 같다(김수목 외, 2021: 109~117).

(1) 공식조직과 비공식조직

① 공식조직

공식조직(formal organization)은 기관장(director), 부기관장(assistant director), 슈퍼바이저(supervisor), 실무자(practitioner)가 있는 조직이다. 여기에는 직원관계에서의 위계질서의 조직과 위원회, 이사회의 배열을 포함한다.

② 비공식조직

비공식조직(informal organization)은 말 그대로 어떤 공식적인 절차를 통해서 형성된 조직이 아니다. 조직 내 빈번하게 접촉하는 구성원들 사이에서 자연적으로 발생하는 소규모 집단(자생집단)을 말한다. 공식조직을 제도적인 조직이라고 한다면, 비공식조직은 현실상의 조직이라고 할 수 있다.

(2) 집권적 조직과 분권적 조직

집권적 조직구조와 분권적 조직구조는 주로 권한위양의 조직구조 결정요소에 의하여 형성되는 조직구조 형태이다. 일반적으로 하위계층에 권한이 많이 위양될수록 분권적 조직이 형성되고, 반면에 권한위양이 제한되어 상위계층에 집중되어 있는 경우 집권적 조직이 형성된다. 이러한 권한의 수직적 계층에 의한 위양은 조직구조 설계에 있어 부문화 방법과 조직의 수직적 또는 수평적 조직구조 결정에 작용하는 관리한계와 밀접한 관계가 있다.

집권적 조직은 경영활동의 집중화로 일관된 의사결정을 할 수 있다는 장점이 있다. 반면에, 단점으로는 모든 의사결정권이 집중되어 명령체계가 너무 길어지므로 변화에 신속하고 탄력적으로 적응할 수 없고 의사소통이 신속하게 이루어지지 않는다는 점이다.

(3) 위원회 조직

위원회 조직은 분화된 각 담당자들이나 또는 부서 간의 협조와 조정을 통하여 전사적 입장에서 의사결정을 하기 위하여 구성되는 조직구조 형태이다.

위원회는 조직목표의 달성을 위하여 특별한 과업이나 문제를 해결하는 조직의 일상적인 업무를 수행하는 기구와는 별도로 구성한 전문가 또는 업무관계자들의 활동조직이다. 위원회는 두 유형으로 구분되는데, 조직에서 발생하는 특별업무를 처리하기 위한 인사위원회나 예산위원회와 같은 상임위원회와 특별한 업무를 처리하기 위하여 조직되는 임시위원회로 구성된다.

위원회의 장점으로는 각 전문 분야의 정보를 반영할 수 있기 때문에 합리적 의사결정을 할 수 있는 가능성이 높고, 결정과정이 민주적이고 구성원들의 창의력이 발휘될 수 있다는 점이다. 단점으로는 책임이 명확하지 못하거나 책임이 분산된다는 점과, 회의과정에 시간적 낭비가 많다는 점, 위원들 상호 간에 논쟁으로 반목이 생기거나 타협적인 결정이 이루어져 최선의 결정이 되지 못한다는 점이다.

(4) 기능조직(직능부제 조직)

조직구조의 기본 변수(복잡성, 집권화, 공식화)를 상황(규모, 기술, 환경, 전략, 권력)에 따라 조절함으로써 조직을 설계한다. 기능조직에서는 구매 · 인사 · 회계 · 영업 등의 업무활동을 기능별로 분화하고 기능관리자는 업무활동에 대한 제반사항을 최고경영층에 보고하도록 설계된다. 각 부서의 관리자는 해당업무에 관련된 모든 사항을 책임지고 관리하게 된다.

이와 같은 조직구조는 업무가 표준화된 서비스를 위주로 하는 조직, 예를 들어 사회보험 관련 조직 또는 정신보건서비스 조직 등과 같은 데서 가능하다. 그러나 대부분의 사회복지서비스는 생산 일선에서의 완성품과 같이 서비스의 결과에 대해서 합의를 이루기 어렵기 때문에 사회복지 조직구조로서는 그리 흔하지 않다고 볼 수 있다. 이와 같은 조직구조가 효과적으로 되기 위해서는 서비스 검사 및 진단, 사정도구의 표준화가 이루어지고 이를 네트워크로 공유하는 방향으로의 과학화가 훨씬 더 진전되어야 할 것이다.

(5) 사업부제 조직

사업부제란 1차 조직 구분에 제품별, 지역별, 고객별로 분할하여 독자적인 생산과정과 시장을 갖는 자기완결성이 높은 부문화를 이루고, 이익 책임을 갖는 경영단위를 말한다. 사업부제 조직구조는 대규모 조직에서 분권적인 조직원리를 이용하여 사업부 단위로 조직을 편성하고, 각 사업부 단위의 독자적 생산과 마케팅, 관리 권한을 부여하는 구조이다. 그리고 제품별, 지역별, 시장별로 이익 중심점을 설정하여 독립채산제를 실시하고 각 사업부는 모든 과업의 계획과 집행, 성과의 분석까지 하나의 개별 조직처럼 운영되는 구조이다. 예를 들어, 모 화학회사의 경우 사업본부와 사업부로 구분된 18개 내부사업조직의 책임자가 모두 대표이사로 구성되어 있고, 6개월에 1회 보고만 하게 되어 있고 주주봉사실, 직원봉사실의 지원조직만 존재한다. 그리고 모 화학과 내부 사업조직은 계약관계를 맺는 구조로 되어 있다.

이와 같이 기업성장과 전략 다각화로 인하여 기업이 직능부제 조직의 한계를 넘어서서 기업수익을 향상시키고자 할 때에는 시장환경에 따른 혁신적이고 전략적인 의사결정으로만 가능하게 된다.

3) 사회복지조직의 설계

(1) 사회복지조직의 모형

사회복지조직은 조직활동의 성격에 맞게 조직모형을 선택할 필요가 있다(Weinbach, 1993). 사회복지조직의 모형에는 생산일선조직모형, 연계조직모형 및 고객서비스조직모형이 있다.

생산일선조직모형은 조직 효과성을 추구하기 위해 조직과정을 고도로 합리화하는 방안이다. 이 모형은 표준화된 서비스를 전달하는 조직에 적용된다. 여기에서는 업무 단위는 중첩되지 않도록 세분화되고, 조직의 주요 기능은 업무단위별로 병렬 나열돼 수행된다. 사회보험관리조직을 예로 들 수 있다. 그러나 이 모델은 일선 조직구성원들의 전문적인 활동에 의존하는 대부분의 사회복지조직에 적용하기에는 한계가 있다. 사회복지조직들은 주로 적용하는 이론의 효과성을 측정하기 어렵고, 서비스 제공에 윤리 및 가치 판단이 개입되기 때문에 서비스 전달과정을 표준화할 여지가 크지 않다. 게다가 개입 결과의 바람직한 상태인 목표에 대한 합의 가능성이 높지 않기 때문에 조직활동의 합리성 수준을 판단할 기준을 마련하기 어렵다.

연계조직모형은 조직의 일차적 기능이 중계자의 역할인 조직에 적용되는 모형이다. 연계조직은 사람과 서비스를 연결지어 주는 활동을 주된 업무로 삼는다. 입양기관과 사회복지서비스 안내 및 의뢰기관을 예로 들 수 있다. 이 조직의 세부적인 역할은 지역사회 자원에 대한 자료수집, 타 기관의 접수담당요원과의 연결체계의 구축, 개인과 서비스가 잘 연계되도록 하는 계약관계의 주선 등이다.

고객서비스조직모형은 서비스의 비표준화가 특징인 조직에 적용되는 모형이다. 많은 사회복지조직에 적용되는 모형으로 전문직관료제모형과 유사하다. 이 모형에서는 조직의 목표달성과 기능수행에 있어서 일선 조직구성원들의 개별화된 서비스의 비중이 절대적이다. 일선 조직구성원들의 전문적인 서비스 제공 활동에 크게 의존하기 때문에 이들은 전문적인 업무수행에 관해 상당한 자율성을 갖는다(심상용, 2017: 207~208).

(2) 사회복지조직의 조직화 방법

조직화란 조직의 목표달성을 위해 조직이 최적의 조직 효과성을 발휘하도록 조직구조를 설계하는 것을 말한다(Skidmore, 1994). 사회복지조직의 조직 효과성을 높이기 위한 핵심적인 조직화 과제는 조직 전체의 업무를 적절한 단위로 부문화하는 것이다. 이는 관리에 적합하고 슈퍼비전에 적절한 서비스 단위로 조직을 기능적으로 분할하는 것을 의미한다. 여기에는 수 기준 부문화, 시간 기준 부문화, 기능 기준 부문화, 지리적 영역 기준 부문화, 서비스 기준 부문화, 고객 기준 부문화, 서비스 접근통로 기준 부문화 등이 있다(Weinbach, 1994).

4) 사회복지조직과 환경

사회복지조직의 환경은 사회복지조직의 기능에 영향을 주는 내·외적 요소와 각종 인적·물적·문화적·사회적 자원 활용, 상호 관계, 행정조치 및 사회복지서비스 이용과 욕구충족 정도 등에 따라 구분할 수 있다. 그리고 현대 우리 사회의 고령화에 따른 노인복지의 질적·양적 향상과 장애인·부녀자·청소년·소외계층의 사회복지서비스를 효율적으로 추진할 수 있는 사회복지조직이 필요하다.

[그림 5-1] 사회복지조직의 환경

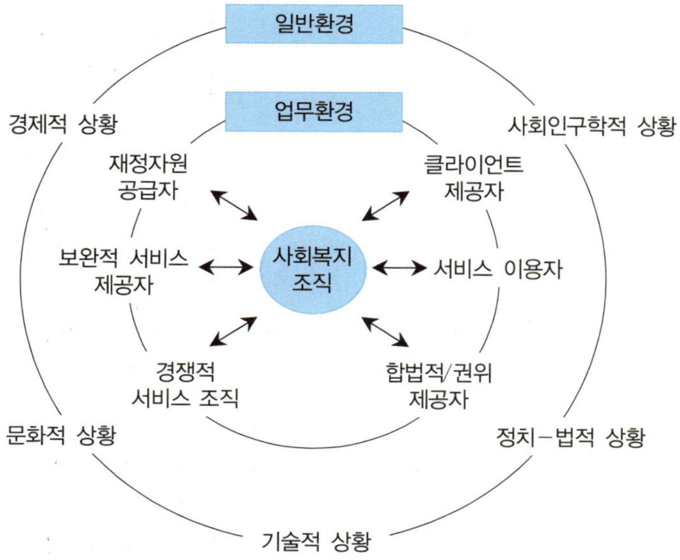

자료: 김수목(2021: 125) 재인용.

사회복지조직의 환경을 잘 조성하기 위해서는 사회복지조직의 재정적 안전성, 사회복지 전문가 육성과 사회복지조직원의 처우개선이 이루어져야 하고, 지역사회와 각종 유관기관 및 시민단체의 자율적 참여와 네트워크가 형성되어야 하며, 주민과 수요자가 질 높은 사회복지서비스를 받을 수 있는 인프라 구축과 프로그램 개발 그리고 정부와 지방자치단체장의 높은 관심이 요구된다.

3. 인적자원관리

1) 인적자원관리의 개념

인적자원관리(Human Resource Management)는 조직의 성장과 유지라는 양대 목적을 달성하기 위하여 필요한 자원 중 인적자원(HR)에 대한 관리(Management)라는 의미가 있다. 즉, '인적자원'과 '관리'라는 두 용어의 합성어로서 인적자원은 사회·경제적 가치를 생산·분배하는 투입요소를 뜻하고 관리는 하나의 제도(institution)나 방식(rule)으로 볼 수 있다. 따라서, 인적자원관리의 의미는 조직에 필요한 인적자원(인력)의 수요와 공급을 계획하는 인적자원계획(Human Resource Planning)에서부터 일단 충원된 인적자원이 조직 내에서 업무수행을 개선할 수 있도록 지식, 기술, 역량을 증진시키는 인적자원개발(Human Resource Development), 그리고 배치, 이동, 평가관리 등의 인적자원활용(Human Resource Utilization)에 이르기까지의 다양한 측면의 활동이라고 정의할 수 있다. 이렇게 볼 때 공공조직이나 민간조직에서의 인적자원관리는 종래의 '인사관리'나 '인사행정'의 개념에 비하여 확대된 개념이다. 왜냐하면 인적자원관리는 조직의 목적 달성을 위한 자원활용 차원에서 인적자원을 대상으로 획득·개발·평가에 관한 전반적 활동이기 때문이다(고수현 외, 2016: 156).

그러므로 인적자원관리는 인사관리라고도 하며, 개인과 조직의 목표를 달성하기 위해 장·단기적인 인적자원을 계획(Planning)하고, 조직화(Organizing)하면서, 지도(Leading)하고 통제(controlling)하는 총체적 관리행위로써 정의될 수 있다. 즉, 기관의 운영목적을 달성하기 위하여 인적자원을 최대로 활용하기 위한 관리활동이라고 할 수 있다.

인적자원관리는 조직에서 가장 중요한 요소로 인식되고 있는 사람에 관계되는 문제를 다루고 있으며, 조직의 관리일반과 유기적인 관련을 맺고 있다. 따라서, 인적자원관리를 인력의 조달과 유지, 활용, 개발에 관한 계획적이고 조직적인 관리활동의 체계라고 정의할 수 있다.

첫째, 인적자원관리는 조직체의 인적자원을 관리하는 경영의 한 부분 또는 하위과정이다.

둘째, 인적자원관리는 조직의 목표를 달성하기 위하여 모든 조직구성원을 대상으로 경영 각 계층에서 발휘되는 필수기능이므로 조직체의 최고관리층에서 하부의 일선관리자에 이르기까지 모든 실무관리자들이 수행해야 하는 기본적인 일반관리기능이다.

인사관리의 기능은 인력계획, 경력관리, 보수 및 퇴직금, 보건, 안전 및 복지후생, 사기와 인간관계관리, 복무와 근무규율, 노사협조, 인사관리정보체계이다. 인사관리의 핵심요소는 업무분석 및 업무성과에 대한 평가, 직원개발 및 보상 등을 들 수 있다.

인사관리의 과정은 충원계획수립에 의해 모집하고 선발하며 임용한다. 그리고 오리엔테이션을 통해 평가하고 승진하며 해임하는 과정을 거치고 있다. 인적자원관리의 변화방향은 다음과 같다. 전통적인 인적자원관리는 승진중심의 수직적 이동, 조직 간 이동성이 낮다. 또한, 지시 통제의 관리방식과 직급중심의 인사체계라고 할 수 있다. 오늘날의 인적자원관리는 전문성 위주의 수평 · 수직 이동으로 조직 간 이동성이 높으며, 임파워먼트형 관리방식, 그리고 직무와 역량중심의 인사체계로의 변화가 요구된다.

2) 직무분석

직무분석(job analysis)은 효율적인 인적자원관리에 필요한 정보를 제공하기 위해 직무에 대한 광범위한 정보를 체계적으로 확보하는 활동이다. 그런 점에서 직무분석은 특정 직무의 내용과 직무수행에 필요한 직무수행자의 행동, 육체적 및 지적 능력을 밝히는 체계적인 활동으로 정의된다(심상용, 2017: 258).

조직에서는 구성원을 모집, 선발, 배치, 교육하고 인사 평가를 하기 위한 가장 기초적인 정보를 직무분석(job analysis)에서 얻는다. 직무분석은 직무에서 어떤 활동이 이루어지고, 직무를 수행할 때 사용되는 도구나 장비가 무엇이며, 어떠한 환경에서 작업을 하고, 직무 수행에 요구되는 인간적 능력이 어떤 것인지를 알 수 있도록 도와준다. 다시 말해서, 어떤 일을 어떤 목적으로 어떤 방법에 의해 어떤 장소에서 수행하는지 알아내고, 직무를 수행하는 데 요구되는 지식, 능력, 기술, 경험, 책임 등이 무엇인지를 과학적이고 합리적으로 알아내는 것이 직무분석이다.

직무분석은 직무에서 수행하는 과제와 도구, 장비, 작업 요건과 같은 작업이 수행되는 상황, 그리고 작업 수행에 요구되는 인적 요건들에 관한 정보를 제공한다. 직무분석은 이와 같은 자료들을 통해 많은 인사 결정에 필요한 기본적 정보를 제공하기 때문에 조직 내의 인적자원 관리의 가장 핵심적인 기능이며, 출발점이라고 할 수 있다.

3) 직무만족

직무만족(job satisfaction)이란 직원이 직무수행과정에서 얻게 되는 내적이고 외적인 만족감을 의미하며 다분히 주관적인 개념이다. 내적만족으로는 직무의 난이도, 도전감, 중요성, 다양성, 책임 등 직무 자체의 내재적 가치 만족감이고 외적만족으로는 보상, 작업환경, 승진 등 직무 외부의 가치만족감이다.

직무수행에 대한 결과는 평가자가 직무수행의 정도를 생산성, 효율성, 효과성,

서비스의 질의 평가기준에 따라 등급화 하는 직무평가로 나타나기도 하지만, 직원 스스로가 자신의 업무에 대해 만족하는 정도를 나타내는 직무만족으로도 가능할 수 있다. 직무만족도가 높다는 것은 결국 직무평가의 기준에도 영향을 미칠 수 있기 때문에 조직에서는 직무평가뿐만 아니라, 직무만족도 평가가 이루어져야 할 부문이다. 직무에 불만족한 직원의 예상되는 행동에는 퇴직, 불평, 불복종, 책임회피, 공금횡령, 기물파괴, 무관심 등이 있으며, 이는 조직성과에 당연히 부정적 영향을 미친다.

4. 재정관리

1) 재정관리의 개념

재정관리란 수입에 대한 지출을 합리적으로 관리하는 것으로 할당받은 자원을 어떻게 유효적절하게 사용할 것인가를 계획해서 합리적으로 관리하는 것이다. 다시 말해서, 조직이 목표달성을 위해 필요한 재정자원을 합리적이고 계획적으로 동원, 배분하고 이를 효율적으로 사용, 관리하는 과정이다(김수목 외, 2021:260).

재정관리 자체로서 한 조직이 추구하는 목표나 실행방식에 관한 대부분의 의사결정을 대변한다. 재정관리의 출발은 예산의 편성과 책정에 있다. 예산이란 특정 기간 동안 특정 목표를 성취하는 데 수반되는 수입과 지출에 관한 예상 계획이다. 예산은 의사결정의 도구로서, 조직의 목적을 현실적 서비스로 전환하는 도구로서 예산과정에 필요한 자질을 갖추지 못하면 관리자는 예산에 종속되는 부작용이 나타날 수 있다. 예산과정(budgeting)은 조직이나 프로그램에 필요한 예산을 편성하고 책정되는 과정으로 의사소통과 그 결과로서의 의사결정을 수반한다. 예산과정에서 의사소통의 주된 도구는 '예산양식'이다.

예산양식(budget form)은 예산에 관한 의사소통 방식을 규정하는 것으로 예산양식은 품목 예산, 기능 또는 수행 예산, 프로그램 예산, PPBS, ZBB, PPB 등으로 전통적으로 품목 예산이 많이 사용되었으나, 점차 프로그램 예산에 대한 강조가 높아지고 있다.

2) 예산

(1) 예산의 개념

예산(budget)이란 특정 기간 동안에 특정 목표를 성취하는 데 수반되는 수입과 지출에 관한 예상 계획이다. 사회복지기관에서 예산은 조직이나 프로그램 운영에 관한 계획의 청사진으로 활용된다. 예산은 정책 실행을 위한 지침이면서, 조직의 재무 건전성을 판단하는 기준이 된다. 예산은 또한 자원 획득과 활용의 방향을 제시해 주고, 수입과 지출에 대한 예상을 가능케 하며, 비용과 지출을 통제하는 방식을 제공해주는 것이다(Brody, 2005). 조직 전반의 전략이나 계획안 속에 예산과 재무는 필수적인 부분이다.

예산은 의사결정의 도구이기도 하다. 조직의 목적을 현실적 서비스로 전환하는 데는 수많은 의사결정이 수반된다. 예산을 확보하는 것에서부터 재정관리의 제반 측면들에 이르기까지 중요한 의사결정들은 대개 예산과정 속에서 이루어진다. 그래서 조직의 관리자는 예산이라는 도구를 적절히 이해하고 사용할 수 있어야 한다. 예산은 관리자의 '하인'이어야 하는데, 관리자가 이에 무지하면 예산이 '상전'이 되어 버릴 위험성도 농후하다(Lewis et al., 2001).

예산이란 단순하게는 자원을 어떻게 활용할지에 대한 계획에 불과하지만, 사용하기에 따라 조직수행의 강력한 도구로 쓰일 수 있다. 영리 휴먼서비스 조직은 사명을 중심으로 하므로, 사명의 성취에 도움이 되는 재정관리가 필요하다. 그렇지 못하고 자칫 재정관리 자체가 맹목적인 관심이 되어 버리면, 이는 조직의 임무상실뿐만 아니라, 그것을 통해 실현하고자 했던 사회적 대의마저 저해하는 결과를 초래한다.

예산수립은 이용 가능한 재원을 각 부서와 프로그램에 할당하는 재원배분으로 재원조달 못지않게 중요하다. 왜냐하면 재원배분에 관한 의사결정에서 여러 가지 요인들이 많이 개입될 수 있기 때문이다. 각 사업부서의 대표자들은 어떻게 해서든 많은 예산을 배정받으려고 하고, 효율적인 사회복지예산이 마련되지 않고는 기관의 목적달성이 어려워진다. 따라서, 이를 방지하기 위해 예산편성에서 각 사업부서의 대표자 간에 협상과 합의가 이루어지도록 해야 한다. 따라서, 예산과정은 타협과 협상의 산물이라 할 수 있다. 사회복지조직의 예산 수립과 관련하여 공공사회복지조직은 「국가재정법」의 적용을 받고, 민간사회복지조직은 「사회복지법인 및 사회복지시설 재무 · 회계 규칙」의 적용을 받아 전국적인 통일성과 행정의 표준화를 기하고 있다(김형수 외, 2014: 207).

(2) 예산의 종류

예산의 종류를 살펴보면 다음과 같다(한신애 외, 2018: 224~226).

① 본예산

당초 행정부에 의해 편성되어 의회에서 의결 확정된 예산으로서 당초 예산이라고 한다. 사회복지조직에서는 사회복지법인의 대표이사는 법인회계에 속하는 예산을 편성하여 매 회계연도 개시 30일 전까지 이사회의 의결을 거쳐 확정하고 지체 없이 시설회계에 관계되는 예산내역을 당해 시설의 장에게 통보해야 한다.

통지를 받은 시설의 장은 시설회계 예산을 편성하여 매 회계연도 개시 피일 전까지 이를 당해 법인 대표이사에게 제출하고 대표이사는 회계연도 개시 10일 전까지 이사회의 의결을 거쳐 확정하여야 하는데, 이렇게 편성된 예산을 본예산이라고 한다(사회복지법인 재정 · 회계규칙 제10조).

② 수정예산

수정예산은 정부가 예산안을 국회에 제출한 후 부득이한 사유로 인하여 그 내용의 일부를 수정하여 제출하는 예산이다.

사회복지조직에서는 일반적으로 국가나 시 · 도의 보조금은 다음 회계연도 기간 동안에 주어지게 되므로 수정예산의 편성은 반드시 필요하다. 따라서, 이미 시설에서 작성되어 법인이사회에 제출된 예산에 대한 수정이 필요한데 그 가운데 일부가 수정된 예산을 수정예산이라 한다.

③ 추가경정예산

예산이 국회의 의결을 거쳐 확정된 이후에 생긴 이유로 인하여 이미 성립된 예산을 변경할 필요가 있는 경우에 편성되는 예산이다.

사회복지시설의 예산이 성립되고 회계연도가 개시된 후에 새로이 발생한 사유로 이미 성립된 예산에 변경을 가할 필요가 있을 때 시설장은 법인이사회에 추가로 예산을 편성하여 제출하는데, 이를 추가경정예산이라 한다(사회복지법인 재정 · 회계규칙 제13조).

본예산과 추가경정예산은 별개로 성립되나 일단 성립되면 시설예산의 총 규모를 파악하기 위해서 하나로 통합 · 운영된다. 대표이사 또는 시설장은 추가경정예산이 확정된 날로부터 7일 이내에 이를 시장 · 군수 · 구청장에게 제출해야 한다.

④ 준예산

예산안이 회계연도 개시 전까지 의회에서 의결되지 못하는 경우에 의결될 때까지 헌법이나 법률이 정하는 범위 내에서 정부가 전년도 예산에 준하여 지출할 수 있는 예산을 의미한다.

준예산(사회복지법인 재정 · 회계규칙 제12조)은 동법 규정에 따라 회계연도 개시 전까지 법인의 예산이 성립되지 아니한 때에는 대표이사가 시장 · 군수 · 구청장에게 그 사유를 보고하고 예산이 성립될 때까지 임직원의 보수, 법인 및 시설 운영에 직접 사용되는 필수적인 경비, 법령상 지급의무가 있는 경비를 전년도 예산에 준하여 집행할 수 있다.

「지방재정법」에 의하면, 준예산을 사용할 수 있는 기간에 대하여 명시되어 있지 않고 있으나, 제도의 취지로 보아 3개월 이내여야 한다고 해석하고 있다. 동법 제46조 저항에 의하면, 준예산은 의결기관의 심의를 거친 예산이기 때문에 별도의 의결을 요하지 않는다고 되어 있어 법인의 준예산도 별도의 이사회의 의결이 필요 없을 것으로 해석된다. 즉, 본예산이 성립되면 준예산은 본예산에 의거해 집행해야 하기 때문이다.

(3) 예산관리모형

예산수립모형에는 다음과 같이 분류할 수 있다. 품목별 예산제도는 예산의 주요 기능이 통제중심일 때, 성과주의 예산제도는 관리중심일 때, 계획예산제도는 계획중심일 때, ④ 영기준 예산제도는 감축중심일 때의 예산수립방식이다.

예산체계는 예산수립에서 무엇을 가장 중요한 요소로 삼느냐에 따라 예산수립모형으로 분류되지만, 실제로 어느 한 기법이 전적으로 적용되어 사용되기보다 두 가지 이상이 결합되어 적용되는 경우가 많다. 예산을 편성 또는 수립하는 기술적인 방법은 무엇에 가장 관심을 두는가에 따라서 크게 네 가지로 분류할 수 있다(고재욱 외, 2016: 226~234).

① 품목별 예산

투입예산제도인 전통적 품목별 예산제도(Lime-Item Budget, LIB)는 미국에서 1921년 하딩(Warren Gamaliel Harding, 1865~1923 ; 29th) 대통령 시절부터 사용하던 예산편성 방식으로서, 지출대상을 품목별(인건비 · 소모품비 · 출장비 등)로 분류하며, 투입요소인 지출대상과 그 한계를 규정하여 예산통제를 기하려는 제도이다. 즉, 품목별 예산은 정부와 비영리조직 예산에 있어서 가장 오래된 모델의 하나로, 조직개선에 따른 세부사업을 중심으로 예산을 할당하는 방식으로 다양한 수입과 지출품목들이 명시되고 각 목록마다 예상되는 돈의 양이 명시되어야 한다. 기관의 회계체계는 조직화되고 수입의 지출내역을 얻을 수 있게 함으로써 장래 기획안의 기초로 활용된다.

품목별 예산은 전년도 예산을 근거로 하여 일정한 양만큼 증가시키는 점진주의적 특성을 가지고 있어 세분화된 지출항목을 엄수해야 하기에 예산운용의 신축성이 약하고, 전년도 예산을 기준으로 하기 때문에 대안을 체계적으로 분석하지 않아 자원배분이 비효율적이다. 또한, 사회복지기관의 활동에 대한 성과 파악이 어렵고, 사회복지기관이 무슨 사업을 어떻게 하고 있는지 예산항목으로는 알 수가 없으며, 통제에 역점을 둔 일년주의의 현실지향적 예산이므로 계획수립이 곤란한 것이 문제이다. 반면에, 장점으로는 지출항목과 지출해야 할 금액이 명백한 까닭에 회계책임을 명백히 하고, 예산의 유용이나 남용을 방지하고, 상대적으로 입법권이 강화되며, 전년도 예산을 기준으로 하여 전액삭감이 없어 갈등을 감소시킬 수 있다.

② **성과주의 예산**

성과주의 예산제도(Performance BudgetB, Functional Budget, Program Budget, PB)는 기본적으로 각 사업 및 세부사업에 대한 성과목표에 근거를 두고 비용을 선정하는 예산제도로서, 투입 중심인 '사회복지기관이 무엇을 구매하느냐'를 보여주려는 것이 아니라, 그 사업이 달성하려는 산출 · 성과에 관한 '왜 구매하느냐'를 보여주려는 산출예산제도이다. 이는 지출대상이 아닌 기능 · 사업 · 활동별로 편성하고 예산집행 결과로 어떠한 산출물(output)을 생산하였으며, 어떠한 성과(outcome)를 냈는가를 측정하고 이를 기초로 인센티브를 결정하고 익년도 계획에 반영하는 결과중심의 예산체계이다. 즉, 성과주의 예산은 투입요소 중심이 아니라, 성과(performance)를 중심으로 예산을 운용하는 것이다. 성과주의는 기능적 또는 프로그램 예산이라고도 한다. 예산을 단위원가×업무량=예산액으로 산출한다.

성과주의 예산제도는 사회복지기관의 예산을 기능활동(사업)계획에 근거를 두고 정부계획의 비용(지출)과 효과 간의 관계를 명시하는 제도로서, 사회복지기관 조직별로 또는 사업활동별로 사회복지기관이 제공하는 서비스에 대한 목표를 세우고, 이에 대한 구체적인 실행 계획을 수립한 후 이러한 계획의 실행과정과 결과에 대한 성과를 측정하고 보고하며, 측정된 성과정보를 평가하고 이를 예산과 연계하는 제도이다.

③ **계획예산**

계획예산(Planning-Programming Budgeting System, PPBS)은 계획과 예산이 하나의 체제를 형성하여, 장기적 계획수립과 단기적 예산편성을 체제분석 기법들을 이용한 프로그램화를 통하여 유기적으로 관련시킴으로써 자원배분에 관한 의사결정을 합리적이고 일관성 있게 행하려는 제도이다. 즉, 당해 연도의 사업계획과 이를 뒷받침하는 예산을 통합하여 장기적 정책방향과 단기적 이행목표 그리고 구체적 실천계획에 따라 예산을 배정하는 제도이다. 이 제도는 정기적

시계와 장기계획에 대한 신뢰성을 높이고 예산일년주의의 폐해를 제거해 주며, 조직체의 통합적 운영이 효과적으로 행해질 수 있고, 체제분석을 통하여 보다 합리적이고 객관적인 의사결정을 기대할 수 있다. 또한 기회의 예산의 복잡한 의사결정을 일원화시킬 수 있고, B/C, E/C 분석을 통하여 자원배분의 합리화를 기하고 절약과 능률을 실현할 수 있으며, 장기계획과 연도예산 편성에 탄력성이 생겨 정세 변화에 적절히 적응할 수 있는 장점이 있다. 그러나 이 제도의 의사결정 체제는 분석과 제공한 자료를 토대로 결정자가 단독으로 결정함으로써 과도한 중앙집권화를 초래하고, 목표설정이 용이하지 않고 결과에만 치중하므로 과정을 등한시하며, 복잡한 계산분석 및 방대한 정보를 검토하여 의사결정을 수행하기 때문에 대규모 인력과 시간이 과도하게 소비되는 단점이 있다.

1954년 미국의 랜드연구소(the RAND corporation)에서 개발한 장기적 계획 수립과 단기적인 예산편성을 프로그램 작성을 통하여 유기적으로 결합시킴으로써 자원배분에 관한 의사결정의 합리적 의도로 만들어진 것이다.

(4) 영기준예산

영기준예산제도(Zero-Base Budgeting system, ZBB)는 1977년 카터(James Earl Carter Jr., 1924~ ; 39th) 대통령의 취임과 함께 도입된 제도로서, 기획과 분석을 강조한다는 점에서 계획예산제도와 비슷하고, 능률적인 관리를 위하여 관리자의 참여를 촉진한다는 점에서는 MBO와 비슷하다. 그러나 이 제도의 기본은 기존 사업이든 신규사업이든 모든 사업을 신규사업으로 간주하고, 각 사업별로 타당성을 전면 분석한 다음 사업을 선택하는 방법이다. 따라서, 이 제도는 모든 사업을 신규사업으로 간주하여 사업의 지속적 재평가를 통한 우선순위를 정해 놓고, 불요불급한 사업은 제거하여 감축관리를 지향하는 서비스수준분석(Service Level Analysis)의 예산제도이다. 즉, 과거의 예산우선순위나 관행에 구애받지 않고 영(zero)에서 출발하여 업무계획을 수립하고 채택된 프로그램에 관해서만 예산을 편성하는 방식이다.

영기준예산으로 예산운영단위(Decision Unit, 의사결정단위)로 설정하고, 단위사업분석표(Decision Package, 의사결정 패키지)를 설정하고, 비용편익분석 등의 척도를 활용하여 각 의사결정 패키지를 비교 · 분석하여 사업의 우선순위를 결정하고, 실행예산의 편성 등 4개의 과정으로 이루어진다.

3) 사회복지재정

(1) 사회복지재정의 개념

사회복지재정이란 사회복지활동을 위하여 필요한 제경비의 획득, 지출, 관리의 계획적 · 조직적 행위로서 본래는 국가 또는 지방자치단체가 행하는 재정행위를 말하며, 민간사회복지시설의 경영에 관해서도 확대하여 사용하는 경우도 있다. 사회복지재정의 형태는 크게 공공부문의 재원과 민간부문의 재원으로 나눌 수 있다. 공공부문의 재원은 다시 정부의 일반예산(general revenue), 사회보장을 위한 조세, 그리고 조세비용(tax expenditures)의 세 가지로 나눌 수 있으며 민간부문의 재원은 크게 사용자부담금(user fee), 자발적 기여금(개인, 재단, 기업), 기업복지, 그리고 가족 내, 또는 가족 간 이전(intra, 혹은 interfamily transfer)으로 나눌 수 있다.

참여정부 트레이드마크 중 하나인 '지방분권' 정책의 세부 모습인 지방분권과 관련된 법률의 재개정, 지방위임사무의 재배치, 특별지방행정기관의 설립, 지방교부세율의 인상, 지방정부예산지침의 수립, 복식부기제의 전면 실시, 지방정부 및 의회의 인사권 확대, 주민소환제 및 주민소송제의 실시 등이 포함되어 있었다. 그러나 이러한 추진목록 속에 '국고보조사업의 정비'라는 것이 들어 있었고, 여기에서 지방분권정책의 핵심이 재정분권, 그것의 핵심이었음을 주목할 필요가 있다.

(2) 사회복지재정의 유형

사회복지정책을 서비스로 전환하는 데는 많은 비용을 필요로 한다. 사회복지재정의 주체는 정부나 지방자치단체와 민간사회복지단체를 들 수 있다. 따라서, 사회복지행정을 구체화하는 재원은 정부 및 지방자치단체가 지출하는 공적자금과 민간자금으로 나뉜다.

① **공공재정**

공적 책임으로 행하는 사회복지행정에 소요되는 비용으로서의 공비에 있어, 직접 국가가 실시주체로 되어 있는 것은 적고 대부분은 지방자치단체가 행하고 있다.

그 가운데에는 원래 국가가 실시하지 않으면 안 되는 것과 법에 의하여 지방자치단체가 행하지 않으면 안 되는 것이 있다. 국가가 실시하지 않으면 안 되는 것(공공부조 또는 사회복지의 비목으로 지출되는 것)은 당연히 경비의 전액을 국가가 부담하지 않으면 안 되게 되어 있으며, 지방자치단체가 행하는 사업에 대해서는 일정의 비율을 국가가 보조하도록 되어 있다. 그리하여 국가와 지방자치단체 간의 재정상의 부담 구분은 그 대상이 「지방재정법」에 의하여 정해지며, 나아가서 국고부담이 행해지는 종목이나 그 부담의 비율 등은 사회복지법령에 의하여 행해진다.

② **민간재정**

민간사회복지사업의 지원은 국가 및 지방자치단체의 보조금과 위탁금(조치비) 등의 공비와 공동모금, 그리고 그 밖에 기부금에 의한 배분기부금과 대부금, 공영경기수익금과 기타 수익사업부문의 수익 및 조성, 법인으로부터의 조성 등이다.

위탁비란 본래는 국가 또는 지방자치단체가 행해야 할 사업을 민간사회복지시설에서 실시되고 있는 경우로 서비스를 위탁하지만, 국가의 책임 아래 실시하는 것으로 조치위탁이라고 부르며, 그 대가로서 위탁비가 지불되는 것이다. 따라서, 이와 같은 위탁비는 시설운영에 요하는 경비의 보조금과는 전혀 그 성격을 달리하는 것이다.

5. 정보관리

1) 정보관리의 개념

정보(information)란 자료를 기반으로 한 개인이나 조직이 의사결정을 내리는 데 실질적인 가치가 있거나, 유용하게 쓰이도록 전환되는 것을 의미한다. 따라서, 자료(원료)가 정보르서의 가치를 발휘하기까지는 여러 단계를 거쳐 특정한 목적에 맞는 정보를 생산하게 되는 것이다.

어느 시대에나 사람들은 정보를 필요로 했고, 이를 만들어서 사용해 왔다. 그러나 정보 자체를 중요한 관리의 대상으로 삼은 것은 불과 최근의 일이다. 정보통신기술(ICT)의 발달에 힘입은 탓도 크지만, 보다 근원적인 동인은 현대 조직사회의 대규모화와 복잡성 때문이다. 수많은 사람 사이에서 복잡한 의사소통이 확대되는 사회에서는 정보를 관리하는 일이 필수적으로 될 수밖에 없다. 사회복지조직의 경우도 이러한 동일한 사회적 맥락의 영향 아래 있다.

정보관리는 문서와 문서보관, 그리고 종이로 된 문서, 매체와 기록들의 수명관리로 크게 제한되었으나, 1970년에 시작된 정보기술의 확산으로 데이터 보관 분야를 포함한 정보관리 직업은 새로운 빛이 되었으며, 1990년대 말 정보가 컴퓨터 네트워크와 다른 전자기기들 간에 정식으로 확산되었을 때 네트워크 관리자들은 정보 관리자들이 되었다. 따라서, 정보관리는 가장 최근에 사용 가능한 도구로 강력한 자원이 되었다.

정보가 의사결정에 도움이 되기 위해서는 정확성 · 신속성 · 적시성 · 대량성 등의 조건이 충족되어야 한다. 그러기 위해서는 우선 수집의 시스템이 완비되어야 함은 물론, 그것이 처리 · 전달 · 저장의 각 시스템과 유기적으로 결합되어 있지 않으면 안 된다. 이러한 일은 종래 사무관리 분야에서 문제되었던 것이나, 정보과학의 발달과 응용, 컴퓨터에 의한 정보의 처리 · 전달 · 저장의 응용 등과 함께 사무관리와는 별도로 정보관리(Information Management)라는 말이 쓰이게 되었다.

2) 사회복지조직과 정보관리체계

(1) 정보시스템의 개념

정보시스템은 조직에 필요한 정보제공이나 업무처리를 수행하도록 정보기술을 응용해 유용한 정보를 생산하기 위해 자료를 수집, 정리, 분석처리, 보고, 배분하는 구조이다. 최근 정보기술은 하루가 다르게 빠른 속도로 발전해 가고 있다. 이에 따라, 정보기술의 활용분야 및 형태도 매우 다양해지고 있다. 이에 관리자는 어떤 정보기술을 업무에 적용할 것인가에 대한 결정에 적극적으로 참여해야 하고, 또한 그러한 기대효과가 달성되도록 정보기술의 이용을 계속 관리해야 할 책임을 안고 있는 것이다(오종희 외, 2021: 368~369).

일반적으로 정보체계는 조직의 운영, 관리 및 의사결정기능을 지원할 수 있는 정보를 제공하는 하나의 통합된 인간 · 기계 시스템으로 이해할 수 있으며, 이러한 정보체계는 수집, 기록, 분류, 정렬, 조작, 저장, 검색, 재생산 및 의사소통의 기능을 수행하게 된다.

정보체계는 사회복지조직의 일상 업무와 관리업무 나아가 클라이언트 관련 업무 등을 위한 일련의 의사결정, 또는 문제해결과정에 필요한 정보관리를 위해 사용되는 통합적인 사용자 · 기계시스템이라고 정의할 수 있다.

(2) 사회복지의 정보체계

사회복지 조직의 정보시스템은 크게 클라이언트 정보시스템, 조직 정보시스템, 수행 정보시스템 등 세 가지 하위체계로 나누어진다(Gates, 1980). 정보시스템에 대한 구체적인 내용을 살펴보면 다음과 같다(오종희 외, 2021: 369~371 ; 서보준 외, 2021: 249~251).

① 클라이언트 정보시스템

클라이언트 정보체계(Client Information System, CIS)는 클라이언트, 클라이언트와 프로그램 간 상호작용 등에 관한 정보를 만들고 조직하고 보고하는 정보체계이다. 주로 서비스와 프로그램을 이용하는 클라이언트의 과정에 초점을 맞춘다.

② **조직정보시스템**

조직정보시스템(Organization Information System, OIS)은 시설이나 운영, 기획, 회계, 인사, 비용 통제 등에 관한 정보체계를 말하며, 주로 관리자 또는 외부의 자금 제공자가 필요로 한다. 조직정보는 운영단위 또는 개업무자가 생산한다. '누가, 언제, 어떤 서비스를 제공받았는지'가 주된 관심이라면, 조직 정보시스템은 '누가, 어디에, 얼마를 사용했는지'가 주된 관심사이다.

③ **수행정보시스템**

수행정보시스템은 의사결정의 향상이나 프로그램의 생산성 및 효과성의 다양한 측면들을 평가하기 위해 요구되는 정보들을 다룬다. 이 시스템은 굳이 새로운 정보시스템을 운영하지 않더라도, 기존 클라이언트 정보시스템과 조직 정보시스템의 합성에 의해서 가능하다. 물론 이러한 힙-성은 두 시스템이 자료들을 호환하거나 공유할 수 있는 통합성을 갖고 있는가에 의해서 좌우된다.

(3) 사회복지조직 정보관리체계의 유형

보건복지 정보의 수집 · 제공과 보건복지 관련 정보시스템개발 및 운영 등 보건복지 정보화사업을 수행함으로써 보건복지 업무를 효율적으로 수행할 수 있도록 지원하는 보건복지부 산하 위탁집행형 준정부기관으로 한국사회 보장정보원이 사회보장정보원이 통합 운영 · 관리하는 정보시스템은 다음과 같다.

① **사회보장정보시스템(행복e음)**

사회보장정보시스템(행복e음)은 국가와 지방자치단체가 지원하는 다양한 사회복지급여 및 서비스의 대상자와 지원내역을 통합 · 관리하는 복지업무 처리지원 시스템이다. 즉, 각종 사회복지 급여 및 서비스 지원 대상자의 자격과 이력에 관한 정보를 통합 관리하고, 지방자치단체의 사회복지 업무처리를 지원하는 시스템이다. 「사회복지사업법」에 의해 사회복지시설 업무에 필요한 각종 자료 또는 정보의 효율적 처리와 기록 · 관리업무의 전자화를 위해 구축된 정보시스템으로 2010년 1월부터 운영되고 있다. 지방자치단체 공무원은 '행복e음'을 통해 복지

대상자의 신청, 자산조사, 지원여부결정, 급여서비스, 추가서비스까지 필요한 모든 과정을 빠르고 정확하게 처리할 수 있다.

② **사회보장정보시스템(범정부)**

사회보장정보시스템(범정부)은 복지서비스가 필요한 대상자들에게 필요한 복지혜택을 이어 주는 맞춤형 복지지원시스템이다. 이것은 각 부처 및 정보 보유기관에서 제공하고 있는 복지사업정보와 지원대상자의 자격정보, 수급이력정보를 통합관리하는 시스템이다. 16개 부처 293개 복지사업정보를 연계하여 개인별 · 가구별 복지서비스 이력관리, 중복 · 부정적 수급방지, 중앙부처 복지사업 정보제공, 복지사업 업무처리 지원 등을 위해 2013년 개통하였다.

③ **사회서비스 전자바우처 시스템**

사회서비스전자바우처시스템은 사회서비스의 신청 · 이용, 비용지급, 정산 등 사회서비스 전달과정을 전자화하여 이용자의 편리한 서비스 이용과 제공기관 및 지방자치단체의 효율적인 업무처리를 돕는 시스템이다. 여기에는 취약계층뿐만 아니라, 전 국민이 필요로 하는 사회복지, 보건의료, 교육, 고용, 주거, 문화, 환경, 안전 등 다양한 사회서비스를 제공하고 있다.

④ **보육통합정보시스템**

보육 통합정보시스템은 부모들이 보육서비스를 보다 편리하고 투명하게 이용하도록 어린이집, 지방지치단체, 보육 관련 기관의 행정처리를 지원하는 시스템이다. 주요 서비스에는 아이사랑보육포털(www.childcare.go.kr), 어린이집 정보공시포털(infor.childcare.go.kr), 어린이집 지원시스템, 행정지원시스템, 바우처 지원시스템, 보육정책통계분석시스템 등을 포함한다.

⑤ **지역보건의료정보시스템**

지역보건 의료정보시스템은 보건기관의 진료업무, 보건사업 및 행정업무를 정보화하고 유관기관 간 전자적 정보교류를 위한 통합정보시스템을 말한다. 주요 서비스로는 진료 및 진료지원 업무의 정보화, 수요자 맞춤형 건강관리 기능강화, 실적 · 통계 업무의 자동화, 온라인을 통한 편리한 보건의료서비스 등을 제공한다.

⑥ 사회복지시설정보시스템

사회복지시설 정보시스템은 맞춤형 서비스 정보제공과 공공자료 개방을 통해 정확하고 투명한 사회복지시설의 행정업무를 지원하는 시스템을 말한다. 이것은 사회복지시설 업무의 일원화 · 표준화 · 투명화 · 전자화, 보고절차의 간소화, 신속한 업무처리를 위한 통합업무관리시스템을 말한다. 2008년 1월 국가차원의 복지정보시스템으로 도입되었는데, 2009년에 6월 사회복지시설 정보시스템으로 명칭을 변경하였다. 사회복지법인 및 시설에서는 회계, 급여, 인사, 세무, 입소자, 종사자관리 등 제반 업무의 전자화로 시설관리업무의 간소화 및 표준화, 보조금 집행의 효율화, 회계 투명성을 높일 수 있다.

연습문제

1. 사회복지행정에 관한 설명으로 옳지 않은 것은?
   ① 사회복지사 등 서비스 제공자의 전문적 판단과 기술에 대한 의존도가 높다.
   ② 명확한 목표설정을 바탕으로 하기 때문에 성과관리가 용이하다.
   ③ 조직의 가치와 직원들의 신념이 통합될 수 있는 관리전략이 필요하다.
   ④ 조직의 목표를 달성하기 위해 인적 · 물적 자원을 동원하는 활동이다.
   ⑤ 지역사회 내 네트워크를 통한 연계 · 협력이 강조되고 있다.

2. 우리나라 사회복지행정의 역사적 사실로 틀린 것은?
   ① 사회복지사 1급 시험은 2003년에 처음으로 시행되었다.
   ② 사회복지행정이 별도의 교육과정으로 설치된 것은 1960년대 들어서이다.
   ③ 한국사회사업가협회는 1967년에 창립되었다.
   ④ 사회복지공동모금회는 1998년 설립되었다.
   ⑤ 사회복지전담공무원의 법적 근거는 2000년대에 들어 마련되었다.

3. 인사관리과정에 관한 설명 중 옳지 않은 것은?
   ① 모집과정에서는 직무명세서 및 직무기술서를 작성해야 한다.
   ② 선발기법으로서의 시험은 객관성과 타당성을 갖추어야 한다.
   ③ 승진과정은 기준과 절차를 명확하게 규정하고 공개하는 것이 중요하다.
   ④ 해임은 개인과 기관 모두를 위해서 되도록 오랜 시간에 걸쳐 진행되어야 한다.
   ⑤ 직무분석 결과는 채용, 배치, 이동, 승진 등의 기준을 작성하는 기초가 된다.

4. 사회복지재정의 확충방안으로 적절하지 못한 것은?
   ① 정부의 복지예산 증액
   ② 공동모금 활성화
   ③ 지방재정에 대한 국고보조금의 축소
   ④ 사회복지사업에 대한 세제상의 혜택
   ⑤ 법인 및 개인 후원자에 대한 세제 혜택

정답 1. ② 2. ⑤ 3. ④ 4. ④

Chapter 6

사회복지조사

학습목표

1. 용어에 대한 정확한 이해
2. 조사방법에 대한 실제적 지식 습득
3. 이론과 실제의 접목

학습내용

1. 사회복지조사의 개념
2. 연구방법의 개념적 이해
3. 연구조사의 유형과 절차
4. 측정과 척도
5. 신뢰도와 타당도
6. 표본조사

개 요

사회복지조사방법은 이론과 실제를 종합적으로 판단하여 결정해야 한다. 또한 통계적 연구방법이 요청되므로 통계에 대한 기본적 지식이 선행되어야 한다. 사회복지조사에 대한 연구는 기존의 사회복지 주제와는 전혀 다른 요소를 지니고 있기 때문에 사회과학방법론에 대한 숙고를 통해 올바른 조사방법을 선택하고 이를 분석하여야 한다. 여기 사회복지조사를 학습하고자 한다.

Chapter 06
사회복지조사

1. 사회복지조사의 개념

조사(research)는 사회현상을 파악하거나, 해결하기 위한 방안을 강구하기 위해 합리적이고 과학적인 절차와 타당한 논리적 원칙에 입각하여 기존의 지식을 기각 또는 강화하거나, 새로운 지식을 만들어 내려는 실천적인 지식탐구활동이다. 사회복지조사(social welfare research)는 사회복지의 목적을 달성하기 위한 수단으로. 개인의 복지욕구 충족과 사회적 문제해결 방안을 찾아 자료를 수집하는 지식탐구활동이자 절차이다, 사회복지조사는 사회복지실천현장에서 필요한 지식들을 산출하는 방법에 관한 것이다. 조사는 조사목적을 달성하였다고 하더라도, 외부로 공개되고 보고되어야 하는 공공성을 갖는다. 또한 조사과정에서 사용된 언어는 명확하고 경험적으로 입증되어야 하며 객관성을 가져야 한다(장혜령 외, 2021: 11).

사회복지조사는 사회과학의 조사대상 가운데 사회복지에 관련되는 대상의 문제와, 이를 해결하기 위한 지식을 논리적 타당성과 경험적 확인을 통하여 수립·검증하는 활동과 절차를 말한다. 사회복지사에게 있어서 사회복지 대상자와 이들을 둘러싼 사회적·경제적·문화적 환경에 대한 이해는 필수적이며, 사회복지조사는 사회복지학에서 매우 중요한 위치를 차지할 수밖에 없다. 특별히 오늘날처럼 사회복지실천의 환경을 둘러싼 변화의 속도가 급속도로 빠른 상황에서 사회복지사들에게 요구되는 기본적인 역량 가운데 하나가 사회현상을 과학적으로 이해할 수 있는 능력이라고 할 수 있다. 즉, 사회복지대상자들의 문제를 해결하고 욕구를 충족시킬 수 있는 대책을 모색하기 위해 사회복지사들은 급변하는 사회현상을 과학적으로 이해하고 문제해결을 위해 과학적인 조사방법을 활용할 수 있는 능력이 요구된다(이봉재, 2018: 51).

사회복지에 관한 지식들을 적절히 갖추어 나가기 위해서는 올바른 지식습득의 방법이 일차적으로 중요하다. 아무리 많은 관심과 노력을 기울여도, 지식습득의 방법들이 적절하지 못하다면, 건전한 지식축적은 이루어지기 어렵기 마련이다. 가장 효과적인 지식습득의 방법은 과학적인 방법이다. 따라서, 현재의 사회복지학이 사회과학적인 체계와 방법론에 의거하고 있는 것도 이러한 이유에서 찾을 수 있다.

2. 연구방법의 개념적 이해

1) 개념

개념(concept)은 머릿속에 떠오른 어떤 대상의 특성이나 현상에 대한 추상적인 생각 또는 상징으로, 구체적으로 눈에 보이거나 손에 잡히는 것일 수도 있고, 머릿속에만 떠오르는 상상일 수도 있다. 개념은 여러 대상이나 현상의 특징을 일반화하여 한 단어로 구체화시킨 추상적인 것으로 보건, 평등, 윤리 등 직접적으로 관찰할 수 없는 것과 병원, 의사, 간호사 등 직접 관찰 가능한 것을 모두 포함한다. 연구를 수행할 때는 구체적으로 규정한 개념을 사용해야 한다.

정확한 개념은 정확한 의사소통을 위해 필수적이다. '은퇴'라는 단어를 떠올리면 특정 의미를 생각할 수 있다. 어느 연령에 이르러 생산에 종사하지 않는 상태라고 정의할 수 있지만, 구체화하는 정도가 다를 수 있다. 어떤 나라에서는 직종에 상관없이 특정 나이에 이르면 생산에 종사하지 못하게 되어 은퇴가 이루어지는 반면, 다른 나라에서는 나이와 상관없이 수공업이나 농업에 종사하며 스스로 생산을 그만두는 순간, 은퇴가 결정되는 경우도 있다. 이런 경우에는 '은퇴'라는 의미가 정확하지 않기 때문에 명확한 의사소통을 위해 상대적으로 좁은 개념으로 한정할 수 있다. 개념은 현상을 바라보는 관점을 제공할 수도 있다. 은퇴 예시에서, 특정 나이로 은퇴시기를 설정한 경우, 은퇴는 강제성이 있다고 생각할 수 있지만, 후자의 경우에는 자발적이라는 관점을 가질 수 있다. 개념은 복잡한 현상이나 대상의 분류와 일반화를 위해서도 필요하다.

2) 개념적 · 조작적 정의

(1) 개념적 정의

개념적 정의는 명목적 정의(nominal definition)라고도 하며, 연구에서 사용되는 주요 용어들, 즉 사람이나 사물들의 형태나 속성 그리고 사회적 현상을 개념적으로 정의하는 것이다. 이러한 개념적 정의는 개념에 대한 추상적이고 사전적인 정의로서, 우울을 명확히 정의한다면 이는 개념적 정의를 내린 것이 이렇게 개념적 정의를 내리는 것을 '개념화'한다고 한다. 개념적 정의를 명확하게 내리는 것은 연구의 관심과 초점에 맞추어서 그에 합당한 측면의 개념을 규정하려는 것이 목적이다. 이러한 개념적 정의는 조작적 정의의 전 단계이다. 개념적 정의를 통해 내려진 개념에 대한 대략적 윤곽이나 틀 없이는 조작적 정의는 실현되기 어렵다(황인옥, 2020: 84).

(2) 조작적 정의(조작화)

개념화의 추상적 · 주관적 성격을 보완하고 좀 더 경험적인 구체화를 하기 위해서 조작적 정의 또는 조작화(operationalization)를 거쳐야 한다. 조작화는 개념을 연구과정에서 관찰 가능한 지표로 변환시키는 과정을 말한다. 즉, 연구에 사용되는 변수를 관찰하고 측정할 수 있도록 횟수, 여부, 시간, 점수 등으로 계량화하는 것이다.

3) 이론과 모형

이론(theory)은 여러 현상을 관통하는 체계적으로 해석 가능한 하나의 틀로서, 두 가지 또는 두 가지 이상의 현상이 어떻게 관련되어 있는가를 설명하는 체계적인 진술이다. 이론은 연구되고 있는 현상을 일반화하여 설명하며, 새로운 사실을 예측하도록 도와주는 역할을 할 뿐만 아니라, 연구진행과 연구결과의 의미를 안내한다. 연구를 통해 이론을 검증할 수 있고, 새로운 이론 창출에 기여할 수 있다. 하나의 현상에 여러 이론을 적용할 수도 있는데, 예를 들어 연구자가 은퇴하면 우울감이 더 발생하는지를 알아보고 싶다고 가정할 때, 연구자가 얻고 싶은 잠정적인 해답은 은퇴 후에 우울수준이 차이가 난다는 것이다. 이것이 대립가설이다. 이 가설에 대해 역할이론에 따라 은퇴는 사회적 역할을 상실하기 때문에 우울이나 스트레스가 증가한다는 이론이 있고, 지속이론에 따라 은퇴하더라도 비슷한 사회적 역할이 지속될 것이라는 이론이 있다. 어떤 이론이 현실에 더 적합한지는 검증을 통해 알아보고, 그 사회의 현상을 잘 설명하는 이론을 채택한다(장영일 외, 2021: 24).

모형(model)은 실제와 유사한 복제물로, 경험적인 현상을 설명하기 위해 여러 가지 개념을 연결성 있는 체계로 구성한 것을 의미한다. 다시 말해서 경험적인 현상을 상징하는 개념으로 이루어진 요소들 및 이 요소들 간의 관계가 논리적으로 연결되어 배열된 체계를 모형이라고 한다. 모형을 통해 실제 현실에서 벌어질 수 있는 관계를 더 잘 확인하고 검증할 수 있다. 독립변수와 종속변수 간의 관계뿐만 아니라, 통제변수까지 모형으로 제시할 수 있다. 즉, 모형은 독립변수와 종속변수, 통제변수를 포함한 더 복잡한 관계도 표현할 수 있다.

4) 분석단위

일반적으로 사회과학 연구의 분석단위는 여러 수준에서 선택될 수 있다. 그 내용은 다음과 같다(조학래, 2020: 86~90).

(1) 개인

가장 일반적인 연구대상으로서 개인은 클라이언트의 개인적 특성이나 심리사회적 특성, 지역사회 욕구조사에서 분석단위이다. 분석단위로서 개인대상의 연구는 일반적으로 특정한 유형 또는 집단구성원들의 행동에 관한 기술과 분석을 통해 사회집단과의 상호작용을 기술하고 설명하는 경향이 있다. 예를 들어, 학력수준에 따른 복지 의식의 차이를 연구할 때, 분석단위는 개인이다. 이처럼 분석단위가 개인일 때, 기술적 연구의 목적은 개인의 총합인 모집단의 특성을 서술하는 것이다. 반면에, 설명적 연구의 목적은 모집단 내에서 발생하는 변수 간의 역동적 관계를 발견하는 것이다.

(2) 집단

하나의 개체인 집단의 특징에 관해 관심을 보일 때, 분석단위는 집단으로 가족, 부부, 동아리, 동창회 등을 들 수 있다. 가장 자주 사용되는 분석단위로서 가족은 가족을 구성하는 다양한 특성(예, 가족유형, 수입정도, 가족 수, 주거형태 등)이나 역동성(예, 가족관계, 갈등 등) 등을 연구할 때 사용되는 단위다.

분석단위인 집단은 부부, 가족, 동아리 등 집단구성원을 분석단위로 하면 미시연구가 되고, 집단이면 거시연구가 된다. 이처럼 집단구성원을 분석단위로 하는 것과 집단을 분석단위로 하는 것 간에는 큰 차이가 있다. 예를 들어, 가출청소년의 연구에서 가출청소년을 연구하려면 가출청소년 집단의 개인이 분석단위이지만, 가출청소년 집단 간의 차이를 연구하려면 가출청소년 집단이 분석단위가 된다.

(3) 조직

연구자가 공식적인 사회조직의 특성을 연구할 때 분석단위는 조직이다. 분석단위로서 조직은 사회복지기관, 학교, 교회, 기업, 시민단체 등을 들 수 있다. 예를 들어, 사회복지기관을 연구할 때 이용자 수, 종사자 수, 프로그램 수, 예산, 서비스 만족도 등의 특성과 관련한 산출물을 조직의 분석단위로 사용할 수 있다. 이러한 자료를 토대로 연구자는 사회복지기관 간의 효율성을 비교할 수도 있다.

(4) 사회적 상호작용

개인 간의 사회적 상호작용을 연구할 때 분석단위는 사회적 상호작용이다. 분석단위로서 사회적 상호작용에는 전화통화, 교통사고, 소송, 논쟁, 이메일 교환, 댓글 달기 등이 있다. 예를 들어, 남북정상회담과 같은 특정한 사회적 이슈에 대한 여론의 변화과정을 분석하려면, 뉴스 기사의 댓글 달기가 사회적 상호작용의 분석단위가 된다.

(5) 사회적 가공물

분석단위로서 사회적 가공물(social artifacts)은 사회적 존재가 만든 산출물이나 행위의 결과를 의미한다. 인간의 생각과 행위의 산출물은 책, 시, 그림, 노래, 사진, 일기, 신문기사, 예술품, 건물 등이 해당한다. 사회적 가공물의 분석단위는 주로 내용분석에서 사용된다. 예를 들어, 국민연금이나 건강보험에 관한 주요 신문사설의 논조 변화를 살펴볼 때, 분석단위는 신문의 사설이 된다.

5) 변수

변수(variables)는 사람, 물건, 사건 등의 특성. 속성을 의미한다. 이러한 것들의 특성. 속성이 두 가지 이상의 가치(value)를 가질 때, 이를 변수라고 한다. 변수는 한 연속선상에서 하나 이상의 값을 가지는 개념으로 연구대상의 속성에 계량적인 수치를 부여하여 경험적으로 측정 가능하게 한다. 예를 들어, "한국에서 여성은 남성보다 평균수명이 길다."라는 개념이 있다면, 여기서 평균수명은 성별로 사회별로 각기 다른 값을 갖는데, 이를 변수라고 한다.

(1) 독립변수

연구문제나 가설은 주로 인과관계형태로 표현되기 마련이다. 인과관계는 원인이 되는 변수와 결과가 되는 변수 간의 관계를 의미한다. 이때 원인에 해당하는 변수를 독립변수(independent variable)라고 한다. 즉, 어떠한 변수의 발생원인에 해당하는 변수를 독립변수라고 한다. 예를 들어, 우울증이 알코올중독에 영향을 미치는가에 대한 연구를 수행한다고 하자. 이 연구는 결국 우울증이 원인이 되어 알코올중독이라는 결과가 나타날지 여부에 대한 연구문제를 설정하였기 때문에 이 연구문제에서 원인에 해당하는 변수인 우울증을 독립 변수로 볼 수 있다.

(2) 종속변수

인과관계에서 원인에 해당하는 변수를 독립변수라고 한다면, 결과에 해당하는 변수를 종속변수(dependent variable)라고 한다. 즉, 독립 변수의 영향으로 나타나는 결과가 되는 변수를 독립변수라고 한다. 앞선 예시에서 나타난 우울증이 알코올중독에 영향을 미치는가에 대한 연구수행에서 알코올중독은 우울증에 영향을 받아 나타나는 변화이기 때문에 알코올중독이 이 연구에서 종속변수가 된다.

(3) 통제변수

변수의 관계가 진짜 인과관계가 있는지, 아니면 가식적 관계인지를 가리기 위해 일반적으로 통제변수(control variable)를 활용하게 된다. 통제변수는 독립변수와 종속변수의 인과관계에 영향을 미치는 변수로 두 변수 간의 관계를 더 정확하게 파악하기 위해서 두 변수 간의 관계에 영향을 미칠 수 있는 제3의 변수를 사용하여 통제하는 것을 의미한다.

변수들 간의 관계는 제3의 변수의 영향력을 제거하지 않고서는 독립변수와 종속변수의 진정한 인과관계를 규명하기 어려워진다. 예를 들어, 노인 의료서비스 제공횟수와 사망률의 관계를 살펴보자. 일반적으로 어르신 의료서비스를 제공받는 횟수가 증가할수록 어르신들 사망률은 높아지는 것처럼 보인다. 그러나 의료서비스를 받은 횟수가 원인이 되어 노인들의 사망률을 높인 것은 아니다.

이는 질병의 심각성이라는 제3의 변수를 고려해야만 이 두 변수의 진정한 한 관계를 파악할 수 있다. 즉, 사회복지사는 질병의 심각성이 높은 노인들에게 서비스를 제공하게 되어 있고, 질병의 심각한 사망가능성도 높은 것이다. 즉, 질병의 심각성이라는 영향력의 조건을 고려하여(통제할 때) 의료서비스 제공횟수와 진정한 관계를 알 수 있게 된다. 이처럼 두 변수 간 정확하게 파악하여 결론을 도출하기 위해서 다양한 상황을 통제하기 위하여 사용되는 변수를 통제변수라 한다.

통제변수의 관계는 다음과 같다.

[그림 6-1] 통제변수

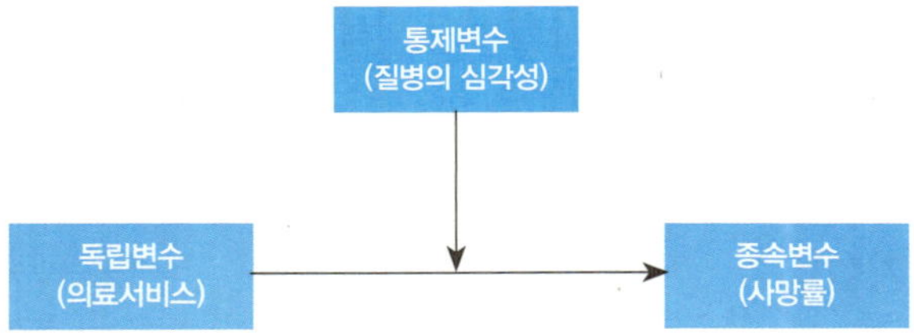

자료 : 장혜령 외(2021: 53) 재인용.

(4) 매개변수

매개변수(intervening variable)는 독립변수와 종속변수의 관계를 더 잘 설명 해주기 위한 변수의 영향을 받아 종속변수에 영향을 미치는 매개자의 역할을 하는 변수를 의미한다. 예를 들어, 생활스트레스가 인터넷 중독에 영향을 미친다는 가설이 있을 때, 생활스트레스는 독립변수, 인터넷 중독과 종속변수가 될 것이다.

매개변수의 관계는 다음과 같다.

[그림 6-2] 매개변수

자료 : 장혜령 외(2021: 53) 재인용.

6) 가설

가설(hypothesis)은 관련된 변수를 선정하고 변수들의 상태를 나타내는 두 문장을 하나의 조건문 형태로 표현하는 것이다. 가설은 두 개 이상의 변수나 현상 간의 특별한 관계를 검증한 형태로 서술하여 변수들 간의 관계를 예측하려는 진술이나 문장이다. 쉽게 말해서 가설은 아직 검증되지 않은 잠정적 결론이다. 가설은 실증적인 확인을 위해 구체적이어야 하고, 현상과 관련성을 가져야 하며, 아직 진실 여부가 확인되지 않은 사실이다(이세형, 2019: 71). 가설의 종류는 다음과 같다(서정민 외, 2019: 55~56).

(1) 영가설(귀무가설)

영가설은 귀무가설이라고도 부른다. 영가설은 가설에 설정되어 있는 독립변수와 종속변수 간의 '관계가 없다', '차이가 없다'는 형태의 진술을 제시하는 가설을 말한다. 예를 들어, 연령과 질병의 관계로 영가설을 설정한다고 하면, "연령에 따라 질병유무에 차이가 없을 것이다."로 설정할 수 있다. 이처럼 두 변수 간의 '관계가 없다'거나 '차이가 없다, 두 변수 간의 관계가 같다'와 같은 형태로 진술되는 가설은 영가설이다.

대부분의 연구자들은 두 변수 간의 관계가 있거나, 차이가 있다는 것을 규명하거나, 두 변수 간의 차이점을 규명하려고 한다. 그러나 영가설은 연구자가 원하는 내용과 반대되는 내용으로 가설을 제시하고 있다. 즉, 이 '차이가 없다', 두 변수 간의 관계가 '같다'와 같은 형태로 진술되는 가설은 영가설이다.

(2) 연구가설(대립가설)

연구가설은 대립가설이라고도 한다. 연구가설은 영가설과 반대 또는 대립되는 가설이다. 또한 연구자가 증명하고자 하는 가설로서, 연구문제를 근거로 연구자가 설정한 독립변수와 종속변수 간의 '관계가 있다' 또는 '차이가 있다', '다르다'는 형태의 진술을 제시하는 가설이다. 앞서 제시한 연령과 질병유무라는 변수로 연구가설을 설정하자면, '연령에 따라 질병유무에 차이가 없다'라는 형태로 진술되는 가설이라고 볼 수 있다.

3. 연구조사의 유형과 절차

1) 연구조사의 유형

사회복지조사방법에는 탐색적 · 기술적 · 설명적 조사로 분류할 수 있다(최세영 외, 2020: 75~77).

(1) 탐색적 조사

탐색적 목적의 조사(exploratory research)는 어떤 문제영역에 대한 선행지식이 부족하거나, 문제에 대한 통찰을 얻은 후 연구문제를 형성하거나, 가설을 설정하기 위해, 그리고 중요한 연구에서 사용할 방법을 개발하고자 하는 경우에 주로 사용된다. 탐색적 조사는 선행지식이 부족한 문제의 답에 대한 힌트를 얻고, 문제형성 및 가설설정을 위한 기초자료를 수집할 수 있다는 의의를 가지지만, 연구질문에 대한 충분한 답을 주지 못하며, 연구결과들을 다른 상황에 적용하기 힘들다는 한계를 가진다.

(2) 기술적 조사

기술적 목적의 조사(descriptive research)의 목적은 관심의 대상이 되는 사회현상의 상황, 현황 및 특징을 사실적으로 묘사(기술)하는 것이다. 따라서, 연구자는 연구를 통해 과학적 사실을 파악하고 분석한 내용을 구체적으로 기술하여 제시하는 것으로, 주로 여론조사나 인구센서스조사 등에서 전형적으로 나타난다. 기술적 조사에는 탐색적 조사보다 명확한 연구문제가 있고, 연구절차와 내용이 체계적이고 정확하다.

(3) 설명적 조사

설명적 목적의 조사(explanatory research)는 사회현상에 대한 원인을 밝힘으로써 사건이나 현상을 설명하고자 하는 것을 목적으로 한다. 즉, 어떤 현상에 대해 '그 현상이 왜 발생했는가?' 라는 질문에 대답하는 것이다. 설명적 조사에서는 어떤 사회현상이 그냥 발생한 것이 아니라, 어떤 원인 때문에 발생한 결과라고 보며, 그 현상의 배후에 있는 원인을 밝히고자 한다. 이렇듯 '원인과 결과' 사이의 관계를 규명하므로 현상들 간의 '인과관계' 를 규명하는데 목적을 둔 조사라고 말할 수 있다.

(4) 횡단적 조사

횡단적 조사(cross-sectional research)는 어떤 특정 현상을 연구함에 있어서, 어느 한 시점에서 나타나는 그 현상의 단면을 분석하는 조사이다. 즉, 단 한 번의 조사결과를 가지고 연령별, 성별, 사회적 · 경제적 지위 등 대상자의 특성들에 어떤 차이가 있는지 비교하는 것이다. 횡단적 조사는 탐색적 · 기술적 · 설명적 목적을 가질 수 있다. 예를 들어, 일반적으로 알고 있는 인구센서스조사는 기술을 목적으로 한 횡단적 조사이다.

(5) 종단적 조사

종단적 조사(longitudinal research)는 일정 기간에 걸쳐서 나타나는 어떤 과정에 대하여 기술하고자 하는 목적으로, 여러 시점에 걸쳐서 연구를 반복하는 조사유형이다. 즉, 시간의 흐름에 따라 연구대상이나 상황의 변화를 반복해서 측정하여 자료를 수집하는 방법이다. 종단적 조사는 횡단적 조사와 반대로, 복잡하고 비용이 많이 드는 반면, 인간의 행위 또는 사회현상의 진행과정이나 변화 등을 조사하는데 유리하다.

2) 연구조사의 절차

일반적으로 연구문제가 형성되면, 이를 해결하기 위한 적절한 연구방법을 설계하고. 정해진 연구방법에 따라 자료를 수집한 후. 수집된 자료를 분석하고 해석하여 보고서를 만들어 공표하는 단계를 거치게 된다. 그 내용은 다음과 같다(박옥희, 2020: 36~71).

(1) 연구주제 설정

모든 연구는 연구주제의 선정에서 시작한다. 연구주제는 연구자가 답을 구하고자 하는 관심분야에 대한 질문으로부터 시작한다. 또한 연구자의 사회적 직업적 배경이나 연구를 할 당시의 관련 분야의 사회적 이슈나 학문적 이슈 등의 영향을 받아 선정되기도 한다. 어떠한 연구주제가 좋은 연구주제라고 언급하기는 어려우나, 경험적으로 검증이 어렵고 과학적이지 않은 연구질문이나, 추상적이고 모호하거나 일반적인 특성을 지니는 질문들은 좋은 연구주제라고 하기 어렵다. 즉, 구체적이고 측정가능하고 명확한 연구주제가 바람직한 연구주제 이다.

(2) 가설설정

가설설정과정은 선정된 연구문제에 대하여 연구가 가능하도록 변수를 구체화하고, 양적 연구의 경우 측정 가능한 단위로 조작적 정의를 내려서 실증적으로 검증이 가능하도록 구체화하는 과정이다. 가설설정은 연구대상, 자료수집, 검증방법의 선정에 있어서 방향을 제시하고. 연구목적과 연구문제가 일관성과 논리성을 갖추고 현실적으로 연구와 측정이 가능한 형태로 설정한 연구문제에 관하여 가설검증을 통하여 구체적인 해답을 제공할 수 있도록 구조화되어야 한다.

(3) 연구설계

연구설계는 연구의 전반적인 계획을 구성하는 단계를 의미한다. 즉, 이 단계는 선정된 연구주제를 검증하기 위한 가장 적합한 방법들을 선택하는 단계로 볼 수 있다. 연구방법들 중 연구주제에 적합한 연구방법은 무엇일지, 그러한 연구방법의 수행에 필요한 자료들은 어떠한 방식으로 수집할지, 자료의 수집과정과 방법 및 절차는 어떠한 방식이 타당할지, 연구대상자는 어떻게 선정하여 어떠한 방식으로 연구할지, 연구대상자를 어떠한 측정도구로 측정할지, 수집된 자료들은 어떠한 방식으로 분석할지 등을 구체 적으로 결정하는 단계를 연구설계의 단계라고 한다.

(4) 자료수집

연구설계가 끝이 나면, 연구자는 계획된 연구설계에 따라 자료수집을 실시한다. 예를 들어, 양적 연구를 실시할 경우 선정된 연구대상자를 대상으로 실제 설문조사를 진행하여 자료를 수집한다. 연구자는 객관적인 연구결과를 도출하기 위해 신중하게 자료에 대한 검증과 확인과정을 통해 검증된 방식으로 자료를 수집해야 한다.

(5) 자료분석

연구자는 수집된 자료를 자신의 연구목적과 자료의 특성을 고려하여 연구주제를 검증하기 위한 자료분석에 들어간다. 자료분석 단계는 SPSS나 SAS 등과 같은 통계프로그램들이 주로 활용된다. 이를 통해 연구대상의 실태나 현황을 있는 그대로 보여주기 위한 기술통계분석이나, 연구자가 검증하고자 하는 가설검증을 위한 추리통계분석이 필요에 따라 실시될 수 있다.

(6) 결과 해석 및 결론

수집된 자료를 분석한 연구결과가 어떠한 의미인지 해석하는 작업이 필요하다. 즉, 자료를 분석하여 나타난 결과를 통해 사회현상을 설명하거나, 가설의 채택여부 등을 결정할 수 있다. 예를 들어, 스트레스와 생활만족도가 부적(−) 인과관계가 있다고 자료분석결과가 나타났다면, 이를 근거로 스트레스가 높아질수록 생활만족도는 낮아진다는 해석이 가능하다.

(7) 연구보고서 작성 및 공포

마지막 단계는 연구의 전 과정을 포함한 연구보고서를 작성해야 한다. 연구보고서 역시 연구마다 다소 차이는 있을 수 있으나, 기본적으로 연구의 필요성, 이론적 배경, 연구방법, 연구결과, 결론 및 제언, 참고문헌 등의 순서로 제시된다. 이를 통해 연구자는 자신의 연구를 보다 잘 이해할 수 있으며, 연구보고서 작성을 통해 타인에게도 연구결과를 이해시키 고, 지식을 공유할 수 있다. 연구보고서가 완성되고 체계적인 과정을 통해 심사되고 타당성이 입증되게 되면, 공식적으로 공표되어 일반에게 공개된다. 이는 다른 연구의 기초자료로 사용될 것이다.

4. 측정과 척도

1) 측정

사회복지조사에서 측정은 어떤 상대, 특성, 태도, 행동 등의 이론적 개념을 계량화(quantifying)하는 과정을 말한다. 즉, 연구대상자의 속성 또는 변수에 대하여 일정한 규칙에 따라 숫자나 기호를 부여하는 체계적이고 과학적인 관찰과정이다. 측정은 측정하고자 하는 개념, 즉 변수에 따라 명목측정, 서열측정, 등간측정, 비율측정 등으로 나뉜다.

측정의 유형은 다음과 같다(장혜령 외, 2021: 99~103).

(1) 추론측정

추론측정(derived measurement)은 어떤 사물이나 사건의 속성이 다른 사물이나 사건의 속성과 관련지어서 나타나는 것을 측정함을 의미한다. 즉, 어떤 사물 혹은 다른 사물 간의 속성 사이에 일정한 관계가 성립되었을 때, 그 관계를 측정하는 것이며, 밀도(density)를 대표적인 예로 들 수 있다. 밀도는 어떤 사물의 부피와 질량의 비율로 정의되며, 부피와 질량의 관계를 결정짓는 법칙이다. 추론측정은 기본적으로 확고한 이론적 배경이 있어야 가능하다. 따라서. 추론측정은 법칙의 수준으로 특정 속성 간의 관계가 결정된 후 이것을 측정하는 것이기 때문에 자연과학에서는 추론측정이 자주 이루어질 수 있다. 그러나 사회과학에서는 법칙이라기보다는 가설 혹은 검증되고 있는 이론에 불과한 관계가 많아서 추론측정이 존재하기는 사실상 힘들다.

(2) 임의측정

임의측정(measurement by flat)은 일시적으로 어떤 사물의 속성과 측정값 간에 관계가 있다고 가정하고 측정하는 것으로 연구자가 생각하는 특정 개념이 자신이 생각하고 있는 조작적 정의에 의한 척도로써 측정된다고 가정하고 측정하는 것을 의미한다. 대표적으로 IQ테스트를 들 수 있다. 지적 능력을 연구자들이 만든 IQ 테스트를 통해 측정하는 것에는 확고한 법칙이 없다. 이는 사실에 근거하기보다는 논리적 근거나 논리적 가정에 의존하고 있으며, 사회과학 대부분이 임의측정이다. 따라서, 어떻게 조작적인 정의를 내리는가에 따라 여러 가지 측정값이 나올 수 있으며, 오차의 개입 여지도 크다.

(3) 본질측정

본질측정(fundamental measurement)은 어떤 사물의 속성을 표현하는 본질적인 법칙에 따라 숫자를 부여하는 것이다. 본질측정은 다른 사물이나 다른 속성을 개입시키지 않고 해당 속성만을 고려하는 것으로서 가장 기본적인 측정이다. 키를 재는 행위나 무게를 측정하는 행위가 이에 해당한다. 후에 다른 변수들과 관련지어 분석할 수도 있으며, 법칙에 의해 다른 변수와 관련을 짓게 되면 관련된 다른 변수를 측정하는 것도 가능해진다.

(4) 측정수준

알고자 하는 개념을 측정하는데 있어서 중요한 것은 연구자가 알고자 하는 추상적 개념을 연구주제에 적합하도록 조작적으로 정의하는 것과 이를 일정한 규칙에 맞춰 수치화하는 것이다. 예를 들어, 청소년의 학업스트레스가 우울에 미치는 영향을 연구하고자 할 때, 학업스트레스라는 독립변수와 우울이라는 종속변수를 관찰 가능한 속성으로 만들어 주기 위해 숫자를 부여할 수 있다. 즉, 학업스트레스의 수준을 현실 세계 속의 경험 및 지각 가능한 속성으로 전환시켜 1=전혀 그렇지 않다, 2=조금 그렇지 않다, 3=그저 그렇다, 4=조금 그렇다, 5=매우 그렇다'로 측정할 수 있다. 이때 점수가 높을수록 청소년들이 지각하는 학업스트레스 수준이 높은 것으로 해석하는 식이다.

(5) 측정오류

측정오류(error of measurement)는 변수를 측정하는 과정에서 발생하는 오류이다. 측정오류는 측정하려는 개념을 정확하게 묘사하지 못하거나, 데이터를 확보하는 과정 에서 발생한다. 이를 '측정오차'라고도 한다. 예를 들어, 아들의 반사회적 행동에 대한 인지행동수정 개입에 참여한 부모가 아들이 지난 주 10번 충동적이고 부적절한 욕설을 한 것 중에 두 번을 잊어버리고 8번이라고 보고하는 것과 같은 오류가 있을 수 있다.

2) 척도

일상생활에서 측정을 위한 도구들을 쉽게 접한다. 길이를 측정하는 '자', 온도를 측정하는 '온도계', 무게를 측정하는 '체중계', 시간을 측정하는 '시계' 등은 대표적인 측정도구들이다. 이러한 도구들은 표준화된 수치를 이용하기 때문에 동일한 측정도구로 측정된 측정치를 서로 비교할 수 있다는 장점이 있다. 또한 동일한 대상을 반복적으로 측정할 경우, 사물이 갖고 있는 동일한 속성의 변화도 파악할 수 있다.

척도의 유형은 다음과 같다(송진영, 2020: 90~96).

(1) 리커트 척도

1930년대 초 미국 사회심리학자 리커트(Rensis Likert, 1903~1981)가 개발

한 것으로, 그의 이름이 붙여진 리커트 척도(Likert scale)는 보통 태도측정의 질문을 할 때 주로 사용된다. 리커트 척도는 여러 개의 문항으로 응답자의 태도를 측정하고 해당 항목에 대한 측정치를 합산하여 평가대상자의 태도점수를 얻어내는 척도로서, 사회과학이나 여론조사에서 가장 흔히 사용되는 척도이다.

설문 시 리커트 척도를 이용한 예는 다음과 같다.

〈표 6-1〉 리커트 척도를 이용한 설문

문 항	매우 만족	만족	보통	불만족	매우 불만족
1. 귀하는 보수수준에 대해 만족하십니까?					
2. 귀하는 업무에 대해 만족하십니까?					
3. 귀하는 후생복리수준에 대해 만족하십니까?					

자료: 홍봉수 외(2018: 103).

(2) 써스톤 척도(동일간격 척도)

써스톤 척도(thurstone scale)는 써스톤(Louis Leon Thurstone)에 의해 1929년에 개발되었다. 이 척도는 항목 간에 동일한 간격의 강도로 고안되기 때문에 '동일간격 척도'라고도 불린다. 써스톤 척도는 어떤 사실에 대하여 가장 우호적인 태도와 가장 비우호적인 태도를 나타내는 양 극단을 등간격으로 구분하여 여기에 수치를 부여하는 등간척도이다.

써스톤 척도의 예는 다음과 같다.

〈표 6-2〉 써스톤 척도의 예

문 항	척도치	찬성
1. 사회 전체를 위해 개인의 행복을 희생하는 것은 옳은 일이다.	4.5	
2. 아동복지시설이 우리 동네에 신축되는 것은 반가운 일이다.	5.4	○
3. 주말에 자원봉사하는 것이 그 시간에 돈 버는 것만큼 즐거운 일이다.	9.2	○

4. 소득이 많을수록 높은 비율의 소득세를 내는 것은 바람직한 일이다.	3.8	
5. 장애인 의무고용제도는 사회를 발전시키는데 기여한다.	6.7	○
6. 건강보험 적자 분을 세금으로 메우는 것은 옳은 일이다.	4.2	
7. 농어촌 출신 고등학생의 대학 우선입학제도는 바람직한 일이다.	5.6	

자료: 송진영(2020: 93).

위의 표는 사람들의 이타주의(altruism)의 평가에 대한 써스톤 척도의 예이다. 평가방법은 응답자가 찬성한 문항의 척도치를 평균하여 산정한다. 여기서 각 문항의 척도치가 0~10점 사이에 편재되어 있다고 가정하면, 척도치는 다음과 같이 계산되고 해석된다. 척도치=(5.4+9.2+6.7)/3=7.1. 따라서, 응답자의 이타주의는 높은 편에 속한다고 평가할 수 있다.

(3) 요인척도

요인분석(factor analysis)은 변수들 간에 존재하는 상호관계의 유형을 밝히고, 상 밀집하게 연관되어 있는 변수들의 묶음을 발견하여 요인들로 축소시키기 위한 통계적 기법이다.

선택된 교사의 사기 항목에 대한 요인분석의 예는 다음과 같다.

〈표 6-3〉 요인분석의 예

문 항	요인1	요인2	요인3
1. 교장은 나의 일을 제대로 평가해 준다.			
2. 교사 간 다툼이 거의 발생하지 않는다.			
3. 가르치는 것이 개인적 만족을 준다.			
4. 교사들은 서로 협조한다.			
5. 가르치는 것을 좋아한다.			
6. 교장은 나의 일을 더 쉽고 더 즐겁게 해준다.			
7. 교장은 훌륭한 교수 절차를 인정해 준다.			

8. 교수진은 즐거이 함께 일한다.			
9. 나의 동료들은 잘 준비되어 있다.			
10. 나는 문제를 교장과 상의한다.			
11. 만일 내가 다시 선택할 수 있다면, 나는 가르치는 일을 택하겠다.			
12. 교장은 나에게 관심을 갖고 있다.			
13. 학교에서 교사들은 함께 잘 일한다.			

자료: 송진영(2020: 94).

5. 신뢰도와 타당도

1) 신뢰도

측정도구의 신뢰도 개념은 측정도구가 측정하고자 하는 현상을 얼마만큼 일관성 있게 측정하는가를 말한다. 측정도구의 신뢰도가 높다는 것은 동일한 사람에게 같은 측정도구를 적용했을 때 유사한 점수가 나오는 것을 의미한다. 예를 들어, 신뢰도가 높은 온도계가 있다면, 온도를 측정하는 사람이 일정 시간 동안 외부의 영향을 통제한 상황에서 측정한 체온은 거의 유사하게 나타날 것이다. 이와 마찬가지로, 측정도구를 구성하고 있는 다수의 문항을 유사한 질문으로 구성한다면, 아마도 응답결과는 비슷하게 나타날 것이다.

신뢰도 검사방법의 종류는 다음과 같다(유영준, 2021: 135~145).

(1) 검사–재검사법

검사–재검사법 (test– retest, method)은 동일한 연구대상자들에게 동일한 측정도구를 일정한 시간 간격으로 두 번 시행한 측정값 간의 상관관계에 의하여 신뢰도를 측정하는 방법이다. 이때 두 측정값 간의 상관관계가 높으면, 측정도구의 신뢰도가 높다고 평가한다. 이 방법은 측정도구가 일정한 시간 간격을 두고 어느 정도의 안정성을 보이는가를 평가하는 것으로 측정결과의 일관성을 나타내는 지표이다.

검사–재검사법의 장점은 적용이 매우 간편하다는 것과, 측정도구 자체를 직접 비교할 수 있다는 것이다. 그러나 단점으로는 일정한 시간 간격을 두고 동일한 연구대상자들에게 두 번 측정한다는 것이 현실적으로 어렵다. 또한 반복 측정으로 인해 연구대상자의 검사효과가 나타날 가능성이 있고, 시간 간격이 너무 길면 성숙효과와 외부사건과 같은 외생변수가 작용할 수 있다. 따라서, 연구자는 검사–재검사법에 따른 신뢰도 계수를 제시할 때는 측정의 시간 간격을 언급해야 한다.

(2) 복수양식법

같은 개념을 측정하는 다른 두 척도가 있는데, 서로 다른 두 척도의 점수가 특정값이 나온다면, 두 척도는 신뢰도가 높다고 말할 수 있다. 재검사법과 본질적으로 원리는 유사하지만, 재검사법은 같은 척도로 시간적 차이를 두고 반복 측정하는 방법인 반면, 복수양식법(multiple forms techniques)은 같은 시기에 다른 두 척도 값을 비교하여 신뢰도를 평가한다는 점에서 차이가 있다. 두 척도 간 상관관계가 높다면, 신뢰도가 높다고 평가한다. 복수양식법은 '동형검사법(equivalent–form test)' 이라고도 한다.

복수양식법에 의한 신뢰도 측정이 이루어지려면 같은 개념을 측정하는 두 개의 척도가 필요하다. 같은 측정도구를 일정 시 간 간격을 두고 재측정하여 신뢰도를 파악하는 방법이다. 그런데 시간 간격이 짧으면 사전검사의 영향을 발생하며, 기간이 길면 다른 요인에 의해 신뢰도가 다르게 나올 수도 있게 된다. 다른 항목으로 구성된 동형의 측정도구를 만들면 척도의 영향으로 인한 오염(사전검사효과)을 막을 수 있으나 제작이 쉽지 않고, 제작하더라도 결과값의 차이를 해석하기 어렵다. 검사–재검사법에 따른 신뢰도 계수를 제시할 때는 측정의 시간 간격을 언급해야 한다.

2) 타당도

타당도(validity)는 측정하고자 하는 것을 얼마나 실제에 가깝게 측정하고 있는가 하는 정도를 말한다. 즉, 타당도는 측정개념에 대한 개념적 정의와 조작적 정의의 타당성을 의미한다. 따라서, 연구자가 척도를 사용하여 처음 측정하고자 한 것을 제대로 측정하였다면 타당도는 높아질 것이다. 타당한 측정수단이란 측정하고자 하는 것을 측정할 수 있는 도구이다. 즉, 어떤 측정수단이 연구자가 의도하는 개념을 정확히 측정할 수 있다면, 그 측정도구는 타당성이 있다고 할 수 있다(송진영, 2020: 99).

타당도 유형은 다음과 같다(유영준, 2021: 147~149 ; 조학래, 2020: 153~158).

(1) 액면타당도

액면타당도(face validity)는 측정하고자 하는 개념과 측정도구 간의 관계성에 대해 안면타당도 또는 표면타당도라고도 한다. 액면타당도는 피 검사자의 판단에 근거하는 타당도로 피검자가 측정하고자 하는 의도를 어느 정도 파악한 정도를 평가하는 타당도이다. 그러나 액면타당도가 너무 낮다는 것은 적도가 소기의 목적을 달성하기 어렵다는 것을 의미하지만, 액면타당도가 너무 높다는 것은 피검사자가 척도의 의도를 파악하고 있다면, 동기나 태도에 따라 반응하여 정확한 측정을 이루어지기 어려울 수 있다. 예를 들어, 입사에 관한 직무적성을 검사하기 위한 직무적성검사의 각 문항의 의도를 피검자가 간파하고 있다면, 입사를 희망하는 지원자들은 검사의 결과를 고려하여 응답하게 될 것이다. 이러한 이유로 액면타당도는 적절한 수준을 유지하는 것이 바람직하다.

(2) 내용타당도

내용타당도(content validity)는 "척도를 구성하고 있는 하위문항들은 측정개념과 관련된 내용을 묻는 것이어야 한다."는 가정하에 측정도구의 문항을 전문가에게 검토를 하게 하는 방법이다. 내용타당도를 확인하는 절차는 먼저 측정하고자 하는 개념을 명확히 한 후, 측정개념을 주요 영역별로 나누고, 각 영역이 뜻하는 의미를 모두 포함할 수 있도록 세부내용을 정하고, 그런 다음 이에 맞추어 질문항목이 구성되어 있는지를 확인하는 것이다.

내용타당도는 측정도구의 타당도를 비교적 단시일 내에 확보하는 방법으로 많이 사용되고 있지만, 문항구성을 확인하는 연구자의 주관적 해석과 판단에 의존하므로 판단에 오류나 착오가 발생할 수 있다. 측정도구의 내용타당도는 측정개념과 관련성 있는 전문가를 대상으로 확인을 요청하지만, 측정문항의 타당도를 누구에게 의뢰하느냐에 따라 결과는 달라질 수 있다. 왜냐하면 전문가에 따라서도 특정 개념에 대한 내용타당도의 근거가 달라질 수 있기 때문이다. 따라서, 측정도구의 내용타당도를 확보하기 위해서는 검 사자들의 의견이 일치해야 하는 어려움이 있다. 또한 내용타당도는 측정하려는 속성과 항목 간의 상관관계를 파악할 수 없기 때문에 통계적 검정이 어렵다는 한계를 가지고 있다.

3) 신뢰도와 타당도의 관계

신뢰도는 타당도를 확보하기 위한 기본적인 전제 조건, 즉 신뢰도는 타당도의 필요조건이지만 충분조건은 아니다. 어떤 측정도구의 신뢰도가 높아도 타당도는 낮을 수 있음을 의미한다. 즉, 하나의 측정도구로 반복해서 측정하여 비슷한 결과를 얻을 수 있지만, 그 결과가 반드시 그 구성 개념의 정의와 일치한다고 볼 수는 없다. 예를 들어, 연구대상자들이 거짓말을 계속하면 결과는 거의 똑같아서 신뢰도는 높지만, 타당도는 낮다고 볼 수 있다. 또한 어떤 측정도구의 타당도가 높다면, 그 측정도구의 신뢰도는 높을 가능성이 크다. 그러나 어떤 측정도구의 신뢰도가 높다고 하더라도. 반드시 타당도가 높은 것은 아니다. 이처럼 신뢰도와 타당도의 관계는 비대칭적 관계이므로 사용하는 측정도구로 의미 있는 결과를 얻으려면 타당도와 신뢰도 모두 높아야 한다(조학래, 2020: 158).

6. 표본조사

1) 표본조사의 개념

표본조사(sample survey)는 연구대상 모집단의 특성을 대표할 수 있는 일부를 표본추출하고 추출된 표본을 대상으로 연구를 시행하는 방법이다. 기본적으로 연구자는 연구대상 모집단의 특성을 나타내는 수치인 모수를 알고자 한다. 모수를 알기 위해 전수조사를 시행하거나, 표본조사를 통해 얻은 통계 치를 통해 모수를 추정할 수도 있다. 표본조사는 모집단의 특성인 모수를 알기 위해 무작위표집으로 표본을 선정해 통계치를 얻고, 그 통계치를 이용하여 실제 모집단의 특성인 모수를 추정하는 과정을 거친다. 표본조사에서 가장 중요한 것은 모집단의 특성을 정확하게 반영하는 대표성 있는 표본을 추출하여 그 결과를 모집단으로 일반화하는 것이다. 이를 위해서 중요한 두 가지 과정은 표본크기를 결정하는 것과 대표성 있는 표본을 추출하는 방법을 선택하는 것이다. 따라서, 표본크기가 지나치게 작을 때는 표본추출의 의미가 없으며, 추출된 표본이 모집단의 특성을 대표하지 못할 때는 모집단으로 일반화 가능성이 작아진다(김수목, 2021: 155).

2) 표본조사의 주요 개념

표본의 논리와 방법을 이해하기 위해서는 표본에 사용되는 주요 개념 및 용어에 대한 숙지가 필요하다. 사회연구와 통계분석에서 일반적으로 사용되는 주요 개념 및 용어는 다음과 같다(김동기 외, 2021: 229~232).

(1) 모집단과 모수

모집단(population)은 연구자가 관심을 갖는 연구대상이 되는 집단 전체이며, 모수(parameter)는 모집단의 특성이 수치로 표현된 것을 의미한다. 연구자는 모집단 가운데 표본이 실제로 추출되는 모집단을 구체화시키는데. 이를 연구모집단(조사모집단, survey population)이라고 한다. 개념적으로 볼 때, 모집단은 연구모집단보다 넓은 개념으로 이해되나, 실제 연구에서 모집단과 연구모집단이 동일한 경우도 많다.

(2) 표본요소

표본요소(sample element)는 모집단을 구성하는 개별단위로 개인, 가족, 집단, 조직 등이 될 수 있다. 즉, 요소들의 총집합을 모집단이라고 한다. 일반적으로 자료가 수집 · 분석되는 단위와 요소는 일치하는 경우가 많다. 예를 들어, A지역 고등학생은 요소이면서 자료의 수집 및 분석단위가 된다. 연구목적에 따라서는 개인, 가족, 사회모임, 기업, 집단 등이 표본선정의 요소가 될 수 있다.

(3) 표집틀

표집틀(sampling frame)은 표본이 실제로 선정되는 표본추출 단위의 실제 목록 또는 모집단 전체 목록을 말한다. 즉, 표집틀은 표본을 추출하기 위한 모집단의 목록으로 모집단의 요소를 모두 포함하여야 하며, 최근의 자료를 확보함으로써 중요한 요소가 빠지지 않도록 해야 한다. 예를 들어, A지역 고등학생의 학교폭력을 연구할 경우, A지역 고등학생의 모든 명단이 표집틀이 된다. 다른 예로, 지역주민의 욕구를 전화연구로 파악할 경우에는 전화번호부가 표집틀이 될 수 있다.

(4) 표본단위

표본단위(표본추출단위, sampling unit)는 표본이 추출되는 각 단계에서 표본으로 추출한 요소를 담고 있는 요소들의 묶음이다. 즉, 표본을 할 때 적용되는 단위로서, 대개 분석단위 혹은 요소와 일치하지만, 반드시 일치하지 않을 수도 있다. 예를 들어, A지역 고등학생을 대상으로 학교폭력을 연구할 때, 학생은 연구의 분석단위이며, 요소가 되는 동시에 표본단위가 된다. 그러나 A지역에 위치한 전체 고등학교 중 일부를 표본추출한 후 그 학교에서 학생을 조사하였다면, 최초의 표본추출 단위는 학교가 되며, 두 번째 표본단위는 학생이 된다. 즉, 표본방식에 따라 표본단위와 분석단위가 다를 수 있다.

연습문제

1. 과학적 연구방법의 특성으로 옳지 않은 것은?
   ① 과학적 연구는 일반화를 모색한다.
   ② 과학적 연구는 논리적이며 체계적이다.
   ③ 과학적 연구는 구체적이어야 한다.
   ④ 연구의 반복을 요구하지 않는다.
   ⑤ 과학적 연구는 결정론적이다.

2. 좋은 가설의 예가 아닌 것은?
   ① 사회복지사는 가난하다.
   ② 남자 사회복지사의 이직률이 여자 사회복지사의 이직률보다 높다.
   ③ 교육수준이 높으면 소득이 높다.
   ④ 교육수준이 높으면 출산율이 높다.
   ⑤ 사회복지사의 임금이 높으면 직무만족도가 높다.

3. 리커트(Likert) 척도에 관한 설명으로 옳은 것은?
   ① 비율척도이다.
   ② 개별문항의 중요도는 동등하지 않다.
   ③ 단일 문항으로 측정하는 장점이 있다.
   ④ 질적 연구에서 보편적으로 사용된다.
   ⑤ 척도나 지수 개발에 용이하다.

4. 질문지를 작성할 때 고려할 사항으로 옳은 것은?
   ① 만약을 위해 조사문제와 관련이 없는 문제를 포함시키는 것이 좋다.
   ② 개념의 이론적 · 조작적 정의에 부합하지 않는 질문은 포함시키지 않아야 한다.
   ③ 질문지 작성은 조사문제가 아니 라 응답자를 기준으로 해야 한다.
   ④ 개별 문항이 잘 작성되었다면 문항의 정렬방식은 중요하지 않다.
   ⑤ 응답자가 조사목적을 알아채지 못하도록 질문지를 구성해야 한다.

정답 1. ① 2. ① 3. ⑤ 4. ②

Chapter 7

사회복지법제와 실천

학습목표

1. 법리적 이해 필요
2. 타법과의 상호이해를 통한 사회복지 관련법에 관한 이해 증진
3. 사회복지 관련법에 대한 상세한 지식 습득

학습내용

1. 사회복지법의 개념
2. 사회복지법의 법률관계
3. 사회복지법의 권리
4. 사회복지법 해설

개 요

사회복지 관련법은 자본주의의 발전과 동시에, 자본주의 자체의 체제 모순으로 인하여 발생하는 사회적 낙오자, 불행자, 약자를 보호하려는 것에 일차적인 관심이 있다. 나아가 각종 사회문제로 인하여 국민의 생활을 위협하는 사회적 사고와 예방정책에도 관심을 기울여 전 국민의 삶의 질을 향상시키려는 것이 입법의 취지다. 따라서, 사회복지 관련법을 학습함에 있어서 헌법에 보장된 인간다운 생활을 할 권리를 우선으로 하여, 사회현상을 분석하고 법체계에 맞게 운용할 필요가 있다. 여기에서는 사회복지법제와 실천을 학습하고자 한다.

Chapter 07
사회복지법제와 실천

1. 사회복지법의 개념

1) 사회복지법의 정의

'사회복지법'은 '사회복지와 '법'이란 단어의 합성어이다. 즉, 사회복지법은 '사회복지에 관한 법'으로서 법의 일반적인 성격과 틀을 지니고 있으되, 그 내용은 사회복지를 다루는 법이라고 말할 수 있다. 즉, 사회복지법은 사회복지와 법의 합성어로 사회복지에 관한 법을 총칭하는 것으로, 사회복지정책 또는 사회정책의 실현과 관련된 각종 법률을 의미한다. 또한 모든 사회구성원들의 욕구를 충족시키고, 그들의 인간다운 생활을 보장하며, 사회적 정의를 실현하기 위한 공적 · 사적 제도와 정책들을 규율하기 위한 제반 법규를 의미하는 것이다.

'사회복지'는 사회적 관계 속에 있는 인간의 인간다운 삶을 달성시키기 위한 모든 사회적 노력을 말하며, '법'은 도덕, 윤리, 관습과 같은 하나의 규범으로서 사회 속의 인간의 행위를 안내하는 행위규범이다. 따라서, 사회복지법은 사회적 관계 속에 있는 인간의 인간다운 삶을 달성시키기 위한 모든 사회적 노력에 관한 인간의 행위규범이다. 그러나 사회복지법을 보다 명확히 이해하기 위해서 연구대상으로서 사회복지법의 개념과 범위를 정할 필요가 있다. 여기서 사회복지 개념의 규정이 중요한데, 그 이유는 그것에 따라 사회복지법의 개념과 범위가 달라지기 때문이다.

사회복지란 용어가 요즈음처럼 보편적으로 사용되었던 시기는 없었던 것 같다. 그러나 그 이해는 매우 다양하게 나타나고 있다. 그러나 사회복지법의 학습에서는 그 사회복지의 정의는 합의된 것으로 받아들이고 '법'이라고 하는 특성에 초점을 두고 논의된다.

사회복지법의 개념은 형식적 의미와 실질적 의미로 구분하여 이해할 수 있으며, 형식적 의미의 사회복지법은 외적 형식을 갖춘 사회복지와 관련된 모든 법의 형태인 각국의 모든 법이며, 실질적 의미의 사회복지법은 법의 형식과 관계없이 사회복지에 관한 목적과 내용 등을 법규범에 명시하고 있는 경우, 실질적 의미의 사회복지법으로 정의한다(서동명, 2020: 32~33).

2) 사회복지법의 법적 성격

사회복지법은 사회복지 현상에 관한 법이다. 현실적으로 사회복지의 이념과 가치를 구체화하는 법이며, 이 구체화를 위한 급부내용, 전달체계, 재정조달, 권리구제 등에 관한 법이다. 사회복지법의 성격을 규정하는 일은 한 국가의 법체계 속에서 사회복지법의 독자적인 존립근거를 규명하는 일이다. 이것은 사회복지법이 다른 법들과의 관계 속에서 독특하고 고유한 기능을 가지고 있는가에 관한 문제와 직결된다.

사회복지법은 사회복지에 특유한 국내법이다. 사회복지법의 체계적 성격은 다음과 같다(노기남 외, 2020: 20).

첫째, 사회복지법은 헌법의 추상적인 내용을 구체화한 법이다. 이는 헌법의 추상적인 사회복지관련 규정을 실현하기 위하여 구체적으로 각 영역에 해당하는 사회복지법을 제정한 것이다.

둘째, 사회복지법은 자연법이 아닌 제정법에 해당하는 사회복지에 관한 실정법이다.

셋째, 사회복지법은 주로 사회복지에 관한 실체법적 규정을 두고 있으며, 절차법적 규정도 두고 있다. 이는 사회복지의 조직과 작용 및 권리구제에 관한 법이다. 따라서, 실체법과 절차법적 규정을 두고 있다.

넷째, 사회복지법은 사회복지에 관한 국내법이다. 국내법이란 한 국가의 내에서만 적용되는 법규범을 말한다.

다섯째, 사회복지법은 국내법의 체계에서 공 · 사법의 성격이 혼재된 사회법 영역에 속한다. 사회법은 공법과 사법의 원리가 혼재되어 있어 중간적 법 영역에 있다. 여기에는 노동법, 경제법, 사회복지법이 있다.

3) 사회복지법의 구성요소

사회복지법의 구성요소는 사회복지법의 내용을 구성하는 요소들로서 사회복지법의 분석적 차원이 될 뿐만 아니라, 사회복지법을 내용적인 면에서 다른 법과 구별해 주는 특징을 말한다. 사회복지법은 주체, 객체, 개입대상 또는 문제, 목적, 방법 등으로 그 내용을 구별할 수 있다(고수현, 2020: 35~39).

(1) 주체

사회복지법상의 행위 주체는 국민의 인간다운 생활을 보장하는 급여를 제공하는 것으로 예정된 주체를 말한다. 이 급여는 실체적 의미의 급여뿐만 아니라, 그 급여를 가능하게 하는 급여구조(제도, 시설, 재정, 인적 자원 등)도 포함한다. 이런 의미의 행위 주체는 국가와 민간으로서 전 국민이다.

오늘날 모든 국가들이 복지국가를 표방하는 것처럼 사회복지의 실현에서 국가의 책임은 매우 막대하다. 그러나 실제로 국민의 복지실현은 국가(정부)의 단독 능력으로는 가능하지 않다. 오히려 민간의 다양한 참여에 의해서 사회복지는 보다 효과적으로 달성될 수 있다. 따라서, 사회복지의 실현에는 국가와 민간, 양자의 책임이 존재하고, 결과적으로 공적 사회복지와 민간사회복지의 영역으로 구별된다. 이 두 영역의 역할을 구별한다면, 국가는 예방적, 제도적, 재정적 책임을 다하고, 민간은 자발적, 전문적, 개입적 책임을 다한다. 국가는 국민의 복지실현을 위한 정책을 세우고, 법제도를 만들며, 필요한 재정적 지원을 제공하는 책임을 갖는다. 민간은 시설기관의 운영이나 심리적 · 사회적 개입 등 전문적 실천의 역할을 하는데, 이는 국가의 위임을 받아 주로 사회복지의 법령 안에서 행하게 된다.

(2) 적용대상

사회복지법상의 법의 적용대상(객체)은 작게는 요보호성의 미자립자들이며, 크게는 일반 국민이다. 요보호성의 미자립자는 전형적인 복지의 대상자들인데, 이들은 연령, 건강, 소득, 장애 등으로 인한 비복지적 문제를 지니고 있는, 도움이 필요한 사람들이다. 이들은 사회의 도움이 없으면, 이 사회에서 독자적인 삶을 영위할 수 없는 사람들이다. 이들을 위한 사회복지법의 영역이 국민기초생활보장사업이나 사회복지사업이다.

현대사회는 자본주의적 시장경제로 인해 매우 복잡한 사회환경을 갖고 있다. 이러한 시대의 국민은 언제 어떠한 문제로 비복지적 상황에 처해지게 될지 모르는 일이다. 사회복지법은 국민이 겪게 될 수 있는 미래의 사고를 사회공동체 속에서 분산시키는 사회보험제도를 갖고 있다. 이 보험제도는 미래의 사고로 인해 발생하는 예상지출을 미리 축적해 놓는다는 의미가 있다.

미래의 위험에 처할 가능성이 있는 일반 국민도 사회복지의 대상이다. 여기에는 국민연금, 건강보험, 산재보험, 고용보험 등이 해당한다. 기본적으로 사회복지사업에는 미자립자를 위한 내용이 주류를 이루지만, 현대사회에서 일반 국민의 보다 나은 생활을 위한 서비스도 포함하므로 사회복지의 대상은 전 국민일 만큼 포괄적이다.

(3) 개입의 문제

사회복지법이 다루려는 현상은 국민의 복지를 저해시키는 문제현상이다. 이러한 문제는 현대사회에서 다양하다. 사회복지법이 관련되는 문제현상은 사망, 장애, 질병, 실업, 저소득, 매춘, 범죄, 정신질환 등 인간다운 생활을 저해하는 모든 것이 해당된다.

사회복지가 개입하려는 문제들은 시대환경에 따라 변화하기도 한다. 과거에는 저소득, 장애, 질병, 노년 등이 주요한 개입의 대상이었다면, 가정폭력, 마약, 학대 등 변화되어 추가되는 문제들이다.

법은 사회현상을 반영하는 것이고, 사회현상은 변화되므로 사회복지의 법도 변화되어 간다. 최근에 제정된 성매매방지 및 피해자 보호 등에 관한 법률, 가정폭력방지 및 피해자 보호 등에 관한 법률, 일제강점기 일본군 위안부에 대한 생활안정지원법 등은 한국사회의 새로운 현상을 반영한 것이다.

(4) 개입방법

사회복지의 개입의 필요성은 사회문제로 인한 욕구의 결핍에서 출발한다. 인간의 욕구는 다양하며, 기본적으로 화폐적 욕구와 비화폐적 욕구로 구별된다. 화폐적 욕구는 소득적 지원에 의해서 해결될 수 있다. 그러나 비화폐적 욕구는 비금전적이며, 심리적 · 사회적이며, 의존적 성격을 갖고 있기 때문에 해결이 쉽지 않다.

사회복지의 개입방법은 소득적 차원에서는 화폐적 접근, 비화폐적 접근, 개입대상의 단위에 따라 개별사회사업, 집단사회사업, 지역사회조직사업, 통합적 방법이 있다. 개입대상에 따라 아동, 여성, 장애인, 노인 등의 복지사업이 있으며, 서비스의 직접성에 따라 직접적 서비스, 간접적 서비스, 지원적 서비스 등이 있다. 사회복지법에서는 이처럼 다양한 접근을 구현하고 있다.

2. 사회복지법의 법률관계

사회복지법의 법률관계란, 사회복지법상의 당사자가 가지는 권리와 의무의 관계를 말한다. 사회복지법의 실행과정에서 구현하려는 권리의 핵심은 각 사회복지법상의 대상자가 향유하는 사회복지수급권이므로, 이를 중심으로 사회복지법의 법률관계를 논하여야 한다.

1) 사회복지수급권

사회복지수급권이란, 사회복지법상 사회복지서비스를 받을 권리를 말한다. 사회복지서비스를 받을 권리란, 금전적 · 비금전적 방법에 의하여 최저한도의 생활보장, 자립을 목적으로 하는 생활보호, 재활, 생활안정과 복지의 증진을 목적으로 하는 사회복지서비스에 대한 급여청구권을 말한다.

사회복지서비스가 단순히 국가 행정행위의 반사적 이익이거나, 구빈의 관점에서 시혜적인 것이라고 한다면, 사회복지수급권은 인정되지 않을 것이다. 그러나 자유권을 중심으로 하는 시민법체계에 대한 수정의 원리로, 시민의 권리로서 생존권이 중요시되는 상황에서 사회복지서비스의 권리적 성격은 명백해졌다.

이 사회복지수급권은 헌법에서 생존권적 기본권의 법적 성격을 무엇이라고 규정하느냐에 따라 그 보장의 정도가 달라진다. 여기에는 프로그램 규정설과 법적 권리설이 있으며, 법적 권리설은 추상적 권리설, 구체적 권리설로 구별된다. 지금은 법적 효과에는 차이가 있을지언정 권리로서 인정되는 것에는 이의가 없다.

2) 사회복지법의 해석

사회복지법의 해석은 법의 실정법적인 성격에 따라 달라진다. 사회복지법은 실정법 차원에서 상위법과 하위법, 일반법과 특별법, 강행법과 임의법, 원칙법과 예외법, 신법과 구법으로 분류할 수 있다. 적용하려는 법이 어느 분류에 속하느냐에 따라 적용과 해석의 차이가 있다. 그 내용은 다음과 같다(서동명, 2020: 25-28 ; 최정일, 2017: 36~40).

(1) 상위법과 하위법

법은 수직적 체계를 이루고 있다. 우리나라의 법체계를 보면 헌법, 법률, 시행령, 시행규칙, 자치법규의 순서로 법제정형식에 따른 위계를 갖고 있다. 따라서, 법들은 상위법과 하위법의 관계에 있다.

사회복지법들도 수직적 체계 속에 있다. 상위법 · 하위법 체계에 의한 법해석의 예를 들면, 헌법은 국가의 기본법으로서 다른 법들의 상위법이다. 따라서, 헌법의 규정을 위반한 하위의 법률은 위헌 법률이 되며, 그 효력이 상실된다. 법의 해석에서 해당규정이 상위법에 근거하는가, 상위법의 위임을 받은 것인가, 상위법의 허용범위 내에 있는 것인가를 판단해야 한다.

(2) 일반법과 특별법

법은 법적용 및 효력의 범위에 따라서 일반법(보통법)과 특별법으로 구별된다. 법적용 및 효력의 범위가 넓은 법을 일반법이라고 하며, 제한된 영역에서 적용되는 법을 특별법이라고 한다.

첫째, 법이 적용되는 '사람'을 기준으로 일반국민에게 적용되는 법(국민건강보험법)과 특정 신분에 적용되는 법(의료급여법)

둘째, 법이 적용되는 '사항의 범위'를 기준으로 일반적 사항에 적용하는 법(사회복지사업법)과 특별한 사항에 적용하는 법(노인복지법)

셋째, 법이 적용되는 '지역적 범위'를 기준으로 전국적 지역에 적용되는 법과 특정지역에만 적용되는 법 등 세 가지 형태로 구별된다.

일반법과 특별법의 관계는 법률(또는 법전)들 간에 적용될 뿐만 아니라, 같은 법률 속에서도 조문과 조문 사이에도 존재한다. 일반법과 특별법의 구분의 실익은 "특별법은 일반법을 우선한다."라는 원칙에 의해서 우선 특별법을 적용하고, 그 보충으로 일반법을 적용한다는 점에 있다. 예를 들어, 아동의 입양에 관해서는 아동복지법이 일반법이고, 입양촉진 및 절차에 특례법이 특별법이 된다. 따라서, 아동입양에 관해서는 아동복지법보다 입양촉진 및 절차에 관한 특례법이 우선 적용된다.

(3) 강행법과 임의법

법은 법률 또는 법조문의 적용이 '강제적이냐 임의적이냐'에 따라 강행법 또는 임의법으로 구별된다. 강행법은 법률행위 당사자의 의사 여하에 관계없이 적용되는 법이며, 임의법은 법률행위 당사자의 의사로 적용이 배제될 수 있는 법이다. 임의법을 인정하는 이유는, 원래 법은 권력관계를 근거로 강행되는 것이지만, 공적 질서와 무관한 개인적 관계에 대해서는 당사자의 의사를 존중하여, 그 자치를 허용하는 것이 오히려 사익과 사회질서 유지에 적합하고, 법의 목적에도 합치되기 때문이다. 보통 공법(헌법, 행정법, 형법 등)이 강행법에 해당하고, 사법(민법, 상법 등)은 임의법에 해당한다. 사회복지에 관한 법의 경우 사회법의 영역이므로 사회법의 성격에 따라 구별된다.

그런데 강행법과 임의법의 구별기준으로 법률의 공 · 사 법적 성격도 중요하지만, 법문의 표현, 기타 법규가 가지는 가치 등을 고려하여 구체적으로 판단할 필요가 있다. 사회복지에 관한 법에서 규정하고 있는 각종 사회복지급여규정에 있어서, 수급자의 권리성을 인정한다는 면에서 보면 강행규정적 성격을 지니고 있지만, 만약 해석상 수급권의 반사적 이익을 인정한다면, 그 점에서는 사회복지급여규정의 임의성을 인정하게 되는 것이다. 현실적으로 사회복지법의 경우 임의법이 많은 것 또한 현실이다. 임의법적 조항이 많을수록 수급자의 권리 청구는 어려워질 수 있다.

(4) 원칙법과 예외법

원칙법은 일정한 사항에 대해서 일반적으로 적용되는 법을 말하고, 예외법이란, 그 일정한 사항에 관하여 특별한 사정이 있는 경우, 그 예외를 인정하는 법을 말한다. 일반법과 특별법의 관계와 달리, 예외법은 원칙법의 적용을 완전히 배제하므로 원칙법이 예외법에 대해서 보충관계에 있지 않다.

보통 여러 가지의 법령에서 보이는 단서규정은 대체로 예외법이라고 할 수 있다. 「사회복지사업법」 제34조 제2항의 "국가 또는 지방자치단체 외의 자가 시설을 설치 · 운영하려는 경우에는 보건복지부령으로 정하는 바에 따라 시장 · 군수 · 구청장에게 신고하여야 한다. 다만, 다음 각 호의 어느 하나에 해당하는 자는 시설의 설치 · 운영 신고를 할 수 없다."라는 부분은 사회복지시설의 설치 주체에 관한 원칙법에 해당하고, "시설의 설치 · 운영 신고를 할 수 없다."라는 단서부문은 예외법에 해당한다.

이 구별의 필요성은 법해석의 원칙으로서 예외법은 원칙법과 달리 특히 엄격하게 해석하여야 하고, 이를 함부로 확장하여 해석하여서는 안 된다는 점에 있다. 이 원칙은 "예외법은 엄격히 해석하여야 한다."라는 법원칙에서 표현되고 있다.

(5) 신법과 구법

신법은 새로 제정된 법을 말하고, 구법은 신법에 의해 폐지되는 법을 말한다. 그러므로 신법은 구법을 폐지하고 적용되는 것이다.

우리의 사회현상은 항상 진행과정에 있으므로 어느 순간에 완벽하게 새로운 법이 적용될 수 있는 변화된 모습으로 나타나는 것은 아니다. 따라서, 신법의 시행시기와 구법의 종료시기에서는 상호 불일치가 존재할 수 있다. 이러한 불일치를 해결하기 위하여 신법에 경과규정 또는 부칙을 둔다. 예를 들어, 「사회복지사업법」에는 사회복지사 1급 자격취득에 관한 경과규정이 있다. 이 경과규정은 구법을 준수한 준수자의 권리를 보호할 뿐만 아니라, 법의 보수성을 유지하는 데에 도움이 된다.

3. 사회복지법의 권리

1) 인권

인권의 역사적 기원은 미국의 독립선언과 프랑스의 인권선언으로 절정에 달하였던 18세기로 거슬러 올라간다. 그러나 인권의 핵심적 요소는 대부분 오래 전부터 동 · 서양의 문화와 사회 속에 존재하여 시행되어 왔음을 인식하는 것이 중요하다. 18세기에 이르러 개인의 생명과 자용에 대한 권리를 바탕으로 인권을 개념화하였던 것이다. 이러한 개념화는 과거의 위대한 문명으로 물려받은 역사와 전통에서 비롯되었다. 인권의 발전은 점진적인 사회 변화의 일부이다. 18세기에 있어서 인권의 개념화에 최초의 동기가 되었던 시민적 · 정치적 권리에 대한 관심은 점차 경제적 · 사회적 · 문화적 권리에 대한 요구로 대체되었다. 이제 권리 개념의 세 번째는 집합적 권리로서 전체 인류를 위한 합법적이며 보편적 욕구와 평화 발전에 대한 권리와 파괴로부터 보호된 깨끗한 환경에 대한 권리로 점차 인식되고 있다(고명석, 2019: 23).

인권(human rights)은 말 그대로 '사람의 권리', '사람이기 때문에 누려야 하는 권리'이다. 즉, 인권은 인종, 국적, 장애, 연령, 성별, 직업을 떠나 인간이라면 누구나 소유하고 인정받을 수 있으며, 향유해야 할 권리이다 또한 인권은 특정시기와 조건 속에서만 인정되는 것이 아니라, 인간이 존재하는 동안 항구적으로 인정되는 권리이다. 이러한 인권의 보편성과 항구성은 인권이 개인의 불가침의 권리임을 말해 준다. 따라서, 인권은 법 이전의 개념이며 법의 근거가 되는 개념이기도 하다(김구, 2021: 55).

인권이 존중되는 사회복지시설 환경에서 시설이용자와 생활인은 나의 의사와 감정을 분명히 표현하는 능력, 남의 의견을 경청하고 토론하는 능력, 민주적 인간관계를 맺어나가는 능력, 평화적 · 합리적 문제해결능력, 서로의 차이를 포용하고 존중하는 능력, 배제와 차별에 맞서 인권을 옹호할 수 있는 사회적 연대의 능력 등을 향상시킬 수 있을 것이다.

인권이 존중된 시설에서 인권의 개념과 가치를 올바르게 적용하는 사회복지사는 결코 나의 권리와 존엄성만 주장하지 않을 것이다. 다른 사람을 차별하거나 사회적으로 배제시키지도 않을 것이다. 오히려 모든 사람의 인권이 균등하게 존중될 수 있는 사회를 만드는 데 선도적인 역할자인 '인권지킴이'가 될 수 있다. 또한 동료, 친구와 이웃, 특히 우리 사회에서 가장 쉽게 권리를 침해받기 쉬운 취약집단의 인권보장을 위해 활동하는 '인권 길라잡이'가 될 것이다.

우리 사회의 인권을 이끌어가는 미래의 인권 리더(leader)가 될 것이다. 또한 인권은 일정한 책임과 의무를 다한 경우에만 보장되는 것은 아니다. 인권침해 행위를 하였을 때, 그 행위에 대한 책임을 물을 수는 있지만, 그 사람의 인권이 침해되어서는 안 된다. 인권은 사람이면 누구나 자기 존엄을 지키기 위해 포기할 수 없는 권리들로 구성되어 있기 때문이다. 또한 권리가 주어질 때 책임 또한 명확히 요구할 수 있다. 따라서, 사회복지시설에서 상대적으로 약자의 지위에 있는 복지 대상자에게는 인권이 더욱 중요하고 필요한 것이다 (고명석, 2019: 55).

2) 기본권

(1) 기본권의 개념

기본권(fundamental rights)은 인간이 인간이기에 갖는 권리인 '인권' 개념을 바탕으로 한 국민의 기본적 권리로서 헌법에 보장된 권리이다. 인권을 인간이 갖는 천부적 권리라고 규정한다면, 기본권은 헌법이 보장하는 국민의 기본적인 모든 권리로서 법적으로 보장된 실정법적 성격을 띤다. 따라서, 해당 국가에 따라 규정 내용과 효력이 제한될 수도 있다. 우리나라 헌법의 기본권 개념은 독일에서 유래하였다. 미국에서는 권리장전에 기본권이 기술되어 있고, 프랑스에서는 기본권 대신 공적 자유라는 용어가 쓰이고 있다.

(2) 기본권의 유형

기본권의 유형에는 포괄적 기본권인 인간의 존엄과 가치존중, 행복추구권이 있으며, 개별적 기본권으로 평등권, 자유권, 참정권, 사회권, 청구권이 있다.

① 포괄적 기본권

포괄적 기본권은 여타 기본권의 기반이 되는 기본권으로, 인간존엄과 가치존중, 행복추구권(헌법 제10조)이 있다. 인간존엄과 가치존중은 모든 기본권 보장의 전제가 되며, 어떤 경우라도 침해당하지 않을 기본적 인권으로서, 국가는 이를 보장할 의무가 있다.

행복추구권은 물질적 풍요와 정신적 만족을 추구할 수 있는 권리로, 일반적 인격권과 일반적 행동의 자유권 등 다양한 권리를 포함하고 있다. 그러나 행복추구권에 포함되는 행위라고 하도라도 공공복리의 사회질서를 위협하는 경우, 그 권리를 제한받을 수 있다.

② **개별적 기본권**

개별적 기본권은 포괄적 기본권인 인간존엄과 가치존중 및 행복추구권을 실현하기 위해 명시된 기본권으로, 평등권, 자유권, 정치권, 청구권, 사회권 등이 있다.

평등권(헌법 제11조)은 모든 국민은 법 앞에 평등하며, 누구든지 성별, 종교 또는 사회적 신분에 의하여 정치적 · 경제적 · 사회적 · 문화적 생활의 모든 영역에 있어서 차별을 받지 아니하는 것을 내용으로 한다.

자유권은 국가의 간섭을 받지 않고 자유롭게 생활할 수 있는 권리로, 누구나 법률에 의하지 않고는 체포 구속되지 않는다는 신체의 자유권(헌법 제12조), 종교의 자유(헌법 제20조), 언론 · 출판의 자유(헌법 제21조) 등과 같은 정신적 자유권, 거주이전의 자유(헌법 제14조), 주거의 자유(헌법 제16조)와 같은 사생활 관련 자유권, 재산보장의 자유{헌법 제23조), 직업선택의 자유(헌법 제15조)와 같은 사회적 · 경제적 자유권 등이 있다.

정치권은 참정권이라고도 하며, 국가의 중요한 의사결정 과정에 참여할 수 있는 권리이다. 정치권에는 선거권(헌법 제24조)과 공무담임권(헌법 제25조)이 포함된다.

사회권은 생존권이라고도 하며, 국가에게 인간다운 생활을 할 권리를 요구할 수 있는 권리(헌법 제34조)이다. 사회권에는 근로의 권리(헌법 제32조), 교육을 받을 권리(헌법 제31조), 환경권(헌법 제35조) 등이 있다.

청구권은 기본권이 침해당했을 경우 국가에 대해 일정한 행위를 적극적으로 청구할 수 있는 권리로, 국민의 어려움이나 의견을 문서로 신청할 수 있는 청원권(헌법 제26조)과 공정한 재판을 통해 문제를 해결할 수 있는 재판청구권(헌법 제27조) 등이 있다.

〈표 7-1〉 기본권의 유형

기본권 유형	인간존엄과 가치존중	
포괄적 기본권	평등권	법 앞의 평등, 차별금지
개별적 기본권	자유권	신체의 자유 정신적 자유 사생활의 자유 사회적 · 경제적 자유
	정치권(참정권)	선거권, 공무담임권
	사회권(생존권)	인간다운 생활을 할 권리 근로권 교육권 환경권
	청구권	청원권 재판청구권

자료: 김기원(2019: 36).

(3) 기본권의 주체

기본권은 인간의 천부적 권리인 인권 사상에 그 바탕이 있으므로 권리의 주체 또한 해당 국가의 국민뿐 아니라, 외국인도 포함된다. 그러나 외국인의 경우 인간존엄과 가치, 행복추구권 등 천부인권 성격의 기본권이 주체가 될 수 있지만, 재산권, 참정권 등에서는 제한을 받는다. 외국인뿐만 아니라, 내국인이라 하더라도 연령(선거권)이나 특정 법의 적용대상(모성보호 · 노동3권 조항)에 따라 기본권 제한이 있을 수 있다.

3) 사회권

(1) 사회권의 정의

사회권(복지권)은 1919년 바이마르헌법에서 최초로 보장된 이래, 세계 각국의 헌법이 이를 규정하고 있다. 바이마르헌법 제151조는 "경제생활의 질서는 각인으로 하여금 인간다운 생활을 보장하는 것을 목적으로 하는 정의의 원칙에 합치하여야 한다."고 규정하면서 사회권을 국민의 기본권으로 규정하였다(김구, 2021: 58).

사회권은 인간의 존엄과 가치가 실질적으로 보장되도록 국민이 인간다운 생활을 할 조건을 마련해 주도록 국가에 요구할 수 있는 권리이다. 사회권은 수익권, 생활권적 기본권, 생존권적 기본권, 생활권, 사회적 기본권, 사회국가적 기본권이라고도 부른다(허완중, 2020: 549).

(2) 헌법 규정

1948년 헌법에서 이미 교육을 받을 권리(제16조), 근로의 권리(제I7조), 근로3권(제내조), 생활무능력자 국가보호(제19조), 혼인의 순결 · 보건(제20조)이 규정되었다. 그리고 1962년 헌법 제30조 제1항부터 인간다운 생활을 권리가 규정되었고, 1980년 헌법 제33조를 통해서 환경권이 들어왔다. 1987년 헌법에서는 최저임금제(제32조 제1항), 여자의 복지와 권익향상(제34조 제3항), 노인과 청소년의 복지향상(제34조 제4항), 신체장애자에 대한 국가보호(제34조 제5항), 재해예방과 재해위험에서 국민 보호(제34조 제6항), 쾌적한 주거생활(제35조 제3항), 국가의 모성보호의무(제36조 제2항)가 신설되었다.

(3) 사회권의 특성

사회권의 특성은 다음과 같다(허완중, 2020: 552~553).

① 국가의 적극적 활동 필요성

사회권은 형성 · 존중 · 보호되는 것만으로는 실현될 수 없고, 거기에 내포된 사회적 프로그램을 실현하려는 국가활동이 필요하다. 이때 보통 입법자의 활동뿐 아니라, 행정 활동도 요구된다. 즉, 자유권은 국가권력 침해에 대한 소극적인 방어만으로 보호될 수 있지만, 사회권은 국가의 적극적 급부와 배려를 통해서 비로소 보장될 수 있다. 따라서, 자유권은 국가권력의 개입이나 간섭을 배제하지만,

사회권은 국가의 개입과 간섭이 필수적이다.

② 내용의 불명확성

사회권 내용은 매우 불명확하다는 특성이 있다. 법 규정의 불명확성이나 모호성은 사회권에 국한된 문제는 물론 아니다. 그러나 사회권은 그 구체적 내용과 구조를 확정하는 데 필요하고 충분한 기준을 내포하지 못한 특수성이 있다. 물론 헌법은 사회권의 내용을 구체적이고 분명하게 규정하여 개인에게 급부청구권을 부여해 줄 수 있다. 그러나 이때 그 내용이 방대해질 뿐 아니라, 헌법 개정 곤란성 때문에 바뀌는 경제적 현실과 사회적 상황에 탄력적으로 대응하기 어렵다는 문제가 생긴다. 따라서, 사회권을 헌법에 규정할 때 이를 불명확하게 규정할 수밖에 없다.

③ 입법적 구체화 필요성

사회권 내용은 불확정적이므로 사회권을 실현하려면 법적 구체화가 필요하다. 즉, 사회권은 입법자가 그 내용을 구체적으로 형성하고, 이를 기초하여 행정 집행이 이루어져야 비로소 실현된다. 사회권은 법률이 구체화하지 않으면, 그 자체로는 사법적 소구가 '원칙적으로' 불가능하다.

④ 국가의 재정적 능력

사회권은 국가의 재정적 지원 없이는 실현될 수 없다. 따라서, 사회권은 국가의 재정적 능력 범위 안에서만 실현될 수 있다. 즉, 국가의 경제적 여건과 재정적 능력에 따라 실현 여부와 정도가 결정될 수밖에 없는 권리이다. 이러한 의미에서 모든 사회적 급부청구권은 가능성 유보 아래 있다.

⑤ 다른 사람의 자유 침해 가능성

사회권 실현은 다른 사람의 자유 침해를 초래할 수 있다. 예를 들어, 근로의 권리를 실현하려고 사기업이 실업자를 의무적으로 고용하게 한다면, 기업주의 자유와 권리가 침해된다. 그리고 사회권 실현을 위한 비용은 다른 사람에게 부과한 조세에 의존할 수밖에 없다. 그뿐만 아니라, 사회권 실현은 다른 권리와 충돌할 수 있다. 예를 들어, 완전고용을 지향하며 많은 일자리의 조성의무를 부과하는 근로의 권리는 쾌적한 환경의 유지와 조성을 내용으로 하는 환경권과 충돌할 수 있다.

(4) 법적 성격

한국 헌법은 사회권을 자유권과 특별한 구별 없이 주관적 권리의 규정양식을 취한다. 즉, 헌법이 대한민국의 국가적 성격 중 하나로서 사회국가원리를 인정하는 입법방식 가운데 국가목표규정 형태인 '사회국가원리규정'을 택하지 아니하고 주관적 권리규정 형태인 '사회권규정'을 명시함으로써 사회문제에 대한 국가적 개입에 관한 헌법의 규범적 요구가 '권리' 수준에 놓이게 되었다. 그러나 그러한 규범적 요구와 무관하게 사회권은 그것을 보장하는 국가의 재정능력을 전제로 할 뿐 아니라, 재정이 허용한다고 하더라도, 그 운용처의 우선순위에 따라 (이는 입법자 소관이 될 것이므로 결국 입법 여하에 따라) 그 실현 여부와 정도가 달렸다는 현실적인 한계를 고려하지 않을 수 없다. 이런 점에서 사회복지법상 수급권과 헌법상 사회권은 내적으로 상호 연결되어 있으며, 헌법상의 사회권에 관한 규정 자체가 권리성이 취약하고 불확실성을 내포하고 있기 때문에 수급권의 실현에 있어 애매한 행정적 조치로 문제가 되고 있다(홍봉수 외, 2021: 101).

그러므로 헌법에 명시된 규범적 요구를 해석을 통해서 실현할 수 있는 수준으로 축소하는 해석론이 계속되었다. 사회권의 법적 성격과 관련하여 ① 권리성을 인정할 수 있는지와, ② 국가권력에 대해서 어느 정도의 구속력을 발휘하는지와 관련하여 학설 대립이 있다. 그 내용은 다음과 같다(홍봉수 외, 2021: 101~102 ; 김구, 2020: 59~63 ; 허완중, 2020: 554~557).

① 프로그램 규정설

사회권은 정치적 강령(프로그램)에 불과한 것으로서 국가권력에 대한 법적 구속력과 주관적 권리성이 인정되지 않는다고 한다. 따라서, 이 견해를 따르면 사회권의 권리성이 부정된다. 입법자가 법률을 제정하여도 그에 따른 권리는 법률상 권리이지 헌법상 권리는 아니다.

이에 대해서는 헌법에 "…할 권리를 가진다."라고 표현한 이상 그것을 법적 구속력이 없는 정치적 · 도의적 선언이나 지침으로 볼 수 없다는 비판이 있다. 국민에 대해서 국가의 구체적 행위가 있고, 그것이 국민의 문화적 최저한도의 생활을 침해하면, 개개 국민은 생활권에 따라서 법원의 그 행위 배제를 주장할 수 있어야 하므로, 사회권은 프로그램적 규정이지만 일면에서는 권리성이 있다는 견해도 있다.

② 주관설

추상적 권리설

추상적 권리설에 따르면, 사회권에 어느 정도의 법적 구속력을 인정하나 주관적 권리성은 법률이 구체화할 때만 그 법률과 결합하여 구체적 권리로서 인정된다. 구체화 법률이 없으면 입법의무를 인정할 여지는 있으나, 국민은 추상적 권리규정만을 근거로 주관적 권리를 주장할 수는 없다. 이 견해에 따르면, 사회권을 권리로 보기는 하지만, 이를 근거로 직접 구체적 청구권을 주장할 수 없고, 법률 제정을 통해서 비로소 구체적 권리가 된다고 하므로 객관설과 다를 바 없다. 그리고 헌법재판제도가 확립되어 공권력 행사나 불행사가 기본권을 침해하면 헌법소원을 제기할 수 있게 된 현재의 헌법해석론으로는 문제가 있다.

불완전 구체적 권리설

불완전한 구체적 권리설을 따르면, 사회권은 원칙적으로 구체적 권리이지만, 헌법이 불완전한 형식으로 권리를 보장한 것이므로 국가의 입법의무 수행에 따라서 구체적 내용이 규정된다. 직접 급부청구권으로서 주관적 권리는 인정하지 않는다는 점에서는 추상적 권리설과 같으나, 입법자의 입법의무를 헌법소원심판 등을 통해서 소구할 수 있다. 이 견해는 사회권은 일부 청구권적 기본권이나 정치적 기본권과 동일한 수준의 불완전하나마 구체적인 권리적 성격이 있다고 하나, 그러한 성격이 무엇인지 명확하지 않다.

구체적 권리설

구체적 권리설은 헌법규정에서 직접 구체적 권리가 도출된다고 보아 여타 다른 기본권과 같이 파악하는 견해이다. 이 견해는 사회권에 될 수 있으면 권리성을 부여하려고 시도하나, 헌법이 사회권을 권리 형태로 규정한다는 이유만으로 사회권을 구제적 권리로 보아야 한다는 것은 충분한 논증으로 보기 어렵고, 구체적 권리설의 내용은 침해배제청구권 수준을 넘지 못하며, 실제로 사회권을 '구체적 권리' 라고 불러도 입법을 통해서 구제화하지 않으면 구체적 · 현실적 권리가 되지 못한다는 사실에 별다른 영향이 없다. 그리고 사회권에서 문제가 되는 것은 해당 기본권의 구성요건에 속하지는 않으나, 그러한 구성요건 실현을 제약하고 조건 지우는 소여라는 것을 간과하고, 사회권 실현은 입법부와 집행부의 의무라는 사회권 특성을 무시하며, 헌법이 사회권을 권리형태로 규정하여서 사회권이 권리라는 주장만으로 그 권리성을 인정하는 충분한 논증이 되기 어려우며, 구체적 권리설의 내용은 침해배제청구 수준을 넘지 못하고 실제로 '구체적 권리'라는 표현에도 입법이 구체화하지 않으면 구체적 현실이 되지 못한다는 사실에 영향을 주지 않는다는 비판이 있다. 개인의 권리인지의 핵심적 요소가 사법적 권리구제 가부에 있다면, 입법부작위에 대한 위헌 확인을 구할 수 있다는 점에서 구체적 권리성이 있는데, 다만 재판을 통한 구제 대상이 급부 자체가 아니라, 입법부작위의 위헌 확인에 그치므로, 제한된 구체적 권리라는 견해도 있다.

원칙모델에 따른 권리설

원칙모델에 따른 권리설에 따르면, 모든 사회권은 일단 잠정적으로 개인에게 주관적 권리를 부여하지만, 이 권리는 형량을 거치고 나서야 비로소 확정적인 권리가 된다는 견해이다. 원칙모델에 따른 학설은 세 가지 기준으로 형량한다고 하지만, 과연 그 기준 자체에서 어떤 것을 먼저 적용할 것인지가 분명하지 않고, 세 가지 기준이 어떤 이유에서 채택되었는지가 문제이며, 어떤 사회권은 강한 보호를 받고 어떤 사회권은 보호를 받는가라는 물음에 대답할 수 없다. 사회권 실현 정도를 상대화한 것으로 해석자마다 달리 해석할 여지를 주어 그 상대적 무원리성을 나타낸다는 비판도 있다.

③ 객관설

사회권규정을 국가목표규정이나 입법위임규정 등 객관법적 규정으로만 보아 법적 구속력은 인정하나 주관적 권리성은 인정하지 않는 견해이다. 이 견해에 대해서는 '권리'라고 규정한 헌법의 문언적 한계를 넘는다는 문제점이 있다. 그리고 사회권 실현을 전적으로 입법자에게 맡겨 버려서 개인(국민)은 입법자에게 법적으로 아무것도 할 수 없게 된다.

④ 단계화설

권리가 보장하는 급부의 가능한 수준을 단계별로 나누어 그에 맞추어 법적 성격을 프로그램에서 구체적 권리까지 단계화하여 인정하자는 견해이다.

⑤ 개별화설

사회권을 개별 기본권별로, 개별 기본권도 보장내용이나 보장수준별로 각각 법적 성격을 달리한다는 견해이다. 이 견해에 따르면, 인간다운 생활을 할 권리 중 개인의 물질적 생존의 최소치와 그가 공동체 관련성을 유지할 수 있는 공동생활의 최소치에 대해서는 주관적 · 구체적 권리성을 인정하고, 그 외의 부분은 입법위임이나 국가목표규정의 성격이 있는 것으로 본다. 헌법상 명문으로 자유권 규정과 같은 형식으로 규정된 것은 구체적 권리로, 그 밖의 형식으로 규정된 것은 헌법위임규정이나 국가목표조항으로 이해하여야 한다는 견해도 있다.

사회권의 규범력을 부정하는 프로그램규정설은 현대 법치국가의 헌법해석으로 타당하지 않고, 사회권을 일률적으로 모두 주관적 권리로 인정하는 견해도 국가의 재정능력과 밀접한 관련이 있는 사회권 해석으로 적합하지 않다. 한국 헌법에 규정된 '사회권'은 그 종류도 매우 다양하고 채택된 규정양식도 같지 아니하다. 따라서, '사회권'이라는 목록 아래 포괄적으로 성격규정을 하는 것으로는 불충분하기 짝이 없다. 특히, 사회권은 개별적으로 발전한 다양한 권리를 묶어놓은 것에 불과하다. 이러한 점에서 사회권은 개별 기본권규정별로, 보장내용과 수준별로 각각 구체적인 국가목표규정, 입법위임규정, 제도보장규정, 주관적 권리규정으로 달리 보는 개별화설이 타당하다. 국가목표규정은 국가권력의 객관적 의무 위반 확인에 그치고, 입법위임규정은 입법부작위 위헌 확인과 때에 따라 입법소구도 가능하다. 그리고 제도보장규정을 직접근거로 개인이 사법기관에 소를 제기할 수 없으나, 제도보장규정은 최소한 본질내용범위에서 직접 재판규범으로서 법관을 구속하고, 주관적 권리규정은 소송수단을 통한 직접소구가 가능하고 입법소구도 가능하다.

이러한 학설 외에도 판례가 있다.

헌법재판소는 '최소한의 물질적 생활 유지'를 위한 때는 구체적 권리성을 인정할 수도 있지만, 그 수준을 넘어서면 구체적 입법이 요구되고, 이때 입법자에게는 광범위한 입법형성권이 인정된다고 한다.

4) 사회복지 영역의 권리성

사회복지의 권리성을 영역별로 논의하면 다음과 같다(김기원, 2019: 156~159).

(1) 사회보험의 권리성

「사회보장기본법」 제3조 제2항에 따르면, 사회보험이란 국민에게 발생하는 사회적 위험을 보험의 방식으로 대처함으로써 국민의 건강과 소득을 보장하는 제도를 말한다. 사회보험은 보험운영에 필요한 주된 재원을 주로 보험급여를 받게 되는 가입자의 기여금으로 충당되고 있다. 따라서, 사회보험은 향후 발생할 사회적 사고에 대비해서 미리 가입자가 자신의 경제적 부담으로 보험료를 부담하고, 일정한 사회적 사고가 발생했을 때 응당 현금 또는 현물로 급여를 받게 되기 때문에 사회보험수급권의 권리성이 매우 강하다.

일정한 범위의 국민은 법률상 당연히 국민연금에 가입되고, 급여의 종류와 내용이 법률로 정하여져 있으며, 연금보험료의 액수와 징수방법도 법률로 정하여져 있는 등 보험관계의 내용을 당사자들이 개별적으로 선택할 수 없다. 더구나 사회보험의 경우 일정한 범위의 국민은 법률상 당연히 가입하게 되고, 급여의 종류와 내용이 법률로 규정되어 있으며, 보험료 액수와 징수방법도 법률로 정하여져 있기 때문에 보험관계의 내용을 당사자들이 개별적으로 선택하거나 변경하거나 소멸시킬 수 없다. 만일 수급권자의 사회보험수급권이나 보험관계내용을 제한하거나 변경하거나 소멸시킬 경우에는 원칙적으로 법률로 위임된 사항이 아니면 행정재량에 의해 이를 제한하거나 변경하거나 소멸할 수 없고, 반드시 당해 「사회보험법」의 개정을 통해서만 가능하도록 되어 있다. 결과적으로 사회보험수급권은 구체적으로 법으로 보장된 구체적 · 법적 권리이다.

사회보험수급권은 헌법에 보장된 인간다운 생활을 보장하기 위한 사회보장적 급여로서 생존권을 구체화하는 권리이다. 「사회보험법」에 구체적으로 보장된 권리이기 때문에 국민은 사회적 사고가 발생했을 때 국가에 대해 보험급여를 적극적으로 요청할 법적인 권리가 있으며, 국가는 이에 대해 적극적으로 응해야 할 의무가 있다. 만일 국가가 사회보험수급권을 법률이 정하는 대로 보장하지 못하는 경우, 수급권자인 국민은 국가를 대상으로 구체적 소송을 통해서 법으로 정해진 권리를 구제받을 수 있다. 사회보험의 권리성은 구체적인 법적 권리로서의 특징을 갖고 있다.

사회보험수급권은 재산권으로서 특징을 갖는다. 국가는 매년 사회보험의 관리 · 운영에 필요한 관리비와 운영비만을 전부 또는 일부 부담하고, 실제 급여에 필요한 재원을 이루는 보험료는 가입자 본인이 전부 또는 일부를 부담하므로 법상의 각종 급여수급권은 헌법 제23조에 의하여 보장되는 재산권으로서의 성격도 가지고 있는 것으로 보아야 한다. 또한 헌법재판소는 사회보험의 강제가입과 강제징수제도가 헌법에 보장된 인간으로서 존엄과 가치 · 행복추구권을 침해하는지 여부에 관해서 사회보험제도의 입법목적이 정당하고 국가안전보장, 질서유지, 공공복리를 위해서 그리고 그 기본권 제한의 방법 내지 수단에 있어서 과잉금지하지 않는 한 사회보험의 강제가입과 강제징수제도로 인한 행복추구권 침해가 헌법에 위반된다고 할 수 없다고 판시하고 있다. 다만, 국가에 의한 강제가입과 강제징수가 이루어지는 만큼 사회보험수급권자의 복지권은 국가가 철저하게 보장해 주어야 한다.

(2) 공공부조의 권리성

「사회보장기본법」 제3조 제3항에 따르면, 공공부조란 국가와 지방자치단체의 책임하에 생활유지 능력이 없거나 생활이 어려운 국민의 최저생활을 보장하고 자립을 지원하는 제도를 말한다. 다시 말해서 공공부조는 국가가 규정한 일정한 수준 이하에서 경제적으로 빈곤한 생활을 하고 있으며, 자신의 능력으로 독립적인 생활이 불가능하거나, 부양의무자의 도움을 받을 수 없어 보호를 필요로 하는 상태, 즉 요보호상태에 있는 자에 대해 신청에 의하여 또는 직권으로 소득인정액 조사(자산조사)와 상태조사를 실시한 후, 수급권자로 판명되면, 이들에 대해 건강하고 문화적인 최저한도의 기초생활을 유지할 수 있도록 현금급여, 현물급여 또는 증서를 제공해 주고, 자활능력이 있는 자에 대해서는 이들의 자립자활을 촉진하기 위한 필요한 조치를 취하거나 근로를 조건으로 원조를 제공(workfare)하는 근로 연계를 실시하며, 수혜자의 비용부담 없이 국가와 지방자치단체가 일반조세수입을 기초로 한 공적인 재원을 활용하여 필요한 비용을 충당하는 무기여 · 보충적 원조이며, 자본주의 사회의 공적인 최후의 안전망이다.

헌법은 공공부조에 관한 복지조치나 급여가 국민의 권리이자 국가의 의무임을 명시하고 있다. 또한 이를 구체화할 공공부조 관련법의 제정과 운영을 위한 틀을 제공하고 있다. 공공부조의 권리와 의무의 발생, 변경, 소멸, 성질, 내용, 범위 등과 관련된 내용을 규정하고 있는 실체법으로는 「국민기초생활 보장법」, 「의료보호법」, 「재해구호법」 등이 있다.

공공부조수급권은 생활능력이 없는 국민들의 인간다운 생활을 유지시켜 주기 위한 헌법상 규정이다. 따라서, 생활능력이 없는 국민은 국가로부터 건강하고 문화적인 최저한도의 인간다운 생활을 보장받을 수 있는 권리가 있고, 국가는 이들이 최소한 최저수준의 인간다운 생활을 영위할 수 있도록 사회보장과 사회복지의 증진을 위해 노력해야 할 의무가 있다. 공공부조수급권의 헌법상 권리에 대한 법적 성격에 관해 서로 다른 학설들이 서로 다른 논리로 법적 성격을 규정하고 있다.

공공부조수급권이 기본권으로서 어떠한 법적 성격을 갖는가에 관한 헌법재판소의 판례는 공공부조수급권이 구체적인 법적 권리로서 행사될 수 없으며, 프로그램규정적인 권리로서 또는 추상적 권리로서 인정된다고 판시하고 있다. 그러나 「생활보호법」을 대체하여 「국민기초생활 보장법」이 제정됨에 따라 수급권자란 용어가 새로이 만들어졌다. 수급권자는 이 법에 따른 급여를 받을 수 있는 자격을 가진 사람, 즉 권리를 가진 사람이며, 법에 급여를 받을 수 있는 권리가 명시되어 기초생활보장수급권이 법적인 권리가 되었다. 그러나 기초생활보장을 받기 위해 수급권자가 경제적 기여를 하지 않았기 때문에 실제 권리를 행사함에 있어서 애매모호한 측면이 있다. 따라서, 이는 가입자의 경제적 기여를 필수로 하는 사회보험에서와 같이 구체적 권리가 아니라, 추상적 권리에 불과하다. 그러나 모든 국민들에게 최저보장수준을 보장받을 권리가 법에 명시됨으로써 공공부조수급권은 과거의 「생활보호법」상의 프로그램규정적인 권리에서 벗어나, 비록 구체적 권리는 아니지만, 추상적인 법적 권리로 그 권리성이 일보 진전되었다.

(3) 사회서비스의 권리성

「사회보장기본법」 제3조 제4항에 따르면, 사회서비스란 국가 · 지방자치단체 및 민간부문의 도움이 필요한 모든 국민에게 복지, 보건의료, 교육, 고용, 주거, 문화, 환경 등의 분야에서 인간다운 생활을 보장하고, 상담, 재활, 돌봄, 정보의 제공, 관련 시설의 이용, 역량개발, 사회참여 지원 등을 통하여 국민의 삶의 질이 향상되도록 지원하는 제도를 말한다. 사회서비스의 사회적 권리성에 대한 기존의 연구는 전무한 편이다. 따라서, 기존 헌법재판소나 대법원의 판례를 중심으로 논리를 전개해야 한다.

서비스수혜대상자의 선정기준 및 지급수준 등에 관한 구체적인 사항을 보건복지 · 가족부 장관에게 위임하고 있으므로, 보건복지 · 가족부 장관은 서비스수혜대상자의 선정기준과 지급수준을 매년 예산확보상황 등을 고려한 후 구체적인 지급수준과 지급시기, 지급방법, 선정기준 등을 법령이 위임한 범위 내에서 결정할 수 있다. 다시 말해서 사회서비스수급권은 법적인 권리가 아니라, 국가의 예산확보상황에 따른 반사적 이익이기 때문에 일종의 프로그램규정 내지 입법방침으로 간주하여야 한다. 따라서, 사회서비스수급권은 국민의 국가보호에 관한 구체적이고 현실적인 권리를 부여한 규정이 아니라, 입법에 의해서만 효력을 발생하는 강령규정으로서 입법자에게 입법의 방침을 지시하는 규정이라는 것이다. 즉, 현실적으로 직접 적용되지 않고 집행법률에 의한 현실화를 요하는 법규범으로서 입법부에 대해 입법방침(program)을 규정하는 것이라는 주장이다. 즉, 사회서비스수급권은 입법권만을 구속하고 행정권과 사법권을 구속하지 않는다고 본다. 따라서, 그 실시는 국가의 자유재량이며 일종의 반사적 이익에 속한다. 국민은 인간다운 생활에 필요한 사회서비스를 구체적으로 청구할 수 없으며, 국가는 입법을 할 정치적 · 도의적 책임을 지는 데 불과하다. 사회서비스수급권은 일종의 반사적 이익 또는 반사적 수익권으로 국가의 행정적 · 재정적 능력에 의존한다. 따라서, 복지사업은 정부가 예산의 범위 내에서 재정능력의 한도 내에서 행정적으로 가능한 범위 내에서 실시할 수 있다.

(4) 사회수당의 권리성

2019년 1월부터 실시되는 개정된 「아동수당법」은 기존 하위 가정의 아동에게만 지급하던 아동수당을 모든 가정의 아동에게 지급하게 함으로써 보편적인 사회수당식 아동수당도로 바뀌게 된다. 이러한 보편적 프로그램 또는 데모그란트(demogrant)는 귀속적 욕구에 근거한 할당으로 급여에 대한 권리성이 매우 강하다.

4. 사회복지법 해설

1) 사회보장법

사회보장법은 사회보장제도의 실시와 관련된 법적 규정 혹은 법률이라고 한다면, 사회보장은 무엇인가. 흔히 사회보장은 "국민이 그의 생활을 영위해 나감에 있어 봉착하는바 소득의 중단 또는 영구적 상실 및 질병과 부상 등의 생활상의 모든 곤란에 대하여 국가가 국민의 생존권의 실현을 위해 소득의 재분배를 통하여 국민의 최저생활의 확보를 전제로, 그의 소득보장을 도모하는 총체적인 국가정책"이라고 한다. 물론 학자나 국가 및 시대적 변화에 따라 사회보장제도의 개념과 방법 그리고 형태도 변화, 발전해 왔다. 따라서, 사회보장에 관한 다양한 정의가 존재한다(노기남 외, 2020: 111).

한국의 사회보장에 관한 기본법이라고 불리어지는 「사회보장기본법」 제3조 1항에 "사회보장이란 출산, 양육, 실업, 노령, 장애, 질병, 빈곤 및 사망 등의 사회적 위험으로부터 모든 국민을 보호하고 국민 삶의 질을 향상시키는 데 필요한 소득 · 서비스를 보장하는 사회보험, 공공부조, 사회서비스를 말한다."고 규정하고 있다. 따라서, 사회보장법은 이러한 사회보장제도를 실시, 운영하는 데 연관되는 법률이다.

여기서 중요한 점은, 모든 사람들이 살아가는 가운데 봉착할 수 있는 사회적 위험을 미리 예견하고, 여기에 대비하여 각종의 제도를 시행하는 점이다. 현대사회에서 불가피한 질병 · 장애 · 노령 · 실업 · 사망 등에 특별하게 대응하는 것인데, 이는 공동으로 대처하고 위험을 분산시키는 원리와 방법을 통해서 만들어진다. 또한 여기에 대응하는 사회보장제도의 다양한 장치는 사회보장제도의 내용으로, 결국 사람들이 직면하게 되는 사회적 위험의 특수성에 따른 대응으로 볼 수 있다 (현외성, 2016: 178~179).

2) 사회보험법

사회보험법은 사회보험제도의 운영과 실시에 관한 법률이다. 이 경우 사회보험이란, 사회보장제도의 하나로서 생활상에 직면하는 제반 사회적 위험을 민간보험 원리를 적용하여 국가가 시행하는 강제보험을 총칭한다. 「사회보장기본법」 제3조 2항에 "사회보험이란 국민에게 발생하는 사회적 위험을 보험의 방식으로 대처함으로써 국민의 건강과 소득을 보장하는 제도를 말한다."고 규정하고 있다. 즉, 사회보험은 민간보험의 원리를 채택하지만, 사회적 위험을 보장한다는 점에서 민간보험과는 여러 가지 점에서 다른 특성을 가지고 있다. 그중 가장 특징적인 점은 가입의 강제성과 운영주체가 국가의 독점이라는 점 등이다. 그리고 사회보험의 목적으로 국민건강과 소득보장이라는 2가지를 지칭하고 있음을 알 수 있다.

사회보험법에는 흔히 4대보험이라고 일컬어지는 국민연금, 건강보험, 산재보험, 고용보험에 해당하는 법률을 비롯하여 노인장기요양법 등이 있다.

3) 공공부조법

사회보장기본법 제3조 2항에 "공공부조란 국가와 지방자치단체의 책임 하에 생활유지 능력이 없거나, 생활이 어려운 국민의 최저생활을 보장하고 자립을 지원하는 제도를 말한다."고 규정하고 있다. 또한 국민기초생활법의 목적은 생활이 어려운 자에게 필요한 급여를 행하여 이들의 최저생활을 보장하고 자활을 조성하는 것이다. 공공부조제도는 잔여적 개념의 선별주의 제도로 그 재원을 일반조세로 충당하면서 소득이전을 통한 소득의 재분배 기능을 수행한다. 우리나라 공공부조법은 헌법상의 인간다운 생활보장을 목적으로 한 생존권 보장을 핵심으로 자립지원과 병행하여 지원이 실시되고 있는바, 공공부조법으로서 국민기초생활보장법은 빈곤에 대한 사회적 대책으로 공공부조제도의 실시에 관한 법이다.

공공부조법은 국민의 사회적 위험 및 빈곤에 대한 최후의 국가적 대책으로 공공부조제도의 특성은 공공부조법 규정으로 실현되며 사회보험제도와는 대별된다. 공공부조법제는 사회보장제도로서 생활이 어려운 자에 대하여 가족을 중심으로 하는 사후적 대응책으로써 기능하는 한편, 사회보험은 미래에 직면할 수 있는 사회적 위험을 정형화하여 보험기술을 통해 미리 대비하는 제도적 장치이다.

공공부조제도의 시행은 생활이 어려운 사람을 선정기준에 따라 선별하는 과정을 통하여 개입하므로 선별주의(선택주의) 채택으로 구분되며, 모든 국민을 대상으로 하는 사회보험의 보편주의 채택과는 상이한 사회복지급여 전달체계를 통하여 시행되고 있다. 그리고 무차별 평등주의의 원칙으로 빈곤에 처한 국민들을 위하여 전국적으로 동일한 복지급여를 제공한다는 점과 소수의 저소득층 국민이 주 대상이 되므로, 전 국민을 대상으로 하여 가입한 자의 기여와 가입기간에 비례하여 급여를 실시하는 사회보험제도와 대별되고 있어 각 대상에 따라 권리의 종류가 상이하다. 즉, 국민기초생활보장법에서 사회보험법과는 달리, 국가에 의해 수급자에게 일방적으로 급여를 제공할 수 있으며, 국민의 기초생활보장수급권에 대하여 국가는 기초생활보장급여를 통한 생존권적 기본권을 보장함으로써 궁극적으로 국민의 사회복지의 권리를 보장함을 목적으로 한다(노기남 외, 2020: 207).

공공부조법에는 국민기초생활보장법, 의료급여법, 기초연금법, 긴급복지지원법 등이 있다.

4) 사회복지서비스법

사회복지서비스란, 국가 · 지방자치단체 및 민간부문의 도움이 필요한 모든 국민에게 상담, 재활, 직업의 소개 및 지도, 사회복지시설의 이용 등을 제공하여 정상적인 사회생활이 가능하도록 지원하는 제도이다. 사회복지서비스 관련 법률은 헌법－사회보장기본법－사회복지사업법－사회복지서비스관련 개별 법률로 이어지는 입법 원칙에 따라 복지대상자별, 욕구별 사회복지서비스 실행에 관한 목적과 주체, 구체적 방법을 규정하고 있다. 따라서, 아동, 가족, 노인, 장애인, 여성, 청소년, 노숙인, 교정, 정신보건, 지역복지 분야 등의 사회복지서비스 관련 법률들은 사회보험과 공공부조제도의 시행과 별도 혹은 병행하여 국민의 사회복지서비스에 대한 공 · 사의 개입에 관한 내용들을 명시하고 있다.

사회복지서비스에 관한 기본법 입법의 필요성이 1960년대부터 제기되고, 1970년 사회복지사업법이 입법된 이후, 사회복지서비스 관련 개별 법률들의 입법과 제 · 개정의 과정은 사회복지사업법상의 원칙에 의거 각 법의 목적에 의한 사업 범위, 주체, 사회복지전달체계, 지원과 보호, 재정, 권리의 구제에 관한 사항을 규정하고 있다.

2000년대에 들어 공공과 민간의 사회서비스제도 확대 실시와 병행하여 사회복지서비스 관련 개별 법률의 시행은 아동, 노인, 장애인 등 대상자별 전 국민의 생애주기에 개입하는 서비스로 변화해 나가고 있다. 또한 최근 보편적인 국민의 복지와 결부된 정책이 사회복지서비스로 전환되고 실행되는 과정에서, 사회복지서비스 관련 개별 법률의 입법과 제 · 개정에서는 사후적 서비스 및 예방적 기능을 모두 고려하여 가족기능을 강화하면서, 복지사각지대에 처한 국민들에 대한 사회복지서비스 접근성의 강화 전략이 요구된다(황미경, 2012: 206).

사회복지서비스법에는 사회복지사업법, 영유아보육법, 아동복지법, 노인복지법, 장애인복지법 등 다수의 법률이 있다.

연습문제

1. 다음 중 가장 최근에 제정된 법률은?
   ① 장애인복지법　　② 사회복지사업법
   ③ 고용보험법　　④ 노인장기요양보험법
   ⑤ 산업재해보상보험법

2. 법률의 제정에 관한 헌법의 내용으로 옳은 것은?
   ① 법률은 국무회의의 의결을 거쳐 대통령이 제정한다.
   ② 대통령은 법률안의 일부에 대하여 재의를 요구할 수 있다.
   ③ 국무회의에서 의결된 법률안은 지체 없이 대통령이 공포한다.
   ④ 대통령이 15일 이내에 재의 요구를 하지 아니한 때에는 그 법률안은 폐기된다.
   ⑤ 법률은 특별한 규정이 없는 한 공포한 날로부터 20일을 경과함으로써 효력을 발생한다.

3. 사회복지사업법상 사회복지의 날은?
   ① 4월 10일　　② 5월 5일
   ③ 7월 17일　　④ 9월 7일
   ⑤ 10월 3일

4. 사회복지사업법상 사회복지법인에 관한 설명으로 옳지 않은 것은?
   ① 사회복지법인의 이사 중에 결원이 생겼을 때에는 3개월 이내에 보충하여야 한다.
   ② 사회복지법인의 이사는 해당 법인이 설치한 사회복지시설의 장을 제외한 그 시설의 직원을 겸할 수 없다.
   ③ 시 · 도지사는 임시이사가 선임되었음에도 불구하고, 해당 사회복지법인이 정당한 사유 없이 이사회 소집을 기피할 경우 이사회 소집을 권고할 수 있다.
   ④ 해산한 사회복지법인의 남은 재산은 정관으로 정하는 바에 따라 국가 또는 지방자치단체에 귀속된다.
   ⑤ 사회복지법인을 설립하려는 자는 시 · 도지사의 허가를 받아야 한다.

정답　1. ④　2. ⑤　3. ④　4. ①

Chapter 8

사회복지실천

학습목표

1. 클라이언트에 대한 예방적 대처방안 강구
2. 사회복지실천의 목표에 대한 뚜렷한 성취감
3. 현장에 대한 구체적 접근

학습내용

1. 사회복지실천의 개념
2. 통합적 접근의 실천모델
3. 사회복지실천현장모델
4. 사회복지실천과 관계

개 요

사회복지실천은 전통적인 사회복지방법, 개별사회사업, 집단사회사업, 지역사회조직 등을 중심으로 한 실제적인 서비스체계의 전문적 영역을 말한다. 사회복지실천은 계획된 목표를 성취하기 위해 그 자체의 가치, 원칙, 기술들을 전문적으로 적용하며, 인간발달과 행동에 관한 지식, 사회적, 경제적, 문화적 제도들에 관한 지식, 그리고 모든 요소의 상호작용에 관한 지식 등을 활용하고 있다. 여기에서는 사회복지실천을 학습하고자 한다.

Chapter 08
사회복지실천

1. 사회복지실천의 개념

사회복지는 실천학문이다. 인간이 살아가는 현장에 적용되어 활동하고 움직이지 않는다면 사회복지라고 할 수 없다. 사회복지실천은 사회복지사가 클라이언트의 욕구와 문제해결을 돕기 위해 일정한 개입 목표와 과정을 통해 활동하는 것이다. 사회복지실천에 대한 개념은 사회복지가 발달하던 초기에는 개인이나 개인의 성격 변화에 초점을 두었지만, 개인과 개인을 둘러싸고 있는 환경 사이의 조화를 강조하는 것으로 변화하였다. 사회복지실천은 인간과 환경 모두 변화할 수 있는 잠재성을 가지고 있으며, 계획된 개입과정을 통해 변화가 가능하다는 실천가정을 가지고 있다. 사회복지실천의 영역은 개인, 가족, 집단, 지역사회, 조직과 제도 등 다양한 사회적 단위가 포함될 수 있다(주경필, 2021: 7).

일반적으로 사회복지실천(social work practice)은 인간과 사회환경 간의 관계를 촉진시켜서 모든 사람들의 삶의 질을 향상시키기 위한 사회복지의 구체적인 실천방법으로서, 협의의 사회복지라고 정의할 수 있다. 그러나 사회복지실천의 정의는 역사적 배경이나 사회적 상황에 따라 서로 다른 개념과 용어로 정의되면서 지속적으로 변화되어 왔기 때문에 오늘날까지도 합의된 정의를 제시하는 것이 어려운 상황이다. 사회복지실천은 사회사업(social work)의 개념에서 비롯하며, 1970년대 후반부터 1980년대에 이르면서 미국을 중심으로 사회복지실천이라는 용어를 사용하기 시작했다(길귀숙 외, 2018: 12). 이에 앞서 사회복지실천의 용어는 '케이스워크의 어머니'로 불리는 리치몬드(Mary Ellen Richmond)의 저서 「사회집단(*Social Diagnosis*)」(1917)과 「개별사회사업이란 무엇인가(*What is Social Casework*)」(1922)에서 '개별사회사업'으로 나타난다. 리치몬드에 의하면, 사회복지실천은 인간과 그를 둘러싼 사회환경 간의 부적응이나 갈등을 해소하여 개인의 욕구를 충족시켜 주고, 사회의 규범에 적응하도록 도와주는 것을 목적으로 한다(도광조, 2018: 18).

메리 리치몬드(Mary Ellen Richmond, 1861~1928)

리치몬드는 1861년 미국 벨르빌(Belleville)에서 태어났다. 부모님은 그녀가 아주 어릴 때 사망하여 할머니, 숙모와 함께 메릴랜드(Maryland) 주의 볼티모어(Baltimore)에서 성장하였다. 할머니는 강신론자 혹은 급진적인 여성 참정권자로 잘 알려져 있었다. 그녀는 투표권 논의, 정치, 사회적 신념, 강신론 등에 대한 논의가 활발하게 이루어지는 것을 보면서 성장하였다. 이러한 경험으로 인해 비판적인 사고능력 및 장애인과 저소득층을 좋은 방향으로 이끌겠다는 인생관을 가지게 되었다. 그녀의 할머니가 학교교육 체계에 대한 믿음이 없었기 때문에 11세까지 가정교육을 받은 뒤에야 학교에 입학하였다. 그럼에도 불구하고, 그녀는 홀로 독서에 매진하였고, 이러한 노력으로, 16세에 고등학교를 졸업하였다. 그 뒤로는 뉴욕 친척 집에서 살았는데, 가난과 병약함 때문에 힘든 날들을 보냈다. 뉴욕에서 2년을 보낸 후 볼티모어로 돌아가 일했다. 그때 리치몬드는 예수 그리스도의 신성을 부인하고 하나님의 신성만을 인정하는 이단 유니테리언교회(Unitarian Church)에 빠지게 되었고, 그 안에서 사람들과의 교류를 활발하게 하였다.

1888년이 되면서 리치몬드는 자선조직회(Charity Organizalion Society, COS)에서 재무부 책임자로 활동하였다. 여기에서 리치몬드는 가난하고 소외된 이웃들을 위해 많은 사회봉사를 경험하였다. 그 경험을 바탕으로 그녀는 도움의 손길이 필요한 사람들의 가정을 직접 방문하는 쪽으로 방향을 잡았다. 다양한 사람들을 접하면서 리치몬드는 어떻게 곤경에 처한 사람들을 도울 수 있는지를 몸소 체험하였고, 이는 후일 사회복지를 위한 공동체를 형성하기 위한 발판이 되었다. 그리고 이러한 경험들로 인해 그녀는 뉴욕의 러셀세이지기금(Russell Sage Foundation)의 자선조직단체 부서장에 올랐다. 이외에도 리치몬드는 학교 전문 사회복지사를 양성하기 위해 자선단체와 국민회의(National Conference)에서도 연설을 하는 등 활발한 활동을 하였다. 1899년에는 저소득층을 위한 우애방문에 대하여 현실적 제안을 담은 종합적인 프레젠테이션을 시행하기도 하였다.

리치몬드는 미국의 자선조직협회 운동의 발전에 공헌한 사람으로, 우애방문활동의 자원봉사자를 전문적으로 교육 · 훈련하는 최초 방법론으로 '케이스워크(casework)'를 체계화하였다. 케이스워크란 사회진단, 사회치료라는 의학모델을 사용하여 사람과 환경의 조정에서 인격(personality)을 발달시키는 과정이라고 하였다. 그녀는 '케이스워크의 어머니'로 불린다.

사회복지실천이라는 용어는 1970년 메이어(Carol Meyer)에 의해 처음 사용되기 시작하였고(Doifman, 1996), 1960년대 미국 사회의 급진적인 경향 및 빈곤의 악순환, 인종폭동 등 사회개혁을 요구하는 움직임이 본격화되면서, 논리적 · 사변적인 접근, 개별적인 접근보다는 현실성 있는 실천(실용성)을 강조하기에 이르렀다. 그 영향으로 사회복지에서도 실천성을 강조하는 차원에서 사회복지실천이라는 용어를 사용하게 되었다. 이전에는 사회사업(social work)이라는 용어를 사용하였다.

우리나라에서는 「사회복지사업법」의 개정과 더불어 2003년부터 사회복지사 자격 취득 국가고시제도를 도입하게 되었다. 이로 인하여 과거 대학교육의 교과목 명칭 중 개별사회사업(개별지도), 집단사회사업(집단지도)이 없어지고, 사회복지실천론과 사회복지실천기술론으로 변경하여 2000년부터 '사회복지실천'이란 말을 공식적으로 사용하게 되었다. 한국사회복지교육협의회에서는 통합방법론의 인정과 함께 기존의 사회복지방법론을 사회복지실천과 사회복지실천기술론으로 구분하였다. 여기서 사회복지실천은 '이론' 중심적이고, 사회복지실천기술론은 '기술' 중심으로 설명된다(서혜석 외, 2017: 13).

사회복지학 범위 내에서 사회복지실천활동을 포괄적으로 정의할 때, 사회복지 활동 영역에는 일반적으로 사회보험, 공공부조, 사회복지서비스 등과 직·간접적으로 관련된 내용들이 포함된다. 이들 중 사회보험과 관련된 내용의 대부분과 공공부조와 관련된 내용의 일부는 '사회복지정책' 분야에서, 그리고 사회복지서비스 분야와 관련된 내용 중에서 사회복지시설의 운영 및 평가, 프로그램 개발 및 평가 등과 관련한 내용들은 '사회복지행정' 분야에서 각각 별도로 다루어지고 있다. 다시 말해서, 사회복지실천은 '직접실천(direct practice)' 이라고 불리는데, 이는 다양한 사회복지실천현장에서 사회복지사는 어떤 활동을 어떻게 해야 할 것인가에 대한 내용, 즉 사회복지실천방법에 관해 상세히 살펴보는 분야이기 때문이다(엄명용 외, 2018: 19).

사회복지실천의 정의는 빠르게 변화하는 사회복지실천 환경과 맥락에 따라 정의의 수준이 고려되어야 할 필요가 있다. 사회복지와 관련된 법이나 정책이 사회복지사의 업무를 규정하지만, 사회복지사도 제도나 정책이 집행되는 과정에서 발견되는 수정되거나 보완되어야 하는 점들을 제도나 정책에 반영하도록 영향을 미치고 있다. 예를 들어, 아동학대 문제와 관련된 법, 정책, 사회복지사의 활동에 대해 생각해 보자. 아동학대 사례들을 담당하고 있는 아동보호전문기관 사회복지사의 업무가 관련법과 정책에 근거하여 규정되지만, 실행과정에서 클라이언트의 문제 및 욕구를 보다 효과적으로 해결하고 충족할 수 있도록 제도나 정책의 변경 필요성을 경험할 수 있다. 이렇게 사회복지사가 제기하는 이슈들이 아동학대 관련 정책 수립이나 제도 개선에 영향을 미치며, 새로 수립된 정책이나 개선된 제도 등은 다시 아동보호서비스 제공과 서비스의 질에 직접적인 영향을 미친다. 또한 사회복지사는 취약집단을 보호하는 데 기존의 법이 부적절하거나 새로운 입법이 필요하다면, 개정이나 제정을 적극적으로 요구할 수 있다. 그동안 아동학대, 가정폭력, 장애인 자립지원, 노인학대 문제 등과 같은 많은 영역에서 사회복지사는 관련법을 제정하거나 개정하는 데 기여한 바 있다. 또한 인권 관련법이나 차별금지 관련법은 모든 시민이 차별받지 않고 공공업무에서 절차적 공평성을 보장받을 기본적 권리를 보호하기 위해 만들어진 법률이므로 사회복지사는 이러한 법들을 활용해 서비스 이용자들에게 보다 적절하고 접근이 쉬운 서비스를 제공하도록 사회복지기관의 책임성을 높일 수 있다(Swain, 2002 ; 최해경, 2017: 201~202 재인용).

사회복지실천의 정의에 대한 흐름을 살펴볼 때, 사회복지에 대한 전 세계 각국의 사회정책과 학계의 눈부신 연구업적, 그리고 실천현장에서의 사회복지 전문가의 헌신 등을 감안한다면, 특정 이데올로기나 한정된 분야에 대한 주장은 역사의 뒤안길로 사라질 수밖에 없다. 따라서, 사회복지실천에는 사회복지의 발전 추세에서 안주할 수 없는 정책의 전환과 학문에 대한 끝없는 열정, 현장에서의 창의적 실천기술이 요구된다.

결론적으로 사회복지실천은 인간의 삶의 질 향상, 사회적 적응과 사회적 기능 향상을 위해 개인, 가족, 지역사회를 대상으로 사회복지사가 클라이언트의 강점을 살려 그들이 스스로 해결해 나갈 수 있도록 도와주는 종합적이고 체계적인 전문적인 활동으로 볼 수 있다.

2. 통합적 접근의 실천모델

전통적 방법을 통합하고자 하는 학문적 연구가 많은 학자들에 의해 진행되었다. 그 내용은 다음과 같다.

1) 4 · 6체계모델

핀커스와 미나한(Allen Pincus & Allen Minahan)은 1973년 그들의 저서 「사회복지실천: 유형과 방법(*Social Work Practice: Model and Method*)」에서, 체계이론을 사회복지실천에 응용하여 4체계이론을 주장했다.

핀커스(Pincus, 1973)에 따르면, 사람은 만족스러운 삶을 영위하기 위해서는 주변 환경의 체계에 의존하기 때문에 사회복지사는 체계의 변화에 초점을 맞추어야 한다. 이러한 체계에는 첫째, 가족이나 친구, 동료와 같은 비공식 지원체계, 둘째, 지역사회 집단이나 협회와 같은 공식적 지원체계, 셋째, 병원과 학교와 같은 사회적 자원체계가 있다. 또한 문제가 있는 사람의 경우는 도움체계가 존재하지 않거나 적절한 자원이 부족하기 때문에 사회복지사는 클라이언트와 환경 간의 상호작용을 향상시키고 문제를 해결하도록 도와야 한다.

결론적으로 핀커스의 4체계모델은 포괄적이고 전체적인 관점에서 클라이언트체계를 사정할 수 있는 기초를 제공하고, 사회복지사로 하여금 인간과 그의 공식적 · 비공식적 자원체계 간의 연결에 초점을 두게 된다. 이 모델은 복잡한 여러 수준의 체계들과 연결되어 있는 상태로서 사람들과 일한다는 점을 강조하고 있다. 그 내용은 다음과 같다(김효선 외, 2018: 166).

「사회복지실천」
(1973년 출판)

(1) 변화매개체계

변화매개체계(change agent system)는 클라이언트의 문제상황 변화를 위해 그 문제 관련 체계들을 확인하고 그 체계들과 함께 노력하고자 계획을 수립하고, 실천하고자 노력하는 사회복지사와 사회복지사를 고용하는 기관과 조직을 말한다. 계획된 변화를 향해 체계와의 활동을 계획하며, 사회적 인가와 자원을 제공한다. 변화매개체계는 기관 나름대로 가지고 있는 활동영역, 활동권위의 확보 및 제공, 각종 자원의 제공 및 연결 등을 통해 실질적인 사회복지사의 활동방향에 영향을 미친다.

변화매개체계는 네 가지 기본적인 체계들 중의 하나로 클라이언트에 대한 계획적 변화를 목적으로 특수하게 고용된 '돕는 사람'의 체계이다. 사회사업가는 다양한 종류의 사람들과 일을 하는 데 있어서 그의 목적과 관계가 어떤 것이어야 하는지를 결정해야 한다. 사회복지사는 그의 변화노력으로 혜택을 받을 사람이 누구이며, 변화를 위해 일할 수 있는 권한을 누가 부여했으며, 변화의 영향을 필요로 하는 사람은 누구이며, 변화노력에서 여러 다른 목표들을 달성하기 위해 누구와 함께 일을 해야 하는가를 분명히 해야 한다. 이러한 결정과정에서 사회복지사는 변화매개인이 되며, 그가 속한 기관은 변화매개체계가 된다. 또 클라이언트의 변화에 영향을 줄 수 있는 기타의 이윤추구 기관들도 변화매개체계라 볼 수 있다.

결론적으로 변화매개체계는 문제를 가진 클라이언트를 지원하고 문제를 해결하기 위해 계획적 변화에 개입하는 사회복지사나 사회복지사가 속해 있는 사회복지관, 상담실, 각종 쉼터, 개입기관 등이 해당된다.

(2) 클라이언트체계

클라이언트체계(client system)는 사회복지사에게 도움을 청하거나, 어떤 문제해결을 위해 사회복지사와 공동의 노력을 기울이겠다는 계약상태에 있는 사람들이 해당된다. 즉, 서비스나 도움이 필요한 사람을 지칭하며 사회복지사와 계약이 이루어졌을 때 클라이언트가 된다. 사회복지사는 클라이언트체계와 결과목표에 합의에 이르러야 목적을 명확히 할 수 있다. 이 목표는 사회복지사와 클라이언트 사이의 계약으로 구체화될 수 있고 이 목표는 변화할 수 있다. 예를 들어, 비행청소년의 비행문제해결을 위해 학교사회복지사와 함께 노력하고자 묵시적 동의를 한 학교 교사, 비행문제를 상담하러 온 부모가 될 수 있다. 이때 자녀가 비행청소년인 부모가 사회복지사에게 도움을 청하는 경우, 부모가 클라이언트체계가 된다. 클라이언트체계는 사회복지사의 서비스를 제공받는 개인, 가족, 집단, 기관, 지역사회를 포함한다. 클라이언트란 서비스를 받기로 결정하고 계약을 통해 서비스를 요청하는 사람으로서 변화노력의 혜택을 받는 사람들이다.

클라이언트체계는 클라이언트와 그 문제해결에 잠재적 영향을 주는 환경에 있는 사람들을 의미하는데, 가령 사회사업가는 핵가족(nuclear family)을 클라이언트로 보고, 확대가족(extended family), 이웃, 교사, 고용주를 클라이언트체계의 한 부분으로 본다.

(3) 표적체계

표적체계(target system)는 변화매개체계가 그 활동 목적을 달성하기 위해 영향을 주거나 변화시킬 대상을 말한다. 클라이언트체계가 변화의 대상인 경우는 클라이언트체계가 곧 표적체계가 된다. 비행청소년 사례의 경우, 변화시킬 대상은 비행을 함께하고 있는 친구, 주변 환경요소, 부적절한 부모 등일 수 있는데, 이때 친구와 주변 환경요소, 부모들은 표적체계가 된다.

표적체계, 즉 변화매개인이 변화 또는 그의 목표를 달성하기 위해 영향을 미칠 필요가 있는 사람들로서 클라이언트체계와 동일할 수도 있고 상이할 수도 있다. 표적체계는 클라이언트체계 외부에 있을 때 클라이언트체계의 목표에 동조적이거나 적대적일 수 있다. 예를 들어, 법원의 강제명령으로 행동치료를 받기 위해 온 비행청소년일 경우, 법원은 클라이언트체계이고 비행청소년은 표적체계이다. 또한 부모 간 갈등으로 심리적 어려움을 호소하는 자녀, 부부를 대상으로 한 가족치료의 경우, 자녀는 클라이언트체계, 부모는 표적체계이다. 단, 부모도 문제를 인식하고 도움을 요청한다면 부모도 클라이언트체계에 포함된다.

이렇듯 표적체계와 클라이언트체계는 때때로 일치하지만, 언제나 일치하는 것은 아니다. 이러한 불일치는 클라이언트가 변화되어야 할 대상이 아닐 때 서로 다르게 나타난다. 예를 들어, 클라이언트가 전셋집에서 쫓겨난 가난한 가족일 경우, 사회사업가의 표적체계는 집주인일 수도 있다. 표적체계와 클라이언트체계는 클라이언트가 정서적 고통에서 벗어나는 것과 같은 어떤 자기 변화를 이루려고 할 때 동일할 수도 있다.

(4) 행동체계

행동체계(action system)는 사회복지사의 활동 목적을 달성하기 위해 공동으로 노력하는 모든 체계들이 해당된다. 예를 들어, 비행청소년의 문제를 해결하기 위해 부모, 학교 교사, 도움이 될 만한 친구 등이 동원될 수 있다. 이때 부모, 학교 교사, 도움이 될 만한 친구 등이 행동체계가 된다.

클라이언트체계와 행동체계의 목표가 갈등적이고 행동체계의 구성원들이 클라이언트체계의 결과 목표를 희생시키면서 그들의 결과 목표를 성취하려고 한다면, 사회복지사는 클라이언트체계를 지원하여 행동체계에 영향을 미쳐야 할 것이다.

「사회복지과정」
(2004년 출판)

콤튼 등(Beulah R. Compton, et al.)은 1984년 그들의 저서 「사회복지과정(*Social work processes*)」에서 핀커스와 미나한의 4체계이론에 전문가체계와 문제인식체계를 추가하여 6체계이론으로 확대하였다. 그 구체적인 체계는 다음과 같다(Compton et al., 2004).

(5) 전문가체계

전문가체계(profession system)는 사회복지사들로 구성되어 있어 사회복지사의 전문성을 강화하고, 사회 내에서 사회복지사의 위상을 높이기 위해 노력하는 체계를 말한다. 변화매개인은 클라이언트를 변화시키려고 노력하는 사람이나 기관을 의미하는 것이지, 막연히 지역사회나 조직 또는 제도와 같은 추상적인 것을 말하는 것이 아니다. 또한 지역사회, 조직, 가족, 또는 집단을 클라이언트체계, 표적체계 또는 변화매개체계라고 말할 때, 그 체계를 구성하는 사람들을 말하는 것이다. 만약 변화매개인의 목표가 체계의 구조, 즉 사람들 사이에 양식화된 관계망을 변화시키는 것이라면, 체계 내의 사람들에게 영향을 줌으로써 서로가 상호 관계하는 방법을 변화시켜 그 목적을 달성할 수 있다.

(6) 문제인식체계(의뢰-응답체계)

문제인식체계(problem identification system)는 잠재적 클라이언트를 사회복지사의 관심영역으로 끌어들이기 위해 행동하는 체계이다. 사회복지사나 변화매개체계와의 접촉 초기에는 클라이언트체계로 고려될 수 있지만, 본질상 그 자체가 클라이언트체계로 고려되지는 않는다. 실천의 초기단계 동안 사회복지사는 문제인식체계를 잠재적 클라이언트로 다루어야 할 필요가 있을 것이다.

2) 단일화모델

단일화모델(unitary model)은 세 가지 중요한 준거 틀, 즉 사회체계모델, 사회학습 혹은 문제해결모델, 과정모델을 결합한 모델이다. 이중에서도 특히 과정모델의 내용을 강조한다. 골드스타인(Howard Goldstein)은 1973년 그의 저서 「사회사업실천: 단일접근(*Social Work Practice: A Unitary Approach*)」에서, 과정모델은 조사와 평가, 의뢰와 중재, 평가적 전략 등에 의해 사회복지실천이 역할유도단계, 핵심단계 및 종결단계를 통해 이루어진다고 본다.

골드스타인(Goldstein, 1975)에 따르면, 4체계모델이 클라이언트체계 및 자원체계와 사회복지사와의 상호기능을 중시한 데 비해, 단일화모델은 사회학습에 관한 사회복지사의 기능에 더 많은 관심을 집중시킨다. 사회학습을 매우 광범위한 일반적인 의미로 제시하여 중요한 변화 목표를 개인이나 소집단체계에 한정시키지 않고, 사회학습 과정을 통해 조직, 지역사회 등의 더 큰 체계들이 변화될 수 있다고 주장한 것이다. 또한 사회복지사의 자원 확보와 폭넓은 활용을 통해 사회 변화가 가능하다고 강조한다.

그러므로 단일화모델의 목표는 크게 두 가지로 사회학습의 촉진 및 강화와 자원을 확보하고 활용하는 사회변화로 볼 수 있다.

3) 문제해결모델

문제해결모델(problem-solving model)은 펄만(Helen Harris Perlman)이 1957년 그의 저서 「사회적 케이스워크: 문제해결과정(*Social casework: A problem solving process*)」에서 개발한 모델이다. 펄만은 진단주의와 기능주의의 대립을 해결하기 위해서 실용적이고 현재를 강조하는 문제해결모델을 발전시켰다. 펄만은 문제해결모델에서 인간의 삶 자체가 지속적인 문제해결의 과정이라고 보았다.

문제해결과정을 크게 세 가지 과정으로 나누어 살펴보면 다음과 같다(Perlman,

2011).

첫째, 클라이언트의 변화를 위한 동기를 이끌어 주는 것이다.

둘째, 클라이언트의 능력을 발휘할 수 있도록 하는 것이다.

셋째, 문제를 해결하는 데 필요한 원조나 자원에 접근하도록 하는 것이다.

펄만(Perlman, 2011)에 따르면, 개별사회사업 과정은 체계적이고 정리된 방법으로 생각과 감정을 효율적으로 행동으로 옮기는 문제해결과정이다. 그리고 개별사회사업의 목적은 치료가 아니고, 현재의 문제에 대처하는 개인능력을 향상시키는 것이다. 즉, 문제해결모델에서는 클라이언트의 문제를 해결하기 위한 문제해결과정을 통하여 클라이언트의 동기에 대한 지지, 자아기능의 강화, 문제해결에 대한 지지 등을 하고 있다. 또한 이 모델에서는 클라이언트가 외부의 도움 없이 문제를 처리하도록 돕고 있다. 클라이언트는 자극에 대해 단순히 반응하는 것뿐만 아니라, 문제를 처리하며 역동적인 사회구조 속에서 어떤 목표를 달성하고자 노력하고 있다. 즉, 클라이언트 자신이 문제해결자로서 자신의 문제를 해결하는 것이다.

문제해결모델에서는 클라이언트를 지원하고 훈련하여 스스로 문제해결을 할 수 있는 능력이 있다는 것을 자각할 수 있도록 돕고 있다. 사회복지실천에서 사회복지사가 클라이언트와 상호작용을 하며, 클라이언트의 즉각적 문제에 대한 해결책을 원조하며 훈련하고, 클라이언트가 자아기능을 강화할 수 있도록 지원하고, 원조한다.

결론적으로 문제해결모델의 특성은 자아개념을 중시하면서 클라이언트 자신이 문제해결자임을 강조하고, 인간은 누구나 안전을 유지 · 회복하며 문제해결에 의식적 · 무의식적으로 관여하는 존재라고 보는 것이다. 사회복지분야에서는 진단주의나 기능주의의 영향을 강하게 받고 있는 절충주의의 대표작이라 할 수 있다.

4) 생활모델

생활모델은 1970년 초부터 저메인 등(Germain, et al.)이 그들의 논문과 저서들에서 주장한 모델로, 생태체계학적 관점을 이론의 준거 틀로 도입하여 개발한 모델이다. 클라이언트와 그 환경 간의 양면에 초점을 맞추기 위해 환경적 상호관계를 사용하는 사회복지실천의 접근방법이다.

사회복지실천에서의 생활모델은 개인과 환경 간 상호 교류 속에서의 균형과 적응을 강조한다. 명칭은 생활모델로 불리지만 기술적인 의미에서의 모델을 의미하지는 않고, 오히려 생활모델화된 실천이라고 하는 게 바람직하다. 그리고 이 이론은 생태체계적 관점을 그 출발점으로 한다. 즉, 생활모델은 생태적 관점에서 나온 실천모델로서, 사람과 환경을 통합적으로 보고 개인과 환경 또는 이 두 가지 모두를 변화시키는 데 필요한 이론과 실천 간의 격차를 줄이는 사회복지실천의 중요한 과제를 지금까지의 어떤 모델보다도 잘 수행한 모델이다. 따라서, 사회복지사와 클라이언트는 인간과 환경 간의 상호작용에 관련된 생활을 통해서 새로운 균형상태를 창출하고자 하며, 더 나아가 적응능력과 자율성을 획득하게 된다.

생활모델은 문제를 병리적 상태의 반영이 아닌 전체의 부분들 간 상호작용의 결과로 보고 있다. 여기서 문제란 성격장애가 아닌 스트레스를 만들어 내고, 대처능력을 과중하게 부담시키는 생활상의 문제로 정의한다. 그래서 생활의 맥락에서 문제를 파악하는 데 관심을 두고 문제를 개인의 장애로만 파악하지 않는다. 이와 같이 생활모델은 문제를 개인의 장애로서만 파악하지 않고 생활환경 내에서 파악하며, 개인이 환경과의 적응적 교류와 균형이 깨어지면 스트레스(긴장)가 발생한다고 하였다. 따라서, 생활모델은 생활 그 자체를 모델로 하고, 이것이 지니고 있는 성장과 발달 및 문제해결의 힘을 동원하고, 촉진시키기 위하여 넓은 범주의 접근을 모색하는 데 그 특징이 있다(권향임 외, 2018: 115~116).

모든 스트레스 상황이 반드시 스트레스를 유발하는 것은 아니며, 스트레스 유발 여부는 개인적 · 환경적 상황 그리고 특정 사건에 대한 인지방법에 의해 결정된다. 생활모델에서는 외부세계를 통제할 수 있는 인지능력을 강조하며, 사회복지실천의 목적을 환경과 개인의 상호 교류가 적응적으로 되기 위해 개인의 적응능력을 강화하고 환경에 영향을 주는 것으로 보고 있다.

생활모델에서의 주요 목표는 인간 생활상의 문제를 해결하고, 인간의 적응능력을 지지 및 강화하며 스트레스를 경감시키고, 대처를 위한 사회자원을 동원하는 데 있다. 따라서, 사회복지사는 클라이언트와 환경 간의 상호작용과 관련된 생활을 통해 새로운 균형을 창출하고, 더 나아가 적응 능력과 자율성을 획득하도록 노력한다.

생활모델의 특징은 다음과 같다(이경준 외, 2020: 149).

① 클라이언트의 다양성 존중 : 클라이언트의 사회경제적 지위, 종교, 성, 연령 등을 있는 그대로 수용하고 존중한다.

② 클라이언트와 사회복지사의 동반자적 관계 강조 : 클라이언트는 자신의 삶에 대해 전문가라고 보며, 클라이언트와 사회복지사의 관계를 동반자적인 것으로 본다.

③ 통합된 양식과 방법 및 기술 사용 : 인간과 환경의 상호작용에 초점을 두고 개인, 집단, 지역사회 등 제반 체계에 개입할 수 있도록 실천원칙과 기술을 통합한다.

④ 개인과 집단의 강점을 강조 : 생활에서 발생하는 스트레스는 인간과 환경 사이의 적응적 교류의 균형이 깨지면서 발생하는 것이어서, 개인과 집단이 소유한 잠재능력을 발휘하고 환경의 긴장 요인을 줄여 성장과 촉진적 교류를 회복하고자 한다.

5) 임파워먼트모델

(1) 임파워먼트모델의 정의

임파워먼트(empowerment)는 오늘날 사회복지에서 매우 널리 알려진 용어 중의 하나이다. 그러나 임파워먼트라는 용어는 다소 모호할 뿐 아니라, 급진적 행동주의 맑시스트(Marxist)에서부터 보수적인 자본주의에 이르기까지 서로 다른 의미로 사용되고 있다. 자유방임주의 경제와 최소한의 정부를 지지하는 보수적인 자본주의자들에 따르면, 임파워먼트는 더 나은 삶을 만들기 위한 사람들의 노력에 간섭하지 않는 것이다. 반면, 급진적인 맑시스트에 의하면, 임파워먼트는 복지국가의 틀 속에서 체계적으로 배제당해 온 사람들의 손 안으로 힘을 이동시키는 과정이다. 이런 시대적 상황 속에서 임파워먼트 패러다임은 억압받는 사람들의 편에서 사회정의를 실현하는 사회복지의 주요 관점으로 이해되어 왔으며, 사회정의, 인간의 강점, 억압받는 자의 회복력과 관련이 있는 것으로 이해되고 있다(김보기 외, 2019a: 129).

미국과 영국의 임파워먼트에 대한 여러 정의들에 따르면, 인간이 환경 속에서 개인적 · 대인관계적 · 정치적 힘을 증가시킴으로써 삶에 대한 통제권을 획득하고 변화를 가져오려는 것이다. 임파워먼트는 과정이기도 하고 결과일 수도 있기 때문에, 과정과 결과 모두를 포함하는 개념이다(최혜지 외, 2021: 116).

결론적으로 임파워먼트는 소외되고 권리를 박탈당한 클라이언트들의 집단을 대상으로 문제해결능력을 증가시키고, 자신과 환경에 대한 통제력을 갖도록 자원, 서비스, 기회, 정보 등을 연결시키는 것이다. 따라서, 개인과 환경 간의 상호작용에서 발생하는 부조화, 불균형을 해결하려는 한 방법으로서 임파워먼트(empowerment)를 사회복지의 개입방법으로 활용하게 된다.

(2) 임파워먼트모델의 과정

임파워먼트 과정에 대한 기존연구들을 살펴보면, 임파워먼트 과정과 여러 측면들이 4가지로 제시되고 있다(Gutierrez, 1992 ; Simon, 1995).

첫째, 태도, 가치, 믿음의 변화과정이다. 개인적으로 자기효용에 대한 믿음의 변화가 임파워먼트 과정에 영향을 미친다. 임파워먼트 접근으로 나타나는 자기효용이란 자신의 이익을 위해 행동할 수 있도록 동기화하는 자신에 대한 감정, 자기가치에 대한 확신, 자기통제에 대한 확신 등을 포함하는 것이다.

둘째, 집단의식의 성장과정이다. 집단에 참여함으로써 타인에게 영향력을 행사할 수 있는 경험 및 사회적 지지와 상호원조를 경험하게 된다. 이러한 집단의 경험은 환경에 대한 새로운 시각과 일상생활의 대처기술을 익힐 수 있게 하며 집단적인 결속력과 응집을 경험하게 된다. 이로써, 무력감을 느끼는 클라이언트들은 개인의 문제를 집단의 문제로 인식하게 하며, 이는 공동운명에 대한 인식과 자각을 증가시킨다.

셋째, 비판적 사고와 행동을 위해 지식과 기술을 증가시키는 과정이다. 집단활동을 통해 성원 간의 문제를 공유하게 되고, 서로 지지하면서 문제의 내 · 외부 양상에 대해 비판적으로 사고할 수 있게 된다. 이러한 과정을 통해 자신의 문제가 타인의 문제와 유사하다는 것을 알게 되며, 필요한 자원과 기회를 획득하기 위해 역량을 강화시키며 문제해결에 초점을 둔다. 이 단계에서는 사회적 위축을 벗어나기 위한 다양한 모색이 시도되며, 사람들 간의 관계망, 조직화에 대한 관심이 증가되며 이를 바탕으로 조직적 파워의 형성을 준비한다.

넷째, 행동화 과정이다. 의식의 변화에 따라 반응적으로 행동하면서 행동전략으로 발전되며, 내적 · 외적으로 영향을 미치는 지식, 자원, 기술이 증가된다. 이런 과정을 통해 타인과 공유하는 목표와 사회변화를 이루기 위해 타인과 협력하는 행동이 구체화된다.

결론적으로 임파워먼트 과정은 미시적으로부터 거시적 수준으로의 변화를 유도하며, 이러한 과정은 심리적 위축에서 벗어나 사회적 자원의 획득을 위한 활동, 연계형성, 기회의 확대 등으로 이어진다. 따라서, 전개과정은 일직선상으로 단선적인 것이 아니라, 상호적으로 순환적으로 이루어지며, 단계별 구분이 다소 불명확하게 전개되는 특징이 있다.

(3) 임파워먼트모델의 개입 기술

협력적인 원조관계에서 클라이언트의 역량을 강화하기 위해서 사회복지사는 5가지 중요한 기술을 갖춰야 한다(김보기 외, 2019a: 133~134).

첫째, 클라이언트가 문제를 규정하는 것을 받아들이는 것이 중요한 요소이다. 클라이언트의 문제 규정을 받아들임으로써 사회복지사는 클라이언트가 상황을 이해하고 규정할 능력이 있다는 것을 인정하는 것이다. 이 기법은 클라이언트를 원조관계에서 힘을 발휘하고 통제력을 행사할 수 있는 위치로 이해한다.

둘째, 클라이언트의 장점을 명확히 하고 찾아낸다. 임파워먼트 접근에서 가장 강조되는 것은 강점기반의 사정이다. 강점중심의 접근은 문제와 대처에 대한 클라이언트의 관점을 강조하다. 이러한 원칙은 임파워먼트 실천에서 강조되는 개인과 환경에 대한 이중초점을 유지하게 되며, 클라이언트의 대처능력과 동기화를 유도하고 클라이언트가 스스로 위기를 다루고 스스로에 대해 믿음을 갖도록 지지하는 프로그램을 구성할 수 있게 한다. 실천가는 클라이언트의 현재의 기능수준과 개인적 또는 대인관계적 힘의 근원을 알 수 있게 된다. 클라이언트의 장점은 일반적 대화를 통해 쉽게 찾아질 수 있다.

셋째, 클라이언트가 힘의 불균형 문제를 자각하게 하는 것이 핵심적인 기법이다. 사회복지사의 자각이 선행되면 일시적인 실천이 상황과 전체로서의 사회에서 힘의 분배 간의 관계를 종합적으로 이해할 수 있게 된다. 사회복지사가 힘의 근원을 자각하면, 클라이언트를 자각시키기 위해 유사한 기법을 실행한다. 한 가지 간접적인 기법은 현재의 상황에 대한 사회구조적 근원을 조사하고 규정하려는 목적을 가지고 클라이언트와 대화를 진행하는 것이다. 보다 직접적인 기법은 클라이언트가 설정된 상황이나 실제 상황에서 스스로 상황을 분석해 보도록 하는 것이다. 이러한 분석의 결과는 클라이언트의 잠재적인 힘의 근원과 그들이 동기화될 수 있는 방법을 이해할 수 있는 기반이 되는 것이다.

넷째, 특별한 기술을 지도함으로써 클라이언트가 개인적 · 사회적 · 정치적 수준에서 보다 영향력 있게 되도록 하는 자원을 개발하도록 돕는다. 임파워먼트 실천에서 규정하고 있는 기술영역은 문제해결, 지역사회 또는 조직변화 기술, 양육, 구직, 자기방어와 같은 '생활기술'과 주장, 사회적 경쟁, 자기옹호와 같은 '대인기술'을 포함한다. 이러한 기술을 지도할 때의 사회복지사는 사회복지사와 클라이언트가 극복하려는 힘의 관계가 반복되지 않도록 교사보다는 자문가 또는 촉진가의 역할을 해야 한다.

다섯째, 자원을 동원하거나 클라이언트를 옹호하는 기법이다. 이는 임파워먼트에 대한 적절한 자원이 부족한 경우에 필요하다. 이러한 기법에는 사회복지사가 클라이언트를 위한 구체적인 자원과 정보를 모으는 것뿐 아니라, 필요할 때면 그들의 편에서 옹호하는 것까지 포함된다. 옹호가 무력감을 강화시키기 때문에 임파워먼트의 목표와 상충된다고 주장하기도 하지만, 클라이언트를 포함하여 협력적인 방법으로 과업을 수행할 수 있고 새로운 기술을 습득할 기회를 제공하기도 한다. 옹호와 자원동원을 통해 사회복지사와 클라이언트는 더 큰 사회적 구조가 임파워먼트의 완성을 위해 필요한 것을 제공하도록 할 수 있다.

(4) 사회복지실천과의 연관성

사회복지사와 클라이언트 사이에 형성된 관계는 개입의 성공 열쇠이다. 임파워먼트를 기반으로 한 실천에서는 전문가가 지시자보다는 '촉진자' 혹은 자원이 되는 '역량의 공유'와 '참여자 주도'의 과정으로 원조과정을 재규정하도록 요구한다. 역할과 책임은 상호적이며 공유된다. 사회복지실천에서 클라이언트와 사회복지사는 동반자 로 행동한다. 우선 협력적인 원조관계에서 클라이언트의 역량을 강화하기 위해서 사회복지사는 다섯 가지의 중요한 기술을 갖추어야 한다.

① 클라이언트가 문제를 규정하는 것을 받아들이는 것
② 클라이언트의 장점을 명확히 하고 찾아내는 것
③ 클라이언트가 힘의 불균형 문제를 자각하게 하는 것
④ 특별한 기술을 통해 클라이언트가 개인적 · 사회적 · 정치적 수준에서 보다 영향력 있게 되도록 자원을 개발하도록 돕는 것
⑤ 자원을 동원하거나 클라이언트를 옹호하는 것

3. 사회복지실천현장모델

1) 개별사회사업의 모델

개별사회사업의 모델개별사회사업 방법의 주요 모델은 사회복지사와 클라이

언트가 일대일로 사례 과정을 이끌어 가는 것이 특징이다. 개별사회사업의 모델은 다음과 같다. 로버트와 니(Robert W. Roberts & Robert H. Nee)가 1970년 그들의 저서 「사회적 케이스워크 이론(*Theories of Social Casework*)」에서 주장하는 개별사회사업의 모델은 다음과 같다(Roberts & Nee, 1970 ; 최옥채, 2016: 251~252).

(1) 심리사회접근모델

심리사회접근 모델의 관점은 체계이론에 근거하고 있다. 이 접근에서 시도하는 진단과 치료는 인간과 그의 외부환경과 상호작용에 중점을 두고 있다. 아울러 이 모델에서는 개입이 클라이언트의 욕구에 의해 달라져야 한다는 점을 강조하고 있다. 따라서, 사회복지사는 클라이언트의 복지 향상을 위해 합의한 내용에 따라 클라이언트를 수용해야 하고, 클라이언트의 욕구를 우선하는 '타인 중심' 관계여야 하며, 편견을 버리고 클라이언트를 과학적 형체로 이해해야 한다.

(2) 기능주의모델

기능주의모델은 인간의 본질에 관한 이해, 사회복지실천의 목적에 관한 이해, 과정의 개념에 관한 이해를 강조한다. 기능주의적 접근은 성장심리학에 근거하기 때문에 변화를 사회복지사 중심이 아닌 클라이언트 중심으로 보았으며, 사회복지실천의 목적은 클라이언트에게 주어진 건강한 개인적 · 사회적 조건을 위해 영향을 주는 것이고, 사회복지실천기관을 통해 전체 과정을 돕는 과정임을 강조하였다.

(3) 문제해결모델

문제해결 과정은 클라이언트의 곤경을 해결하기 위해 사람이나 대상 및 환경을 조작하는 것이 아니고, 활동적인 사회복지사와 클라이언트와 주변 환경 간 이루어지는 교류를 발전적으로 증진시켜 나가는 것을 의미한다. 치료에 중점을 두지 않고 주변의 자원을 적극 활용하여 문제해결의 기능을 강화하는 데 전력한다. 이

모델에서 강조하는 요점 중 하나는 문제를 느끼고 문제를 안고 다니며, 문제를 경험하고 있는 자는 바로 도움을 얻고자 하는 클라이언트라는 사실이다. 문제해결모델은 클라이언트가 지니는 문제의 해결은 클라이언트를 통하고, 클라이언트와 함께 클라이언트의 힘을 빌려 가능하다는 점을 강조한다.

(4) 행동수정모델

행동수정모델은 행동수정에 관한 지식과 실천의 대두와 함께 개별사회복지사들이 이 분야에 관심을 두면서 자연스럽게 개발된 것이다. 클라이언트의 특정 행동을 변화시키거나 지속시키기 위해 개별사회복지사들이 행동수정모델을 활용하게 되었다. 예컨대, 아동들에게 과제나 일상을 모범적으로 하면 스티커를 주고, 일정 수의 스티커를 가져오면 스케치북을 주는 것이 바로 이 모델을 적용한 것이다. 이 모델에서는 클라이언트의 부적절한 행동이나 사고를 변화시키기 위해 행동주의 이론에서 강조하고 있는 학습이론의 원리를 토대로 하고 있다.

(5) 위기개입모델

단기 개별사회사업의 실제에서 위기이론과 이 이론의 적용에 갑자기 관심을 갖게 된 것은 1960년대 이후이다. 이론적으로 위기개입은 정신분석 이론을 비롯하여 인간행동의 여러 이론을 기초로 하고 있다. 위기개입의 목표는 클라이언트가 당면하고 있는 위기를 해소하는 데 있다. 클라이언트가 직면하고 있는 위기를 심리적으로 해소해 가고, 그래서 적어도 클라이언트가 위기 기간 이전에 보존하고 있었던 기능 수행의 수준까지 회복시키는 것이다.

2) 지역사회복지실천의 모델

사회제도의 발전과 변화에 관심을 기울이며, 문제확인, 원인진단 해결책 수립 등과 주민의 조직 및 행동을 끌어내는 데 필요한 전략의 고안 등 조직을 꾀하는 활동으로서, 미국에서나 다른 나라에서도 도시나 농촌을 막론하고 의도적이며 목적적인 지역사회의 변화에 최소한 세 가지 접근법이 있다고 본다.

지역사회복지실천을 다음과 같은 세 가지 모델로 분류하였다(Rothman, 2005).

(1) 지역사회개발모델

지역사회개발(community development)은 지역사회의 최대한의 창의와 지역민의 적극적인 참여로 전체 지역사회의 경제적 · 사회적 발전을 도모하기 위한 사업을 말한다. 지역사회개발모델(community development model)은 지역사회 구성원의 자발적 참여와 역량개발을 통해 지역사회 문제를 해결하고자 하는 것으로, 지역사회복지의 가장 전형적인 모델이다. 지역사회의 문제나 욕구를 다룰 때 구성원들이 지역사회의 문제를 스스로 해결할 수 있는 능력을 강화시키는 데 역점을 둔다. 즉, 지역사회 구성원들의 의식 개선과 역량강화를 통해 지역사회의 전반적인 역량을 개선하고 지역사회가 갖는 통합능력을 제고하고자 하는 모형이다. 주로 지역복지관의 지역개발사업, 성인교육 활동 등이 여기에 해당된다.

(2) 사회계획모델

사회계획(social planning)은 사회, 지역사회, 또는 조직체를 보다 향상시키기 위하여 현재의 문제 또는 예상되는 미래의 문제를 파악하고 해결책을 제시하는 의도적이고 비교적 광범위한 노력을 말한다. 사회계획모델(social planning model)은 지역사회가 갖는 문제를 해결하는 데 있어서 합리적이고 전문적인 역량에 기초하여 효율적으로 문제를 해결할 수 있는 가장 적합한 방안을 마련하고자 하는 모형이다. 전문가가 개입하여 지역사회복지실천 과정을 주도하고 복지욕구가 있는 지역사회의 구성원에게 물자와 서비스를 제공한다. 즉, 최근의 복잡한 현대 산업사회의 변화를 위해 거대한 관료적인 기관들을 움직일 수 있도록 고도의 전문성을 갖춘 인력을 필요로 하며, 사회문제해결을 위한 기술적인 과정을 강조한다.

(3) 사회행동모델

사회행동(social action)은 넓은 의미에서의 사회복지활동의 하나로 대상의 요구에 따라 복지관계자의 조직화를 도모하고 여론을 환기시켜, 입법, 행정기관에 압력행동을 전개해 기존의 법제도의 개폐, 복지자원의 확충 및 창설 그리고 사회복지의 운영개선 등을 지향하는 조직 활동을 말한다. 사회행동모델(social action model)은 지역사회의 억압 받고 소외된 구성원이 사회경제적으로 보다 나은 대우를 받을 수 있도록 하려는 접근 모델로, 의식화, 조직화, 권리요구와 같은 적극적인 방법을 사용하여 불평등 및 기회 제한의 문제 등을 개선하는 활동을 전개하며, 이런 활동을 통해 지역사회의 정의를 실현하고자 한다. 이는 곧 차별받던 지역사회 구성원의 의지 및 역량을 강화하여 이들이 스스로 자신의 권리를 찾아 나설 수 있도록 도와준다. 지역사회의 불우계층을 사회정의와 민주주의에 입각해 보다 많은 자원과 향상된 처우를 지역사회에 요구할 수 있도록 지원한다. 일반적으로 소수인종집단, 여권신장운동, 노동운동조합, 소비자보호운동, 환경보호운동 등이 포함된다.

3) 지역사회대상 사회복지실천의 적용

지역사회는 사회복지실천의 중요한 자원으로서 깊은 의미를 가진다. 사회복지사는 지역사회 안의 중요한 인적 · 물적 자원을 발굴하고 동원해야 하며 지역사회가 인간행동에 미치는 영향도 지역사회의 물리적 · 사회적 환경에 초점을 두어야 한다. 즉, 클라이언트 중심의 집, 건물, 농촌마을, 도시지역 같은 물리적 환경에 거주하는 사람의 생활양식, 연령, 성, 문화적 양식에 적합한 방식으로 가정생활, 대인관계, 직장생활, 종교생활을 하는 사회적 환경을 지원해야 한다. 지역사회복지실천은 클라이언트와 사회복지사, 그리고 자원봉사자나 후원자 등의 참여자가 함께 어우러져 이루어진다. 특히, 장애인, 어르신 등을 위한 장기적이고 다양한 서비스가 강조됨에 따라 여러 기관과 개인의 참여가 불가피한 상황이 확대되고 있다(표갑수 외, 2017: 328).

4. 사회복지실천과의 관계

1) 관계의 개념

사회복지실천에서의 관계(relationship)란 사회복지사와 클라이언트의 관계를 의미하며, 전문적인 관계를 말한다. 즉, 친구나 동료 등과 같이 어울리는 일반적인 관계가 아니라, 사회복지사가 클라이언트에게 개입을 하기 위하여 전문가로서 분명한 목적과 의도를 가지고 클라이언트와 관계 맺는 것을 의미하는 것이다(김철진 외, 2016: 130). 여기서 우리말로 '관계'로 번역되는 'relation'과 'relationship'를 구별할 필요가 있다. 즉, relation은 둘 사이의 형식적이고 단순한 관계를 의미한다. 반면에, relationship은 내용적인 관계를 말한다. 예를 들어, 공무원이 민원인의 요구를 해결할 때, 둘 사이의 관계는 공무원과 민원인이라는 relation이다. 하지만 공무원이 민원인의 상태, 즉 학식정도, 행정이해력, 민원 내용에 대한 숙지상태 등을 파악하여 맞춤 상담으로 민원을 해결해 준다면 이는 relationship이다. 또 다른 예로, 누군가 길을 물었을 때, 단순히 길만 가르쳐준다면 이때의 행인과 주민 사이는 relation이다. 하지만 질문자가 외지인이라 판단하고 탑승 절차, 요금 정도, 주변상황 등을 소개해 준다면 둘 사이의 관계는 relation이 아닌 relationship이다. 따라서, 사회복지실천에서 사회복지사와 클라이언트의 관계는 전문적인 관계이므로 relationship이다(김보기 외, 2019a: 175).

사회복지실천의 노력은 개인 간 상호작용과정(interaction process) 속에서 발생한다. 관계는 클라이언트가 환경에 잘 적응하도록 도우려는 목적을 달성하기 위한 사회복지사와 클라이언트 사이의 태도와 감정의 역동적 상호작용이다(Biestek, 1957). 이러한 상호작용은 사회복지사와 클라이언트 간의 친밀한 관계 이상을 의미한다. 생태체계관점을 지닌 사회복지사는 클라이언트뿐 아니라, 동료, 지역사회 관계자, 각종 전문가 및 클라이언트의 주변 주요 인물들(가족, 친구 및 이웃)과의 상호작용도 중요하게 여긴다. 따라서, 사회복지실천의 상호작용은 사회복지사와 클라이언트 간의 일대일(one to one)의 관계에서 일어날 수도 있고, 다중의 사람들로 구성된 체계(예, 가족, 팀, 집단)와의 관계에서도 일어날 수 있다(최혜지 외, 2021: 171).

사회복지실천은 사회복지사(social worker)와 클라이언트(client)의 관계(relationship)를 통해서 이루어진다. 즉, 사회복지실천에서 관계의 의미는 사회복지사와 클라이언트의 관계로 한정된 개념이며, 본질적으로 도움을 요청하는 클라이언트와 도움을 제공하는 사회복지사 간의 통제적(혹은 제한적) 관계를 의미한다. 따라서, 두 사람의 관계형성이 사회복지실천의 핵심적인 요인이 된다. 즉, 사회복지사와 클라이언트의 관계가 사회복지서비스의 결과에 매우 중요한 영향을 미치게 된다. 따라서, 사회복지사는 관계의 의미와 전문적인 관계의 특성을 잘 이해하고 이를 바탕으로 효과적인 관계형성을 할 수 있는 능력을 갖추어야 한다(김효선 외, 2018: 178).

관계라는 용어는 사회복지의 실천에서 중요한 역사적 의미를 가지고 있다. 이런 의미에서 관계란 두 사람이 서로에게 영향을 미치고, 그 과정 속에서 모두 배우고 변화하는 양방향의 과정이다(Salzberger-Wittenberg, 1970).

사회복지실천에서 클라이언트와 사회복지사의 관계형성은 사회복지사만의 노력이 아니라, 상호신뢰와 협력을 바탕으로 이루어진다. 따라서, 사회복지실천에서의 관계는 사회복지사와 클라이언트가 함께 클라이언트의 문제를 해결하는 연결 통로이며, 클라이언트가 자신의 환경에 좀 더 나은 적응을 할 수 있도록 돕는 중요한 매개체이다.

2) 라포형성

사회복지실천에서 관계란 사회복지사와 클라이언트 사이의 관계를 의미하며, 사회복지사와 클라이언트 사이의 상호작용 산물로서 '라포(rapport)'라고 한다. 즉, 라포란 사회복지사와 클라이언트가 사고와 감정을 공유하면서 서로 이해하여 조화롭게 일치된 상태를 말한다(조학래, 2019: 142). 사회복지실천에서 꼭 필요한 요소인 관계는 '좋은 라포' 또는 '결합력이 잘 형성된 상태'로 표현되어 왔다. 이러한 좋은 관계의 개발은 사회복지 원조활동(helping endeavor)에 꼭 필요한 요소로 인식된다(최혜지 외, 2021: 172).

라포형성(rapport building)은 의사소통에서 상대방과 형성되는 친밀감 또는 신뢰관계를 말하는데, 사회복지실천에서 사회복지사와 클라이언트 사이의 라포형성은 클라이언트의 복지를 위한 사회복지사의 진실한 관심과 도우려는 열망을 통해 이루어진다. 즉, 사회복지사가 먼저 자신을 개방하는 태도를 보이면 클라이언트도 자신을 효과적으로 드러내게 된다. 이때 중요한 것은 사회복지사의 자기노출 수준을 적절히 조절하여 항상 클라이언트로부터 초점이 벗어나지 않도록 하는 것이다. 따라서, 라포형성은 클라이언트의 문제해결과정을 촉진하여 목표를 달성하는 데 도움이 된다.

일반적으로 라포형성은 비언어적인 것과 언어적인 방법이 있는데, 사회복지사는 이 두 가지를 병행해야 한다. 라포형성을 위해서는 안정된 물리적인 환경도 필요하지만, 무엇보다 중요한 것은 사회복지사의 행동이다. 사회복지사가 클라이언트의 행동에 맞추어 반응하는 것은 라포형성의 지름길이다. 사회복지사의 언어적 의사소통방법도 라포형성에 영향을 미친다.

따라서, 사회복지사는 클라이언트와 가족구성원들이 자주 인용하는 단어나 표현을 주의 깊게 살피는 것이 유익하다. 즉, 클라이언트와 가족구성원들에게 익숙하지 않은 단어나 표현을 사회복지사가 반복하여 사용한다면 라포형성은 어려울 것이다(조학래, 2019: 143).

클라이언트에 대한 존중을 표현하는 것도 라포형성에 매우 중요하다. 존중을 표현하는 방법은 약속시간을 지키거나 클라이언트의 이름을 기억하는 등 기본적인 예의를 갖추는 사회복지사의 태도에서 나온다(Hepworth & Larsen, 2018). 사회복지실천에서 사회복지사와 클라이언트 사이의 라포가 형성되면 클라이언트는 마음을 열고 사회복지사와 함께 자신의 문제해결을 위해 적극적으로 협력한다.

> **라포(라포르, rapport)**
>
> 상담이나 교육을 위한 전제로 신뢰와 친근감으로 이루어진 인간관계이다. 상담, 치료, 교육 등은 특성상 상호협조가 중요한데 라포는 이를 충족시켜 주는 동인이 된다. 라포를 형성하기 위해서는 타인의 감정, 사고, 경험을 이해할 수 있는 공감대 형성을 위하여 노력하여야 한다. 따라서, 효과적인 장애학생교육이나 부모상담을 위해서는 라포의 형성이 무엇보다 중요하다.

3) 전문적 관계의 특성

사회복지 실천에 있어서의 관계는 일반적인 관계가 아니라, 클라이언트의 문제해결을 돕기 위한 전문가와 클라이언트와의 전문적인 대인관계라 할 수 있다. 이러한 전문적인 관계는 일반적인 대인관계와 달리 항상 클라이언트의 입장에서 출발하여야 하며, 전반적인 과정에 대하여 전문가로서의 책임을 지게 된다.
이러한 전문적인 관계의 특성은 다음과 같다(Johnson & Yanca, 2015).

첫째, 서로 합의된 의도적인 목적을 갖고 있다. 이는 클라이언트의 문제해결이라는 목적을 갖고 보다 나은 원조를 진행하기 위한 관계를 형성해야 한다.

둘째, 클라이언트와 구체적으로 한정된 기간을 갖고 관계를 맺는다. 목적이 달성되었거나 또는 목적이 달성될 수 없다고 생각될 때 전문적 관계는 종결된다.

셋째, 클라이언트의 욕구 중심적 관계이다. 사회복지사는 자신의 이익보다 클라이언트의 이익을 위해 자신을 헌신하여야 한다. 따라서, 사회복지사는 타인의 욕구에 민감할 수 있도록 객관성과 자아인식에 기초한 관계를 형성해야 한다.

넷째, 사회복지사는 권위를 지닌다. 이러한 권위는 클라이언트를 돕기 위한 특화된 지식 및 기술, 그리고 전문직의 윤리강령에 바탕을 둔 권위를 말한다.

다섯째, 통제된 관계이다. 현재 진행 중인 사례에 대해 객관성을 유지하고, 자기 자신의 감정, 반응, 충동을 자각하고, 그 책임을 진다는 의미에서 통제된 관계이다.

연습문제

1. 사회복지실천의 목적으로 바르지 않은 것은?
   ① 인간의 삶의 질 향상이 궁극적인 목적이다.
   ② 인간과 환경 사이의 균형을 초점으로 맞추는 이중초점을 가지고 있다.
   ③ 체계이론이 도입되면서 개인과 사회 간의 상호관계를 강조하였다.
   ④ 개인이 환경에 맞추어 반응하도록 돕는다.
   ⑤ 1990년대에 들어서면서 권한부여 개념이 더해졌다.

2. 통합적 접근방법에서 사회복지사가 직접 수행하지 않는 것은?
   ① 다양한 실천모델의 적용
   ② 종합 심리검사의 실시 및 평가
   ⑤ 가족 특성 이해를 위한 가계도 작성
   ④ 클라이언트 주변체계의 자원 발굴 및 동원
   ⑤ 클라이언트 주변체계 이해를 위한 생태도 작성

3. 사회복지실천현장의 분류기준과 그 예로 옳은 것은?
   ① 일차현장 보건소
   ② 이용시설공동생활가정
   ③ 민간기관지역아동센터
   ④ 공공기관사회복지협의회
   ⑤ 생활시설-노인주간보호시설

4. 클라이언트와 관계를 형성하는 기술이 아닌 것은?
   ① 클라이언트의 감정을 충분히 이해하고 있다는 것을 언어적 · 비언어적으로 전달한다.
   ② 클라이언트의 감정을 수용한다.
   ③ 진실성을 가지고 클라이언트를 대한다.
   ④ 클라이언트가 침묵하면 다음 주제로 넘어간다.
   ⑤ 사회복지사가 적절히 자기노출을 한다.

정답 1. ④ 2. ② 3. ③ 4. ④

Chapter 9

사회복지실천기술

학습목표

1. 주요 기술의 효과적 사용
2. 상담과의 연계방법 강구
3. 사회복지사의 역할에 관한 성찰

학습내용

1. 사회복지실천기술의 개념
2. 사회복지실천기술의 내용
3. 사회복지실천기술의 주요 기술

개 요

사회복지실천기술은 클라이언트와의 관계에서 사회복지실천의 가치와 지식에 기초하여 클라이언트와 관련된 특별한 상황의 변화를 위하여 심리사회적 개입을 할 수 있는 사회복지사의 능력이다. 따라서, 사회복지사의 역할에 대한 성패는 사회복지실천기술을 얼마나 숙지하고 있으며, 이를 현장에서 활용하는가에 달려 있다. 여기에서는 사회복지실천기술을 학습하고자 한다.

Chapter 09
사회복지실천기술

1. 사회복지실천기술의 개념

'기술(skill)'에 대한 사전적 정의는 어떤 것(업무, 일, 게임, 스포츠 등)을 할 수 있도록 가능하게 하는 지식과 능력이다. 사회복지사가 업무를 수행하기 위해서는 실천을 위한 가치 및 전문지식이 있어야 하는데, 사회복지실천이 이루어지기 위해서는 사회복지사의 실천기술이 실제로 발휘되어야 가능하다. 실천기술은 사회복지실천을 가능하게 할 수 있는 결정적인 사회복지사가 갖추어야 할 업무능력이라는 측면에서 그 중요성을 한층 더 강조하게 된다.

사회복지실천기술에 대해서 여러 이론가들의 정의를 살펴보면 다음과 같다(김보기 외, 2021b: 26~27).

첫째, 사회복지실천기술의 정의를 '숙련성' 또는 '수행능력' 등에 초점을 두는 견해이다. 바커(Barker, 2013)에 따르면, 사회복지사의 기술은 대화나 클라이언트의 문제, 욕구, 능력에 대한 사정, 자원개발과 사회구조를 변화시키는 데 있어서의 숙련성이다. 스몰리(Smally, 1967)에 따르면, 사회복지사가 특정 프로그램이나 서비스의 목적을 달성하기 위해서 과정(Process)을 진척시키는 데 필요한 방법 을 사용할 수 있는 능력이다. 쉬퍼 등(Sheafor et al., 1998)에 따르면, 사회복지실천기술은 지식과 개입 기법을 효과적으로 사용할 수 있는 능력이다.

둘째, '행동과업'을 강조하는 견해이다. 헨리(Henry, 1981)에 따르면, 사회복지실천 기술은 특정 시간에, 특정 목적을 위해서, 특정 방식으로 사회복지사가 사용하는 일련의 행동 혹은 과업이다. 존슨(Johnson & Yanca, 2015)에 따르면, 그는 사회복지실천기술을 관심과 욕구에 맞추어, 지식과 가치를 행동으로 전환하는 사회복지실천의 구성요소로 보고, 특정 목표나 활동을 향한 복잡한 행위체제라고 정의한다. 이러한 정의는 실천기술을 '행동하는 지식'으로 기술한 필립스(Phillips, 1957)와도 잘 부합하고 있다.

셋째, 사회복지실천기술의 특성을 중심으로 하는 견해이다. 카우노버(Counover, 2016)에 따르면, 사회복지실천기술은 ① 사회복지실천의 지식, 가치, 윤리, 의무로부터 나와야 하며, ② 사회복지사에 필요한 핵심적 자질과 일치해야 하며, ③ 전문적 통합성의 특징을 반영해야 하며, ④ 실천의 단계나 과정의 맥락이 고려된 사회복지실천목적과 부합하여야 한다. 그가 설명한 사회복지실천기술의 특성은 사회복지실천기술이 어떤 특정 기법 및 방법을 익히는 작업만으로는 이루어질 수 없는 전문적 행위임을 재확인시켜준다.

사회복지실천기술은 사회복지라는 큰 분야의 한 부분으로 사회복지의 실천이라는 최종과정에 해당한다. 사회복지는 인간의 욕구 중 어느 부분을 도와주고 어느 부분을 도와주어야 것인가라는 문제와, 무엇을 도와줄 것이며 누구를 얼마나 도와주어야 하는지의 문제, 제한된 자원을 어떻게 마련하고 어떤 경로를 통해서 전달할 것인지 등이 전체 내용을 구성하고 있다. 사회복지실천기술은 이러한 모든 과정을 통해서 최종적으로 결정된 서비스를 최일선에서 일하는 사회복지사가 최종적으로 전달하는 일과 관련된 활동이다(길귀숙 외, 2015: 8~9).

그러므로 사회복지사는 인간과 사회에 관한 다양한 기초지식을 배경으로 클라이언트와 관계를 맺기 위해 요구되는 대인관계기술과 도움을 제공하기 위한 의사소통기술이 요구된다. 문제해결을 위한 기술로 클라이언트가 찾아왔을 때, 제시된 문제를 파악하고 요구되는 정보를 찾아내어 개입의 목적과 방법을 파악해 내는 기술이 필요하다.

이러한 기술은 지속적인 개입을 위한 준비 틀을 제공하는 것이다. 이렇게 문제의 사정과 개입의 목표를 결정하고 개입을 통해서 문제를 해결해 나가는 기술은 어떤 종류의 실천이든 간에 기본적으로 요구되는 기술이다.

2. 사회복지실천기술의 내용

1) 실천기술의 기초기술

미국사회복지교육협의회(CSWE, 1994)는 사회복지실천기술을 인지적 기술(cognitive skills)과 상호작용적 기술(interactive skills) 두 가지 유형으로 구분하고 있다. 즉, 인지적 기술은 상황 속의 사람을 생각하고 사람과 상황에 관련된 이해를 개발하고, 활용해야 할 지식을 명백히 하고, 그리고 중재를 위한 계획을 수립하고 평가하는 데 사용되는 기술이다. 또한 상호작용적 기술은 관계적 기술이라고도 하며, 개인, 가족, 그리고 지역사회와 함께 일하면서 이해를 전달하고, 계획을 수립하고, 행동계획을 평가하는 데 사용되는 기술이다(김현호 외, 2017: 12). 이러한 의미에서 기초적인 사회복지실천기술은 〈표 9-1〉과 같다.

〈표 9-1〉 사회복지실천기술의 기초 기술

구 분	내 용
면담기술	의사소통 및 관여기술(engagement skills)
사정기술	개인과 환경의 상호작용 맥락에서 문제나 어려움을 발견하는 기술
개입기술	문제나 어려움을 해결하는 기술
팀워크기술	다른 전문기관과 협동으로 문제를 해결하는 기술
지지망 구축기술	개입효과의 지속성을 유지함으로서 클라이언트의 자립 유도기술
협상기술	클라이언트의 복지와 관련된 주변 체계화의 협상기술
평가 및 종결 기술	클라이언트와 사회복지사의 협력적 노력결과를 평가하고, 클라이언트의 자립생활을 위해 종결하는 기술

자료: 김보기(2021b: 29).

이러한 기술들은 사회복지실천 상황에 따라 각각 세분화하여 사용되기도 하지만, 통합적으로 사용되는 경우가 많다. 또한 이러한 기술들은 사회복지사가 종합적으로 잘 활용할 때 긍정적인 원조관계가 형성되며, 긍정적인 원조관계는 사회복지실천결과에 많은 영향을 줄 수 있다.

2) 전문적 지식

사회복지실천의 전문가인 사회복지사에게 필요한 전문지식은 클라이언트에 대한이해부터 실천과정 및 사회정책에 이르기까지 다양하다. 그 내용은 다음과 같다(Jonhnson et al., 1997).

(1) 인간행동과 발달에 관한 지식

인간의 행동적 특성을 이해하고 환경의 상호적 영향력을 파악하기 위한 인간의 정서적 · 심리적 · 사회적 발달단계와 환경의 물리적 · 사회적 · 문화적 특성 등과 관련된 지식이다.

(2) 인간관계와 상호작용에 관한 지식

개인, 가족, 집단, 지역사회 내의 조직이나 기관들 간의 관계와 상호작용을 촉진시키며, 효과적인 의사소통에 필요한 지식이다.

(3) 사회복지실천이론과 모델에 관한 지식

다양한 실천상황에 적합한 전문적 원조관계 및 실천과정의 개입방법과 전략 등을 선택하는 데 필요한 지식이다. 예를 들어, 아동의 비적응적 행동을 수정하려고 개입하는 경우 행동수정모델을 적용하고, 적응의 어려움을 겪는 결혼여성이민자, 탈북민, 조손가정 등에서 생활의 안정을 지속적으로 원조할 때는 사례관리모델을 적용하고, 그리고 알코올중독을 앓고 있는 부모와 자녀 간의 갈등을 해결하고 가정의 안정을 원조할 때는 심리사회적모델을 적용하여 개입할 수 있을 것이다.

(4) 특정 분야나 대상자집단에 관한 지식

특정 클라이언트 집단이나 실천상황, 기관 등에 관해 알고 있는 지식이다. 이러한 지식은 사회복지사가 특정 분야(군사회사업, 탈북민 지원사업, 학교사회사업, 다문화가정지원사업 등)의 대상자에 대한 이해와 실천현장의 실무에 도움이 되어 보다 효율적으로 원조할 수 있다.

(5) 사회정책과 서비스에 관한 지식

도움이 필요한 대상자에게 서비스를 제공하는 전문가와 기관을 포함하여 사회복지서비스 전달체계에 관한 지식이다. 또한 사회정책이 변화해 온 역사적 맥락과 개인의 기능에 대한 사회정책의 영향력, 사회복지정책을 발전시키기 위한 사회복지사의 역할 등에 관한 지식도 필요한 경우가 있다.

(6) 사회복지사 자신에 관한 지식

사회복지실천에서 전문가인 사회복지사의 감정이나 가치, 태도, 행동 등은 클라이언트체계를 변화시킬 수 있으므로 책임감을 갖고 스스로의 역량을 강화할 수 있어야 한다.

3) 사회복지실천기술의 적용 원칙

클라이언트들은 자신에게 다가온 어려움이나 도전을 해결하기 위해 사회복지사를 찾게 된다. 사회복지사들은 그들에게 정서적이고 실질적인 도움을 주기 위하여 훈련을 받아야만 한다. 사회복지사들은 다양한 시설에서 다양한 활동을 하고 있다. 정신장애인의 보호시설에서 활동하기도 하고, 성폭력이나 학대를 당하고 경찰이나 시설에 보호된 어린아이들을 돌보기도 한다. 육체적 질병을 앓고 있는 사람들을 관리해 주기도 하고, 폭력을 당한 가정을 돌보기도 한다. 보육센터나 주간보호센터 등에서 활동하기도 한다. 또는 학교에 나가 부모와 자녀 간의 의사소통을 돕기 위해 상담과 교육을 하기도 하고, 자살과 같은 위기에 개입하기도 한다.

사회복지실천기술을 적용하는 데 있어서 기본적인 준거 틀은 다음과 같다(조미숙 외, 2020: 46~47).

(1) 인간-첫 번째 언어

개인 또는 집단을 일컬을 때는 항상 휴머니티(humanity)가 조건, 이슈, 문제, 질병 이전에 먼저 고려되어야 한다. 즉, 정신지체여성(mentally retarded woman), 혈우병 환자(hemophiliac), AIDS아동(AIDS babies)이라는 용어보다는 정신지체를 가진 여성(woman with mental retardation), 혈우병을 가진 사람(person with hemophilia), 인체면역결핍바이러스(human immunodeficiency virus, HIV)를 가지고 있는 아동(children living with HIV)과 같은 용어를 사용하는 것을 볼 수 있을 것이다. 낙인은 강력한 사회적 · 정치적 결과를 가져온다. 따라서, 사회복지사는 그런 용어의 사용에 있어서 사람을 우선으로 하고 그의 특성을 부차적으로 보아야 한다. 이것은 사회복지사에게 중요한 가치이고, 동시에 사회복지사는 언어 사용에 있어서도 사회복지의 신념을 표현해야만 한다.

(2) 진실한 자아의 사용

사회복지실천기술이나 과업만큼 원조관계, 의사소통, 존경과 라포(rapport)를 강조 한다. 지금까지 살펴본 바와 같이 진정한 사회복지실천은 사려 깊고 적절한 의사소통을 하며, 진실하게 염려하는 사회복지사와 함께 동반자 관계를 형성한 클라이언트 사이에서만 일어난다. 인간을 대상으로 하는 서비스 분야에서, 관심은 치료만큼 중요하다. 자신은 항상 입장을 바꾸어, 자신이 도움이 필요할 경우 어떻게 대접받기를 원하는지, 자신이 사랑하는 사람이 어떻게 대접받기를 원할 것인지를 늘 기억해야 한다. 그리고 도움을 받는다는 것이 어떻게 느껴질 것인지를 기억해야 한다. 적절하게 행해질 때 사회복지실천기술은 더욱 풍성해질 것이다.

(3) 다양성에 대한 존중

도움을 찾는 사람들 간의 보편성과 다양성은 매우 중요하다. 개인들 사이의 공통적인 욕구나 유형을 파악하는 것은 사회복지사에게 유용한 정보를 주는 것이 사실이다. 그러나 보편성(commonalities)만 추구하는 것은 개인, 그룹 또는 문화를 고정관념화 할 수 있고, 일반적 차원에 근거하여 이해하려는 한계를 가진다. 다시 말해서 개인들 간의 다양성이 규명되고 이해되고 확인되어야 한다는 점이다. 따라서, 도움을 요청하게 될 사람들 간에는 무엇이 공통적이며, 다른지를 제시해 보아야 한다. 다양성에 대한 존중과 이해는 사회복지실천기술에서 매우 중요한 가치로 자리매김 되고 있다.

(4) 강점의 발견

개인, 부부, 가족, 그룹 그리고 지역사회의 자원과 강점에 우선적으로 초점을 맞추는 것이 부족한 부분, 장애, 약점에 초점을 맞추는 것보다 문제해결과정을 보다 활기차게 한다. 사람들이 자신의 강점을 깨달아 갈수록 자신의 강점을 보다 잘 강화시켜 나갈 수 있다. 더욱이 강점이 규명되고, 인정되면서 사람들은 자신에 대해 좋은 느낌을 갖게 되고, 장애와 약점을 극복할 수 있게 된다. 사회복지사는 사람들이 자신의 강점을 깨닫도록 도와주어야 하며, 내적 · 외적 자원을 규명하도록 노력해야 한다.

문제나 위기를 가진 사람들은 자신들의 장애나 실패를 깨닫는 데만 익숙해져 있다. 그런 사람들에게 성공과 강점에 대해 인지할 수 있도록 돕는 사람이 바로 사회복지사라고 할 수 있다. 사회복지사는 사람들로 하여금 자신들이 가지고 있으리라고는 전혀 인지하지 못했던 강점을 규명해내야 한다. 강점에 초점을 두는 것이 클라이언트가 만나는 어려움이나 도전을 무시한다는 것은 아니다. 따라서, 문제를 부정하는 것만큼 가능성을 부정하는 것도 잘못된 것이다.

그러므로 강점관점에 의거한 사회복지실천은 타인의 삶을 잘못된 것, 부족한 것, 비정상적인 것으로 보는 시도, 즉 부정적 측면에 초점을 두는 것을 수정하려는 시도이다.

3. 사회복지실천기술의 주요 기술

사회복지실천 이론과 모델은 클라이언트의 문제에 대한 인식과 사회문제에 대한 분석을 서로 다른 시각에서 제공하는 다수의 이론들과 모델을 포함한다(도광조, 2018: 150). 사회복지실천현장에서 일하는 사회복지사는 본인이 의식하든지 의식하지 못하든지 어떤 모델에 입각하여 활동을 하고 있다. 따라서, 사회복지사가 사회복지실천현장에서 전문적 원조를 적절히 제공하기 위해서는 이상적으로 모든 실천모델을 잘 알고 있어서, 사회복지사가 아는 모델에 클라이언트의 문제를 대입하는 것이 아니라, 클라이언트의 문제해결에 가장 적절하고 효과적인 모델을 선택하여 클라이언트의 문제해결과정에 전문적이고 과학적인 도움을 제공할 수 있어야 한다(신성자 외, 2017: 130).

여러 가지 사회복지실천모델 중에서도 클라이언트의 생활 문제해결을 위해 가장 보편적으로 활용되고 있는 모델이면서도, 효과적이고 접근이 용이한 모델은 다음과 같다.

1) 정신역동모델의 실천기술

이 실천기술은 주로 자유연상, 꿈의 해석, 전이, 훈습 등의 기법을 이용한다. 그 내용은 다음과 같다(정서영 외, 2020: 70~76 ; 홍봉수 외, 2019: 76~78).

(1) 자유연상

자유연상(free association)은 클라이언트의 마음속에 떠오르는 것을 자유롭게 말하게 하는 개입기술이다. 클라이언트가 편안히 쉬는 자세를 하고 눈을 감게 한 다음 특정한 자극을 주지 않고 마음에 떠오르는 것을 차례차례 말하게 한다. 마음에 떠오르는 생각들에 대해 일어나는 모든 비판을 중지하도록 지침을 준다. 떠오르는 모든 것들을 있는 그대로 말하는 것이 자유연상에 중요하며, 별로 중요하지 않다고 또는 연관이 없다고 생각되더라도, 억제해 버리지 말고 이야기하는 것이 중요함을 설명해 준다. 자유연상기법을 통해 클라이언트들은 자기 꿈의 밑에 깔려 있는 의미에 도달하게 되며, 무의식 혹은 무의식적 갈등에 접근할 수 있다. 치료에 대한 저항이 나타날 때마다 치료자는 그에 타당한 해석을 한다. 초기의 기억 탐색, 중요한 경험과 느낌 재생, 인간관계의 재활성화에 초점을 두며, 치료 시간은 1회 40분, 1주 1회, 약 2년 치료를 진행한다.

(2) 꿈의 해석

수면 중에는 자아방어가 약화되므로 억압된 욕망과 감정이 의식 표면에 떠오르게 된다. 꿈의 분석은 이러한 꿈의 속성을 이용하여 무의식적 자료를 발굴하고 정리함으로써, 클라이언트로 하여금 자신의 내면세계와 문제영역에 대해 통찰을 얻도록 도와주는 중요한 절차이다. 꿈은 억압된 소원들로 구성되어 있는 것으로 무의식의 세계로 통하는 길이다. 꿈의 내용은 첫째, 가장되어 있고 숨겨져 있으며 상징적이고 무의식적인 동기로 구성되어 있고, 너무나 고통스럽고 위협적이기 때문에 보다 용납될 수 있는 내용으로 변형되어 꿈으로 나타나는 잠재적 내용과, 둘째, 꿈속에 나타나는 꿈의 내용인 현시적 내용이다. 꿈은 '무의식의 내용을 알 수 있는 왕도(royal road)'라고 하며, 전체 수면의 2%를 차지하는 꿈의 해석은 삶을 방해하는 잠재의식의 요인들을 찾아내는 것이다. 우리가 경험하는 발현몽에서는 직접 중요한 심리적 의미를 파악하기 힘들고 꿈의 해석은 잠재몽의 내용을 밝혀나가는 것이다. 잠재몽은 잠자는 사람을 깨우려고 위협하는 무의식에 있는 소망, 욕구, 관념이 꿈의 진정한 내용이며, 수면 중에 통제를 이완시킴으로써, 전에 억압되었던 자료들, 즉 본능적 요구, 유아기 기억, 환상, 신체적 감각 주입, 생활의 전반적 상황, 그날 있었던 일(생각. 감정) 등이 꿈속에 나타나는 것이다.

(3) 저항의 해석

저항(resistance)는 불안으로부터 자신을 방어하는 경향을 말한다. 정신분석 초기에 클라이언트는 억압된 감정이나 생각을 회상할 수 없거나, 혹은 그 표현을 주저하는 경향을 보인다. 사회복지사는 클라이언트의 주의를 집중하게 하고, 저항 가운데서도 가장 분명한 저항현상을 해석한다. 저항 해석의 목적은 클라이언트가 저항의 이유를 각성하고 저항을 처리하여 치료과정에 협조할 수 있도록 도우려는 것이다. 저항은 치료과정에서 무의식을 의식화하는 것을 방해하는 환자의 모든 태도, 행동 및 언어를 총칭하며, 저항은 즉시 규명 · 해석되어야 하고, 환자 스스로 어떤 상황에서든 그 대처방법을 결정하고 배우며 익혀나가야 한다. 수용적이고 무비판적인 치료태도는 저항을 감소시키고 환자의 생각과 감정을 표출하게 하는 방법이다.

(4) 해석

해석(interpretation)은 치료관계에서 나타나는 클라이언트 행동의 의미를 설명하고 때로는 가르치기도 하는 것으로, 행동에 대한 단순한 설명이 아닌 자아가 더 깊은 무의식의 자료를 탐색할 수 있도록, 즉 자기통찰을 하도록 도와주는 기능을 한다. 자유연성, 꿈, 저항, 전이를 분석할 때 사용되는 기본 절차로서, 자아로 하여금 무의식적 재료를 의식화하는 것을 촉진시킴으로써, 클라이언트는 무의식적 재료에 대한 통찰을 갖게 된다. 올바른 해석이 이루지까지 걸리는 준비기간과 해석(interpretation)을 통해 통찰 에 이르고, 이것을 행동화하기까지 이 모든 과정을 통틀어 '해석과정'이라고 한다. 이러한 해석과정은 클라이언트를 어떤 특정 사실이나 경험에 직면(confrontation)하게 하고, 직면한 사실이나 사건, 의미 등의 초점을 잡아 명료화(clarification)하고, 지금까지 유추한 사실을 클라이언트에게 말로 전달하며, 클라이언트가 억압된 것을 받아들이고 분석과정에서 해석된 것을 통합하고 그 과정에서 생겨난 저항을 극복하는 훈습(working-through)으로 구성된다. 적절한 해석을 하기 위해 치료자는 클라이언트의 준비상태를 민감하게 지각하고 있어야 한다. 왜냐하면 해석의 영향력이나 그 변화의 힘은 클라이언트의 준비 정도에 따라 달라질 수 있기 때문이다. 해석을 위한 규칙으로는 첫째, 클라이언트가 저항 혹은 방어적 태도를 취할 때 그 이면의 숨겨진 원인을 해석하지 전에 클라이언트의 방어나 저항행동 그 자체를 지적하고 설명해 주어야 한다. 둘째, 클라이언트가 표현한 감정의 대상적인 이면을 이해할 수 있어야 한다.

2) 심리사회모델의 실천기술

「케이스워크」
(2004년 출판)

심리사회모델(Psychosocial Model)은 1920년대 후반, 개별사회사업(case work)을 최초로 체계화한 리치몬드(Mary Ellen Richmond, 1861~1928)에 기원을 두고 있으며, 1930년 대 한킨스(Frank Hamilton Hankins, 1877~1970)에 의해 '심리사회(psycho-social)'라는 용어가 처음으로 언급되었고, 1964년 홀리스(Florence Hollis)의 저서 「케이스워크: 심리 사회치료(*Casework: a Psychosocial Therapy*)」를 통해 '심리사회'라는 개념이 사회복지실 천을 위한 하나의 접근방법으로 발전, 집대성되고 체계화되었다.

심리사회모델은 사회복지실천에 개입하기 위해 클라이언트의 수용이나 클라이언트의 자기결정, 그리고 클라이언트와 사회복지사 간의 관계형성 등 심리적인 요인을 중요시하게 된다. 또한 심리사회적 요인에 의한 클라이언트와 사회복지사 간의 의사소통기술에 따른 관계(라포)형성 등이 중요시된다(김현호 외, 2017: 268~270). 이러한 심리사회모델의 실천기술은 다음과 같다(오봉욱 외, 2020: 49~52).

(1) 지지하기 기법

지지하기(sustainment)는 사회복지사가 클라이언트를 수용하고 원조하려는 생각과 문제해결능력에 대한 확신을 표현함으로써 클라이언트의 불안감을 줄이고 자기존중감은 증진하기 위한 과정으로, 심리사회모델에 따른 사회복지사의 활동 가운데 가장 기본적이고 핵심적인 실천기법이라고 할 수 있다. 특히, 클라이언트가 죄책감과 수치감을 느끼거나 두려워하고 분노를 느끼는 경우에 사회복지사는 지지 기법을 적극 사용함으로써 클라이언트를 이해하고 있음을 보여주어야 한다. 지지과정은 언어적 의사소통뿐만 아니라, 따뜻한 표정, 어깨를 두드리는 등의 비언어적 방법을 포함하며, 클라이언트의 당면한 문제에 대해 실질적인 도움 등을 제공함으로써, 사회복지사가 클라이언트를 수용하고 지지함을 나타낼 수 있다.

(2) 직접적 영향

직접적 영향(direct influence)은 클라이언트의 행동을 향상시키기 위하여 조언이나 제안 등을 통해 사회복지사의 생각한 바를 이루기 위한 과정이다. 클라이언트가 자신의 생각에 따라 문제해결을 위한 결정에 도달하는 것이 바람직하지만, 때로는 사회복지사가 결정에 직접적으로 영향을 미칠 수 있다. 사회복지사의 영향은 다양한 방법으로 이루어지는데, 의견을 제시하는 것에서부터 제안, 클라이언트가 갖고 있는 생각의 강조, 강력한 주장, 직접적 개입 등의 방법을 포함한다.

(3) 탐색-기술-환기

탐색(exploration)과 기술(description)은 클라이언트의 문제와 관련하여 클라이언트, 클라이언트의 환경 혹은 클라이언트와 환경의 상호작용에 관한 사실을 진술하고 설명하도록 원조하는 것이며, 환기(ventilation)는 사실과 관련된 감정을 끄집어냄으로 써 카타르시스를 경험하도록 원조하는 것이다. 탐색-기술-환기는 서로 연관되어 있는 데, 사실을 기술하거나 설명하는 과정에서 자연히 감정이 표현되기 때문이다.

심리사회모델은 특히 분노 상실감, 죄책감, 불안 등의 감정에 주의를 기울인다. 이런 감정들은 말로 표현되었을 때 강도가 현격히 줄어들 수 있는데, 무엇보다 타이밍이 중요하다. 즉, 방어하지 않고 편안하게 자신의 감정을 표현할 수 있는 준비가 되었을 때에야 비로소 환기를 경험할 수 있다. 때로는 클라이언트가 환기를 경험하는 것 자체로 문제가 해결되는 경우도 있다.

3) 인지행동모델의 실천기술

인지행동모델은 개입과정에서 행동수정기법을 주로 사용하되 기본적으로 인지적 접근을 중심 틀로 하는 형태를 가진다. 인지행동모델은 구조화된 접근과 체계적인 개입과정으로 인해 클라이언트와 사회복지사 모두에게 쉽게 받아들여지는 모델이며, 사례에 적용 가능성이 높기 때문에 사회복지사에게 매우 유용한 실천기술을 제공한다.

사회복지사는 인지행동적 접근을 통해 개입의 효과를 비교적 단기간에 알 수 있을 뿐더러 단일설계 방법 등으로 개입의 효과에 대한 객관적 평가가 가능하다. 따라서, 인지행동 모델은 최근 사회복지사에게 중요한 개념으로 부각되고 있는 증거기반실천(Evidence-Based Practice, EBP) 방법의 하나로서 유용하다(Cooper & Lesser, 2008). 인지행동모델에는 클라이언트 특성 및 문제행동의 정도에 따라 여러 기법이 있지만, 여기에서는 대표적인 몇 가지를 살펴보고자 한다(장수미 외, 2017: 66~74 ; 박병금 외, 2016: 154~159).

(1) 인지재구조화

인지재구조화(cognitive restructuring)는 클라이언트가 자신의 기능에 부정적인 영 향을 미치는 역기능적 사고와 관념을 인식할 수 있도록 돕고, 이를 현실에 맞는 신념과 행동으로 대치하여 기능을 향상시킬 수 있도록 하는 기술이다. 인지재구조화를 적용하기에 효과적인 문제는 낮은 자아존중감, 대인관계에 대한 왜곡된 인식, 지식과 타인의 삶에 대한 비현실적 기대, 비이성적 두려움, 불안과 우울, 분노와 충동의 부적절한 통제, 자기주장의 결여 등이 있다. 인지재구조화는 모델링, 행동시연, 이완훈련, 자기주장훈련, 약물치료, 체계적 둔감화와 같은 기술과 함께 사용되는데, 이는 단독으로 사용될 때보다 더 효과적이기 때문이다.

(2) 주장훈련

주장훈련(assertiveness training)은 클라이언트의 자기주장 능력을 증진시키는 기술로서, 자신의 생각이나 감정, 권리를 적절하게 표현하거나 전달하는 데 어려움을 겪는 클라이언트를 대상으로 한다. 먼저 사회복지사는 클라이언트가 공격적(aggressive) · 주장적(assertive) · 수동적(passive) 표현의 차이를 정확히 구별할 수 있도 록 돕는다. 이를 위해 연습할 수 있는 활동으로 다음 각 장면에서의 반응이 공격적 · 주장적 · 수동적인지 클라이언트에게 질문해 본다. 실제로 해 보면, 생각보다 많은 클라이언트가 각 상황에서 적절한 의사소통 방식이 무엇인지 혼란스러워함을 알 수 있다.

주장훈련은 모델링(modeling)을 활용한다. 모델링은 사회복지사 혹은 자원봉사자, 집단구성원 등이 클라이언트가 취할 행동을 시범적으로 보여주고, 클라이언트가 따라 할 수 있도록 격려하는 것이다. 구체적인 단계는 ① 변화가 필요한 구체적인 행동을 파악하고, ② 모델을 제시하고, ③ 역할극을 통해 클라이언트가 모델의 행동을 따라 해 보고, ④ 사회복지사 및 집단 구성원이 피드백을 제시함으로써 바람직한 행동을 강화하는 형태로 이루어진다. 예를 들어, 권위적인 아버지에게 자기주장을 하기 어려운 딸의 경우 모델링기법을 활용하여 행동 습득을 유도한다. 이때 아버지와 딸의 역할을 바꾸어 역할전환을 해 봄으로써, 문제를 좀 더 구체적으로 파악하고 상대방의 어려움을 생각해 보도록 할 수 있다.

(3) 사회기술훈련

사회기술훈련은 클라이언트에게 현재의 환경 속에서 기대되는 역할수행이나 관계문제, 그리고 생활주기상의 문제에 효과적으로 기능하기 위해 필요한 기술을 학습하도록 돕는 과정이다. 사회적 부적응행동의 예방적 접근에 효과가 있으며, 자존감 손상문제나 대인관계기술 결핍, 사회적 역할수행문제 등과 관련된 사회적 역기능문제에 대한 치료적 접근에 도움이 된다. 사회기술훈련에는 다양한 기법이 활용되는데, 모델링, 역할연습, 행동시연, 강화, 코칭, 문제해결기술에 대한 교육, 숙제부여 등을 포함하며, 주로 집단프로그램으로 이루어진다.

(4) 체계적 둔감화

체계적 둔감화(systematic desensitization)는 불안을 일으키는 자극을 가장 약한 정도에서 가장 강한 자극으로 옮겨 가며 점차 자극에 대한 반응 강도를 감소시켜 나가는 기법이다. 체계적 둔감화 기법은 객관적 위협이나 위험이 없는데도 심한 불안을 느끼는 클라이언트를 대상으로 한다. 각종 불안증, 공포증, 말더듬이, 성적 불안증, 여러 가지 신경증적 증상을 가진 클라이언트에게 적용할 수 있다. 사람은 누구나 새롭고 낯선 상황에 직면했을 때 불안하고 긴장하게 된다. 예컨대, 처음으로 많은 사람 앞에서 발표를 해야 할 때 가슴이 떨리고 눈앞이 캄캄해지는 경험을 할 수 있다. 대부분의 사람은 같은 상황을 몇 번 경험해 보면, 점차 익숙해지고 처음보다 덜 떨게 된다. 하지만 그런 상황에 처할수록 더 불안해지고 생각하는 것만으로도 불안이 커지는 사람도 있다.

4) 과제중심모델의 실천기술

과제(과업)중심모델(task-centered model)은 1970년대 초 시카고대학교(The University of Chicago)의 리드와 엡스타인(William James Reid & Laura Epstein)이 1972년 그들의 저서 「과업중심실천(*Task-Centered Practice*)」에서 개발한 모델로서, 펄 먼(H. Perlman, 2017)의 문제해결접근의 요소, 스텃(E. Studt, 1968)의 클라이언트 과제에 대한 개념 및 케이스워크 기법 등의 영향을 받았다.

이 모델은 그동안의 심리치료에서 장기간을 필요로 했던 정신분석이나 정신역동 치료방법에서 벗어나, 현재 갈등에 초점을 맞추어 시간제한적인 단기치료에 대한 관심이 고조되면서, 보다 집중적인 구조화된 개입 형태를 바라는 경향에서 과제중심모델이 등장하게 되었다. 또한 이 모델은 장기치료가 반드시 단기치료보다 우세하지 않다는 점과 이론보다는 경험적 자료를 통해 개입의 기초를 마련하려는 움직임 등으로 등장하게 되었다(황인옥, 2020a: 108~109).

과제중심모델의 개입기법은 크게 간접적 행동변화 기법과 직접적 행동변화기법으로 구분된다. 그 내용은 다음과 같다(황인옥, 2020a: 117~119 ; 조미숙, 2020:

154~155).

(1) 간접적 행동변화 기법

① 의사소통기술

과제중심 접근은 단기 계약 기간 동안에 클라이언트가 선택한 목표를 성취할 수 있도록 원조하는 서비스이다. 따라서, 클라이언트가 무엇을 추구하고 바라고 있는가를 클라이언트와 함께 언어화하는 것이 이 모델에서 가장 중요하다.

② 탐색

탐색은 모든 대인관계 치료모델에서 사용하는 기본적인 기법으로서, 클라이언트로 부터 자료 및 정보를 이끌어 내려는 실천가들의 노력을 말한다. 탐색은 두 가지 목적을 가지는데, 하나는 클라이언트에 관한 정보를 얻어내는 것이고, 또 하나는 의사소통의 내용을 문제와 관련시켜 초점화하는 것이다.

③ 구조화

클라이언트와의 상호작용 구조와 방향에 대한 사회복지사의 의사소통으로 구성된다. 구조화의 첫 단계는 치료 시작 시기에 시행했던 치료의 성격과 목적, 치료의 조직화와 관련된 문제, 과제, 시간제한 등 클라이언트에게 다시 들려주는 작업으로부터 시작된다. 구조화의 두 번째 단계는 클라이언트를 위한 특별 치료계획을 구체화하는 사회복지사의 노력으로 구성된다. 세 번째 단계는 사회복지사가 클라이언트의 의사소통에 대한 명확한 지침을 제공하는 것 등과 같이 조작적 과제들을 구조화하는 작업들로 구성된다.

④ 상황분석

문제의 상황은 문제를 유지시키는 원인과 문제를 다룰 때 동원될 수 있는 자원으로 구성된다. 상황요인은 물리적, 인지적, 가족, 지역사회 체계가 포함된 다차원적 틀 속에서 이루어지며, 표적문제와 관련하여 검토된다. 상황분석에서 실천가는 클라이언트로 하여금 자원을 찾아 활용할 뿐만 아니라, 장애물을 확인하여 해결하도록 돕는다.

(2) 직접적 행동변화 기법

직접적 기법으로는 인식증진, 지시, 격려가 활용된다. 탐색과 구조화는 잠재적 · 간접적인 행동변화를 가져오지만, 직접적인 기법은 클라이언트의 인지, 태도, 감정, 행동수정에 분명히 영향을 준다.

① 인식증진

과제중심모델의 인식의 증진은 심리치료의 해석, 명료화, 직면, 반성 등과 같은 수준의 기법에 해당된다. 인식증진은 클라이언트로 하여금 과제를 수행할 수 있도록 지원하는 데 큰 도움을 준다.

② 격려

클라이언트가 세운 계획이나 실행하려는 계획, 수행한 행동에 대해 찬성을 표하거나, 긍정적 반응을 표현하는 것을 말한다. 격려는 과제 클라이언트의 행동을 강화하고 자극하기 위해 사회복지사가 클라이언트의 행동에 대해 선택적으로 활용한다.

③ 지시

사회복지사가 과제와 관련된 가능한 행동에 대해 클라이언트에게 조언, 충고를 하는 것을 말한다. 지시는 격려와 달리 클라이언트가 생각하지 못했던 가능한 행동을 제안하거나, 클라이언트가 생각하고 있는 내용에 대한 조언으로 이루어진다. 지시는 단기치료에 많이 사용되며, 오직 클라이언트의 과제의 진보를 촉진할 목적으로 사용된다.

5) 위기개입모델의 실천기술

위기는 곤경에 처한 사람이 성장 또는 더욱 악화될 가능성을 지닌 변환의 시기를 말한다. 즉, 위기는 위험하지만, 동시에 기회의 전환점이라는 뜻을 내포한다. 위기는 구체적이고 확인될 수 있는 사건에 의해 야기된다. 한 가지 사건에 의해 발생하기도 하고 사건이 누적되어 발생하기도 한다. 개인이 상황이나 사건을 지각하는 방법에 따라 사건을 위기로 경험하는지 안 하는지를 결정해 준다. 물론 어떤 사건들은 매우 외상적(성폭력, 잔인한 죽음의 목격, 유괴 등)이기 때문에, 이와 같은 사건을 경험한 사람들은 대부분 위기를 겪는다. 반면, 이혼, 새로운 곳으로의 이주, 자동차 사고 등의 사건이나 경험들은 개인이 상황을 어떻게 해석하느냐의 여부에 따라서 위기의 반응을 야기하기도 하고 야기하지 않을 수도 있다. 때때로 사회복지사는 위기(자살 위협 포함)에 대처해야 한다(조미숙 외, 2020: 159). 따라서, 사회복지사는 위기에 대처하는 필수적인 실천기술을 활용하여야 한다.

위기개입의 유형은 개별위기개입, 행동위기개입, 체계 위기개입, 생태계위기개입, 인지행동적 위기개입 등 다섯 가지로 범주화할 수 있다. 그 내용은 다음과 같다(조미숙 외, 2020: 169~173).

(1) 개별위기개입

개별위기개입모델에서는 위기를 기본적으로 개인의 불균형 상태를 유발하는 스트레스로 본다. 위기에서 해체의 강도와 폭은 개인의 과거기능수준과 생활상황에 대처하는 그의 일반적 능력에 의해 좌우된다. 따라서, 위기에 관한 이 개념에서 취급하는 주요 변수는 개인의 성격이다. 이 모델에서 치료의 최저목표는 개인을 위기 이전의 기능수준으로 회복시키는 것이다. 치료는 구체적으로 퇴행을 저지하고 지지를 제공하는 데 목표를 둔다. 또한 치료는 통찰력을 가지게 하고 문제를 해결하는 방법을 습득하게 함으로써 유사한 스트레스에 대한 저항력을 강화시키는 데 목표를 둔다.

(2) 행동위기개입

행동위기개입모델의 지지자들에 따르면, 위기는 일상적인 대처방법으로 처리할 수 없는 새로운 자극에 의하여 유발된다. 또한 성공적인 위기해결을 위하여 구체적인 위기와 관련된 과업이 숙달되어야 한다. 행동위기개입모델은 의학적 혹은 병리학 지향적인 틀을 활용하는 개별모델과는 달리 1차적으로 교육적(과업숙달) 틀 내에서 위기해결을 시도한다.

개입은 실패의 가능성과 성격해체의 가능성을 저하시키기 위하여 구체적인 과업을 숙달함에 있어 개인을 돕는 것을 목표로 한다. 이 모델의 치료는 위기발생 후(2차적 예방)나 위기발생 이전(1차적 예방)에 시도될 수 있다. 2차적 차원에서의 예방은 구체적으로 현재 위기상황을 만족스럽게 해결하는 관점에서 이루어진다. 개입은 자극을 유발하는 주요 위기의 본질은 사정하고, 성공적으로 완성될 과업을 서술하며, 이와 같은 과업을 성취함에 있어서 실제적 원조를 포함한다. 1차적 예방은 위기자극의 유발을 예방하거나, 개인의 위기자극의 영향을 감소시키는 데 주안점을 둔다. 1차적 예방 프로그램은 지역의 모든 주민이나 특정 위험에 처한 집단에 대하여 광범위하게 적용된다.

(3) 체계위기개입

위기개입의 체계모델은 개인 및 위기자극이 존재하고 있는 사회적 맥락을 강조한다. 이렇게 강조하는 것은 다음과 같은 두 가지 이유 때문이다.

첫째, 스트레스적 사건에 대한 개인의 지각은 사건이 유발하는 사회적 맥락에 의하여 좌우된다.

둘째, 위기를 성공적으로 해결하는 개인의 능력은 지지적인 사회적 맥락 여하에 달려 있는 것으로 본다.

체계적 개입의 보다 큰 목표는 체계 내에서 장차 위기상황을 더욱 효과적으로 처리하기 위한 수단을 가지도록 하는 것이다. 그리고 체계개입은 체계 내의 상호작용유형을 개발하는 데 초점을 둔다. 이같이 스트레스적 사건을 더욱 효과적으로 처리할 수 있도록 지지적인 사회적 맥락을 개발시키는 것이다.

(4) 생태계위기개입

① 전자매체의 영향

전자매체는 통한 자연재난 등에 신속하고 효과적으로 대처하는 데 도움이 될 수 있는 다양한 정보체계에 접할 수 있도록 해 준다. 그리고 광범위한 전자 시스템을 통하여 위기개입에 필요한 정보를 수집할 수 있다.

② **체계의 상호의존성**

사람들은 생태의 한 부분으로 영향을 주고받는다. 한 지역의 약물남용의 만연 그리고 한 도시의 붕괴는 그 영향이 그곳에 그치는 것이 아니라, 다른 지역에도 영향을 미칠 수 있다. 이러한 지역에서 생활하지 않는 사람은 그 문제로부터 영향을 받지 않기를 바라며, 사회적 · 재정적 비용을 지불하기를 원치 않는다. 그러나 그 비용의 지불을 연기하면 할수록 장래에 더욱더 많은 비용을 지불할 수도 있다.

③ **거시체계적 접근**

미해결된 위기는 클라이언트의 개인적 · 사회적 · 재정적 · 환경적 자원을 파괴시킬 뿐만 아니라, 개인이 속하고 있는 전체의 생태체계에 영향을 미친다. 생태체계이론에 따르면, 재난을 겪는 사람들의 정서적 외상만을 취급해서는 부족하고 전체체계의 안정과 회복을 위한 노력이 있어야 한다.

위기개입을 위한 체계접근법은 개인의 위기사건이 유발되고 있는 사회적 맥락을 강조한다. 이 접근법에서 위기에 대한 계통적 설명을 함에 있어서 사회환경의 중요성을 강조하는 점은, 정신역동적인 측면과 개인의 초점을 두는 전통적 모델과는 아주 대조적이다. 이는 생태계접근법이 개인의 내면적인 면을 무시한다는 것은 아니다. 이 접근법은 위기의 발생과 해결에서 개인과 가족의 영향을 소홀히 하는 것이 아니라, 개인과 환경의 주요변수의 상호관련성에 관심을 기울인다. 즉, 위기이론가들은 개인의 인지적 체계뿐만 아니라, 사회관계와 문화 및 사회적 요인들을 다 같이 강조한다.

(5) 인지행동적 위기개입

인지행동적 접근법의 특성은 다음과 같다.

① 정신 내면적인 것으로, 먼저 개인의 자율적 사고와 도식에 초점을 둔다. 이 부분의 치료 활동은 개인의 신념체계, 자아에 대한 가정, 세계, 경험 그리고 미래와 일반적인 지각을 다룬다. 치료의 두 번째 초점은 대인관계이며, 타인과 관련된 개인의 스타일을 다룬다. 치료의 세 번째 초점은 외적인 것으로 행동변화가 더 나은 대처에 영향을 미치는 것이다.

② 치료자로 하여금 치료를 가이드함에 있어서 활동적이 되고 지시적이 되도록 격려하기 때문에, 모델의 지시성이 중요시된다. 치료자의 직무는 재진술하고, 다시 계통적 설명을 하는 것 이상의 역할을 한다.

③ 치료의 공식화가 중요하다. 이것은 치료가 어느 방향으로 진행되는지에 대한 아이디어를 가지고 치료가 어떻게 진행되는지 아는 데 있어 클라이언트와 치료자에게 도움이 되는 개별문제 목록을 설정하게 한다. 이 구조는 위기에 처한 클라이언트에게는 필수적이다.

④ 위기개입을 위하여 치료의 단기적인 본질이 요구된다. 일반적으로 인지치료는 12~20세션으로 구성되며, 20주 이상 진행되지 않는 반면에, 위기상황의 치료는 더욱 신속히 할 필요가 있지만, 반드시 20주에 한정할 필요는 없다.

⑤ 협동을 해나가는 것이다. 치료자와 클라이언트는 하나의 팀으로 함께 활동해야 한다. 협동은 항상 동일 비율이 아니고, 위기에 직면한 클라이언트와는 적절하게 배분한다. 역기능적인 클라이언트일수록 치료에 있어 에너지가 덜 활용될 수 있다. 치료의 초점은 그들의 에너지를 최대한으로 활용하도록 하며, 보다 많은 에너지를 창출하게 한다.

⑥ 인지치료모델은 치료의 역동적 모델이라는 것이다. 필요에 있어서 역동적·인지적 접근법은 강화된 지식을 통하여 이해를 증진시키고, 사고, 신념, 태도에 대한 이해를 증진시키기 위하여 개인의 인지표현을 중요시한다.

⑦ 인지치료는 정신교육적인 치료모델이다. 인지적 치료는 치유모델과는 반대되는 것으로서 기술의 구축 혹은 치료의 대처 모델이다.

⑧ 인지모델은 사회적·대인관계적 모델이다. 우리는 사회적 공백상태에 존재해 있지 않다. 클라이언트와 중요한 타인, 친구, 직장동료 등과의 관계는 모두 도식적으로 기반을 이루고 있으며, 치료의 중요한 초점이 된다.

6) 동기강화모델의 실천기술

동기강화상담은 1982년 노르웨이에서 약물중독 심리치료사들의 슈퍼바이저 역할을 하던 윌리엄 밀러(William Miller)에 의해 개발된 것으로, 내담자 중심적인 변화를 위한 체계적인 사회복지 개입 접근법이다.

기본적인 동기강화모델의 개입기술기법은 OARS인 개방형 질문하기, 인정하기(Affirmations), 반영하기(Reflections), 요약하기(Summaries)가 있다. 그 내용은 다음 과 같다(조미숙 외, 2020: 196~197).

(1) 개방형 질문하기

개방형 질문하기(Open-ended Questions)는 사회복지사가 아닌 클라이언트의 시각 에서 클라이언트의 어려움에 대한 정보를 수집하는 데 도움이 되는 질문형태로 질문하는 것을 말한다. 사회복지사는 열린 질문 혹은 개방된 질문을 통해 클라이언트가 자신의 상황을 클라이언트의 생각이 잘 반영되도록 대답할 수 있도록 하는 질문을 하여 클라이언트의 시각에서 정보를 수집하여야 한다.

(2) 인정하기

인정하기(Affirmations)는 클라이언트가 가지고 있는 강점, 과거의 행동이나 태도 중에서 긍정적인 측면, 좋아진 점, 개선된 점에 대해 인정함으로써 지지하는 것을 말한다. 이를 통해 오랜 어려움 속 클라이언트의 자존감을 높일 수 있고, 사회복지사와 클라이언트의 관계형성에 도움을 줄 수 있다. 이를 긍정하기라고도 한다.

(3) 반영하기

반영하기(Reflections)는 사회복지사가 클라이언트의 말을 바꾸어서 한 번 더 말하거나, 클라이언트의 상황 속에서의 생각이나 감정상태에 대해 말을 하므로 사회복지사가 클라이언트의 말을 집중해서 듣고 있고, 공감과 이해를 하고 있음을 보여주는 것을 말한다. 반영하기는 동기강화모델의 가장 핵심적인 기술이다.

(4) 요약하기

요약하기(Summaries)는 상담하는 동안 나눈 대화 내용을 상담이 진행되는 동안 간헐적으로, 또 마지막에 요약하여 전달하는 것이다. 이로 인해 클라이언트는 자신의 문제에 대해 객관적으로 인식할 수 있고, 사회복지사가 자신의 말을 잘 이해하고 있다는 것을 확인할 수도 있다.

기초기술(OARS)을 통하여 단기간 상담을 진행하면서 사회복지사는 클라이언트에게 스스로의 변화진술을 이끌어내야 한다. 위의 네 가지 기초 기술만을 이용한다면, 클라이언트가 문제에 고착될 가능성이 있기 때문에, 마지막으로 변화진술 끌어내기를 하는 것이 양가감정을 해결하는 데 좋다. 클라이언트 스스로 변화에 대한 스스로의 능력, 계획, 이유 등에 대해서 말하도록 하면, 클라이언트의 변화에 대한 의지를 끌어낼 수 있다. 또한 사회복지사는 클라이언트의 변화 진술을 통해 클라이언트의 향후 계획과 방향성에 대해 알 수 있으며, 이를 더 잘 도와줄 수 있다.

여기서 핵심적인 개입기법은 변화 대화(change talk)이다. 이는 치료자가 아닌 내담 자 스스로가 변화에 대한 욕망, 능력, 이유, 필요성 등에 대해 이야기하는 것을 말한다. 변화 대화를 통해 내담자는 불일치감을 느끼게 되어 스스로 변화해야 한다고 느끼며, 이에 내면의 불일치감을 일치감으로 바꾸려는 변화 동기가 유발된다. 이러한 변화 대화에는 현상유지의 단점 말하기, 변화의 장점 말하기, 변화 가능성에 대한 낙관적인 자세에 대해 스스로가 생각하고 표현하기, 변화하고자 하는 의도와 열망, 의지력, 실천의욕에 대해 표현하는 것이 포함된다.

위와 같은 원리와 기법을 통해 클라이언트는 숙고, 준비, 실행 단계를 거치며, 강화된 동기를 유지하게 된다. 클라이언트의 내재적 힘을 믿고, 클라이언트 중심 개입모델인 동기강화모델은 다른 모델들과 통합하여 적용될 수 있고, 단시간에도 큰 효과성을 띠는 증거기반 실천모델인 만큼 사회복지실천현장에서 유용하게 사용될 모델이다. 그러나 클라이언트와 사회복지사 간의 준비수준이 서로 맞지 않는 경우에 효과를 기대하기 어렵다는 것이 단점으로 작용한다. 또한 모델의 적용방식이 클라이언트 위주이기 때문에 저항행동이 심할 경우에도 효과를 기대하기 어렵다. 따라서, 미래의 사회복지사인 우리는 이 모델의 적용기술을 익혀두어야 필요가 있다.

연습문제

1. 정신역동모델에 관한 설명으로 옳지 않은 것은?
   ① 클라이언트의 무의식적 충동을 강조한다.
   ② 자기분석이 가능한 클라이언트에게 적합하다.
   ③ 저항, 방어기제, 전이에 대한 이해가 필요하다.
   ④ 훈습, 꿈 분석의 기술을 사용한다.
   ⑤ 사회구성주의적 관점에 근거한다.

2. 현대사회 가족의 변화에 해당하지 않는 것은?
   ① 규모의 축소　② 권력구조의 불평등 심화
   ③ 생활주기의 변화　④ 기능의 축소
   ⑤ 형태의 다양화

3. 인지행동모델에 관한 설명으로 옳은 것은?
   ① 탈이론적이다.　② 비구조화된 접근을 강조한다.
   ③ 주관적 경험과 인식을 중시한다.
   ④ 클라이언트가 수동적으로 참여한다.
   ⑤ 클라이언트의 무의식적 언행에 초점을 맞춘다.

4. 집단역학(group dynamics)의 구성요소가 아닌 것은?
   ① 긴장과 갈등　② 가치와 규범
   ③ 집단목적　④ 의사소통유형
   ⑤ 지식 및 정보습득

5. 면접 중 침묵을 다루는 사회복지사의 태도로 적절하지 않은 것은?
   ① 침묵하는 이유를 파악한다.　② 침묵을 기다리는 배려가 필요하다.
   ③ 침묵의 이유를 알 때까지 질문한다.
   ④ 침묵은 저항의 유형으로 볼 수 있다.
   ⑤ 침묵이 계속되면 면접을 중단할 수 있다.

정답 1. ⑤ 2. ② 3. ③ 4. ⑤ 5. ③

Chapter 10

지역사회복지

학습목표

1. 지역사회복지의 목적에 대한 숙지
2. 지역사회복지실천의 가치에 대한 충분한 이해
3. 실천영역에 대한 항목별 이해

학습내용

1. 지역사회복지의 개념
2. 지역사회복지실천의 개념
3. 지역사회복지의 실천영역

개 요

지역사회복지는 지역사회주민의 복지향상을 목적으로, 전문 또는 비전문가들이 지역사회수준에 개입하여 지역사회에 존재하는 각종 제도에 영향을 주고 지역사회의 문제를 예방하고 해결하고자 하는 일체의 조직적 · 비조직적 사회적 노력을 말한다. 결국 지역사회복지는 지역사회주민이 바라는 이상적 지역사회를 추구하는 것이다. 여기에서는 지역사회복지를 학습하고자 한다.

Chapter 10
지역사회복지

1. 지역사회복지의 개념

지역사회복지(community welfare)는 일정한 공간에서 문화적 동질성과 공통된 가치체계를 갖는 사람들로 구성된 사회로서 지역사회와 사회복지의 합성어이다. 이러한 지역사회복지는 지역사회주민의 복지향상을 목적으로, 전문 또는 비전문가들이 지역사회수준에 개입하여 지역사회에 존재하는 각종 제도에 영향을 주고 지역사회의 문제를 예방하고 해결하고자 하는 일체의 조직적 · 비조직적 사회적 노력을 의미한다(김현호 외, 2017: 41).

지역사회복지의 개념은 협의의 개념과 광의의 개념으로 분리할 수 있다.

협의의 개념은 '지역사회복지'를 영국의 지역사회보호와 동일시하는 견해로서, 재가복지를 포함한 생활시설이 아닌 환경에서 서비스 대상자에게 각종 사회복지서비스를 제공하는 것으로 시설보호와 대치되는 개념이다. 따라서, 대인서비스와 밀접하게 관련된다. 지역사회 차원에서 복지 대상자에게 제공되는 사회복지서비스를 강조하면서도 지역사회 차원에서 제도 변화를 추구하는 사회복지운동과 같은 노력들도 지역사회복지에 포함한다. 따라서, 제도나 정책의 변화와 같은 거시적 활동체계를 도외시하는 측면이 한계로 지적되고 있다.

광의의 개념을 살펴보면 다음과 같다(염일열 외, 2021: 25~26).

첫째, 제도차원의 개념이다. 제도적인 차원에서 지역사회복지는 법제도에 의한 모든 공 · 사의 사회적 노력을 포함한다. 우리나라의 「사회복지사업법」은 이에 대한 법적 근거를 제시하고 있으며, 지역사회복지 계획의 수립과 지역사회복지 협의체의 활성화로 지역사회복지 관련 제도와 실천현장은 민관협력의 제도적 지원체계로 나아가고 있다. 지역사회의 복지향상을 위해 전문 혹은 비전문 인력이 지역사회 수준에 개입하여 지역사회에 존재하는 각종 제도에 영향을 주고, 지역사회의 문제를 예방하고 해결하고자 하는 일체의 사회적 노력을 의미한다.

둘째, 지역성이 강조되는 개념이다. 지역사회의 복지를 향상시키려고 하는 노력은 어느 특수 전문분야에 국한되는 것이 아니고, 사회복지사업, 공중보건, 평생교육, 공공행정, 도시행정, 도시계획, 정신건강 등의 전문가들과 민간단체나 정치단체의 자원봉사자들에 의해 광범위하게 수행된다. 따라서, 지역사회복지 활동은 반드시 전문적인 활동(professional activity)으로 규정할 수는 없으며, 자연발생적인 민간활동(예; 두레, 품앗이 등)에서부터 근대화를 위한 지역개발운동(새마을운동, 4H 클럽 등), 현대의 민간자선활동, 그리고 전문적인 지역사회조직 사업을 모두 포함하는 포괄적인 성격을 띤다. 또한 아동 · 청소년 · 노인복지라는 대상 중심의 복지활동보다는 지역성이 강조된다는 점이 그 특성이라 할 수 있다.

셋째, 포괄적 개념이다. 지역사회복지란, 자립생활이 곤란한 개인과 가족이 지역에서 자립생활이 가능하도록 관계망을 만들고 필요한 서비스를 종합적으로 제공하는 것이다. 이에 필요한 물리적 · 정신적 환경조성을 도모하기 위하여 사회자원의 활용, 사회복지제도의 확립, 복지교육의 전개를 종합적으로 수행하는 활동으로 정의하고 있다.

이 정의는 복지교육을 통하여 주민의 주체형성과 참여를 촉구하고 이를 기반으로 지역조직화를 이루어 나가는 특성을 갖고 있다. 또한 지역사회복지는 복지욕구에 대하여 공공이나 민간을 불문하고 지역의 모든 자원을 동원하여 대응하는 '공사협동'의 이념을 기반으로 한다. 그 위에서 지역의 행정시책 · 시설기능 · 자원봉사활동 · 주민참여의 유기적인 협력과 그 시스템화를 중시하는 것으로 보고 있다. 이는 자원봉사활동론(voluntary action)으로 분류되기도 한다.

결론적으로 지역사회복지는 지역사회 내에서 사회복지를 필요로 하는 개인이나 가족 등의 삶의 질 향상을 위해 지역사회자원을 활용할 수 있도록 조직을 통합하고, 환경개선서비스 및 개별적 사회서비스 시스템 등을 확보하여 운영하고 개선하려는 전반적 지역사회활동을 총칭한다고 할 수 있다.

2. 지역사회복지실천의 개념

지역사회복지실천이란, 용어는 학자 간에 다양하게 정의하고 있어 명료하고 납득할 만한 개념규정을 찾기 힘들다. 기본적으로 '지역사회를 기반으로 하는 사회복지의 구체적 개입활동'이라는 의미를 바탕으로 하고 있다. 지역사회복지실천을 강조하게 된 이유는, 현대의 산업사회가 안고 있는 사회문제에 대해 과거의 자선적이고 비조직적인 노력으로는 대처하기 어려워서, 보다 과학적이고 조직적이고 계획적인 전문노력이 강조된 데서 비롯된 것이다. 최근 우리나라에서는 지역사회를 클라이언트로 보는 지역사회실천이 강조되고 있다.

사회복지실천은 사회복지사가 사회적 안녕상태를 이루기 위해 필요한 구체적 서비스가 요구되는 현장에서 실천에 옮기는 작업이라 할 수 있다. 사회복지사가 개인, 집단, 가족, 지역사회, 제도 및 사회적 수준에서 클라이언트가 스스로 문제와 욕구를 해결하도록 도와주어, 사회적 기능을 향상시키고 나아가서는 삶의 질을 높이는 데 목적을 둔 종합적 실천활동이다.

이러한 의미에서 지역사회복지실천은 사회복지실천을 기초로 지역사회 내에서 클라이언트의 의뢰, 지역사회자원의 사정, 클라이언트 지원체계의 개발, 클라이언트의 욕구충족을 위한 정책결정자에 대한 옹호활동 등 거시적 사회복지실천활동 및 직접적 서비스 제공과 관련된 모든 실천활동을 의미한다(김현호 외, 2017: 83).

지역사회복지실천의 개념은 지역사회에서의 삶의 기회와 선택의 기회를 제공하고, 인간으로서의 권리와 분배정의를 실현시키기 위해, 사회복지 전문영역에서 개입하는 활동들로, 이러한 개입의 내용은 기본적으로 개발(development),

조직화(organizing), 계획(planning), 진보적 변화(progressive change)로 구성될 수 있다(Weil, 2012).

지역사회복지실천의 개념 구성요소를 살펴보면 다음과 같다(전해황 외, 2016: 104~105).

① 지역사회를 대상으로 하는 사회복지실천을 의미한다.
② 지역사회수준의 지역사회집단, 조직과 제도, 지역주민 간의 관계 및 상호작용의 행동패턴을 변화시키는 실천기술의 적용이라고 할 수 있다.
③ 지역사회복지 달성이라는 목적을 위해 보다 구체적으로는 지역사회구성원이 공유하는 문제와 관련된 지역사회의 변화를 위해 요구되는 개입기술을 응용하고 활용한다.
④ 지역사회계획 및 서비스 통합, 지역주민의 조직화와 사회행동을 포괄하는 것으로서, 변화를 위한 직접적 개입활동에 초점을 두는 개념이다.

3. 지역사회복지의 실천영역

1) 사회복지공동모금회

(1) 사회복지공동모금의 개념

사회복지공동모금이란, 지역사회주민의 복지욕구를 충족시키기 위하여 과학적이고 전문적인 모금캠페인을 통하여 사회복지에 필요한 자원을 공동으로 마련하여 모금액을 복지사업에 적절히 배분하는 활동이다. 사회복지 공동모금회법 제2조는 사회복지공동모금을 사회복지사업, 기타 사회복지활동의 지원에 필요한 재원을 조성하기 위하여 기부금품을 모집하는 것으로 규정하고 있다.

사회복지공동모금은 공동모금을 통하여 사회복지에 대한 국민의식을 개선하고, 국민의 자발적인 성금으로 조성된 재원을 효율적이고 공정하게 관리 · 운용함으로써, 사회복지 증진에 이바지함을 목적으로 한다. 즉, 지역사회주민의 자발적인 참여를 통하여 지역사회주민의 자원봉사활동을 활성화하고, 개별 모금의 서비스가 상호 중복, 누락되는 것을 보완해 지역사회 자원배분의 합리성을 높이고, 창조적이고 수준 높은 사회복지 프로그램을 개발하는 데에 목적이 있다.

사회복지공동모금회(Community Chest of Korea)는 국민의 성금으로 마련된 재원을 효율적이고 공정하게 관리 · 운용하기 위해 설립된 사회복지법인을 말한다. 1994년 지방자치단체의 잘못된 성금모금과 사용을 막기 위하여 공무원의 모금행위 금지와 성금의 용도를 불우이웃사업에 한정하는 내용의 조례가 제정되고 「사회복지공동모금회법」이 개정됨에 따라, 1998년 11월 중앙과 전국 16개 시 · 도 지회의 통합 모금단체로 설립되었으며, 보건복지부장관의 지도 · 감독을 받는다.

공동모금회의 명칭은 시대마다, 국가마다 상이하게 사용되고 있다. 예를 들어, 미국, 캐나다, 호주에서는 'United Way'라는 명칭을 사용하고, 우리나라, 일본, 싱가포르는 'Community Chest'라고 호칭하고 있다. 기관연합모금회라는 폐쇄적인 멤버십 모델에 입각하여 모금이 이루어지는 미국의 United Way와는 달리, 우리나라의 사회복지공동모금회는 충족되지 않은 지역사회의 복지욕구에 대응하여, 복지수준 향상을 위해 민간자원을 동원하고, 배분하는 개방적인 모금과 배분 체계를 가지고 있다.

(2) 사회복지공동모금회의 사업 내용

① 위기가정 지원사업

위기가정은 실제 위기를 겪고 있지만, 공공복지제도의 지원 기준에 부합하지 않거나, 여러 가지 이유로 복지서비스를 받지 못하는 가정을 말한다.

가. 공과금 체납, 재해, 퇴거 위기로 주거가 불안한 가정

나. 실직, 질병, 재해 등으로 인한 소득중단 또는 급격한 감소로 생계가 곤란한 가정

다. 의료비 체납 또는 경제적 어려움으로 치료를 받지 못하는 가정

라. 제도적 지원을 받지 못하여 가족 해체 또는 생존의 위협에 노출된 가정

마. 기타 : 사례판정 결과, 긴급지원이 필요하다고 인정한 가정

이러한 가정에 대하여 복지사각지대에 놓인 이웃을 보다 신속하고 정확하게 지원하기 위하여, 전국 415개 복지관에 위기가정지원센터를 설치하고, 이곳을 통해 급박한 도움을 필요로 하는 가정들에게 간단한 확인을 거쳐 신속한 지원을 받도록 하는 사업이다.

② 저소득층(재난적) 의료비 지원사업

중증질환이나 재난적 상황에 의한 질환으로 막대한 진료비로 인해 생계곤란의 위협에 놓여 있지만, 소득 · 재산 · 부양자 등 지원기준에 부합하지 못해 정부지원을 받지 못하는 사람들을 지원하는 사업이다.

가. 대상 질환

– 중증질환 : 암, 심장, 뇌혈관, 중증화상

– 희귀난치성 질환 : 신부전증, 혈우병 등

나. 지원 대상

기본적으로 가구 소득이 기준중위소득의 100% 이하인 저소득 가구(의료급여 수급자 · 차상위 계층 당연 선정)를 지원대상으로 한다.

– 의료급여 수급자, 차상위 계층 : 선택진료비, 상급병실료(특실제외) 등 비급여를 포함한 1회 입원 진료비의 확정본인부담액이 '100만원 이상' 발생

– 기준중위소득 80% 이하 : 선택진료비, 상급병실료(특실제외) 등 비급여를 포함한 1회 입원 진료비의 확정본인부담액이 '200만원 이상' 발생

– 기준중위소득 80% 초과 100% 이하 : 선택진료비, 상급병실료 등 비급여를 포함한 환자 실제 본인부담액(지원금 등 제외)이 연간소득 대비 30% 이상인 경우, 심의를 통해 지원여부 결정

③ 복지현안 우선 지원사업

사회복지현장의 긴급한 문제 및 복지이슈에 신속하게 대응하기 위해 지원절차를 간소화하고 보다 빠르게 복지사업을 지원하는 제도이다.

가. 사업 목적

– 긴급한 사회문제 및 사회복지 이슈해결을 위한 민간복지영역 지원

– 사회복지현장의 복지수요에 대한 신속한 대응체계 구축

– 분절차 간소화와 적시적인 지원으로 배분사업의 효과성 제고

나. 사업 내용

사업 내용은 기관 또는 지역사회의 긴급하고 시급을 요하는 기능보강 및 단순 프로그램 사업을 말한다.

다. 지원대상

지원대상은 복지사업 및 사회복지활동을 행하는 비영리 법인 · 기관 · 단체 및 시설이다. 사회복지공동모금회의 모금과 지원 내용은 〈표 10–1〉과 같다.

〈표 10–1〉 사회복지공동모금회 모금과 지원

<table>
<tr><th colspan="2">모금방법</th><th colspan="2">지원사업</th></tr>
<tr><td>개인모금 사업</td><td>아너 소사이어티, 직장인모금, 착한가게, 유산기부 캠페인, 희망자산나눔 등</td><td>신청사업</td><td>사회복지 증진을 위하여 자유주제 공모형태로 복지사업을 신청 받아 배분하는 사업</td></tr>
<tr><td>기업모금 사업</td><td>맞춤형 기업 사회공헌, 공익연계마케팅, 현물기부 등</td><td>기획사업</td><td>모금회가 그 주제를 정하여 배분하는 사업 또는 배분대상자로부터 제안 받은 내용 중에서 선정하여 배분하는 시범적이고 전문적인 사업</td></tr>
<tr><td rowspan="2">기타 모금 사업</td><td rowspan="2">연합모금, 방송모금, 이벤트모금, 온라인모금, 모금함모금</td><td>긴급지원 사업</td><td>재난구호 및 긴급구호, 저소득층 응급지원 등 긴급히 지원해야 할 필요가 있는 경우에 배분하는 사업</td></tr>
<tr><td>지정기탁 사업</td><td>사회복지 증진을 위하여 기부자가 기부금품의 배분지역 또는 사용용도를 지정한 경우, 그 지정취지에 따라 배분하는 사업</td></tr>
</table>

2) 지역사회복지관

(1) 사회복지관의 개념

사회복지관(community welfare center)은 사회관(community center), 인보관(settlement house), 근린관(neighborhood center) 등으로 불린다. 그 기원은 영국의 사회복지법인 토인비 홀(Toynbee Hall), 미국의 헐 하우스(Hull House), 우리나라의 태화여자관이 개관된 데서 비롯된다.

사회복지관이란, 지역사회를 기반으로 일정한 시설과 전문 인력을 갖추고, 지역주민의 참여와 협력을 통하여 지역사회복지 문제를 예방하고 해결하기 위하여 종합적인 복지서비스를 제공하는 시설을 말한다. 여기서 지역사회복지란, 주민의 복지증진과 삶의 질 향상을 위하여 지역사회 차원에서 전개하는 사회복지를 말한다. 이 사회복지관의 기본적인 성격은 ① 자주성, ② 지역성, ③ 복지성, ④ 다목적성, ⑤ 전문적이다.

사회복지관은 사회복지서비스 욕구를 가지고 있는 모든 지역사회주민을 대상으로 보호서비스, 재가복지서비스, 자립능력 배양을 위한 교육훈련 등 그들이 필요로 하는 복지서비스를 제공하고, 가족기능 강화 및 주민 상호 간 연대감 조성을 통한 각종 지역사회문제를 예방 · 치료하는 종합적인 복지서비스 전달기구로서 지역사회주민의 복지증진을 위한 중심적 역할을 수행하여야 한다.

(2) 사회복지관 사업의 내용

사회복지관은 지역사회의 특성과 지역주민의 복지욕구에 대한 조사결과를 바탕으로 사업내용을 자율적으로 결정하되, 다음 분야별 사업 및 내용 중에서 해당 사회복지관의 실정에 적합한 프로그램을 선정하여 수행한다. 다만, 관할 시장 · 군수 · 구청장이 지역적 특성을 감안하여 필요하다고 인정한 경우에는 예외사항을 두거나 별도의 사업을 개발 · 추진할 수 있다. 사회복지관의 사업은 다음과 같다.

〈표 10-2〉 사회복지관 사업

기 능	사업분야	사업 및 내용
사례관리 기능	사례발굴	지역 내 보호가 필요한 대상자 및 위기 개입대상자를 발굴하여 개입계획 수립
	사례개입	지역 내 보호가 필요한 대상자 및 위기 개입대상자의 문제와 욕구에 대한 맞춤형 서비스가 제공될 수 있도록 사례개입
	서비스 연계	사례개입에 필요한 지역 내 민간 및 공공의 가용자원과 서비스에 대한 정보 제공 및 연계, 의뢰
서비스 제공 기능	가족기능 강화	1. 가족관계증진사업 : 가족원간의 의사소통을 원활히 하고 각자의 역할을 수행함으로써 이상적인 가족관계를 유지함과 동시에, 가족의 능력을 개발·강화하는 사업 2. 가족기능보완사업 : 사회구조 변화로 부족한 가족기능, 특히 부모의 역할을 보완하기 위하여 주로 아동·청소년을 대상으로 실시되는 사업 3. 가정문제해결·치료사업 : 문제가 발생한 가족에 대한 진단·치료·사회복귀 지원사업 4. 부양가족지원사업 : 보호대상 가족을 돌보는 가족원의 부양부담을 줄여주고 관련 정보를 공유하는 등 부양가족 대상 지원사업 5. 다문화가정, 북한이탈주민 등 지역 내 이용자 특성을 반영한 사업
	지역사회보호	1. 급식서비스 : 지역사회에 거주하는 요보호 노인이나 결식아동 등을 위한 식사제공 서비스 2. 보건의료서비스 : 노인, 장애인, 저소득층 등 재가복지사업대상자들을 위한 보건·의료 관련 서비스 3. 경제적 지원 : 경제적으로 어려운 지역사회 주민들을 대상으로 생활에 필요한 현금 및 물품 등을 지원하는 사업 4. 일상생활 지원 : 독립적인 생활능력이 떨어지는 요보호 대상자들이 시설이 아닌 지역사회에 거주하기 위해서 필요한 기초적인 일상생활 지원서비스 5. 정서서비스 : 지역사회에 거주하는 독거노인이나 소년소녀가장 등 부양가족이 없는 요보호대상자들을 위한 비물질적인 지원서비스 6. 일시보호서비스 : 독립적인 생활이 불가능한 노인이나 장애인 또는 일시적인 보호가 필요한 실직자·노숙자 등을 위한 보호서비스

<table>
<tr><td rowspan="3">서비스 제공 기능</td><td>지역사회보호</td><td>7. 재가복지봉사서비스 : 가정에서 보호를 요하는 장애인, 노인, 소년 · 소녀가정, 한부모가족 등 가족기능이 취약한 저소득 소외계층과 국가유공자, 지역사회 내에서 재가복지봉사서비스를 원하는 사람에게 다양한 서비스 제공</td></tr>
<tr><td>교육문화</td><td>1. 아동 · 청소년 사회교육 : 주거환경이 열악하여 가정에서 학습하기 곤란하거나, 경제적 이유 등으로 학원 등 다른 기관의 활용이 어려운 아동 · 청소년에게 필요한 경우 학습 내용 등에 대하여 지도하거나 각종 기능 교육
2. 성인기능교실 : 기능습득을 목적으로 하는 성인사회교육사업 사회복지관의 사업
3. 노인 여가 · 문화 : 노인은 대상으로 제공되는 각종 사회교육 및 취미교실 운영사업
4. 문화복지사업 : 일반주민을 위한 여가 · 오락프로그램, 문화소외집단을 위한 문화프로그램, 그 밖에 각종 지역문화행사사업</td></tr>
<tr><td>자활지원 등 기타</td><td>1. 직업기능훈련 : 소득층의 자립능력 배양과 가계소득에 기여할 수 있는 기능훈련을 실시하여 창업 또는 취업을 지원하는 사업
2. 취업알선 : 직업훈련 이수자 기타 취업희망자들을 대상으로 취업에 관한 정보제공 및 알선사업
3. 직업능력개발 : 근로의욕 및 동기가 낮은 주민의 취업욕구 증대와 재취업을 위한 심리 · 사회적인 지원프로그램 실시사업
4. 그 밖의 특화사업</td></tr>
<tr><td rowspan="3">지역 조직화 기능</td><td>복지 네트워크 구축</td><td>지역 내 복지기관 · 시설들과 네트워크를 구축함으로써 복지서비스 공급의 효율성을 제고하고, 사회복지관이 지역복지의 중심으로서의 역할을 강화하는 사업
– 지역사회연계사업, 지역욕구조사, 실습지도</td></tr>
<tr><td>주민조직화</td><td>주민이 지역사회 문제에 스스로 참여하고 공동체 의식을 갖도록 주민조직의 육성을 지원하고, 이러한 주민협력강화에 필요한 주민의식을 높이기 위한 교육을 실시하는 사업
– 주민복지증진사업, 주민조직화 사업, 주민교육</td></tr>
<tr><td>자원개발 및 관리</td><td>지역주민의 다양한 욕구 충족 및 문제해결을 위해 필요한 인력, 재원 등을 발굴하여 연계 및 지원하는 사업
– 자원봉사자 개발 · 관리, 후원자 개발 · 관리</td></tr>
</table>

자료: 사회복지사업법 시행규칙 별표 3

3) 재가복지센터

(1) 재가복지서비스의 개념

재가복지서비스란, 사회복지관에서 교육이나 훈련을 받은 사람들이 클라이언트의 기능을 유지 · 강화 · 보호하기 위해 도움을 주는 것이며, 도움을 필요로 하는 사람들이 가정에서 도움을 받을 수 있도록 한 것으로, 가족기능의 약화된 부분을 보완하는 보충적인 서비스(supplementary service)를 말한다. 재가복지서비스는 노인, 장애인, 소년소녀가정, 한부모가정 등 도움이 필요한 클라이언트를 시설에 수용하지 않고 가정에 머물도록 하면서, 사회복지시설로 통원하게 하거나 가정봉사원을 가정으로 파견하여 서비스를 제공함으로써 이들의 기능을 유지 · 강화하고 나아가 자립을 돕는 방법이다(김수진 외, 2014: 346). 재가복지서비스는 시대적인 변천과 국민들의 사회복지 욕구의 변화에 따라 새로운 프로그램으로 대두되기 시작하였는데, 그 이유는 산업화와 핵가족화로 인해 가족부양에 한계가 왔기 때문이며, 종래의 시설복지서비스보다 비용이 적게 들고 많은 사람에게 혜택을 줄 수 있기 때문이다.

우리나라에서 사용되는 재가복지서비스의 개념은 지역사회보호와 재가보호의 개념이 혼합된 형태이면서 재가보호에 가까운 개념이다. 가족이라는 장을 중심으로 서비스를 제공한다는 점과 공공 및 민간 조직의 보호를 포함한다는 점에서, 지역사회보호와 재가보호의 개념이 일치하며, 우리나라의 재가복지서비스의 개념도 이러한 기준에 부합한다(오정수 · 류진석, 2017: 183).

(2) 재가복지서비스의 사업 내용

2008년 7월 노인장기요양보험제도가 실시됨에 따라 기존의 노인재가복지시설로 되어 있던 가정봉사원파견시설, 주간보호시설, 단기보호시설의 명칭을 방문요양서비스, 방문목욕서비스, 주 · 야간보호서비스, 단기보호서비스 등 재가노인복지시설로 명칭을 통일하고 서비스 종류로 구분하는 것으로 변경되었다. 하지만 재가복지서비스의 3대 핵심 사업은 일부 명칭이 변경되었지만, 노인 재가복지시설에서 제공하는 서비스라는 점은 변동되지 않았다.

전통적으로 재가복지서비스의 3대 핵심 사업은 주간보호사업, 단기보호사업, 가정봉사원 파견서비스로 분류하고 있다. 대체적으로 주간보호사업이나 단기보호사업의 서비스 내용은 비슷하다. 단지 단기보호사업이란, 단기간 동안 숙식을 제공하기 때문에 경우에 따라 24시간을 거주할 수 있는 시설과 인력이 필요하다.

① 주간보호사업

주간보호사업이란, 부득이한 사유로 가족의 보호를 받을 수 없는 노인을 낮 동안 시설에 입소시켜 필요한 서비스를 제공하는 사업을 말한다. 대표적 시설로는 일시보호시설, 탁노소 등이 있다. 영어로는 Day Care Center, Day Service Center라고 하며, 일본의 경우에도 비슷한 용어를 사용하고 있다. 우리말로 직역하면, 일시보호시설, 탁아소, 탁노소 등에 해당하나, 우리나라에서는 주간보호사업으로 사용하고 있다. '데이케어(day care)'라고 하는 용어는 사회복지 분야에서는 오래 전부터 사용되어왔다. 그 의미는 가정에서 통원을 중심으로 서비스를 제공받을 수 있는 시설을 말한다. 이에 해당하는 대표적인 시설이 보육시설, 즉 어린이집(탁아소)이라 할 수 있다.

우리나라의 주간보호사업은 1992년 서울의 한국노인복지회, 은천노인복지센터, 천사양로원 등에서 시작하였다. 1994년 부산의 남광사회복지재단, 애광원, 경기도의 신양원 등으로 확대 운영되고 있다. 현재는 노인 주야간보호서비스를 제공하는 시설만 전국적으로 800여 개소가 운영되고 있다.

주간보호사업의 목적은,

첫째, 가정에서만 생활하고 있는 허약한 노인 또는 장애노인에게 사회적으로 고립되어 있는 생활에서 벗어나, 자립생활과 심신의 기능이 저하되지 않도록 예방 및 원조하여 주는 데 있다.

둘째, 가정에서 노인을 부양하고 있는 보호자들의 수고와 노력을 덜어주는 데 있다.

② 단기보호사업

가. 단기보호서비스

단기보호서비스(short stay service)는 집에서 보호를 받고 있는 장애노인을 단기간 수용·보호하는 프로그램으로서, 부양 의무자가 병이나 여행 또는 개인적인 일로 보호를 할 수 없을 때 서비스를 제공하는 것을 말한다.

우리나라 단기보호는 1992년 대구, 인천, 광주, 충북, 전북, 전남 등의 실비양로시설이나 요양시설에서 시범적으로 운영되어 왔다. 현재는 단기보호사업을 노인입소시설에서 제공할 뿐만 아니라, 지역사회복지관, 노인복지관, 재가노인봉사센터 등 이용시설에서도 허약한 노인이나 심신장애노인을 대상으로 일시적으로 서비스를 제공하고 있다.

나. 서비스 내용

단기보호서비스의 내용은 다음과 같다.

- 안정과 휴양의 장소 제공
- 보호·감독의 서비스를 받을 수 있는 점
- 장애에 따른 사회적 고립을 예방할 수 있다는 점
- 각종 문제의 상담서비스
- 가벼운 질병이나 장애에 대한 의료재활서비스

③ 가정봉사원과 요양보호사 파견사업

가정봉사원 파견사업이란, 여러 가지로 도움이 필요한 노인, 장애인, 아동의 가정에 가정봉사원을 파견하여, 다양한 재가서비스를 제공하는 사업을 말한다. 가정봉사원은 영어의 home helper, home maker, home maker-home health aids 등이 번역·사용된 용어이다. 외국의 경우, 홈 헬퍼는 소정의 활동비를 지급받으면서 활동하는 유급을 의미하고 있다. 가정봉사원의 경우 유급과 무급으로 분류할 수 있다. 유급 가정봉사원이란, 가정봉사원에 참여한 시간에 대하여 활동비를 지급받으며 활동하는 자들을 말한다. 무급 가정봉사원이란, 무보수를 원칙으로 활동하는 자원봉사형 가정봉사원을 말한다.

우리나라의 가정봉사원 파견사업은 1987년 한국노인복지회에서 무의탁노인을 돕기 위해 처음으로 시작하였다. 1989년에는 서울시립노인종합복지관(북부와 남부 노인복지관)에서 무의탁노인을 위한 가정봉사원 파견사업을 실시하였다.

또한 같은 해에 노인복지법이 개정되어 가정봉사원 파견사업이 노인복지사업으로 규정되어 정부에서 보조금을 지원받을 수 있는 근거를 마련하였다. 1991년에는 한국사회복지협의회에서 지역복지봉사센터를 전국 15개 지부에 설치하면서, 자원봉사자를 모집하여 사회복지시설과 사회복지관에 육성 · 파견하는 사업을 시작하였다.

1992년에는 사회복지협의회 부설 지역복지봉사센터, 장애인복지관 부설과 종합사회복지관 부설에 141개소의 재가복지봉사센터가 설립되어, 가정봉사원 파견사업이 전국적으로 시작되었다. 1993년에는 노인복지법 개정으로 재가노인복지사업이 가정봉사원 파견사업과 주간보호사업 그리고 단기보호사업으로 확대되면서 노인복지사업의 핵심사업으로 발전되었다.

복지선진국의 경우, 그 나라의 사회복지서비스 수준은 가정봉사원의 수, 그리고 이에 투입되는 예산과 정비례한다고 해도 과언이 아닐 정도로 가정봉사원 파견사업의 중요성이 인식되고 있다.

2008년 7월부터 시작된 노인장기요양보험제도에 의해 시작된 요양보호사 제도는, 그동안 재가복지서비스 분야에서 활용되어오던 유급 가정봉사원 인력이 제도화된 것으로 볼 수 있다. 그러나 우리나라의 요양보호사 자격제도는 누구나가 너무나 쉽게 자격을 취득할 수 있도록 졸속으로 제도화하였다는 점에서 비판받아 마땅하다. 조금은 더 질적으로 전문성을 인정받을 수 있는 전문인력으로 제도화하였어야 했다. 최소한도 요양보호사 자격제도도 2급에서 1급 또는 3급에서 1급까지로 단계적으로 전문성을 인정받을 수 있는 자격제도로 제도화하지 못하고 있다. 즉, 전문 요양의 필요성 증대로 인해 전문가로서의 요양보호사를 양성할 필요가 있다.

4) 사회복지협의회

(1) 사회복지협의회의 개념

지방분권화 시대에 국가의 역할을 축소하고 민간의 역할을 강조하면서, 지역사회의 복지증진과 서비스의 효율적인 전달을 위하여 지역사회를 중심으로 한 사회복지 관련 단체 및 시설들의 연합체가 중요해지고 있다. 사회복지 분야의 핵심적인 영역인 서비스의 연계 및 조정의 역할들이 하나의 단체 또는 하나의 기관을 넘어서서, 각 단체 및 기관들 간의 유기적인 협력 및 연계 그리고 조정의 범위로 확대되어, 지역주민들의 복지 향상을 위하여 효과적으로 운영되도록 하는 대표적인 지역사회조직이 사회복지협의회라고 볼 수 있다(양정하 외, 2017: 245).

사회복지협의회는 시대와 상황에 따라 다양하게 정의될 수 있다.

던햄(A. Dunham)에 따르면, 사회복지협의회는 보건과 복지에 관한 지역사회 문제 해결에 필요한 계획을 수립하고 사업을 실행함에 있어서 주민의 관심과 전문가의 기술을 결합시키는 지역주민과 사회기관들의 연합체(association)이다. 여기서 사회기관들의 연합체는 지역사회 내 사회복지시설, 사회복지에 관심을 가지는 민간단체나 개인의 연합체 또는 협회를 말한다. 이 협의회의 1차적 목적은 지역사회 주민의 욕구와 문제에 대응하며 복지, 보건 및 여가에 대한 계획과 조정을 하는 것으로 지역사회조직의 대표적인 기관이다(Dunham, 1970).

일반적으로 사회복지협의회는 지역사회조직이론에 의해 조직된 단체로서 지역사회복지사업을 추진하는 기관이고, 직접적인 지원보다는 기획, 연구, 조사 등의 간접적인 서비스를 제공하는 지원기관이다. 즉, 지역사회 내의 자원 동원과 활용을 위해서 지역사회 내의 여러 기관 및 시설과 개인을 조정 · 협의해 나가는 민간단체의 협의체라고 개념을 설명하였다.

사회복지협의회의 특성을 살펴보면 다음과 같다(우수명 외, 2021: 255).

① 협의회는 지역주민과 지역 내 사회복지기관 및 여러 조직들에 의해 구성된다.

② 협의회는 지역사회의 복지 과제를 해결하기 위해 지역주민의 복지활동을 조직화한다. 또한 합의된 복지사회 목표를 지향할 수 있도록 상호 간의 협의 · 조정을 통해 구체적인 사업계획 및 사회운동을 전개하는 기관이다.

③ 협의회는 민간사회복지의 대표성을 지닌 기관으로서 자율성과 독립성을 갖추어야 하며, 지역사회복지의 중간 집단으로서 정체성을 확보하고 지역 내의 문제 및 욕구를 충족시키기 위해 지역 내 인적 · 물적 자원을 동원하고

서비스를 조정하는 기관이다.

한국사회복지협의회는 「사회복지사업법」 제33조와 동법 시행령 제12조에 의거, 설립된 사회복지 공익법인으로서, 민간 사회복지 증진을 위한 협의조정, 정책개발, 조사연구 교육훈련, 자원봉사활동의 진흥, 정보화 사업, 사회적 취약계층을 위한 사업 수행을 통해 우리나라의 사회복지 증진과 발전에 기여하고 있다. 이러한 한국사회복지협의회의 설립목적은 사회복지에 관한 조사 · 연구와 각종 복지사업을 조성하고, 각종 사회복지 사업과 활동을 조직적으로 협의 · 조정하며, 사회복지에 대한 국민의 참여를 촉진시킴으로써 우리나라의 사회복지 증진과 발전에 기여하는 데 그 목적이 있다.

(2) 주요 사업

한국사회복지협의회의 주요 사업은 다음과 같다.

- 사회복지에 관한 조사 · 연구 및 정책 건의
- 사회복지 관련 기관 · 단체 간의 연계 · 협력 · 조정
- 사회복지 소외계층 발굴 및 민간사회복지자원과의 연계 · 협력
- 사회복지 종사자에 대한 교육훈련, 복지증진
- 사회복지에 관한 자료수집, 각종 간행물 발간 및 홍보
- 시 · 도 및 시 · 군 · 구 사회복지협의회 업무지원 및 협력증진
- 국제사회복지단체와의 교류협력
- 자원봉사활동의 진흥
- 사회복지 자원개발 및 정보화사업의 진흥
- 식품자원 기부촉진 기반조성
- 사랑나눔실천 '1인1나눔계좌갖기운동' 전개
- 소아암 · 백혈병 및 희귀난치성 질환 환아 진료비지원 사업
- 사회공헌 문화 주도 및 종합정보 제공
- 보건복지부장관이 위탁하는 사회복지에 관한 업무 등

[그림 10-1] 한국사회복지협의회의 업무추진도

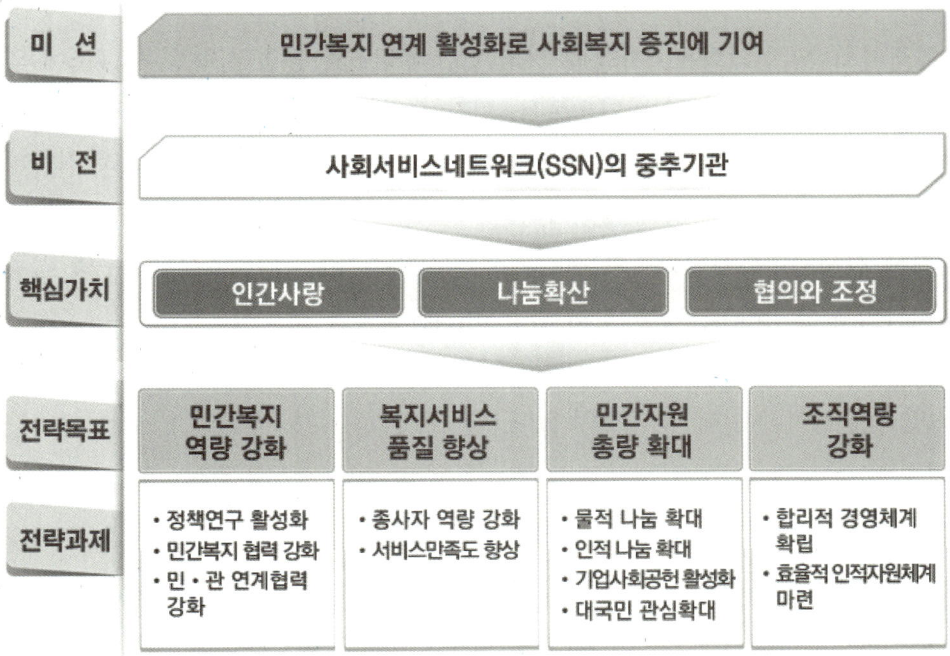

자료: http://kncsw.bokji.net

5) 지역사회보장협의체

(1) 지역사회보장협의체의 개념

지역사회보장협의체는 지역사회의 복지향상을 위해 구성 · 운영하는 공공과 민간, 그리고 주민과 학계 전문가가 참여하는 협의 구조이며, 지역사회의 강점을 살리면서 지역사회복지를 현실화하는 토대이다. 지역사회복지와 관련하여 다양한 관계자들의 민주적 의견수렴 채널을 구조화하고, 이를 통하여 복지자원의 확충, 효율화, 서비스 간 연계를 도모하여, 서비스 대상자의 욕구 충족 및 문제해결을 위한 지역의 역량을 강화한다(유동철 · 홍재봉, 2017: 254).

이와 관련해서 보건복지부의 정의를 세 가지 측면에서 정리해보면 다음과 같다.

첫째, 지역사회보장협의체는 민 · 관 파트너십을 통하여 지방자치단체와 민간 복지 관련기관, 단체와 주민이 함께 주체가 되어 지역의 주요한 복지사안에 대해 협의하는 기구이다.

둘째, 사회복지서비스 및 보건의료서비스의 연계 · 협력을 바탕으로 하는 이용자 중심의 서비스 전달체계 구축, 지역사회복지 자원의 개발 및 지역사회 보장계획을 심의하는 기구이다.

셋째, 지역사회 보장협의체는 지역사회의 복지향상을 위하여 구성 · 운영되는 것으로써, 공공과 민간 그리고 주민과 학계 전문가가 함께 참여하여 지역의 복지자원을 확충하고 효율화하며, 서비스 간 연계를 도모하여 서비스 대상자의 욕구충족 및 문제해결을 위하여 지역의 역량을 강화하기 위한 협의구조이다.

지역사회보장협의체는 지역 내의 다양한 주체들이 참여하여, 지역의 강점을 살리고 지역의 역량을 모으고 연계하는 등의 활동을 전개하는 중요한 역할을 맡고 있다. 이에 대한 주도적 책임은 공공에서 맡고 있는데, 기초자치단체의 의지와 역량, 지역사회의 참여 정도에 따라 활동에 있어서는 상당한 차이를 보이고 있다.

(2) 사회보장협의체의 사업 내용

지역사회보장협의체의 주요사업은 지역사회보장계획 수립에 참여하고 심의하는 것과 지역별 복지시책을 개발하는 것, 그리고 사회복지 · 보건의료 등 관련부문 간 서비스 연계사업을 주관하는 것에 있다.

지역사회보장계획 수립 · 진행 · 평가과정에 대한 참여(심의)는 지역사회보장협의체가 직접 실시할 경우는 지역사회보장계획 수립 전반에 관한 방향, 일정, 내용(복지욕구 및 자원조사 등)을 포함한 계획안 등을 작성한다. 그런데 시 · 군 · 구에서 용역기관에 의뢰할 경우는 지역사회보장계획 수립 등 과정에 적극적으로 참여하고, 용역기관 관계자와의 긴밀한 간담회를 통해 복지계획에 포함될 지역주민 욕구 등 참여자로 적극 참여하여 의견을 개진한다. 마지막으로, 각 시설 ·

기관 및 관계 전문가가 참여하는 지역복지분과(팀)를 구성하여 지역복지욕구 및 자원조사를 통해서 지역복지계획을 작성하고 집행 · 평가의 과정에 참여한다.

지역별 복지시책 개발사업에 있어서는 지역사회보장협의체가 지역복지의 욕구를 감안하여 가급적 지역사회 내 다수의 시설 · 단체의 참여가 필요한 사업을 기획사업으로 개발하되, 지역주민 참여기회가 부여되도록 한다. 그리고 지역사회보장협의체는 사회복지-보건의료 등 관련 부문 간 서비스 연계사업을 주관한다. 지역사회보장협의체의 주요 사업은 〈표 10-3〉과 같다.

〈표 10-3〉 지역사회보장협의체의 주요 사업

복지정책 · 시책 개발 및 건의	복지정책과 관할지역 안의 사회복지에 관한 시책을 개발 · 건의함.
지역사회복지계획 수립	지역사회보장계획 수립 및 평가와 관련한 전반적인 절차에 참여하며 실행과정을 모니터링함.
역량강화 및 서비스 연계, 조정	– 연찬회, 정책토론회, 세미나, 워크숍, 교육사업, 지역사회 통합을 위한 각종 사업 및 역량강화 사업 등 – 지역 내 잠재되어 있는 인적 · 물적 복지자원을 발굴하고, 서비스제공 기관 간 연계 · 협력을 통해 서비스제공의 중복과 누락을 방지 – 분과사업의 원칙 등을 세우고 사례관리 등 영역별 지원사업을 수행 – 지역자원을 총괄정리하며 연계가능 범주 등을 제시 – 서비스 통합을 통한 지역사회 연대기능을 활성화하고, 조직화시키기 위한 지역에 맞는 다양한 사업개발과 논의과정이 필요 – 지역사회에 제공되는 복지서비스에 대한 주민만족도 조사에 관한 사업

연습문제

1. 일반적으로 지역사회복지라는 용어의 시작은?
   ① 고대 그리스 로마시대 ② 중세시대
   ③ 종교개혁시대 ④ 근세
   ⑤ 20세기 이후

2. 인보관에 관한 설명으로 옳지 않은 것은?
   ① 세계 최초 인보관은 영국의 토인비 홀이다.
   ② 일본의 인보관은 간다(神田)의 킹스레이관에서 시작되었다.
   ③ 우애방문 활동을 중심으로 전개하였다.
   ④ 주요 이념은 자유주의, 급진주의이다.
   ⑤ 빈곤문제 해결을 위하여 환경에 관심을 갖고 접근하였다.

3. 청소년 비행, 불량주택, 실업자 등과 같은 사회문제 해결에 역점을 두는 지역사회복지실천 모델은?
   ① 사회계획모델 ② 지역사회개발모델
   ③ 사회행동모델 ④ 사회운동모델
   ⑤ 지역사회연계모델

4. 학교 주변의 유흥업소의 이전을 바라는 서명운동을 할 경우 사회복지사의 역할은?
   ① 옹호자 ② 조직가
   ③ 조력가 ④ 행동가
   ⑤ 협상가

5. 지역사회복지 전달체계의 기능이 아닌 것은?
   ① 초입기능 ② 책임기능
   ③ 조정기능 ④ 서비스 제공기능
   ⑤ 계획 및 통제기능

정답 1. ⑤ 2. ③ 3. ① 4. ⑤ 5. ③

Chapter 11

사회복지정책

학습목표

1. 사회복지정책의 이론적 기초 습득
2. 사회복지의 이데올로기에 대한 심도 있는 이해
3. 복지국가의 유형에 대한 논의

학습내용

1. 사회복지정책의 개념
2. 사회복지정책의 분석
3. 사회복지정책의 급여
4. 사회복지정책의 재원
5. 복지국가
6. 사회복지정책의 전달체계

개 요

사회복지정책이란, 사회적 약자 계층에게 그렇지 않은 사람들이 제도적 원조나 소득을 일방적으로 이전함으로써 사회통합에 이르게 하는 국가정책이다. 사회복지는 헌법에서 보장하는 모든 국민의 생존권을 확보하고, 사회적 · 경제적 약자를 보호하기 위한 사회복지정책으로 사회복지의 실현을 의미한다. 여기에서는 사회복지정책을 학습하고자 한다.

Chapter 11 사회복지정책

1. 사회복지정책의 개념

1) 사회복지정책의 어의적 개념

사회복지정책에 대한 개념 정의는 결론이 쉽지 않다. 이는 학자들마다, 각 나라마다 정치 사회적 · 경제적인 여건과 시대적인 상황을 반영하는 역사적 결과물이기 때문이다. 따라서, 사회복지정책 개념은 변화하는 개념으로 생각해야 하고 접근해야 한다. 사회복지정책의 개념은 다음과 같다(조추용 외, 2021: 15~20 ; 김기원, 2020: 60~68 ; 현외성, 2009: 31~35).

어의적으로 사회복지정책은 '사회복지'와 '정책'의 합성어이다. 사회복지는 다시 '사회'와 '복지'의 합성어이다. 여기에도 복잡한 내용이 들어 있지만, 우선 사회복지는 사람들이 인간다운 생활을 할 수 있도록 기본적인 욕구를 사회적으로 지원하는 제반 사회적 노력의 총화라고 정의할 수 있다. 사회복지정책은 이러한 노력, 즉 사회복지에 대한 정책적 활동이다.

칸(Alfred J. Kahn)에 따르면, 정책은 목표의 결정, 대안의 검토, 전략의 수립과 같은 합리적인 과정을 거친 '일정한 계획'이다(Kahn, 1969). 또한 길버트와 테렐(Neil Gilbert Paul Terrell, 2014)에 따르면, 정책은 공사의 기관에 있어서 행동의 방향이나 계획의 바탕을 이루는 제반 결정과 선택이다. 티트머스(Richard Morris Titmuss)에 따르면, 정책은 정해진 목적을 향한 행동을 결정하는 원칙에 관련된 것으로서, 이는 목적과 함께 수단과 연관된 행동을 의미한다고 하였다. 이는 변화하는 상황, 체계, 실천 및 행동을 내포하고 있다(Titmuss, 1974).

그러므로 정책은 어떠한 목표를 향한 일련의 행동지침으로서, 무엇을 향하고 있으며, 왜 그렇게 해야 하는가, 그리고 누가, 어떤 원칙과 선택기준으로 행동하는가 하는 복잡한 질문이 함께 포함된 개념이다. 또 정책은 일단 연속적 · 논리적 · 합리적 단계와 과정을 내포하고 있는 집단적 행동의 원칙이다.

2) 영국의 사회복지정책 개념

영국에서는 사회복지정책 개념보다는 '사회정책(social policy)' 이란 용어를 선호한다. 우리나라에서 사용되는 사회정책 개념은 미국적인 전통을 다분히 이어받은 것으로서 영국과는 다른 개념을 사용하고 있다. 이는 영국의 사회정책이 오랜 구빈행정의 역사적 발전과 연결되어 있으며, 1950년대 말부터 시작된 사회행정(social administration) 연구가 1980년대로 오면서 점진적으로 사회정책으로 확대, 변화되고 있는 데서 그 배경을 짐작할 수 있다.

영국 사회정책의 또 다른 특징은 학제적 성격에 있다. 영국의 사회정책을 독립된 학문분야로 보기보다는 다른 학문분야와 상호 의존하는 관계로 본다. 따라서, 영국의 사회정책 연구에는 사회철학, 사회학, 정치학, 경제학 등의 연구자들이 참여한다. 타운센드(Charles Townshend, 1725~1767)에 따르면, 사회정책은 공공행정과 관련된 정책이고, 이것은 일반적으로 인정된 특수한 사회문제를 해결하거나, 사회목적을 추구하기 위한 국가와 지방당국의 건강, 교육, 복지 및 사회보장서비스와 같은 서비스 개발과 관리에 관련된 정책이다(Townshend, 1979).

3) 미국의 사회복지정책 개념

미국의 사회복지정책 개념은 자유주의, 자본주의 정신이 강한 국가임을 반영하듯 매우 소극적인 개념을 사용하는 경향이 있다. 미국은 건국 배경에서 볼 수 있듯이 프런티어 정신이 강하게 남아 있고, 경제사회적으로도 개인의 노력으로 자립할 수 있는 기회가 다른 나라에 비하여 많은 국가이다. 따라서, 미국은 '사회사업(social work)'이 잘 발달된 국가이다. 이러한 맥락에서 사회복지정책 개념은 좁은 의미의 개념, 즉 스스로 사회적 적응이 어려운 사람들을 대상으로 제한적으로 사회적 급여를 제공하는 정책을 선호하는 것이 주류를 이루고 있다.

미국의 사회복지정책은 공공부문뿐만 아니라, 민간부문과 사회복지활동까지 포함하는 개념으로 사용되기도 한다. 길(David G. Gil)은 사회복지정책이라는 용어보다는 사회정책이라는 용어를 더 선호하는데, 사회복지정책은 빈곤, 아동학대, 주택 등과 같은 특수한 욕구나 문제에 대한 사회적 대응과 관계되는 것으로, 사회정책을 사회에서 전반적인 삶의 질, 사회구성원의 삶의 상태, 인간과 인간과의 관계, 인간과 전체 사회와의 관계를 형성하는 노력과 관계되는 것으로 보고 있다(Gil, 1992). 얀손(Bruce S. Jansson)에 따르면, 사회정책은 사회문제를 해결하기 위한 집단적 전략이다. 그는 사회정책이 해결해야 할 사회문제를 일곱 가지로 유형화하였다. 그것은 ① 물질적 자원의 박탈, ② 정신적 혹은 정서적 박탈, ③ 인지적 박탈, ④ 대인관계의 박탈, ⑤ 기회의 박탈, ⑥ 개인적 권리의 박탈 및 ⑦ 신체적 박탈 등이다(Jansson, 1884). 따라서, 길버트와 테렐에 따르면, 사회복지정책 개념은 매우 유연하고 확장적인 개념을 내포하고 있다. 여섯 가지 사회제도-가족, 종교, 직업, 시장, 상호부조 및 정부-모두에 사회복지의 기능이 있고, 따라서 사회복지정책의 존재 역시 각각 가능한 것으로 이해된다.

4) 독일의 사회복지정책 개념

독일의 사회복지정책은 '사회정책(sozial politik)'이라는 용어를 사용한다. 독일의 사회정책은 독일제국 통일 이후 사회경제적 변화와 문제에 대처하는 대안으로 발전되었다. 1871년 국가를 통일한 독일은 급속한 산업화와 경제성장을 이루었으며, 그러한 과정에서 노동자들의 도시집중과 아울러 심각한 물가인상, 열악한 노동조건, 주택난 등 생활난이 겹치면서 사회민주당과 노동조합을 중심으로 강력한 사회주의운동이 발전하게 되었다.

오토 폰 비스마르크

여기에 마르크스주의가 새로운 사상적 조류로 등장하였다. 이러한 사회적 혼란을 잠재우기 위하여 비스마르크(Otto Eduard Leopold von Bismarck, 1861~1871)가 1878년 「사회주의자탄압법」을 제정하였다. 비스마르크의 사회정책은 종종 '채찍과 당근' 또는 '채찍과 사탕' 정책으로 비유된다.

비스마르크의 「사회주의자탄압법」은 채찍정책으로 그 자체는 사회주의운동 가담자들을 엄하게 진압하기 위한 법이기에 사회복지와 관련된 내용을 직접 포함하지는 않았지만, 한편으로 비스마르크가 사회주의운동에 가담하지 않은 노동자를 회유하기 위한 정책으로서 사회보장 입법을 실행하는 계기가 되었다. 1881년 황제칙서에서 비스마르크는 "사회적 상처의 회복은 사회민주적인 폭동의 억압뿐만 아니라, 노동자들의 복지를 적극적으로 장려하는 데서 찾아야 할 것"이라고 밝히고, 회유정책의 일환으로 「질병보험법」의 초안과 「재해보상보험법」의 수정안을 제출하였으며, 나아가 「폐질 및 노령보험법」을 제정해 노령과 폐질로 노동 불능이 된 사람에게 국가구조를 요구할 권리가 주어져야 한다고 주장하였다.

독일의 사회정책은 크게 노사협조론과 노사비협조론으로 구분된다. 노사협조론자인 바그너(A. Wagner)에 따르면, 사회정책은 분배과정에서 나타나는 여러 사회적 폐해를 입법 및 행정수단으로서 해결하려는 윤리적 조치이자 계급 간 대립을 완화하기 위한 국가의 정책이다(Wagner, 1891).

계급투쟁론에 입각하여 자본주의를 부정하고 극복하려는 노사비협조론자 가운데 좀바르트(Werner Sombart, 1863~1941)에 따르면, 사회정책은 경제적 생산력을 대변하는 사회계층의 이익을 적극적으로 지지하는 계급정책이다. 따라서, 노동계급이 사회정책의 주체가 되어야 한다. 하이만(Eduard Heimann, 1889~1957)에 따르면, 사회정책은 계급협조가 아니라, 자본주의에 대항하는 이념 및 운동이다. 사회정책은 보수적으로는 자본주의 경제질서를 유지하기 위한 산업정책이며, 혁명적으로는 대자본에 의해 매몰된 피억압자의 자유를 위한 저항운동으로 사회운동을 제도적으로 여과한 것이다.

5) 우리나라의 사회복지정책 개념

우리나라에서 사용하는 사회복지정책 개념은 영미 계통의 개념과 유사하다. 그러나 학문적 개념과 관련 실정법 및 제도상 개념은 다소 차이를 보인다. 학문적 사회복지정책의 개념은 소득, 의료, 주택, 교육, 고용 및 개인적 서비스를 포함하는 광의의 사회복지 개념과 연관되어 있다. 즉, 이들에 대한 일련의 행동지침이나 이들을 통하여 인간다운 생활을 유지할 수 있도록 하는 제반 서비스 및 급여의 배분원칙이나 목표달성을 위한 행동지침으로 이해할 수 있다. 그러나 실정법상이나 제도상으로는 협의의 사회복지정책 개념이 사용되는 경향이 있는데, 이것은 공공부조와 사회복지서비스와 관련된 정책을 말하는 것으로 이들의 배분과 급여를 통하여 일정한 목적을 달성하려는 일련의 행동지침으로 볼 수 있다.

2. 사회복지정책의 분석

사회복지정책을 정책학적으로 보면, 국가 또는 민간기관이 주체가 되어 시민들의 복지를 향상시키기 위해 시행하는 정책들의 집합체라 할 수 있다. 사회복지정책의 전문가가 되기 위해서는 정책의 내용을 분석하고, 정책이 형성되는 과정을 파악할 수 있어야 한다. 즉, 사회복지정책에 대한 분석방법까지도 이해해야 한다. 사회복지정책에 대한 분석은 크게 볼 때, 두 가지가 있다. 하나는 사회복지정책을 해부하듯이 몇 개의 차원으로 나누어 분석하는 것(차원분석)이고, 다른 하나는 사회복지정책이 만들어지는 제반 과정을 분석하는 것(정책형성과정 분석)이다.

사회복지정책의 연구와 실천 영역에 있어서 가장 중요한 것 중의 하나가 바로 정책분석이다. 정책분석을 위해서는 정책분석의 개념과 유형, 그리고 정책의 분석틀을 이해해야 한다. 그 내용은 다음과 같다(오세영, 2021: 39~44 ; 현외성, 2019: 321~349).

1) 정책분석의 개념

정책분석은 문제해결을 위해 개발된 각 대안들 가운데 최적의 대안을 선택하기 위해 각 대안의 효과 및 비용을 분석하는 과학적 방법론을 말한다. 정책분석은 다음과 같은 특성을 지니고 있다.

첫째, 정책목표와 정책목표의 달성 수단을 명확하게 규정한다는 점에서 목표 지향적이다.

둘째, 정책분석은 사회과정의 여러 가지 요인이 정책현상에 상호 관련되어 있다는 점에서 체계적이다.

셋째, 정책분석은 정책시행을 예측하고 서술할 뿐만 아니라, 필요한 조치를 제언한다는 점에서 행위 지향적이다.

넷째, 정책분석은 정책목표를 달성하기 위한 방법을 구체적으로 검토한다는 점에서 조작적 성격이 강하다.

다섯째, 정책분석은 다양한 성격을 지닌다.

여섯째, 정책분석은 문제의 접근방법도 학제적 성격이 강하다.

2) 사회복지정책의 분석 유형

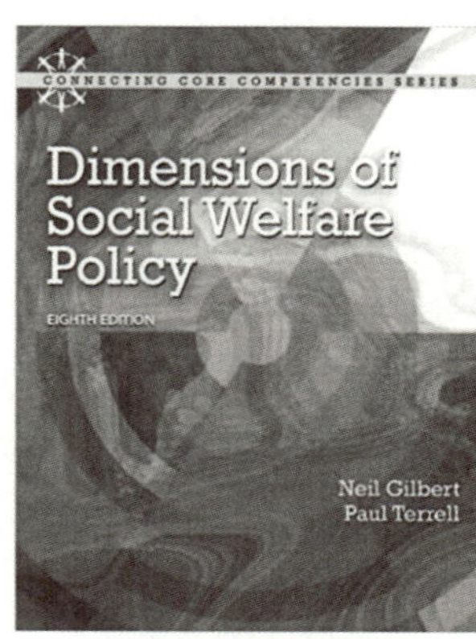

「사회복지정책의 차원들」
(2012년 출판)

길버트와 테렐(Neil Gilbert and Paul Terrell)의 저서 「사회복지정책의 차원들(*Dimensions of Social Welfare Policy*, 2014)」에 따르면, 사회복지정책의 분석 유형 중에서 일반적으로 사용되는 3P는 과정(Process), 산출(Product), 성과(Performance) 분석을 말한다. 이들 세 가지 접근방법은 각각은 사회복지정책의 문제들 중

주로 정책의 계획과 정책의 운영(행정), 그리고 정책에 관한 조사연구와 관련된 문제들을 다루는 것이다. 물론 이러한 분석적 접근방법은 상호 관련되어 있고, 때로는 서로 중첩되기도 한다. 그 내용은 다음과 같다(Gilbert and Terrell, 2014: 13~15).

(1) 과정분석

과정분석(studies of process)은 사회복지정책 형성의 '역동성(dynamics)'을 사회정치적 변수와 기술적 · 방법적 변수를 중심으로 하여 분석하는 접근을 말한다. 정치학과 역사학이 과정분석의 주요 이론적 기반이 된다. 과정분석은 계획과 관련된 각종 정보가 정책형성에 어떻게 영향을 미치는가, 그리고 다양한 정치조직, 정부조직, 기타 이익집단들 간의 관계와 상호작용이 어떻게 영향을 미치는가에 관심을 둔다. 따라서, 과정분석은 주로 정책결정과 관련된 정치적 · 기술적 투입요소를 파악하는 사례연구의 형태를 띠게 된다. 즉, 과정분석은 분석 수준에 있어서 사회복지제도 전체를 대상으로 할 수도 있고, 특정한 제도 한 가지만을 대상으로 할 수도 있다. 또한 시간차원에 있어서도 장기간에 걸친 제도의 발달을 다룰 수도 있고 그보다 단기간을 다룰 수도 있는 것이다.

과정분석은 연구자의 관점, 가치, 혹은 편견이 개입될 소지가 있지만, 과정분석을 통해 사회복지정책 형성에 영향을 주는 사회적 · 정치적 · 경제적 배경요인 등을 파악할 수 있는 장점이 있다.

(2) 산출분석

산출분석(studies of product)은 정책선택에 관한 프로그램, 관련 법, 기획안 등을 분석하는 것이다. 산출분석은 '정책 선택(policy choices)'에 초점을 두고 있는데, 다음의 세 가지 문제를 분석한다.

① 정책을 구성하고 있는 정책선택의 형태와 내용은 무엇인가?

② 그러한 선택이 이루어짐으로 해서 선택에서 배제된 대안들은 어떤 것인가?

③ 그러한 선택의 근거가 되는 가치와 이론, 가설은 무엇인가? 즉, 산출분석은

과정을 통해 선택된 정책의 내용을 특정기준이나 분석틀을 통해 분석하는 것이다.

(3) 성과분석

성과분석(studies of performance)은 정책프로그램이 실행된 결과나 영향을 평가하는 것이며, 과정분석이나 산출분석에 비해 더 객관적이고 체계적인 분석을 요구한다. 따라서, 성과분석은 주로 정책의 조사연구에 관한 문제들은 다룬다. 성과는 질적 · 양적 자료의 수집을 통해서 다양한 학문분야에서 개발된 방법론적 도구를 통해서 측정될 수 있다. 조사방법론은 성과를 측정하는 데 관련된 중요한 기술적 · 이론적 지식과 기법을 제공하고 있다.

3) 사회복지정책 분석틀

많은 학자들이 사회복지정책의 내용(산출)을 분석하기 위한 분석틀을 개발했는데, 그중에서도 가장 많이 활용되고 있는 것이 길버트와 테렐의 분석틀(a framework for social welfare policy analysis)이다. 길버트와 테렐은 다음과 같은 네 가지 질문을 통해 사회복지정책 분석의 '기본 틀(basic framework)'을 제시하고 있다.

① 사회적 배분의 기반은 무엇인가?
② 사회적 급여의 형태는 무엇인가?
③ 사회적 급여를 전달하기 위한 전략은 무엇인가?
④ 사회적 급여에 필요한 재원조달 방법은 무엇인가?

길버트와 테렐에 따르면, 사회복지정책은 이 네 가지 질문, 즉 선택의 차원(dimensions of choice)에 대해 어떤 선택을 할 것인가를 결정하는 것이라고 규정한다. 이 네 가지 질문에 대한 대답을 통해 사회적 배분, 사회적 공급, 전달체계, 재정의 네 가지 분석틀을 제시하고 있다. 그 내용은 다음과 같다(Gilbert and

Terrell, 2014: 76~77).

첫째, 사회적 배분(social allocation)은 '사회복지급여를 누구(who)에게 제공해야 할 것인가'에 관한 것이다. 즉, 급여대상의 문제를 말한다. 여기서 중요한 것은 사회복지급여를 특정의 사람 또는 특정의 집단에 국한시킬 것인가, 아니면 전 국민에게 제공할 것인가 하는 문제이다.

둘째, 사회적 공급(social provisions)은 '사회복지 대상자들에게 무엇(what)을 제공할 것인가, 어떤 종류의 급여를 전달할 것인가'에 관한 것이다. 즉, 급여형태의 문제를 말한다. 예컨대, 현물급여(in kind)로 할 것인가, 현금급여(in cash)로 할 것인가 하는 것이다. 현물과 현금 이외에도 권력(power), 바우처(voucher), 기회(opportunity)와 같은 다른 여러 가지 방법들이 있다.

셋째, 전달체계(delivery system)는 앞의 두 가지가 결정되고 난 후, '어떠한 방식으로 전달할 것인가'에 관한 것이다. 즉, 사회복지급여를 제공하는 주체와 그 수급자 간의 조직체계를 말한다. 여기서는 서비스 전달체계의 전체적인 구조, 서비스 전달 단위들 간의 연결, 전달 단위의 지리적 위치, 서비스 전달을 담당할 인력의 자질과 능력 등이 관건이다.

넷째, 재정(finance)은 '어떤 재원을 사용하는가'에 관한 것으로 재원조달방식을 의미한다. 예컨대, 공공재원을 사용할 것인지, 민간재원을 사용할 것인지, 아니면 두 가지 재원 모두 선택할 것인지와, 정부를 어느 정도 개입시킬 것인지, 어떤 형태의 조세를 징수할 것인지에 관한 문제이다.

이상의 네 가지 분석틀은 사회복지정책에 있어서 누구에게(급여의 대상), 무엇을(급여내용), 어떻게 전달하고(전달체계), 거기에 소요되는 재정을 어떻게 마련할 것인가(재원조달)라는 질문에 대한 응답이라고 할 수 있다.

3. 사회복지정책의 급여

1) 사회복지급여의 대상

사회복지정책에 있어서 누가 혜택을 받을 것이며, 그 자격조건을 어떻게 규정할 것인가라는 문제는 오랫동안 쟁점이 되어 왔다. 누구에게 사회복지정책의 혜택을 줄 것인가를 결정하는 데 적용되는 원칙은 매우 다양하다. 사회복지정책의 대상은 바로 이들 다양한 기준에 내재되어 있는 일반적 원칙을 가리킨다. 보편주의와 선별주의는 가장 기본적인 급여대상의 기준이 된다.

(1) 보편주의와 선별주의

① 보편주의

보편주의(universalism)는 사회복지정책 급여를 일종의 사회권으로서 모든 국민이 보편적으로 누릴 권리라고 보는 관점이다. 모든 복지급여에 대한 수급자격을 모든 국민에게 평등하게 부여하여 서비스를 제공하는 방법이다. 즉, 소득 · 자산 조사를 하지 않고 보편적으로 평등한 급여를 원칙으로 삼아야 한다는 생각이 보편주의이며, 그 전형적인 예로는 사회보장급여를 들 수 있다. 보편주의에 기초한 사회보장제도는 의무가입 대상자 범위와 급여수준의 보편성을 강조하는 제도이다. 즉, 가입대상자 범위의 보편성은 직업 또는 지역의 연대에 얽매이지 않고, 모든 주민들 또는 경제활동인구 전체를 가입대상에 포함시키는 것을 의미한다. 급여의 보편성은 기본 욕구 충족이 가능한 수준의 급여가 가입자 모두에게 동등하게 보장됨을 의미한다(김보기 외, 2022a: 218~219).

보편주의는 복지수혜 자격과 기준을 균등히 하여 복지서비스 수급자들이 어떠한 열등감이나 낙인감을 갖지 않게 한다. 보편주의는 사회복지의 권리성, 사회적 연대성, 사회통합의 가치를 강조하고, 포괄성의 원칙에 입각한 복지프로그램을 중시한다.

② 선별주의

선별주의(selectivism)는 사회복지 대상자들을 사회적 · 신체적 · 교육적 · 경제적 기준에 따라 구분한 다음 복지서비스를 제공하는 것을 의미한다. 선별주의에서는 급여에 대한 개인적 욕구(individual needs)에 기초하여 대상자가 결정되며, 욕구의 존재여부는 자산조사에 의해 판별된다. 다시 말해서 선별주의는 급여가 개인의 욕구에 기초하여 제공되어야 한다는 원칙으로서 사회복지의 급여를 제공받길 원하는 개인과 가족은 자산조사를 통해 욕구가 있음을 증명해야 한다는 것이다. 이를 통해 총지출은 감소시키고 가장 욕구가 큰 사람에게 가용재원을 집중시킬 수 있지만, 자산조사 과정에서 낙인을 피할 수 없다. 일반적으로 자산조사나 자격조사 과정에서 개인의 재산상태 뿐만 아니라, 가족관계 등에 관한 설명을 해야 하는 경우가 발생하기도 하고, 대상자에 포함되기 위해 스스로 빈민임을 증명하는 과정에서 좌절감이나 굴욕감이 발생하기도 한다. 낙인(stigma)은 인간의 존엄성이라는 가치를 훼손할 수 있다. 즉, 사회복지급여를 제공받는 사람들이 무가치한 존재 혹은 사회적으로 인정받지 못하는 사람으로 간주될 수 있다는 의미이다(오세영, 2021: 116).

선별주의에 원칙적으로 상응하는 제도로는 공공부조가 대표적이다. 즉, 공공부조는 빈곤선 이하의 사회구성원에게 인구학적 기준을 적용하지 않고 일반적인 빈곤대책으로 운영되는 제도이기 때문이다. 공공부조의 재원은 조세로 마련된다.

보편주의와 선별주의의 비교는 〈표 11-1〉과 같다.

〈표 11-1〉 보편주의와 선별주의 비교

구 분	보편주의	선별주의
의미	• 전 국민을 사회복지의 대상자로 삼는 것임.	• 사회복지대상자들을 기준에 따라 구분하여 서비스를 제공하는 것임.
원칙	• 권리보장: 수입에 관계없이 모든 시민에게 복지권을 부여함. • 사회통합: 기여자와 수급자를 구분하지 않음.	• 자산조사를 통해 대상자를 선정함. • 드러난 욕구가 대상자 선정기준임.

대상	모든 시민	자산조사에 의해 원조가 필요하다고 인정되는 사람
장점	• 최저소득을 보장: 빈곤예방 • 수혜자에게 낙인을 가하지 않음. • 행정절차 용이 • 시혜의 균일성 유지 • 정치적 장점 중시	• 필요한 사람에게 서비스 집중 · 자원낭비를 줄임. • 비용이 적게 들어감.
단점	• 한정된 자원을 꼭 필요한 부분에 효과적으로 사용하는 데 한계.	• 수혜자에게 심리적 · 사회적 낙인을 줄 수 있음.

자료: 김보기 외(2022a: 223) 재인용.

(2) 대상자 선정기준

보편주의와 선별주의의 이분법적 구분은 수급자격에 관한 개념을 확립하는 데 매우 유용한 도구이지만, 실제로 사회적 할당의 기반은 그러한 이분법적인 개념보다 훨씬 더 복잡한 성격을 가지고 있다. 현실적으로 보편주의와 선별주의라는 이분법보다는 선택을 하나의 연속체상에서 개념화하는 것이 더 유용하다. 길버트와 테렐(Gilbert & Terrell, 2014)은 사회복지 대상자 선정의 기준을 보편주의와 선별주의의 이분법보다 더 세분화하였다. 그 내용은 다음과 같다.

① 귀속적 욕구

귀속적 욕구(attributed need)는 시장에 존재하는 기존의 제도에 의해서는 충족되지 않는 욕구를 공통적으로 가진 집단에 속한 경우를 대상자로 선정하는 것이다. 인구학적 기준만으로 급여를 지급하기 때문에 사회수당(social allowance) 또는 데모그란트(demogrant)라고도 한다. 이때 귀속적 욕구는 전문가의 규범적 판단기준에 의해 정해진다. 여기서 욕구는 가장 광범위하게는 모든 국민에게 귀속된 것일 수 있다. 이러한 욕구규정에 의한 제도로는 모든 노인에게 지급되는 노령수당, 모든 아동에게 제공되는 아동수당, 모든 시민을 대상으로 하는 영국의 국민보건서비스(국민건강보험, National Health Service, NHS)를 들 수 있다.

② 보상

보상(compensation)은 사회적 · 경제적으로 특별한 혹은 일정한 기여를 한 사람들의 집단 또는 사회로부터 부당한 피해를 입은 사람들의 집단에 속한 경우를 대상자로 선정하는 경우이다. 사회경제적으로 특별한 혹은 일정한 기여를 한 사람들로는 퇴역군인이나 사회보험에 보험료를 납부한 사람들이며, 사회로부터 부당한 피해를 입은 사람들로는 사회적 차별에 의해 불이익을 당한 사람들이나 도시재개발에 의해 피해를 입은 사람들이다.

③ 진단적 차등

진단적 차등(diagnostic differentiation)은 전문가의 분류나 판단에 근거하여 대상자를 선정하는 것이다. 예를 들어, 장애인의 경우에는 그들이 각각 어떤 재화와 서비스를 특별히 필요로 할지를 전문가가 판단해야 한다. 즉, 전문가가 정한 장애 기준과 등급에 따라 개인적으로 급여를 제공하는 것이다. 진단적 차등의 원칙은 ① 욕구에 대한 기술적 · 진단적 기준에 근거한 ② 개인별 할당(individual allocations)이라는 두 가지 조건을 가지고 있다. 즉, 욕구에 대한 기술적 분류에 따라 개별적으로 대상을 선정하는 것이다.

④ 자산조사 욕구

자산조사 욕구에 기초한 자격조건은 한 개인이 필요한 재화나 서비스를 구입할 능력이 없음을 나타내는 증거를 기초로 하여 수급자격을 판정하는 것을 말한다. 어떤 개인이 사회적 급여를 받을 수 있는지의 여부는 주로 경제적 조건에 의해 결정된다. 자산조사에 의한 욕구원칙은 ① 욕구에 대한 경제적 기준에 근거한 ② 개인별 할당이라는 두 가지 조건에 근거한다. 즉, 욕구의 경제적 기준에 따라 개별적으로 대상자를 선정하는 것이 기본 원칙이다.

2) 사회복지급여의 형태

길버트와 테렐(Gilbert & Terrell, 2014)은 사회적 급여의 형태로 기회, 서비스, 재화, 상환권 및 세금감면, 현금, 권력 등 여섯 가지를 제시한 바 있다. 여기에서는 길버트와 테렐의 분류를 중심으로 직접적 급여와 간접적 급여로 구분하여 서술하고자 한다. 그 내용은 다음과 같다.

(1) 직접적 급여

① 현금급여

오늘날 서구 복지국가에서 사회복지 급여유형 중에서 지출액이나 수급대상자 등에서 가장 큰 비중은 현금급여이다. 현금급여는 복지수급자에게 서비스가 화폐형태로 전달되어 개인이 사회적 장애요인을 극복할 수 있는 경제적 능력을 갖출 수 있도록 소득의 형태로 제공되는 급여를 말한다. 즉, 국민연금(기초연금, 장애연금, 유족연금), 건강보험의 질병수당, 산재보험의 장애수당, 고용급여, 가족수당, 아동수당, 주택수당 등이 현금급여에 해당한다.

② 현물급여

현물급여는 사회복지의 역사적 발전단계에서 보면 복지국가가 발전되기 이전(20세기 이전)에는 중요하였으나, 그 이후 국가에 의한 본격적 소득보장정책이 발전되면서 현금급여보다 상대적으로 비중이 약해졌다. 왜냐하면 현물급여는 오늘날에도 제한된 사회복지자원에서 사회복지정책에의 필요가 매우 높은 소수인에게 급여가 필요하기 때문이다. 현물급여는 현금이 아니라, 상품이나 현물의 형태로 전달되는 급여이다. 이러한 현물급여는 사회복지기관이 직접적으로 생산, 공급하는 방법과 시장의 기능을 토대로 생산된 복지상품을 개인이 소비를 하도록 하고, 그 비용을 대신 지원하는 방법이 있다.

일반적으로 세계적 추세는 현물급여의 역할비중이 점차 높아지는 경향을 보이고 있다. 중요한 이유로 주로 현물급여의 형태로 이루어지게 되는 교육서비스, 재활사업과 예방사업에 대한 사회적 관심이 높아지고 있기 때문이다.

현금급여와 현물급여의 비교는 〈표 11-2〉과 같다.

〈표 11-2〉 현금급여와 현물급여 비교

구 분	현금급여	현물급여
주요 내용	수급자에게 복지서비스가 현금의 형태로 전달되는 것으로 사회보장연금이나 공공부조의 현금급여 등을 예로 들 수 있다. 개인의 자유와 소비자 선택을 중시한다.	복지서비스가 현물의 형태로 전달되는 것을 의미하는데, 현물급여로는 건강보험의 진료 서비스, 장애인복지급여의 보장구 등이 그 예이다. 사회통제와 집합적 선을 중시한다.
장점	선택의 자유를 극대화하고, 관리비용을 절감할 수 있다.	대량생산과 분배를 통해 낭비를 줄이고, 꼭 필요한 곳에 현물로 지급함으로써 용도 외 사용을 막아 목표달성에 효과적이다.
단점	용도 외 사용이 가능하다.	선택의 자유를 제한하고, 관리비용이 많이 든다.

자료: 원석조(2020: 61).

(2) 간접적 급여형태

사회적 급여의 형태는 현금급여와 현물급여라는 두 가지 기본적인 급여형태가 있지만, 현금급여와 현물급여의 현실적 제한에 따른 급여선택의 확장을 가져와 보다 세분화된 형태로 나타난다. 그 내용은 다음과 같다.

① 기회

사회복지정책에서 급여형태의 하나인 '기회(opportunity)'란 기대하는 목표를 성취하기 위해 사용되는 유인과 제재를 의미한다(Gilbert & Terrell, 2014). 현금, 현물, 바우처 같은 직접적인 급여보다는 모호한 형태이지만, 현대 사회복지정책에서 매우 중요하게 다뤄지고 있다. 사회복지정책은 기회의 창출, 기회의 분배와 밀접히 관련 있기 때문이다.

현대사회에서 교육과 취업은 사회적으로 적절한 생활수준을 영위하기 위해 필수적이라고 할 만하다. 그런데 가정형편이 안 좋거나, 사회적 불평 등 때문에 교육이나 취업의 기회조차 박탈당하면 교육이나 취업 이후의 혜택으로부터도 원천적으로 배제된다. 예를 들어, 근로소득이 사회보험 가입의 전제 조건인데, 근로의 기회조차 갖지 못한다면, 사회보험을 통한 다양한 혜택으로부터도 배제된다. 소수 인종 및 사회적 소수자에게 적극적 조치(affirmative action)를 실시하는 것, 빈곤층이나 농어촌 자녀들이 고등교육을 받을 기회가 부족하다고 판단되어 대학 입시에서 사회배려자 전형 또는 국가유공자 자녀 전형을 실시하는 것 등이 모두 기회급여에 해당한다(류연규, 2021: 150).

기회급여를 제공하는 방법의 궁극적 목표는 노동시장의 경쟁에서 불리한 점을 제거, 보완함으로써 사회적 약자의 소득을 높이는 사회복지정책의 목표를 달성하는 데 있다. 기회는 궁극적으로 다른 급여의 혜택을 받도록 유인하지만, 직접적 교환가치는 없고 제공된 목적이나 용도로만 사용되므로 타인에게 양도할 수 없으며, 재화와 서비스와 같은 다른 형태의 급여와 바꿀 수 없다는 특징을 가지고 있다.

② 서비스

서비스(services)란 클라이언트를 위해 제공되는 활동을 말한다. 국가가 국민에게 급여하는 모든 복지혜택을 복지급여라고 한다면, 이 복지급여에는 유형적 현금급여 또는 현물급여뿐만 아니라, 무형적 복지서비스도 포함된다. 복지서비스는 대상별로 볼 때, 노인서비스, 가족서비스, 이동서비스, 청소년서비스, 출산서비스, 장애인서비스 등으로 나눌 수 있다. 서비스 내용은 복지대상자의 문제해결을 위해 케이스매니지먼트, 교육, 상담, 치료, 지도, 재활, 보호, 의료 및 직업훈련 등에 걸쳐 광범위하다(오세영, 2021: 134). 서비스는 구체적인 형상을 가지고 있는 것이 아니기 때문에 수혜자에게 즉각적인 시장가치를 부여하지 않는다. 서비스 급여는 기회급여와 마찬가지로 다른 재화와 교환할 수 없다. 서비스는 사회구성원들의 욕구를 해결하려고 제공되는 것이다.

③ 권력

사회복지정책에서 급여로서의 권력(power)은 재화나 자원에 대한 통제력이나 영향력을 재분배하는 것을 의미한다(Gilbert & Terrell, 2014). 특정 집단에게 사회복지정책의 결정과정에 참여할 권리를 부여하고, 실제로 그 정책의 의사 결정에 영향력을 행사하도록 하는 것이 대표적인 '권력' 급여의 형태이다. 국민연금사업에 대한 사항을 심의하는 국민연금심의위원회에 근로자를 대표하는 위원이나 지역가입자를 대표하는 위원을 위촉하고, 사회복지관 등 사회복지기관의 운영위원회에 클라이언트 대표가 참여하며, 지역사회보장에 관한 계획을 수립할 때 지역주민 등 이해관계인의 의견을 들어 지역사회보장계획을 수립하는 것 등이 권력급여의 사례라고 할 수 있다.

4. 사회복지정책의 재원

1) 사회복지정책 재원의 개념

재원이란 사회복지정책을 실현하는 데 있어서 사용되는 제반 비용과 관련된 것을 의미한다. 사회복지정책에 있어서 사회복지 재정에 대한 관심은 사회복지정책의 목표를 달성하기 위해 필요한 재원을 어떻게 얼마만큼 조달하느냐라는 문제와 함께 재원을 어떻게 배분하느냐라는 문제로 분류할 수 있다. 그것은 재정이 사회복지 실행을 뒷받침할 뿐만 아니라, 그 결과를 좌우하기 때문이다. 20세기 이후, 복지국가의 성정과 발전은 복지비용의 증가로 나타나게 되었고, 그로 인하여 국가와 개인에게 중요한 관심이 되었다. 중요한 사실은 사회복지 재정운영 자체가 사회복지정책적 효과와 함께 한다는 것이다. 즉, 사회복지 욕구의 증가와 이로 인한 재정적 악화가 나타나고 있는 오늘날의 시기에 얼마만큼 재원조달을 할 것이며, 또 중앙정부와 지방정부의 배분과 분담은 어떻게 할 것인지의 선택 자체가 국가가 감당할 수 있는 '지속가능한 복지수준'에 영향을 미치게 된다(임정문 외, 2020: 137~138).

클라이언트에게 도움을 주고 사회적 욕구를 해결하기 위해 사회복지의 재원은 필수불가결한 요소다. 이러한 이유로, 한 사회의 사회복지 재정규모는 그 사회의 복지수준을 측정할 수 있는 주요한 잣대가 된다. 국가 간의 사회복지의 발달정도 또한 사회복지 재정규모로 가늠할 수 있다.

사회복지재원은 크게 공공재원과 민간재원으로 나눌 수 있다. 그 내용은 다음과 같다.

2) 공공재원

사회복지정책의 공공재원으로는 조세가 가장 큰 비중을 차지한다(원석조, 2020: 95). 사회복지정책의 공공재원은 다음과 같다.

(1) 일반조세

조세(tax)는 사회복지정책의 공공재원으로 가장 큰 비중을 차지하고 있다. 조세는 국가에 의해 개인과 법인에게 강제적으로 부과되는 일종의 부담금(levy)이다. 사회복지정책의 실행을 위한 재원으로서 조세는 국가에 의해 개인과 법인에 강제적으로 부과하는 일종의 부담금(levy)이다. 조세는 목적에 따라 소득세, 재산세, 소비세 등으로 구분한다. 조세는 국가의 정치, 경제 및 사회적 목적에 따라 각기 다른 방식과 형태로 징수하여 사용한다. 사회복지정책에 있어서도 조세는 국가가 사용할 수 있는 가장 중요한 재원 중의 하나이다.

서구 대부분 복지국가는 사회복지정책에 충당하는 재원의 상당부분을 조세에 의존하고 있다. 예를 들어, 독일은 사회복지부문에 지출하는 총비용의 95% 이상이 정부지출로 구성된다. 그러나 선진국 중에서도 복지후진국에 해당하는 미국은 총 복지지출 중 정부지출이 차지하는 비중이 유럽 복지국가들과 비교할 때 상대적으로 상당히 낮게 구성되어 있다(박주현, 2021: 223).

일반조세는 다른 재원에 비해 사회복지정책이 추구하는 가치인 평등(소득재분배)을 구현하는 데 있어서 중요한 재원이다. 일반조세에는 누진적으로 걷는 세금이 상당부분 포함되어 있어서 소득재분배 효과를 높일 수 있으며, 일반조세로 시행하는 사회복지정책들이 더 소득재분배적인 급여를 할 수 있다. 정부의 일반조세는 모든 국민의 조세로 이루어지므로, 이것을 재원으로 한 사회복지정책은 급여대상을 전 국민으로 넓힐 수 있어서, 급여 내용면에서 보편성을 이룰 수 있다. 따라서, 일반조세를 재원으로 하는 사회복지정책은 안정성 · 지속성의 측면에서 바람직하다(고광신 외, 2017: 208).

① 소득세

소득세(personal income tax)는 개인의 소득을 과세기준으로 삼고 정부가 개인에게 강제적으로 부과하는 조세를 말한다. 조세 대상은 개인이지만, 세원(source)은 소득이 된다. 소득세는 개인의 경제적 행위에 여러 가지 형태로 영향을 미친다. 즉, 근로동기, 저축의욕, 직업선택 등에도 영향을 미친다(박주현, 2021: 225).

소득세는 일반세 가운데 조세의 누진성을 높이는 데 가장 크게 기여한다. 어떤 조세가 누진적(progressive)이라 함은 경제적 능력이 클수록, 대표적으로 소득이 높을수록 조세부담률이 높아지는 것을 의미한다. 개인소득세가 대표적인 누진세이다. 소득세 중에서도 개인소득세가 특히 조세의 누진성이 강하고 소득재분배 효과가 높다(오세영, 2021: 164).

② 소비세

소비세(consumption tax)는 일반세를 구성하는 조세 가운데 두 번째로 크다. 소비세는 부담능력을 고려하지 않고 상품을 소비할 때 부과하는 세금을 말한다(오세영, 2021: 165~166). 즉, 소비세는 일반 경제주체의 재화의 소비 또는 화폐의 지출로써 담세력을 추량하여 과세하는 조세이다.

소비세는 대표적인 간접세에 속한다. 소비세는 재화와 용역의 생산, 판매 및 소비 과정에 부과하는 세금이다. 소비세를 소득세와 비교하면, 소득세는 가계수입의 원천에 대하여 과세하는 것이지만, 소비세는 가계소득의 사용과정에 과세한다. 따라서, 소득세와 비교할 때 소비세는 고소득계층의 조세부담률이 저소득계층보다 상대적으로 낮다.

③ 법인세

법인세(corporation tax)는 법인의 소득을 과세대상으로 하여 법인에게 부과하는 조세를 말한다. 즉, 기업을 하나의 법인(legal person)으로 보고, 이 법인에 대해 과세하는 조세이다. 법인세의 세원은 법인의 소득이 되며, 과세 계산방법은 개인 소득세와 근본적으로 차이가 없다(박주현, 2021: 226). 기업을 독립적인 과세대상으로 봄으로써 자연인인 개인과 마찬가지로 소득을 획득했을 때 조세를 부과하는 근거를 마련한 것이다. 예를 들어, 주식회사와 같이 법인형태로 사업을 하는 경우 그 사업에서 생긴 소득에 대해 부과하는 세금으로 기업에 부과하는 소득세라 할 수 있다. 또한 지가급등지역에 소재하는 토지 및 건물을 양도할 때 생긴 소득에 대해서는 별도로 토지 등 양도차익에 대한 법인세를 추가로 부담하여야 한다.

법인에는 주식회사, 합자회사, 합명회사, 유한회사 등의 영리법인과 사립학교 등의 비영리법인, 특수법인, 공익법인 등이 있으며, 사단법인, 재단법인도 일반법인과 같이 과세한다. 법인세는 납세자와 담세자가 동일하며 중앙정부로 귀속되는 국세이다. 기한 내에 신고하지 않거나 장부를 작성하지 않은 경우, 과세표준에 미달되게 신고한 경우, 세액을 납부하지 않은 경우에는 가산세가 적용된다.

④ 재산세

재산세(property tax)는 일정한 재산에 대하여 부과하는 조세를 말한다. 재산과세는 부의 분배의 불평등을 시정하기 위하여 필요한 조세로, 이는 사유재산제도와 재산상속제도에 입각한 자본주의 사회의 불가피한 현상이라 할 수 있다. 국세인 소득세를 보완하는 기능을 하는 재산세를 지방세로 하는 것이 여러 나라의 공통된 경향이다. 우리나라에서도 재산세는 지방세에 속한다. 재산세는 재산의 소재지에서 부의 원천에 대하여 과세하는 것이므로 과세상 소유자의 인적 사정은 고려하지 않고 같은 재산에 대하여 똑같게 취급하는 것이 원칙이다.

재산세에는 일반적으로 재산을 과세물건으로 하며 조세가 부과되지만, 납세자가 자기의 소득 중에서 납부하는 명목적 재산세와 실질적으로 자기의 재산에서 납부하는 실질적 재산세(임시적 재산세)의 두 가지 종류가 있다. 분류상으로 보면, 재산을 소유하는 사실에 대하여 과세되는 정적 재산세와 재산의 이동 또는 가치의 증가에 대하여 부과되는 동적 재산세가 있다. 그리고 세원을 개별적으로 포착하여 과세하는 개별적 재산세(물세)와 재산소유자를 중심으로 해서 각자가 부담하는 일반재산세(인세)로 구별된다. 토지세, 가옥세, 대지세 등이 전자에 속하고 일반재산세는 교환가치를 갖는 유형 · 무형의 모든 재산의 경제적 평가액에서 채무를 공제한 순재산액을 과세표준으로 하고 또 개인사정을 고려하여 기초공제 등을 허용하는 재산세이다.

⑤ **직접세와 간접세**

직접세 대 간접세를 둘러싼 논란은 소득재분배의 효과에서 크게 나타난다. 직접세는 개인의 사회경제적 상황을 고려하여 부과하기 때문에 조세의 공평성을 확립하고 소득재분배효과를 높이는 데 도움을 주지만, 직접세는 조세저항을 유발할 가능성이 크다는 것이다. 선진국의 경우, 대체로 직접세의 비율이 높은 편이다(조추용 외, 2021: 202).

간접세는 납세의무자와 그 세금을 부담하는 자가 일치하지 않는 세금으로 부가가치세, 특별소비세 등이 있다. 간접세는 재산이나 소득에 관계없이 과세 대상에 대해 동일한 세율이 적용되는 세금이다. 소득재분배 효과가 낮고 역진적이다. 상품에 부과되는 세금이 그 예이다. 또한 간접세 인상은 물가상승의 요인이 된다. 간접세는 조세에 대한 저항이 적고 징세가 편리하며 조세수입의 확보가 용이한 장점이 있지만, 개개인의 사정을 고려하여 세율을 정할 수 없으므로 누진세율을 채택하지 못하고 비례세율이 적용됨으로써 저소득층에게 조세부담률이 상대적으로 높아지는 역진성을 띠게 된다(오세영, 2021: 167).

⑥ **누진세, 역진세, 비례세**

누진세(progressive tax)는 소득금액이 커질수록 높은 세율을 적용하도록 정한 세금을 말한다. 즉, 과세물건의 수량이나 화폐액이 증가함에 따라 점차 높은 세율이 적용되는 조세를 말한다. 누진세는 경제력의 격차를 야기시키는 소득 간 불평등을 보정하기 위한 것으로 고소득자에게는 높은 세금을, 저소득자에게는 낮은 세금을 거두자는 의도에서 실시되었다.

역진세(regressive tax)는 누진세와 대립되는 개념이다. 역진세는 과세물건의 수량 또는 금액이 많아짐에 따라 세율이 낮아지는 조세를 말한다. 역진세는 저소득자에게 고소득자보다 상대적으로 많은 세금을 물린다. 현실적으로 역진세는 찾아보기 어렵다.

비례세(proportional tax)는 과세표준에 비례하여 과세하는 것을 비례세라고 한다. 이는 과세표준의 증가에 대해 비례 이상으로 세율을 증가시키는 누진세와 대비된다. 대표적인 비례세는 부가가치세로 과세물의 크기와 관계없이 동일하게 10%가 적용된다.

⑦ 보통세와 목적세

보통세(ordinary tax)는 일반적인 재정수요를 위하여 부과되는 조세를 말한다. 일반세라고도 하며, 목적세와 대응된다. 즉, 국가 또는 지방자치단체의 일반적 지출에 충당하기 위한 조세이며, 조세수입은 일반재정경비의 충당에 사용되는 것이 일반적이다. 보통세는 소득세, 법인세 등의 직접세와 부가세, 소비세 등의 간접세가 모두 포함되는 것으로 세입과 세출이 직접적으로 연계되어 있지 않는 모든 세금을 포함한다.

목적세(objective tax)는 특정 경비에 충당하기 위하여 과징되는 조세를 말한다. 일반경비에 충당하기 위하여 징수되는 일반세 또는 보통세에 대응한다. 즉, 목적세는 세입과 세출이 직접적으로 연결되어 있는 세금으로, 세금이 쓰일 목적이 미리 정해져 있는 세금을 말한다. 목적세는 사용용도가 명백하므로 납세자의 납득을 얻기는 비교적 쉬우나, 특정 목적 이외에는 사용할 수 없어 재정의 운용을 제한하고 경비지출 간에 불균형을 초래하는 수가 많다. 특히, 지방세에 대해서는 많은 나라에서 보통세와 목적세를 병용하고 있다.

우리나라는 1958년 8월에 교육세를 신설하여 시행하다가 1961년 12월에 폐지하였고, 1982년 교육환경 개선과 교원 처우 개선을 위해 한시적으로 재도입되었다. 그러나 1990년 12월 방위세법의 폐지를 계기로 지방교육자치 실시를 위한 재원을 확충할 목적으로 1991년 교육세를 한시세에서 영구세로 전환하였다. 이후 2001년에 교육세의 지방세목분이 분리되어 현재까지 유지되고 있다. 한편, 지방교육재정교부금의 재원은 교육세 전액이다.

(2) 사회보험료

사회보험료는 사회보험 가입자가 급여를 받기 위한 전제조건으로 납부하는 세금으로서, 사회보험료이며 일종의 목적세라고 할 수 있다. 목적세는 특별한 목적을 위해 징수하는 세금으로 현재 우리나라의 사회보험료는 사회적 위험에 대비하기 위한 국민연금, 건강보험, 산재보험, 고용보험료, 노인장기요양보험이 있다. 사회보험료는 강제성을 띠고 있어 세금과 같은 성격을 가지고 있기는 하나, 사용처가 명확하게 특정화되어 있는 점에서 일반조세와는 다르다. 사회보험료는 특별한 지출용도를 지니고 있고 보험가입자가 일정 기간 동안 정기적으로 일정한 금액을 내는 것으로써 특정 목적을 위해 재원의 안정성을 가진다. 개인의 갹출금으로부터 급여가 생성되기 때문에 권리 개념으로 인식되어 보편적으로 적용되고 있다. 사회복지 재원을 구성하는 여러 형태 중 큰 비중을 차지하고 있는 재원으로, 선진국의 경우 사회보장세가 차지하는 비중에 비하여 일반세인 조세만큼 소득재분배의 효과는 크지 않다. 사회보험의 보험료 부담방식은 사회보험의 종류에 따라 국가에 따라 조금씩 차이가 있으나, 대부분 보험료는 사용자, 피용자가 공동으로 부담하는 형태이며, 국가에 따라 사용자와 피용자의 보험료 부담 비율은 다양하다. 스웨덴의 경우, 사회보험 보험료의 대부분을 사용자가 부담하고 있으며, 네덜란드는 반대로 피용자가 보험료의 약 75% 정도를 부담하고 있다. 우리나라는 국민연금과 국민건강보험, 고용보험은 사용자와 피용자가 절반씩 부담하고, 산업재해보상보험은 사용자가 보험료 전액을 부담하고 있다.

이와 같이 사회보험료는 사회보장 성격으로 인하여, 개인소득세인 경우 가족의 수나 욕구에 따른 지출을 인정하여 여러 가지 조세감면을 해주는 데 비해, 가족의 수나 욕구를 고려하지 않고 근로소득만을 고려하기 때문에 저소득층의 부담률이 상대적으로 높아 역진성을 가진다. 이는 사회보장세로 사용자와 피고용자가 분담할 수 있고, 사용자가 대부분을 부담할 수도 있기 때문에 사용자가 부담하는 몫이 실질적으로 전가된다면, 소득재분배 효과가 줄어들 수 있다. 사용자가 부담하는 사회보장료가 상품가격의 인상에 의해 소비자에게 전가될 수 있고, 저임금에 의해 피고용자에게 전가될 수도 있기 때문이다(Gillbert & Terrell, 2014).

(3) 조세지출(조세비용)

조세지출 또는 조세비용(tax expenditure)은 세금을 걷어 사회복지급여로 지출하는 대신, 각종 조세를 감면시켜 사회복지의 목표를 이룰 수 있는 방법이다.

이는 실질적인 조세수입의 감소를 통해 특정의 목적을 달성하기 때문에 공공부문 재원으로 분류한다. 정부의 입장에서는 조세지출만큼 조세수입이 줄고, 따라서 그만큼 정부지출을 한 것과 비슷하기 때문에 실질적으로 정부지출의 하나로 파악한다. 이러한 이유로 조세비용이라고도 한다(오세영, 2021: 170).

조세지출의 유형으로는 다음과 같다(임정문 외, 2020b: 144~145).

첫째, 소득재분배와 관련된 경제적 욕구를 고려한 조세지출로, 각종 소득공제, 세액공제, 비과세항목 등이 있다.

둘째, 불가피한 비용처리를 위한 조세지출에는 인적공제비와 특별공제비가 있다.

셋째, 사회복지정책과 관련된 조세지출이 있다.

(4) 부의 소득세

부(負)의 소득세(Negative Income Tax, NIT)는 조세제도를 활용하여 빈곤계층 중 취업하고 있거나 취업가능성이 있는 근로능력자를 대상으로 공공부조가 아닌 제3의 방법으로 소득을 보장해 주고자 고안된 것이다. 부의 소득세는 특정 가구의 소득이 가구 규모별로 설정된 최소소득보장수준(최저생계비)에 미달할 때 그 차액의 일정비율 만큼 조세환급의 형태로 정부가 지급해주는 제도이다.

미국의 시범사업에서는 부의 소득세율이 증대할수록 근로자들의 근로동기가 약화되는 것으로 나타났다. 반대로, 근로의욕 증대를 위해 소득세율을 낮게 설정하면, 저소득계층의 최소소득보장이 그만큼 미진해져서 실질적인 생계보장이 되지 않는다. 따라서, 근로빈곤층의 근로동기 확보와 최소소득보장이라는 동시에 달성할 수 없는 정책목표 사이에서 해결점을 찾지 못해 부의 소득세제는 시범사업실시로 종결되었다(박병현, 2015: 198).

(5) 근로장려세제

근로장려세제(earned income tax credit, EITC)는 일정 수준 이하의 근로소득을 가진 자에 대해서 정부가 정해진 기준에 의거해서 조세제도를 통해 현금을 지급하는 소득보장제도이다. 근로장려세제에서 말하는 근로소득은 피용자의 임금뿐만 아니라, 자영자의 사업소득도 포함된다. 따라서, 저소득 임금근로자, 영세자영업자들이 이 제도의 주된 수급대상자가 된다.

3) 민간재원

복지서비스의 제공에 필요한 제반 경비 중 세금 등에 의한 공적 재원 이외의 민간에서 조달되는 재원을 말한다. 공적 복지서비스에 대해서는 법정화 된 사회복지사업에 대한 시설정비 및 서비스의 실시경비를 법률의 규정에 의해 그 경비의 부담자 및 부담비율이 정해져 있다. 그중에서 민간사회복지법인이 설치 · 운영하는 사업에 대해서는 원칙적으로 민간재원이 충당되며, 금융시장으로부터의 예산조치의 범위에 들어가지 않는 부분에 대해서도 자기부담으로 민간으로부터 자금조달이 이루어진다.

민간재원은 매년 정기적으로 실시되는 국민운동으로서의 공동모금, 기부금에 의한 배분, 기업 등의 사업자로부터의 직접적인 기부, 기업 등이 설치하는 조달단체로부터의 조성금, 개인의 기부, 경륜, 경정 등의 공영경기의 수익금으로부터의 조성 등을 들 수가 있다. 이 민간 복지재원에 대해서는 첫째로 복지의 가치관에 기초한 자발적 자금제공의 가치를 강조함과 동시에, 손금불산입 등의 세제상의 우대조치의 제도화가 민간재원조달에 있어서의 조건이 된다.

(1) 자발적 기여

사회복지정책에 사용하는 민간부문의 재원으로 자발적 기여(voluntary contribution)는 사회복지정책의 영역들 가운데 개별사회서비스에서 상대적으로 중요하다. 이러한 서비스를 제공하는 비영리기관 재원의 30% 정도는 자발적 기여에 의한 것이다.

자발적 기여의 형태는 개인에 의한 기여금이 가장 크고 다음으로 재단, 기업, 유산의 순서로 이루어진다. 그러나 이러한 기여가 조세감면을 받기 위해 시용된다.

(2) 기업복지의 재원

기업복지의 재원은 기업의 사용자들이 기업의 피고용자들의 복지 향상을 위해 지출하는 것을 의미한다. 기업복지에 속할 수 있는 프로그램은 다양하며, 사회복지정책에서 시행하는 주요 사회복지정책 영역에 속하는 프로그램들을 모두 갖고 있다. 예를 들어, 기업연금, 기업의료보험, 자녀학비보조, 사원주택, 탁아 프로그램 등이 있다. 국가적인 복지가 높아지면 기업복지는 낮아지게 된다.

(3) 이용자 부담

이용자 부담(user fee)은 사회복지급여를 받은 대가로 금전을 지불하는 것이다. 오늘날 사회복지가 발달한 국가들에서도 어떤 사회복지정책이 제공하는 재화나 서비스를 받을 때는 수급자의 일정한 비용의 본인부담을 필요로 하고 있다.

(4) 가족 간 이전

사회복지가 발달함에 있어 비공식 부문의 중요성이 덜해졌다 하더라도, 아직은 국가의 복지정책이 많은 부분 미흡하기 때문에 중요한 요소이다. 주로 노인복지는 가족의 자식들에 의해 대부분 해결된다.

5. 복지국가

1) 복지국가의 개념

복지국가(welfare state)라는 용어는 영국 켄터베리 대주교인 템플(William Temple, 1881~1944)이 1941년에 간행한 「시민과 성직자(*Citizen and Churchman*)」라는 팸플릿에서 사용했다. 즉, 템플 대주교는 독일 나찌시대의 '전쟁국가(warfare state)' 또는 '무력국가(power state)'와 대비하여 영국을 복지국가로 대조시켜 규정한 데서 비롯되었다. '복지국가'라는 용어는 1945년 집권한 영국 노동당 정부가 '베버리지 보고서(1942)'를 근간으로 1948년 '요람에서 무덤까지'의 사회보장제도를 실시함으로써 일반적으로 사용되기 시작했다. 그래서 1948년을 복지국가의 원년이라고 부르기도 한다(박경일, 2020: 93). 그러나 복지국가라는 명칭은 일반적으로 사용하기 시작한 1950, 60년대에는 무슨 뜻인지도 모르고 사용되었고, 낯선 것이었다. 사회개혁가이자 관리자로서 복지국가 영국의 아버지로 존경받는 윌리엄 베버리지(William Henry Beveridge, 1879~1963)는 복지국가란 의미가 '공짜로 얻기(something for nothing)', '산타클로즈 국가(Santa Claus State)' 등을 암시하고 있다는 것을 마땅치 않게 여겼다. 복지국가 이론가 마셜(Thomas Humphrey Marshall, 1893~1981)은 그의 유명한 강의 「시민정신과 사회계급(*Citizenship and Social Class*, 1950)」에서 복지국가란 용어를 사용하지 않았으며, 유명한 페이비언 티트머스 역시 '복지국가'란 용어는 사회복지정책의 친구가 아니라, 적대적인 용어로 보았다(Garland, 2016).

복지국가는 전형적으로 모든 시민들에게 권리 성격의 급여제공, 경제에 대한 정부의 통제, 그리고 완전고용이라는 세 가지 거시적 원칙을 가지고 있다. 또한 복지국가는 이념적으로 사회민주주의, 정치적으로 의회민주주의, 경제적으로 혼합경제, 그리고 사회적으로 완전고용과 사회보장제도가 실현된 국가를 지칭한다. 따라서, 복지국가는 보호가 필요한 사람들뿐만 아니라, 모든 시민들에게 소득을 보장해 주고, 건강보호서비스와 교육서비스도 제공한다(박병현, 2011: 11).

그러므로 복지국가란 개인의 일상적 생활보장과 사회적 위험 및 사회적 문제를 해결하고 자유와 평등을 포함한 인간의 행복을 추구하기 위한 권리를 정부와 민간조직이 보장하기 위해 적극 노력하는 국가, 즉 소득의 상실로부터 기족의 최저 생활수준을 보호하기 위해 고안된 사회서비스를 제공하는 나라를 말한다.

2) 복지국가의 유형

복지국가 유형을 연대기적 서술로 살펴보면 다음과 같다.

(1) 윌렌스키와 르보

윌렌스키와 르보(Harold L. Wilensky & Charles N. Lebeaux)는 1959년 그들의 저서 「산업사회와 사회복지(*Industrial Society and Social Welfare*)」에서 잔여적 관점과 제도적 관점으로 유형화하고 있다. 그 내용은 다음과 같다(Wilensky and Lebeaux, 1965: 138~139).

① 잔여적 관점

잔여적 관점(residual view)은 사회복지가 일차적으로 가족과 시장기구에 의해서 공급되는 것을 원칙으로 한다. 보완적 관점이라고도 한다. 사회복지제도는 가족과 시장기구에 의해 움직여지고, 그러한 기구를 통해 개인의 욕구가 충족될 수 있다. 그런데 가족 또는 시장기구가 정상적으로 제 기능을 발휘하지 못할 때 사회복지제도로서의 보완적 모형이 작동된다. 이 모형은 가정생활이 파괴되거나 시장기구나 제대로 움직일 수 없어 정상적인 경로로는 사회복지가 공급될 수 없을 때 나타난다. 그것은 가족과 시장기구가 작동하지 못할 때 출현하는 일시적이고, 긴급한 기능이며 보조적인 성격을 띤다. 예컨대, 자선사업과 의연금이 그러한 유형의 사회복지활동이며, 가족과 시장기구가 다시 제 기능을 회복할 때 보완적 사회복지활동은 작동이 중지된다.

② 제도적 관점

제도적 관점(institutional view)은 누구나 일정한 조건, 즉 법적 · 제도적 조건만 갖추게 되면 사회복지 혜택을 받을 수 있는 경우를 말한다. 복지사회를 건설하기 위해 사회복지 혜택을 받을 수 있는 경우를 말한다. 그들은 "사회복지는 각 개인이나 집단이 만족할 만한 수준의 삶과 건강을 누릴 수 있도록 도와주기 위해 만들어진, 사회적 서비스와 제도의 조직화된 체계(the organized system of social services and institutions)이다."(Wilensky and Lebeaux, 1965: 139)라고 주장한다. 윌렌스키와 르보는 산업화가 진행될수록 보완적 모형보다 제도적 모형이 더욱 강조될 것이라고 보고 있다.

이 두 가지의 관점은 상반되는 것으로 나타나지만, 실제에 있어서 미국의 사회복지는 이 둘을 결합하려고 시도해 왔으며, 사회복지에 있어서의 현재의 경향도 중간노선을 걷고 있다. 구질서가 무너지는 것을 비통해 하는 사람들은 제도적 관점의 이데올로기가 개인적인 특성과 국가의 사회구조를 모르는 사이에 해치고 있다고 주장한다. 한편, 오늘날 우리가 유토피아에 도달하지 못한 것을 슬퍼하는 사람들은 잔여적 관점에 대해 우리들이 '모든 사람을 위해서 행복한 생활'을 달성하기 전에 제거되어야만 할 장애물이라고 반박하고 있다. 윌렌스키와 르보(1965: 139)에 따르면, 두 가지의 이데올로기가 모두 진공상태에 존재하는 것이 아니라, 더 넓은 사회문화적 상황의 반영이며, 산업화가 더욱 진전됨에 따라 제도적 개념이 더 우세하게 될 것 같다고 본다.

(2) 퍼니스와 틸톤

퍼니스와 틸톤(Norman Furniss & Timothy Alan Tilton)은 1977년 그들의 저서 「복지국가사례(*Case for the Welfare State: From Social Security to Social Equality*)」에서, 사회복지 욕구에 대한 정부개입의 형태에 따라 복지국가의 모형을 적극적 국가, 사회보장국가, 사회복지국가로 분류하고 있다.

① 적극적 국가

적극적 국가(positive state)의 일차적 목표는 시장의 불안정과 재분배 요구로부터 자본가를 보호하는 데 있다. 이에 정책방향은 경제성장을 위한 정부와 기업의 협조를 강조하며, 국가 시장경제에 개입하여 독점을 규제하고, 지나친 사회적 불평등을 예방해야 한다. 또한 적극적 국가에서는 경제성장을 저해하는 사회복지정책은 가급적 피하며, 완전고용정책의 극소화를 비롯하여 노동조합의 지나친 임금인상 요구나 집단행동을 규제한다. 따라서, 적극적 국가에서는 빈곤층에 대한 정부의 지원은 경제성장의 저해요인으로 인식하며, 주로 사회보험을 선호한다. 이는 수급자가 보험료를 부담해야 하고, 부자와 빈자 간의 수직적 재분배보다는 노인층과

「복지국가사례」
(1977년 출판)

청년층, 건강한 사람과 병약한 사람 간의 수평적 재분배이기 때문에 정책적인 부담이 적기 때문이다. 적극적 국가에서 사회보험을 선호하는 이유는 근로자가 보험료를 납부해야 급여를 받을 수 있기 때문에 근로의식을 고취시킬 수 있고, 정부지출을 최소화하면서도 사회복지를 할 수 있기 때문이다.

이런 점에서 볼 때, 적극적 국가는 중산층 이상만 보호를 받을 수 있어서 이러한 국가를 복지국가라 할 수 없으며, 그리고 미국이 그 대표적인 나라로 꼽힌다.

② 사회보장국가

사회보장국가(social security state)는 국민들에게 최저수준의 복지를 보장하는 국가를 말한다. 이에 사회보험제도 외에도 공공부조와 각종 사회복지 분야 서비스제도를 확대 실시한다. 특히, 사회보장국가는 완전한 평등을 추구하기보다는 최저수준의 생활을 보장하는 데 그친다. 이것은 개인 자신이 자발적으로 복지향상에 기여할 수 있게 하기 위한 조치이다. 대표적인 나라가 영국이다.

③ 사회복지국가

사회복지국가(social welfare state)는 광범위한 사회복지서비스를 비롯하여 평등과 정치활동 참여 등으로 모든 국민의 안녕을 보장하는 나라를 말한다. 특히, 이러한 국가에서의 정부는 노동조합과 긴밀한 협조하에 고용정책이나 임금정책을 실시하여 최하층의 요구를 우선적으로 수용하는 정책을 펴게 된다. 따라서, 사회복지국가에서는 경제정책보다는 사회정책이 우선시 되며, 국민들의 삶의 질을 저해하는 도시계획이나 재개발은 금지된다. 스웨덴이 그 대표적인 나라이다.

(3) 티트머스

티트머스(Richard Morris Titmuss)는 1974년 그의 저서 「사회정책개론(*Social Policy: An introduction*)」에서 복지국가모형을 사회정책의 맥락에서 세 가지 유형으로 분류한다. 이는 윌렌스키와 르보의 두 유형에 산업성취수행 모형이라는 새로운 유형을 추가한 것이다. 그 내용은 다음과 같다(Titmuss, 1974: 20~21).

「사회정책개론」
(1977년 출판)

① 잔여적 복지모형

잔여적(보완적, 보충적) 복지모형(residual welfare model)은 윌렌스키와 르보가 말한 잔여적 모형(residual model)과 같은 의미의 모형이다. 사회복지제도는 가족과 시장기구에 의해 움직여지는데, 그러한 것들이 제대로 기능을 다하지 못할 때 보완적 모형이 나타난다는 것이다. 보완적 복지모형은 일시적, 잠정적이고 가족과 시장기구가 정상적으로 움직이게 되면 작동을 중단하게 된다.

② 산업성취-성과모형

산업성취-성과모형(industrial achievement-performance model)은 사회복지제도를 경제적 성과의 부속물로 간주한다. 사회복지(사회적 욕구)는 업적, 실적, 업무수행, 그리고 생산성에 근거해서 결정되어져야 한다는 것이다. 이 모형은 시녀적 모형(handmaiden model)이라고도 하는데, 이유는 이 모형이 유인, 보수, 집단충성심과 연관된 경제적 · 심리적 이론으로부터 도출되었기 때문이다.

③ 제도적 재분배 모형

제도적 재분배 모형(institutional redistributive model)에 따르면, 사회복지제도는 사회를 통합시키는 역할을 하는 통합된 제도이며, 개인의 욕구에 의해 기능하는 시장기구가 제공할 수 없는 보편주의적 서비스를 시장기구 밖에서 제공한다. 이 모형은 사회변동과 경제체제의 효과에 관한 이론 그리고 사회적 평등의 원칙에 근거하고 있다.

(4) 미쉬라

미쉬라(Ramesh Mishra)는 1984년 그의 저서 「복지국가 위기(*The Welfare State in Crisis: Social Thought and Social Change*)」에서 복지에 대한 국가책임의 사상과 현실적 제도와의 관련에 따라 복지국가모형을 분화적 복지국가와 통합적 복지국가로 분류하고 있다. 그는 복지국가의 모형을 개발하게 된 동기를 복지국가의 위기론에서 찾고 있다. 그의 주장에 의하면, 복지국가 위기의 해결책으로 우파에서는 자유방임주의로의 복귀를 제시했으며, 좌파에서는 자본주의의 철폐를 주장하고 있지만, 그는 이러한 위기 극복을 위한 대안을 조합주의(corporatism)에서 찾고 있다. 조합주의에 입각한 새로운 형태의 통합 복지국가(integrated Welfare State)는 복지국가의 발전적인 방향의 모색이며, 혼합경제와 복지국가의 근본정신에 위배되지 않으면서 복지국가의 위기를 타개할 수 있는 진정한 대안이 될 수 있다고 주장한다 (Mishra, 1984: 101~102).

「복지국가 위기」
(1984년 출판)

① 분화적 복지국가

분화적 복지국가(differentiated welfare state)에 이론적 배경을 제시하고 있는 학자는 베버리지와 케인즈이다. 분화적 복지국가는 다음과 같다.

첫째, 경제분야에서 공급측면보다 수요측면에서 경제를 조절하고 있으며, 재정정책 및 금융정책을 통해 수요의 창조나 억제를 위한 정부 경제활동의 활성화 조치를 취하고 있다.

둘째, 사회복지분야는 경제와 구별되는 상대적 자율성을 유지하고 있으며, 국가는 경제와 관련하여 뚜렷한 연계를 거의 갖지 않는 사회적 서비스를 제공하고 있다.

셋째, 정치분야의 경우 분화적 복지국가는 다원주의 이론에 근거하여 움직이고 있다. 정치형태 및 사회의 의사결정과정에서 자유경쟁 또는 시장모델을 적용하고 있으며, 의회주의적 정부형태를 선호하고 있고, 완전한 시민적 자유와 정치적 자유를 보장하고 있다. 더욱이 산업분야에서 자유로운 집단협상 방식을 선택하고 있다. 예컨대, 대표적인 분화적 복지국가는 미국과 영국을 들 수 있다.

② 통합적 복지국가

통합적 복지국가(integrated welfare state)는 조합주의를 기반으로 성립하기 때문에 분화적 복지국가와는 두 가지 점에서 다르다.

첫째, 조합주의를 토대로 성립하고 있는 통합적 복지국가는 경제정책과 사회정책이 상호 밀접하게 관련되어 있어서 양자의 통합 필요성을 제기하고 있다. 분화적 복지국가에서 케인지-베버리지식의 접근방법은 신중한 국가개입과 제한된 사회정책의 형태를 통해서 사회·경제의 성격을 바로 잡는다는 사상에 근거하고 있지만, 조합주의자의 견해는 좀 더 포괄적이다. 전체 사회 내에서 경제정책과 사회복지정책을 조화시켜야 될 필요성을 인정하고 있다. 조합주의는 경제정책을 사회복지정책에, 사회복지정책을 경제정책에 환류(feedback)시켜야 할 것을 인식하고 그것의 절충의 시도한다. 그렇기 때문에 분배문제는 생산문제와 분리될 수 없는 것으로 본다. 결론적으로 조합주의는 분화적 복지국가와는 달리 (사회)복지정책이 가지고 있는 경제적 함의를 회피하지 않으면서 (사회)복지정책의 목표가 경제정책에 아주 명확히 반영되고 있다고 본다(Mishra, 1984: 104).

둘째, 조합주의적인 접근방법은 복지국가의 제도 속에 함축되어 있는 체계통합(system integration)과 사회통합(social integration)은 상호 관련된 것으로 본다. 체계통합은 제도들 간의 기능적 통합에 관련된 것이며, 사회통합은 집단(자본가와 노동자)들 간의 사회조화와 균형을 유지하기 위한 것과 연관된다. 경제와 사회복지 간의 이루어지는 기능적 통합(functional integration)은 비록 제도간의 체계통합을 이룬다 하더라도, 주요 경제집단인 자본가와 노동자 간의 동의를 얻어내지 못한다면, 효율성이 떨어질 가능성이 존재하고 있다는 점을 염두에 두어야 한다(Mishra, 1984: 104).

그러므로 조합주의라는 용어는 여러 가지 측면에서 조직화된 경제적 이해관계 및 현대국가의 의사결정구조와 과정을 연계한 것으로 보고 있다. 그는 이런 상황에서 조합주의에 기반을 둔 통합적 복지국가의 유형을 제시하고 있으며, 그것과 유사한 구조를 가진 다원주의 혹은 분화적 복지국가를 대조시키고 있다. 이러한 대조는 복지국가에 접근하고 있는 조합주의의 분명한 특징을 나타내 주고 있다(Mishra, 1984: 102).

그러므로 서술한 미쉬라의 분화적 복지국가와 통합적 복지국가의 특징은 다음과 같이 정리할 수 있다. 즉, 미쉬라의 복지국가모형은 퍼니스와 틸톤의 모형보다 진일보했다는 것을 알 수 있다. 퍼니스와 틸톤 역시 복지국가의 특성을 설명했지만, 그것을 실현시킬 수 있는 구체적인 방안이나 수단에 관한 언급은 없었다. 반면, 미쉬라는 분화적 복지국가에서 통합적 복지국가로 이행하기 위한 전제조건, 즉 실천적 방안으로서 조합주의를 제시했다는 점은 높이 평가받을 만하다. 그렇지만 미쉬라의 복지국가 모형은 선진자본주의 국가의 복지모델에 관해서만 언급하고, 후발자본주의 국가의 복지모델에 대해서 언급이 없다는 점이 아쉬움으로 남고 있다.

(5) 에스핑-앤더슨

에스핑-앤더슨(Gøsta Esping-Andersen)은 1990년 그의 저서 「복지자본주의의 세 가지 세계(*The Three World of Welfare Capitalism*)」에서 처음으로 '복지국가 레짐(regime)'이란 용어를 사용하여 복지국가를 탈상품화(de-commodification), 계층화(stratification), 시장 · 가족의 역할관계 등을 기준으로 자유주의 복지국가, 보수조합주의 복지국가, 사회민주주의 복지국가 등 세 가지의 유형으로 분류하였다(Esping-Anderson, 1990: 26~33).

① 자유주의 복지국가

자유주의 복지국가는 안전망으로서 잔여적(residual) 복지를 실시하며, 매우 부분적인 욕구만을 충족하기 위해 공공부조 위주의 복지정책을 실시하고, 사회보험이나 사회서비스는 발달하지 못한 복지체제이다. 공공복지가 충족해 주지 못하는 복지욕구는 시장에서 사적 보험이나 사적 서비스를 구매하여 충족하는 시장중심적 체제이다. 자유주의적 복지국가에서는 자산조사(means test)에 의한 공공부조(public assistance)가 중심적 역할을 수행하며, 복지행정의 주된 업무는 근로능력이 없는 '(도움을 받을) 가치 있는 빈민'을 선별하여 정부의 복지급여를 제공하고, 반면 근로능력이 있는 '(도움을 받을) 가치가 없는 빈민'을 복지수혜대상에서 제외하는 데 많은 노력을 기울이고 있다. 복지급여에는 낙인과 같은 사회적 모욕이 수

「복지자본주의의 세 가지 세계」
(1990년 출판)

반된다. 미국과 캐나다 같은 국가가 자유주의적 복지국가에 속한다.

② 보수조합주의 복지국가

보수적이고 강한 조합주의적 복지국가체제에서는 피보험자의 기여를 재정적 근간으로 하는 사회보험을 강조한다. 빈곤층을 위한 공공부조의 경우에도 열등처우의 원칙(principle of less eligibility)이 강조되며, 수급자들이 자립자활할 수 있도록 하는 데 초점을 맞춘다. 그러나 노동을 강조하는 근로연계복지(workfare)보다는 근로친화적(work-friendly) 또는 노동을 권장하는 복지를 시행하고 있다. 시장을 대체한 복지제공자로서의 조합주의적인 국가가 주로 신분차별의 유지를 위해 강력하게 작동하며, 복지의 재분배 효과는 극히 미미하다. 국가가 제공하는 가족서비스는 상당히 낙후되어 있으며, 국가는 가족의 복지제공능력이 고갈되었을 때만 개입한다. 이 유형에 속하는 국가로는 프랑스, 독일, 이탈리아 등이 있다.

③ 사회민주주의 복지국가

사회민주주의 복지국가체제는 복지와 노동의 결합을 중시하며, 완전고용을 강조한다. 완전고용을 적극적으로 보장하는 이유는 복지시스템을 유지하는 데 드는 비용이 노동에 따른 소득세에서 얻어지기 때문이다. 사회민주주의 복지국가체제가 국민의 복지를 높은 수준에서 보장하는 것은 사실이지만, 동시에 노동을 강조하는 것도 사실이다. 보편주의와 탈상품화 원칙들을 신중간계급에게까지 확대 적용하며, 수혜의 질이 신중간계급의 욕구를 충족할 정도로 양호할 것과, 이러한 수혜를 노동계급들도 동등하게 누릴 것을 요구한다. 시장의 역할이 주변화되는 대신 모두가 수혜를 받고 서로 의존하며 상호 부담함으로써 보편적인 사회적 연대가 창출된다. 이 유형에는 스웨덴, 노르웨이, 핀란드, 덴마크 등 북유럽 국가들이 이 체제의 국가에 속한다.

이상과 같이 복지국가의 유형화를 논함에 있어서 가장 이상적인 복지국가의 유형화는 사회복지정책이나 제도 및 프로그램의 내용(대상, 자격, 급여수준, 재원조달방법 등)을 분석하고 그것의 효과(재분배 효과나 빈곤감소 효과 등)를 분석하여 유형화하는 것이다. 그러나 이러한 분석에 의한 유형화는 각 국가의 제도나 프로그램 내용이 각각 달라서 일률적으로 비교 · 분석하기가 쉽지 않다.

복지국가의 유형을 정리하면 〈표 11-3〉과 같다.

〈표 11-3〉 복지국가의 유형

<table>
<tr><th>연도</th><th>학자</th><th colspan="12">개인주의 ← 이념의 연속선 → 집합주의</th></tr>
<tr><td>1958</td><td>Wilensky & Lebeaux</td><td colspan="6">잔여적</td><td colspan="6">제도적</td></tr>
<tr><td>1974</td><td>Timuss</td><td colspan="4">잔여적</td><td colspan="4">산업적 성취-수행</td><td colspan="4">제도적 재분배</td></tr>
<tr><td>1975</td><td>Parker</td><td colspan="4">자유방임</td><td colspan="4">자유주의</td><td colspan="4">사회주의</td></tr>
<tr><td>1976</td><td>George & Wilding</td><td colspan="3">반-집합주의</td><td colspan="3">소극적 집합주의</td><td colspan="3">페이비언 사회주의</td><td colspan="3">마르크스주의</td></tr>
<tr><td>1977</td><td>Mishra</td><td colspan="4">잔여적</td><td colspan="4">제도적</td><td colspan="4">규범적(혹은 사회주의)</td></tr>
<tr><td>1979</td><td>Furniss & Tilton</td><td colspan="2">보수주의</td><td colspan="2">적극적 국가</td><td colspan="3">사회보장 국가</td><td colspan="3">사회복지 국가</td><td colspan="2">급진주의</td></tr>
<tr><td>1979</td><td>Room</td><td colspan="3">시장자유주의</td><td colspan="3">정치적 자유주의</td><td colspan="3">민주적 자유주의</td><td colspan="3">신마르크스주의</td></tr>
<tr><td>1979</td><td>Pinker</td><td colspan="4">고전파 경제이론</td><td colspan="4">신중상주의적 집합주의</td><td colspan="4">마르크스주의적 사회주의자</td></tr>
<tr><td rowspan="2">1989</td><td rowspan="2">Williams</td><td colspan="2" rowspan="2">반집합주의</td><td colspan="3">사회개혁주의</td><td colspan="2" rowspan="2">정치경제적 복지</td><td colspan="2" rowspan="2">페미니즘</td><td colspan="3" rowspan="2">반인종주의</td></tr>
<tr><td>비사회적 복지집합주의</td><td>페이비언 사회주의</td><td>급진적 민주주의</td></tr>
<tr><td>1994</td><td>George & Wilding</td><td colspan="2">신우파</td><td colspan="2">중도노선</td><td colspan="2">사회 민주주의</td><td colspan="2">마르크스주의</td><td colspan="2">페미니즘</td><td colspan="2">녹색주의</td></tr>
<tr><td>1996</td><td>Alock</td><td colspan="2">신우익</td><td colspan="2">중도노선</td><td colspan="3">사회민주주의</td><td colspan="3">마르크스주의</td><td colspan="2">신급진주의</td></tr>
</table>

자료: 김보기 외 (2022a: 200).

6. 사회복지정책의 전달체계

1) 사회복지정책 전달체계의 개념

사회복지정책에 있어서 '누구에게'와 '무엇을'이라는 선택을 결정하게 되면 그 다음에는 결정된 사회복지급여를 수급자격을 가진 대상자에게 전달하기 위한 조치가 마련되어야 한다. 즉, '어떻게(how)'라는 질문에 관련된 것이다. 이러한 의미에서 사회복지 전달체계는 지역사회 내에 존재하는 사회복지서비스의 공급자와 수요자(클라이언트, 수급자, 소비자)의 상호 간을 연결시키기 위한 '조직적 장치'라고 말할 수 있다. 여기서 조직적 장치라는 것은 사회복지서비스 공급자와 수요자 사이를 연결시키는 조직과 인력의 구조를 의미한다(조추용 외, 2021: 172).

사회복지정책에 있어서 전달체계는 사회복지정책에서 제공하는 급여 혹은 서비스를 제공하는 조직적 장치를 말한다. 사회복지정책에 있어 전달체계가 중요한 이유는 사회복지정책에 규정되어 있는 사회복지급여와 서비스를 적절하고 효율적으로 대상자에게 전달하여 그들의 욕구를 효과적으로 충족시키는 데에 전달체계가 결정적인 역할을 수행하기 때문이다. 즉, 정책내용도 중요하지만, 정책의 구체적 대상자의 자격요건을 조사 · 심사하는 일, 자격조건의 설정, 전달구조와 조직의 선택과 실천, 사회복지서비스 신청 · 급여과정과 절차 등과 연관된 정책의 선택 등은 결국 전달체계상에서 수혜대상자와 밀접하게 접촉하면서 실천되는 일이므로 전달체계가 그만큼 중요하다(현외성, 2019: 239).

사회복지서비스 전달체계의 특성은 사회복지서비스 전달체계가 운영주체에서도 일반 전달체계와 차이를 보인다는 점이다. 주로 고정적인 일반 전달체계와 달리, 중앙정부, 지방정부 등의 공적 전달체계와 민간차원에서 이루어지는 민간 전달체계 두 영역 모두에서 활발히 적용되며 유동적이기 때문이다(고광신 외, 2017: 177~178).

펄만(Helen Harris Perlman)은 1957년 그의 저서 「사회적 케이스워크(*Social Casework: A Problem-Solving Process-A Fresh, Unifying Approach to*

Casework Practice)」에서, 모든 사회복지기관은 복지대상자를 돕기 위한 일련의 과업을 수행해야 하는 데에 따른 이상적인 기능으로써 네 가지 기능을 제시하고 있다. 그 내용은 다음과 같다.

「사회적 케이스워크」
(1957년 출판)

첫째, 초입기능(entry functions)으로, 복지대상자에게 이용 가능한 서비스, 기구의 홍보와 교육활동을 하며, 대상자의 문제해결을 위해 지역사회의 다른 기관들과 협력해야 하는 기능이다.

둘째, 책임기능(accountability functions)으로, 복지대상자의 문제를 사정하고 이용 가능한 자원을 물색, 필요하다면 타 기관에 위탁(refer)하며, 복지대상자가 활용할 수 있도록 조직하는 책임을 수행하는 기능이다.

셋째, 서비스 제공기능(provision of services)으로, 개별사회사업, 재활서비스, 법률구조사업, 재정부조 등의 기능이다.

넷째, 계획 및 통제기능(planning and control functions)으로, 복지대상자의 욕구를 파악하여 충족되지 않은 욕구충족을 위해 지역사회의 타 기관과 협력, 조정의 책임을 져야 하는 기능이다.

2) 사회복지정책 전달체계의 형태

사회복지 전달체계의 형태는 미시적인 분류방법과 거시적인 분류방법이 있다. 미시적인 분류방법은 전달체계들을 조직과 인력을 중심으로 분류하는 것을 말하며, 거시적인 분류방법은 공공부문과 민간부문의 두 가지 축으로 분류하는 것을 말한다.

전달체계를 조직과 인력을 중심으로 분류하는 것은 서비스의 통합성과 접근성을 높이기 위한 전달체계의 구조에 관한 선택사항에 초점이 맞추어져 있다. 공공부문과 민간부문의 두 축으로 구분하는 거시적인 분류방법은 서비스 전달체계의 관리운영 주체가 공공부문이어야 하는지 혹은 민간부문이어야 하는지에 관한 선택의 차원이다. 즉, 운영주체에 따른 사회복지 전달체계의 분류다.

최근 전달체계에 관한 논의의 초점이 전달체계의 구조에 관한 문제에서 서비스 전달체계의 관리운영주체에 관한 문제로 옮겨지고 있는 점을 감안하면, 거시적 분류 거시적인 분류방법으로 전달체계를 다섯 가지로 분류할 수 있다. 그 내용은 다음과 같다(조추용 외, 2021: 179~184 ; 오세영, 2021: 142~152).

(1) 중앙정부

오늘날 서구의 복지국가에서는 중앙정부의 역할이 매우 크다. 사회복지의 재화나 서비스의 대부분은 중앙정부에서 재원의 부담, 조정, 급여방법 등에 관한 모든 사항을 결정하여 제공된다. 대표적인 예가 사회보험이다. 우리나라의 경우도 5대 사회보험은 모두 중앙정부에 의해 제공된다. 그 내용은 다음과 같다(류연규, 2021: 160~166 ; 오세영, 2021: 142~151).

사회복지 전달체계에서 중앙정부의 역할이 중요한 이유는 몇 가지가 있다.

첫째, 중앙정부가 사회복지정책의 가장 중요한 가치인 평등을 이루는 데 유리하다는 점이다. 이것은 중앙정부만이 모든 국민을 대상으로 사회복지정책을 위해 재원을 마련하거나 급여를 하는 측면에서 소득재분배효과를 극대화할 수 있기 때문이다. 예를 들어, 모든 고소득층에 대한 높은 누진율을 적용하는 조세를 재원으로 모든 저소득층에 대한 높은 급여를 하게 되면, 그 국가 전체의 소득재분배효과는 커질 수 있다. 반면에, 지방정부의 독립적인 사회복지정책은 재원이나 급여의 측면에서 지역 간 소득불평등을 높일 수 있다. 일반적으로 평등추구의 소득재분배정책들은 누진적인 조세부과 때문에 일반 국민들의 정치적인 저항을 받을 수 있는데, 이때 전 국민을 대상으로 하는 중앙정부의 정책이 지방정부에 비하여 정치적 저항을 적게 받을 수 있다. 이것은 전 국민을 조직화하고 동원하는 것이 일부 국민들을 그렇게 하는 것보다 어렵기 때문이다. 즉, 중앙정부의 정책으로 인한 부담은 전체 국민으로 분산되기 때문에 개별적으로 볼 때 크게 부담이 안 되기 때문에 중앙정부의 정책에 적극적으로 저항할 동기가 약한 것이다.

둘째, 사회복지의 재화나 서비스 가운데 의료나 교육과 같이 공공재적 성격이 강한 서비스나 재화 공급에 유리하다. 또한 사회보험과 같이 급여의 대상이 되는 사람의 숫자가 많을수록 기술적인 측면에서 유리하다. 이러한 경우에는 모든 국민들을 대상으로 강제적으로 급여하는 것이 바람직한데, 이것은 현실적으로 중앙정부만이 할 수 있기 때문이다.

셋째, 사회복지의 재화나 서비스에 관한 주요 정책결정은 중앙정부가 하면 다양한 사회복지에 대한 욕구들을 체계화하여 다양한 프로그램을 통합, 조정할 수 있으며, 안정적으로 유지하는 데 유리하다. 특히, 사회복지 프로그램 등의 운영에서 재정안정의 문제가 중요한데, 중앙정부가 다른 어떤 전달체계보다 재원을 지속적으로 안정적으로 마련할 수 있는 장점을 갖고 있다.

반면에, 중앙정부가 사회복지의 재화나 서비스를 독점적으로 제공하는 전달체계는 몇 가지 문제점이 있다.

첫째, 중앙정부에서 제공하는 재화들은 일반적으로 그것들의 공급량이나 형태에 관한 수급자의 선택이 반영되기 어렵기 때문에 수급자들의 효용을 극대화하는 데 한계가 있다. 즉, 자원의 비효율적인 배분의 문제가 발생할 수 있다.

둘째, 중앙정부에 의해서 독점적으로 제공되는 재화나 서비스는 공급자가 독점적이기 때문에 공급자가 다수인 경쟁적인 체계에 비해 재화나 서비스의 가격과 질에 있어 수급자에게 불리할 수 있다. 즉, 불필요하게 재화나 서비스의 가격이 비싸거나 혹은 가격이 통제된 상황에서는 재화나 서비스의 질이 낮아질 수 있다.

셋째, 중앙정부를 통하여 제공되는 재화나 서비스는 정부조직의 관료성으로 인하여 수급자의 욕구에 대한 대응이 느리고, 책임성이 약하고, 지역특수적인 욕구에 대한 대응이 어렵다. 즉, 새로운 욕구나 변화된 욕구에 대한 대응이 늦어 창의적이거나 새로운 서비스의 제공이 어렵다.

그러므로 중앙정부의 전달체계는 장점과 단점을 모두 갖고 있기 때문에 어떤 재화나 서비스를 중앙정부의 전달체계로 제공하는 것이 바람직한가는 결국 제공되는 재화나 서비스의 속성에 달려 있다.

(2) 지방정부

사회복지의 재화나 서비스 가운데 특히 교육서비스, 사회복지서비스, 공공부조 등은 주로 지방정부에 의해 제공된다.

지방정부의 전달체계가 중요한 이유는 다음과 같다.

첫째, 지방정부가 제공하는 것이 지역주민들의 욕구를 더 효율적으로 해결할 수 있다. 중앙정부는 모든 국민을 대상으로 획일적인 재화나 서비스를 제공할 수밖에 없기 때문에 지역주민들 사이의 욕구의 차이를 해결할 수 없다.

둘째, 지방정부 단위로 제공하게 되면, 지방정부들 간의 경쟁을 유발시켜 경쟁원칙에 의해서 재화의 가격과 질의 측면에서 수급자에게 유리해질 수 있다. 예를 들어, 각종 사회복지서비스를 제공하는 사회복지관은 지방정부에서 독립적으로 운영되는데, 이로 인해 서비스의 가격과 질적인 면에서 지방정부들 간 많은 차이가 발생하고 있다.

셋째, 지방정부의 전달체계는 중앙정부에 비하여 비교적 창의적이고 실험적인 서비스의 개발이 용이하여 수급자들의 변화되는 욕구에 적극적으로 대처해 나갈 수 있다.

넷째, 지방정부의 전달체계에서는 공간적으로나 정서적으로 지역주민들이 접근하기가 쉽고, 또한 중앙정부에 비해서 지방정부의 정책결정에 수급자들의 입장이 반영될 가능성이 크다.

반면에, 지방정부의 전달체계는 지역 간 불평등으로 인해 사회통합이 저해되고, 중앙정부에 비해 규모의 경제효과가 적다는 단점이 있다. 또한 지방정부의 전달체계는 재정적인 측면에서 불완전하기 때문에 안정성과 지속성의 측면에서 문제가 있을 수 있다. 이것은 지방정부의 재정적인 독립성이 약한 경우에 더욱 그러하다.

(3) 중앙정부와 지방정부의 혼합체계

오늘날 대부분의 복지국가들에서 지방정부가 완전히 독립적으로 사회복지재화나 서비스를 제공하는 경우는 드물다. 대개의 경우, 지방정부가 중앙정부로부터 재정지원을 받고, 이에 따른 일정한 규제를 받는다. 이러한 규제의 정도는 중앙정부의 재정지원방식에 따라 다르다. 중앙정부의 재정지원의 방식은 크게 세 가지로 나눌 수 있다.

첫째, 항목별 보조금(범주적 보조금, categorical grants)이다. 이것은 중앙정부가 세부적인 항목을 정해서 지원하는 방법이다. 예를 들어, 중앙정부가 지방정부로 하여금 아동복지 가운데 아동학대 예방 프로그램에 사용하도록 지정하여 재정지원을 하는 것이다. 지방정부의 자율적 권한이 거의 없고 중앙정부가 정한 정책과 절차를 엄격하게 이행해야 한다.

둘째, 기능별 보조금(포괄보조금, block grants)이다. 이것은 항목별 지원처럼 프로그램 항목별로 지원하는 것이 아니라, 프로그램의 기능별로 구분하여 지원하는 것이다. 예를 들어, 대상 인구집단별 세부적인 프로그램 항목이 아니라, 정신건강 향상, 소득보장 등의 프로그램들이 추구하는 기능에 따라 지원하는 것이다. 기능영역 내에서 지방정부가 구체적인 사용방법을 정할 수 있어서 지방정부의 자율성이 어느 정도 주어진다. 즉, 지방정부는 포괄적으로 규정된 기능적 영역의 범위 내에서 자율적으로 정책을 수립하고 집행하는 역할을 하게 된다.

셋째, 특별보조금(special revenue shaving)이다. 중앙정부의 예산 중에서 일정 부분을 지방정부에게 이관해 주는 것을 말한다. 이렇게 되면 지방정부의 독립성이 가장 크게 나타날 수 있어서 지방정부는 중앙정부로부터 받은 재원으로 프로그램의 설정, 수급자의 자격, 급여액, 세부적인 전달체계의 방법 등에 관한 모든 것들을 독자적으로 결정할 수 있는 것이다. 그래서 지방정부의 독립성을 높여 지방정부 전달체계의 장점을 크게 살릴 수 있는 것이다.

위와 같이 세 가지의 중앙정부 재정지원방식에 따라 중앙정부에 의한 규제들도 다양하게 나타나는데 크게 보면 두 가지다. 하나는 프로그램 규제로, 대상자의 자격, 급여의 형태와 액수, 세부적 전달방법 등에 대해 규제하는 것이다. 다른 하나는 절차적 규제로, 지방정부의 프로그램 운영에서 정책결정 과정에서의 수급자 참여문제라든가 차별금지, 프로그램 진행에 대한 보고와 감사 등의 일정한 절차를 요구하여 규제하는 것이다.

(4) 정부와 민간부문의 혼합체계

완전히 순수한 의미의 민간부문은 없다고 할 수 있을 정도로 민간부문과 공공부문과의 혼합이 일반화되어 있다. 따라서, 정부와 민간부문 혼합체계의 중요성이 더욱 커지고 있다. 정부와 민간부문의 혼합체계가 필요한 가장 큰 이유는 이른바 '정부의 실패'를 해결하면서 민간부문에서의 시장원칙의 장점들, 예를 들어 효율성, 경쟁성, 선택의 자유, 접근성, 욕구에의 신속 대응성, 융통성 등을 살릴 수 있기 때문이다.

정부와 민간부문의 혼합체계의 형태는 다양하다.

첫째, 가장 흔한 것으로 특정의 사회복지서비스를 정부가 특정의 민간사회 복지기관들과 계약하여 구입하는 형식으로 소비자에게 제공해 주는 형태이다. 즉, 정부가 재원을 부담하되 사회복지 프로그램은 민간기관에서 운영하도록 하면서 급여자격조건, 급여액 등에 관하여 일정한 규제를 하는 것이다. 예를 들어, 우리나라 보육서비스의 경우가 이에 해당된다.

둘째, 정부가 사회복지서비스를 제공하는 민간기관에 재정적으로 보조해주는 방법이다. 상기의 계약 형태는 정부가 특정의 서비스를 지정하여 민간기관에 재정을 지원하는 것이라면, 이것은 민간사회복지기관에 일반적인 재정지원(grants)을 하여 다양한 서비스를 융통성 있게 제공하도록 하는 것이다. 예를 들어, 우리나라의 종합사회복지관들은 정부로부터 재정지원을 받아 다양한 서비스들을 제공하고 있다.

셋째, 정부가 특정의 사회복지 재화나 서비스를 구입할 수 있는 바우처(voucher)를 소비자에게 제공하여 소비자들이 민간부문에서 서비스를 이용하게 하는 형태이다. 이 형태는 정부가 소비자에게 직접 보조를 해주는 것이다. 이는 소비자들의 서비스 선택의 자유를 넓힐 수 있고, 서비스 공급자들 사이의 경쟁을 높일 수 있기 때문에 서비스의 질 향상을 기대할 수 있다. 뿐만 아니라, 서비스의 가격도 낮아질 수 있다. 미국에서 시행하고 있는 교육바우처가 대표적인 예이다. 우리나라에서도 문화복지 차원에서 이용되고 있다.

넷째, 정부가 소비자들이 민간부문에서 사회복지서비스를 구입할 때 지출한 비용의 일부를 소비자에게 상환(reimbursement)해 주는 형태이다. 이것은 정부와 민간부문의 혼합형태 가운데 민간부문적인 요소를 가장 강조하는 것이라고 할 수 있다. 즉, 바우처의 형태보다 더 소비자 선택의 자유를 높일 수 있는 것이다. 그러나 소비자들이 불완전한 정보로 재화나 서비스를 잘못 선택할 수 있고, 소비자들의 오용과 남용의 문제가 심각해질 수 있다. 이러한 형태는 미국 등 일부 국가에서 보육서비스의 영역에서 부분적으로 시행되고 있다.

다섯째, 소비자들이 민간부문에서 사회복지 재화나 서비스를 구입할 때 드는 비용의 일부를 나중에 세금 감면의 형태로 보조해 주는 형태이다. 이것은 흔히 조세비용(tax expenditure)이라고 하는데, 대표적인 예가 소비자들이 의료, 교육, 주택 서비스에 지출한 비용의 일부를 소비자들이 세금을 낼 때 감면해 주는 것이다.

지금까지 논의한 형태들은 직접적이건 간접적이건 모두 정부가 민간부문에 재정지원을 하는 경우인데, 다음 두 가지 형태는 정부의 재정지원이 없는 형태이다.

여섯째, 흔히 기업복지라 불리는 것으로 정부가 민간기업으로 하여금 사회복지 재화나 서비스를 피고용자나 그 가족들에게 의무적으로 제공하도록 하는 형태이다. 대표적인 예가 퇴직금제도나 임산부에 대한 산전 · 산후 유급휴가 제도 등이다.

일곱째, 정부의 재정지원이 없어도 사회복지기관들에 대한 서비스의 가격, 질, 종류 등에 대한 규제를 하는 방법이다. 이것은 정부와 민간부문의 혼합형태 가운데 정부의 역할이 가장 소극적인 방법이라고 할 수 있다. 예를 들어, 노인요양원과 같은 영리추구의 사회복지기관들에 대하여 정부의 재정지원은 하지 않지만 각종 규제를 하고 있다.

(5) 순수민간부문

순수민간부문의 전달체계는 사회복지 재화나 서비스를 제공하는 기관의 소유자가 민간인이고, 필요한 재원과 운영 모두를 민간부문에서 책임을 지는 형태를 말한다. 이 형태는 정부로부터 어떠한 규제도 받지 않고, 정부로부터 어떠한 세제상 혜택도 받지 않기 때문에 정부에 대한 책임도 갖고 있지 않다. 이러한 의미의 순수민간부문 전달체계는 오늘날 서구 복지국가에서는 드물다. 다만, 민간부문의 역할을 유달리 강조하는 미국에서 부분적으로 존재할 뿐이다. 예를 들어, 영리추구의 보육서비스나 노인요양서비스기관들이 순수민간부문에 가깝다고 할 수 있다. 그러나 사실 이러한 기관들도 정부로부터 최소한의 규제를 받는다.

이와 같이 순수민간부문의 형태가 드문 이유는 사회복지 재화나 서비스는 성격상 국가가 어떤 형태로든 개입해야 할 속성을 갖고 있기 때문이다.

연습문제

1. 사회복지정책의 특성에 관한 설명으로 옳지 않은 것은?
   ① 가치판단적 특성을 가진다.
   ② 국민의 최저생활을 보장한다.
   ③ 개인의 자립성을 증진시킨다.
   ④ 능력에 비례한 배분을 원칙으로 한다.
   ⑤ 경제의 자동안정장치(built-in-stabilizer)기능을 수행한다.

2. 사회복지정책 급여 특징으로 옳지 않은 것은?
   ① 현금급여는 프로그램 운영비용이 적게 든다.
   ② 현물급여는 인간의 존엄성 유지 면에서 우월하다.
   ③ 바우처는 목표효율성을 살릴 수 있다
   ④ 현물급여는 시용가치가 높다.
   ⑤ 현물급여는 규모의 경제 효과를 꾀할 수 있다.

1. 민간재원 조달의 특징으로 옳지 않은 것은?
   ① 재정이 구체적으로 어떻게 사용되는지 알 수 있다.
   ② 재원이 불안정하다.
   ③ 급여의 남용이나 오용의 문제가 발생할 수 있다.
   ④ 공공재원과는 달리 책임성이 큰 문제가 되지 않는다.
   ⑤ 변화하는 욕구에 민감하게 적응할 수 있다.

4. 복지국가와 사회복지정책의 변화를 설명하고 있는 내용이 아닌 것을 고르시오.
   ① 신자유주의 정책의 대두, 시장만능과 규제완화
   ② 복지서비스의 조치제도로부터 계약제도로의 변화
   ③ 선별주의적 복지정책의 강화
   ④ 사회경제적 약자의 절대적 보호
   ⑤ 국가의 실패로 인한 복지혼합주의의 강화

정답 1. ④ 2. ② 3. ④ 4. ④

Chapter 12

사회보장

학습목표

1. 사회보장의 개념 파악
2. 사회보장의 형태별 분석
3. 사회보장의 역사적 배경

학습내용

1. 사회보장의 개념
2. 사회보장제도의 전제조건
3. 사회보장의 기능
4. 사회보장의 형태
5. 사회보장제도의 문제점

개 요

사회보장은 국민이 안정적인 삶을 영위하는 데 위험이 되는 요소에 대해 국가적인 부담 또는 보험방법에 의하여 행하는 사회안전망을 가리킨다. 사회보장은 자본주의가 필연적으로 야기할 수밖에 없는 빈곤 등의 문제에 대해 국가가 이를 보증함으로써 자본주의 국가를 유지하고 안정을 도모하기 위한 것이다. 여기에서는 사회보장을 학습하고자 한다.

Chapter 12
사회보장

1. 사회보장의 개념

1) 사회보장 도입 배경

(1) 역사 배경

사회보장이 성립하려면 빈곤을 자본주의 사회의 사회적 · 필연적 산물로 받아들인 다음, 국가의 책임으로 빈곤에 대한 대책을 강구하는 것이 전제가 되어야 한다. 자본주의 사회의 성립기(15세기 말~1760년대)와 확립기(1760년대~1870년대)에는 빈곤이란 개인적 노력 부족과 태만이 몰고 온 것이자 '자연의 형벌'이라고 여겨 왔으므로, 빈곤은 개인의 책임이라고 인식되었다. 따라서, 이런 인식하에서는 빈곤에 대한 국가적 대책이 실시될 가능성이 없었다. 그러나 서양의 선진 자본주의 국가들은 1873년 경제공황으로 20여 년 동안 만성불황에 시달리며 수많은 실업자들이 발생하였다. 이러한 상황에서 실업을 면했던 노동자들도 실업자가 될 수 있다는 두려움 때문에 저임금과 열악한 노동조건에 놓이게 되었다. 이러한 상황에서 빈곤자들이 계속 증가하면서 실업은 '사회의 질병'으로 여겨지게 되었다. 이에 빈곤은 점차 사회의 책임이라고 인식하는 경향이 대두되기 시작했으며, 국가는 빈곤에 관한 책임을 추궁당하게 되었다. 즉, 빈곤대책은 국가의 책임으로 부상했으며, 이는 사회보장이 출발하는 시작점이 되었다.

1880년대 독일을 시작으로 '사회보험' 제도가 생겨났고, 1891년 최초의 '공공부조'가 덴마크에서 탄생하였으며, 1926년에는 '가족수당'이 뉴질랜드에서 지급되기 시작하였다. 이러한 제도들은 노동자들에 대한 대책인 사회보험과 가족수당, 빈곤자 대책인 공적 부조, 그리고 사회사업 등으로 나뉘어 진행되었다. 그러다 1929년에 발생한 세계대공황부터 제2차 세계대전 전후로 국민 모두의 생활을 균등하게 지키는 사회보장 쪽으로 발전하게 되었다. '사회보장'이란 용어는 1935년 미국의 뉴딜정책이 「사회보장법(*Social Security Act*)」을 채택하면서 처음으로 사용되었다.(김보기 외, 2022b: 194~195).

(2) 케인즈와 사회보장

자본주의 사회에서는 개인과 그 가족이 능력껏 경제활동에 종사하여 이를 통해 얻어진 소득, 즉 경제적 자원을 가지고 생활하는 것이 일반적이었다. 그런데 산업혁명 이후 시장경제가 본격적으로 발전하면서 불평등과 빈곤의 심화, 산업재해, 실업, 퇴직 등 개인의 힘으로는 어쩔 수 없는 사회문제와 사회적 위험(social risk)이 발생되면서 기본적인 생계유지를 못하는 사람들이 상당수 생겨나게 되었다. 18~19세기의 자유방임주의에서는 이들에 대한 국가의 개입이 제한적이었다. 그러나 자유경쟁 시장이 가져오는 심각한 사회문제와 사회적 위험에 대해 국가와 사회가 공동으로 대처해야 된다는 인식이 확산되면서 20세기 이후 복지국가가 형성되기 시작했다. 이러한 복지국가의 이념을 실현하기 위한 핵심적인 제도로서 사회보장제도가 생성되었다.

사회보장제도는 시장경제에서 이루어진 소득분배에 대해 국가가 세금 또는 보험료를 징수하고, 이를 다시 필요로 하는 사람들에게 분배하는 것이다. 즉, 시장경제의 일차적 분배에 대해 국가가 개입하여 강제적으로 재분배하는 역할을 한다. 따라서, 시장경제에 대해 국가의 개입을 반대하던 자유주의 이념이 지배하던 18~19세기에는 사회보장제도가 발달하기에 여건이 충분하지 못하였다. 그러나 20세기 초에 발생한 대공황과 대량실업 등 자본주의의 체제적 불안정성이 증대되면서 자유시장에 대한 국가개입의 필요성을 역설하는 케인즈 경제이론이 등장하기에 이르렀다. 제2차 세계대전 이후 사회보장제도가 크게 발전한 것은 이와 같은 케인즈이론에 힘입은 바가 크다.

케인즈의 경제이론은 자본주의의 구조를 그대로 유지하면서 자본주의에서 나타날 수 있는 독점과 부당경쟁, 노동에 불합리적인 모순들을 정부가 개입해 완화시키자는 것이었다. 이를 '수정자본주의(revised capitalism)'라고 한다. 케인즈는 시장원칙에 의해 수요와 공급이 자동으로 조절된다는 아담 스미스(Adam Smith)의 경제이론을 반박했다. 케인즈는 그의 저서 「고용 · 이자 및 화폐의 일반이론」(1936)에서, 실업은 유효수요의 부족으로 발생한다고 보고, 실업자를 줄이기 위해서는 정부의 적극적인 공공지출을 통한 유효수요를 늘려야 한다고 주장하였다.

(3) 우리나라의 사회보장제도

우리나라는 1960년 제4차 개정 헌법에서 처음으로 '국가의 사회보장에 관한 노력'을 규정하였고, 1962년 제3공화국 헌법이 "모든 국민은 인간으로서의 존엄과 가치를 가지며 이를 위하여 국가는 국민의 기본적 인권을 최대한으로 보장할 의무를 진다."라고 규정함에 따라 1963년 11월 법률 제1437호로 전문 7개조의 「사회보장에 관한 법률」을 제정하였다. 그러나 이는 지나치게 추상적인 원칙만을 규정하였다는 주장에 따라 폐지되고, 1995년 「사회보장기본법」이 제정되었다. 이 법률은 사회보장에 관한 국가 · 지방자치단체 · 가정 및 개인의 책무를 규정하고, 모든 국민이 사회보장급여를 받을 수 있음을 선언하며, 사회보장 전달체계의 구축 및 전문인력의 양성에 관하여 규정하였다.

사회보험은 1964년에 시행된 산업재해보상보험(산재보험)을 비롯하여 건강보험(구 의료보험, 1977), 국민연금(1988), 고용보험(1995), 노인장기요양보험(2008) 등 5대 사회보험이 실시되고 있으며, 이외에도 공무원연금(1960)과 국방부군인연금, 사립학교교직원연금 등이 추가로 실시되고 있다.

공공부조에 있어서는 1961년 「생활보호법」을 제정하여 생활보호제도를 실시해 오다가 이를 대체한 '국민기초생활보장제도'가 2000년 10월부터 실시되고 있다. 국민기초생활보장제도는 빈곤계층에 대해 국가가 생계 · 주거 · 교육 · 의료 등 기본적인 생활을 보장하는 것으로, 최저생계비에 소득이 미달하는 대상자에게 그 미달 금액을 국가가 지원해 주는 것이다.

2) 사회보장의 정의

사회보장(social security)은 국민이 안정적인 삶을 영위하는 데 위험이 되는 요소(빈곤이나 질병, 생활불안 등)에 대해 국가적인 부담 또는 보험방법에 의하여 행하는 사회안전망을 가리킨다. 다시 말해서 사회보장은 국민이 안정적인 삶을 영위하는 데 위험이 되는 요소, 이른바 빈곤이나 질병, 생활불안 등에 대해 국가적인 부담 또는 보험방법에 의하여 행하는 사회안전망을 말한다. 사회보장은 자본주의가 필연적으로 야기할 수밖에 없는 빈곤 등의 문제에 대해 국가가 이를 보증함으로써 자본주의 국가를 유지하고 안정을 도모하기 위한 것이다.

미국은 1935년 「사회보장법(Ae Social Security Act)」을 제정하였다. 「사회보장법」은 1929년 대공황으로 궁핍해진 미국인의 삶을 회복하기 위한 종합적이고도 포괄적인 사회보장을 규정한 법률이다. 이 법은 '사회보장'이라는 용어를 세계 최초로 사용한 법률이다. 이 법의 전문에는 사회보장의 목적과 사회보장을 구성하는 제도를 규정하고 있다. 물론 미국의 사회보장이 세계 최초의 사회보장 제도는 아니다. 독일은 이미 1880년대 사회입법을 통해 사회보험(건강보험, 연금, 산재보험)을 시행했고, 영국도 1911년에 국민보험(건강보험과 실업보험)을 도입하였다.

> 사회보장법은 전반적인 복지(general welfare)의 증진을 위해, 연방정부가 관장하는 노령급여제도와 주정부가 관장하는 노인, 시각장애인, 요보호아동, 장애아동을 위한 복지, 모자복지, 공중보건 및 실업보상법의 관리운영을 지원하며, 사회보장청의 신설과 재정조달 및 기타 목적을 추진하기 위한 법이다.

이 전문은 사회보장의 목적이 전반적인 복지의 증진에 있다는 것을 밝히고 있다. 전반적인 복지는 사회복지와 같은 의미이다. 따라서, 사회보장의 목적은 사회복지의 증진이고, 사회보장은 연방정부가 관장하는 사회보장연금(노령급여)과 주정부가 관장하는 실업보험, 공공부조, 사회복지서비스(노인복지, 아동복지, 장애인복지, 모자복지 등) 및 공중보건 등으로 구성된다. 사회보장연금과 실업보험이 사회보험이라는 점을 감안하면, 미국의 사회보장은 사회보험, 공공부조, 사회복지서비스, 공중보건으로 구성되어 있음을 알 수 있는데, 공중보건을 제외하면 우리나라 사회보장의 구성과 같다.

미국 사회보장제도의 주무부처인 사회보장청(the Social Security Administration, SSA)은 사회보장을 다음과 같이 정의하였다.

> 사회보장은 생계능력의 중단 또는 상실에 처한 사람과 결혼, 출생, 사망과 같은 특별한 지출이 필요한 사람의 소득을 보장하는 법정 프로그램이다. 사회보장은 이외에도 가족수당과 보건의료를 포함한다.

여기서 말하는 생계능력의 중단 또는 감소는 노령, 장애, 사망, 질병, 출산, 산업재해, 실업 등과 같은 사회적 위험으로 인한 소득의 중단 또는 감소를 말한다. 소득의 중단은 소득이 일시적 또는 영구적으로 없어지는 상태를, 소득의 감소는 질병치료나 출산 및 기타의 이유로 추가적인 지출이 늘어 실질적으로 소득이 줄어드는 것을 뜻한다. 그리고 사회보장청은 사회보장을 소득유지 프로그램(income maintenance programs)과 직접 서비스(direct services)로 구분했다. 소득유지 프로그램은 소득상실의 일정 부분을 보전하는 현금급여이고, 직접서비스는 진료서비스나 재활서비스와 같은 현물급여다.

국제노동기구(ILO)는 사회보장을 다음과 같이 정의하였다(ILO, 2001b).

> 사회보장은 사회가 고령, 실업, 질병, 장애, 재해, 출산, 생계수단의 상실을 당한 개인과 가구에게 보건의료를 제공하고 소득을 보장해 주는 것이다. 사회보장은 인간의 기본적인 권리이다. 사회보장은 건강보험, 연금, 실업급여, 조세로 재정을 조달하는 사회급여를 포함한다.

ILO의 사회보장의 정의는 사회보장의 대상이 고령, 실업, 질병, 장애, 재해, 출산, 생계수단의 상실을 당한 개인과 가구라는 것과 사회보장이 인간의 기본권이라는 사실을 강조한다. 사회보장을 건강보험, 연금, 실업급여, 조세로 재정을 조달하는 사회급여(공공부조)로 한정시킨 것은 사회보장의 포괄범위를 좁게 본 것이다.

「사회보장기본법」 제3조 제1호에 따르면, "사회보장이란 출산, 양육, 실업, 노령, 장애, 질병, 빈곤 및 사망 등의 사회적 위험으로부터 모든 국민을 보호하고 국민 삶의 질을 향상시키는 데 필요한 소득 · 서비스를 보장하는 사회보험, 공공부조, 사회서비스를 말한다."라고 정의하고 있다. 또 '사회보장의 아버지'로 불리는 「베버리지의 보고서」에 따르면, 사회보장은 실업 · 질병 혹은 재해에 의하여 수입이 중단된 경우의 대처, 노령에 의한 퇴직이나 본인 이외의 사망에 의한 부양 상실의 대비, 출생 · 사망 · 결혼 등과 관련된 특별한 지출을 감당하기 위한 소득보장을 의미한다. 베버리지는 사회보장을 빈곤과 결부시켜 '궁핍의 퇴치'라고 말했으며, 이는 국민소득의 재분배로 실현할 수 있으며, 이를 통한 일정 소득의 보장은 결국 국민생활의 최저보장을 의미하는 것이라고 했다.

3) 사회보장의 중요성

최근 들어 사회보장이나 이와 관련된 용어를 사용하는 경우가 많아지고 있다. 오늘날 대부분의 국가는 어떤 형태이든 사회보장제도를 갖추고 있다. 또한 많은 국가에서 사회보장은 헌법에 보장된 권리에 속하고 있다. 그리고 현대에 들어서 사회보장은 거의 모든 국가에서 중요한 논쟁거리가 되고 있다. 왜냐하면 현대사회에서 사회보장은 개인과 가족과 국가에게 더욱더 중요한 역할을 하고 있기 때문이다. 사실 복지국가에서 핵심적인 프로그램은 사회보장 프로그램인 경우가 많다. 이러한 이유로 사회보장은 중요하다(노병일, 2020: 13~14).

「사회안전이해」
(2018년 출판)

밀러(Jane Millar) 등이 2004년 편집한 「사회안전이해(*Understanding Social Security: Issues for Policy and Practice*)」에서 제시된 사회보장이 중요한 이유는 다음과 같다.

첫째, 사회보장은 국민 전체에서 중요한 부분을 차지하고 있기 때문이다. 무엇보다도 사회보장은 규모가 크다. 예를 들어, 미국에서 사회보장은 중요한 데, 그 이유들 중의 하나는 사회보장의 규모가 매우 크기 때문이다.

둘째, 사회보장은 정부의 지출에서 규모가 가장 큰 영역이기 때문이다. 또한 사회보장은 정부가 경제적 목적과 사회적 목적을 추구하기 위한 수단이 되기 때문이다.

셋째, 생계를 유지하기 위해 사회보장에 의존하는 사람의 수가 많기 때문이다. 실제로 사람들 중에는, 자기 소득의 전부 또는 일부를 사회보장에서 얻고 있는 사람이 매우 많다. 사실상 사회보장제도에서는 모든 나이에 속하는 사람들에게 급여를 제공하고 있다. 따라서, 개인의 경제적 측면과 관련해서 사회보장은 매우 중요하다.

넷째, 사회보장은 소득을 재분배하기 위한 가장 중요한 도구의 하나이기 때문이다.

다섯째, 사회보장에서 제공하는 급여는 사람들이 생활하는 방식에 영향을 미칠 수 있기 때문이다. 실제로 사회보장 급여는 일자리, 저축, 퇴직, 가족의 구성과 관련해 사람들이 내리는 결정에 영향을 미칠 수 있다.

그러므로 사회보장제도가 발달한 것은 20세기에 사회정책 영역에서 가장 중요하게 이룬 업적에 속하고 있다. 그리고 사회보장은 앞으로도 계속해서 중요한 위치를 차지할 것으로 보인다. 특히, 앞으로 전체 인구층에서 노인이 차지하는 비율이 높아지고 고용이 더 불안정해짐에 따라 현대사회에서 사회보장은 더욱더 중요해질 것으로 보인다.

4) 사회보장의 주체와 대상

(1) 사회보장의 주체

우리나라 헌법 제34조 제2항에 "국가는 사회보장 · 사회복지의 증진에 노력할 의무를 진다."라고 규정되어 있고, 「사회보장기본법」에는 사회보장에 대한 국가 및 지방자치단체의 책임에 대해 규정하고 있어서 사회보장의 주체는 국가와 지방자치단체가 된다.

(2) 사회보장의 대상

사회보장의 발달사적으로 볼 때, 처음 사회보험제도가 도입되었을 때에는 그 대상이 근로자와 그 가족이었다. 그 후 점차적으로 대상범위를 넓혀 오늘날 사회보장의 대상은 모든 국민이 된다. 우리나라의 헌법 제34조 제1항에는 "모든 국민은 인간다운 생활을 할 권리를 가진다."라고 규정되어 있어 사회보장의 대상이 전체 국민임을 명확하게 명시하고 있다. 그리고 국내에 거주하는 외국인에게 사회보장제도를 적용할 때에는 「사회보장기본법」 제8조에 따라 상호주의의 원칙에 따른다.

한편, 모든 국민은 사회보장의 대상이 되어 사회보장 관계 법령에서 정하는 바에 따라 사회보장급여를 받을 권리를 가질 수 있으나, 그에 따른 책임도 또한 준수해야 한다.

2. 사회보장제도의 전제조건

사회보장제도는 산업화, 자본주의, 민주주의 등과 같은 역사적 · 사회적 장치들과 함께 전개, 발전되어 온 사회제도이다. 사회보장제도는 인간다운 생활을 유지하기 위해 인류가 발전시켜 온 중요한 유산이자 사회제도이지만, 여전히 한계를 지니고 있다. 따라서, 사회보장제도는 진공상태 속에 존재하는 것이 아니라, 각국의 역사적 · 사회적 맥락 안에서 다양한 형태를 띠고 있다.

사회보장제도가 제대로 기능하려면 그 기본 바탕이나 혹은 환경적 여건이 갖추어지는 것이 필요하다. 예를 들어, 농업국가에서 농어업인이 대다수를 차지하는 곳에서 사회보장이 가능할 것인가? 사회보장제도를 운용할 수 있는 기술적 이력과 기술적 지식이 없는 곳에서, 특히 복잡한 사회적 위험발생과 그것에 대응한 보험급여의 계산방법, 개인의 생애에 걸친 생활사고의 대응과 국민 전체에 대한 인구사회학적 미래예측력 등의 통계학적 인구가족, 미래학적 금융회계 및 거시경제 사회정책적 분석과 대응능력이 불가능한 사회에서 사회보장제도 실현이 가능할 것인가? 결코 그렇지 못할 것이다. 사회보장제도가 제대로 작동되어 국민들에게 인간다운 생활을 영위할 수 있도록 하기 위해서는 그 전제 조건이 필요하다. 어느 정도의 산업화, 자본주의체제의 성장발전, 노사정의 건강한 사회적 합의를 이룰 수 있는 성숙한 민주주의, 인구사회학적으로 안정적 사회, 더 나아가 위험공동체를 견인할 수 있는 교양 있는 시민의식 그리고 사회 전체의 공공복지증진을 위해 개인의 자유의 제한을 균형 있게 이룰 수 있는 복지국가의 법질서 등의 조건이 전제가 되어야 한다. 이 중에서 좀 더 구체적으로 언급되는 사회보장제도의 기본 전제조건은 다음과 같다(현외성, 2018: 64~68).

1) 생존권 보장

생존권은 인간다운 생활보장을 국가에 요청할 수 있는 국민의 기본적 권리이다. 어떤 사회적 위험 상황에서도 국민은 보호를 받아야 하며, 인간다운 생활을 영위할 수 있도록 하는 것을 국가 존립의 근거로 하는 복지국가야말로 사회보장제도 실현의 기본 전제이다. 헌법은 국가 존립과 기능을 담은 최상위의 법규범이므로, 생존권 보장을 헌법에 규정함은 물론 그 하위 법률과 명령 등을 통하여 생존권을 실현하기 위한 구체적인 행위로서 사회보장제도를 실시하는 내용을 담아야 한다.

세계 각국은 1919년 바이마르 공화국이 헌법에 생존권 규정을 도입한 이후 거의 모든 국가들이 생존권 조항을 헌법규정에 도입함으로써 복지국가를 지향하고 있다.

2) 완전고용의 실현

완전고용은 일해야 하는 의지와 능력이 있는 사람은 일할 수 있는 상태를 말하는 것으로서, 케인즈가 말하는 자발적 실업, 마찰적 실업, 비자발적 실업 중에서 비자발적 실업이 없는 경우를 의미한다. 사회보장제도는 임금노동자의 임금 혹은 보수를 근거로 하여 설계·운용되기 때문에 임금노동자의 존재를 기본 전제로 하고 있다. 즉, 임금근로자가 매월 받는 급료를 기반으로 연금보험, 산재보험, 고용보험, 건강보험 등을 운용하며, 공공부조 역시 이들의 보수를 기반으로 하는 조세를 재원으로 운영되고 있기 때문에 완전고용의 실현이 사회보장제도의 전제조건이 된다.

베버리지 역시 1942년 그의 보고서에서 사회보장의 전제조건으로서 이동수당, 포괄적 의료서비스가 고용수준의 유지 등을 세 가지 전제 조건으로 할 때, 만족스러운 사회보장제도가 된다고 하였다. 완전고용은 사회보장의 기저를 이루는 전제조건임과 동시에 사회보장제도를 실시함으로써 고용을 안정시키고 완전고용을 이루는 상호보완적인 관계도 성립된다.

3) 최저임금제의 실시

완전고용이 되었다 할지라도, 근로자의 임금수준이 인간다운 생활을 보장할 수 없을 뿐만 아니라, 미래의 위험에 대응할 수 있도록 보험료를 지불할 수 없을 만큼 임금수준이 낮다면, 현실적으로 사회보장제도는 작동할 수 없게 된다. 따라서, 완전고용과 함께 임금근로자의 임금수준이 인간다운 생활을 영위할 만큼, 그리고 사회보험료를 지불할 수 있을 만큼 최저임금제도가 실행되어야 하는 것이 사회보장제도의 기본 전제조건이다. 이런 측면에서 세계 각국은 최저임금제도를 공공복지를 위해 강제적으로 실행하는 것을 원칙으로 하고 있는 추세이다.

최저임금제와 사회보장제도의 관계를 살펴보면 다음과 같다.

첫째, 최저임금제는 사회보험의 급여수준 및 공공부조의 기준이 될 수 있다. 최저임금제의 확립은 사회보장제도의 급여수준을 향상시키는 데 영향을 미친다. 공공부조의 수준은 비록 열등처우의 원칙(principles of less eligibility)이 적용된다 하더라도, 모든 국민의 인간다운 생활을 위한 최저생활보장의 기반이 될 수 있다. 열등처우의 원칙이 적용되지 않으면, 근로자의 노동의욕을 상실하게 할 수 있기 때문이다.

둘째, 사회보장의 재원에서 근로자의 갹출금은 임금비례제를 일반적 원칙으로 한다. 따라서, 임금이 너무 낮으면 사회보장재정에 파탄이 올 수 있다. 이를 막기 위해 국고부담이 커질 수 있다.

셋째, 저임금에 따른 비례갹출 비례급여의 원칙을 적용하면 저부담 저급여가 되는데, 이것은 모든 국민의 인간다운 생활에 대한 보장이라고 하는 사회보장의 의의와 기능을 기대할 수 없게 된다. 따라서, 최저임금제는 사회보장의 전제 조건이 된다.

4) 인구학적 재정적 안정: 지속가능성

사회보장제도는 기본적으로 '사회적 위험'의 공동부담과 공동대응이라는 사회연대 원리에 입각해 있다. 사회연대 원리는 사회구성원 모두가 이러한 사회보장제도가 가진 특성 이해를 기반으로 하면서 사회구성원들이 공동부담으로 보험료와 세금을 납부하는 것을 의미한다. 그만큼 도움을 받는 대상이 있는 반면, 도움을 제공해야 하는 집단도 있다. 이러한 상호성과 호혜성은 인구학적으로나 재정적으로 지속적이고 안정적인 사회적 구조를 갖출 것을 필요로 한다. 만일 도움을 받아야 하는 인구집단이 상대적으로 많고 도움을 제공해야 하는 인구집단이 상대적으로 적다면, 국가적 · 사회적으로 재정적 안정이 붕괴되고 사회보장제도는 성립하기 어렵다. 따라서, 장단기적으로 사회보장제도가 견실해야 하는데, 이를 위해서는 인구 및 재정적 안정이 필수불가결하고 전제 조건이 되는 것이다.

21세기 현대복지국가에서 저성장 · 세계화와 함께 저출산 · 고령화는 사회보장제도에 심각한 도전이 되고 있다. 임금과 연계된 사회보장제도와 다른 한편으로는, 인구구성과 연계된 사회보장제도의 미래가 불확실하여 각국은 다양한 제도와 정책으로 지속가능한 사회보장제도를 모색하고 있다.

지속가능한 사회보장제도를 위한 전제조건은 다음과 같다(김보기 외, 2022a; 327).

첫째, 장단기적인 미래의 인구구성이 어떻게 전개될 것인지를 예측하면서 사회보장 재정을 운용해야 할 것이다.

둘째, 이와 연관된 것으로서 복지재정을 염두에 둔 조세제도 혹은 조세수입을 적절하게 운용하는 정책이다.

셋째, 장 · 단기적 국가재정계획을 보다 실효성 있고 구속력을 갖춘 재정규율수단으로 활용하기 위하여 경기예측능력 제고를 통한 세수 추계의 정확도 제고라든가 재원조달의 실현가능성 제고, 정부의 투자계획에 대한 심사분석 강화 등과 같은 '제도적' 노력을 경주할 필요가 있다.

넷째, 향후 재정의 지속가능성을 담보하기 위해서는 다소 경직적이면서도 강제적이고 '항구적인' 재정준칙(fiscal rules)을 '법제화' 하는 방안을 적극 검토할 필요가 있다.

이외에도 지방재정의 안정성을 확보하는 정책과제, 사회적 합의에 의한 사회보장 제도 간 형평성과 균형을 조정하는 정책과제 등이 사회보장제도의 지속가능성에 중요한 요소이다.

3. 사회보장의 기능

사회보장제도는 국민들의 삶의 질을 향상시키고 사회문제를 해결하기도 하지만, 때로는 사회적 문제를 유발시키거나, 국민들의 경제적 부담을 가중시키기도 한다. 이러한 사회보장의 기능(목적)을 순기능과 역기능으로 구분하여 살펴보기로 한다(박진화, 2020a: 54~62 ; 현외성, 2018: 53~64 ; 강희갑 외, 2017: 19~21).

1) 사회보장의 순기능

(1) 기본생활보장의 기능

사회보장의 기능 중 가장 핵심적인 기능은 기본생활보장의 기능이다. 자본주의 이전의 농경시대에는 대가족제도가 기본생활보장 기능을 담당했기 때문에 국가는 가족이 책임질 수 없는 빈곤한 사람들에 한해서 공공부조를 실시하였다. 그러나 자본주의 이후의 산업사회에서는 산재, 실업, 퇴직, 질병 등 개인의 힘으로 해결할 수 없는 사회적 위험과 각종 사회문제들이 증가하게 되었다. 이에 대응하기 위해 국가는 사회보험과 공공부조 및 사회복지서비스의 다양한 사회보장제도들을 제정하여 실시함으로써 모든 국민의 기본생활을 보장하고 있다.

국민에 대한 국가의 사회보장 의무는 국민의 생존권적 기본권(최초 독일 바이마르 헌법)을 국가가 보장하는 것이다. 생존권적 기본권은 국민이 인간다운 생활을 할 수 있는 기본생활을 보장받을 권리를 말하는 것으로 헌법에 의해 보장된다. 우리나라 헌법 10조에는 기본권 보장에 대한 의무조항이 명시되어 있고, 제31~36조에 사회보장을 받을 권리를 명시하고 있다. 특히, 제34조 제1항에는 "모든 국민은 인간다운 생활을 할 권리를 가진다."고 명시하고 있어 생존권에 대한 국가의 보장의무를 나타내고 있다.

「사회보장기본법」 제3조 제1호에는 사회보장에 대해 "출산, 양육, 실업, 노령, 장애, 질병, 빈곤 및 사망 등의 사회적 위험으로부터 모든 국민을 보호하고 국민 삶의 질을 향상시키는 데 필요한 소득·서비스를 보장하는 사회보험, 공공부조, 사회서비스를 말한다."라고 되어 있어 사회보장이 국민의 기본생활을 보장하는 기능을 수행하고 있다는 것을 명시하고 있다. 그리고 동법 제2조에는 사회보장이 "모든 국민이 다양한 사회적 위험으로부터 벗어나 행복하고 인간다운 생활을 향유할 수 있도록 자립을 지원하며, 사회참여와 자아실현에 필요한 제도와 여건을 조성하여 사회통합과 행복한 복지사회를 실현하는 것을 기본 이념으로 한다."라고 규정되어 있다. 따라서, 오늘날 복지국가는 사회보장을 통해 국민이 인간다운 생활을 향유할 수 있는 수준의 기본생활을 보장하고 있다.

(2) 소득재분배 기능

① 의의

자본주의 경제체제하에서 시장기능에 의해 이루어진 소득분배는 현저하게 불평등한 것이 일반적이다. 이러한 소득의 불평등을 완화하기 위해서 국가는 각종의 정책적 조치를 취하게 되는데 이를 소득재분배라고 한다. 즉, 시장경제에서 이루어진 일차적 소득분배에 대해 국가가 세금(보험료)을 징수하여 강제적으로 재분배하는 것이다. 소득재분배는 주로 발달된 사회보장제도나 누진과세제 등을 통해 개인이나 소득계층 간의 격차를 시정하고 축소화하는 정책적 조치를 말한다. 따라서, 소득재분배는 복지국가의 기본 이념인 평등사상에 기초한다.

② 소득재분배 형태

소득재분배는 수직적 재분배, 수평적 재분배, 세대 간 재분배의 다양한 형태가 있다.

첫째, 수직적 재분배는 계층 간 재분배로, 고소득층과 저소득층 간에 이루어지는 재분배이다. 사회보장에 있어 기여와 급여가 비례적으로만 되어 있다면, 수직적 재분배는 일어나지 않겠지만, 실제로는 완전한 비례관계가 아니기 때문에 수직적 재분배의 효과가 생긴다. 먼저, 공공부조의 경우에는 기여를 하지 않고 국가의 세금(주로 고소득층이 누진적으로 부담)으로 급여를 받기 때문에 수직적 재분배 효과가 가장 크다고 할 수 있다. 그리고 사회보험에서는 국민연금의 경우, 기여는 소득에 비례하지만, 연금급여 부문에서 균등부분과 소득비례부분으로 나누어져 있어서 수직적 재분배는 균등부분에 의해 이루어진다. 또한 건강보험의 경우도 기여는 소득에 비례하지만, 급여(진료비)는 기여에 관계가 없기 때문에 수직적 재분배 효과가 나타난다. 그러나 사회보험의 수직적 재분배 효과에는 한계가 있다. 왜냐하면 소득비례제를 채택하여 소득이 많을수록 더 많은 보험료를 부담하지만, 누진적 소득세에 비하면 그 효과가 적고, 또한 보험료에 상한액(일정 소득 이상은 동일한 보험료 부과)을 적용하고 있기 때문이다.

둘째, 수평적 재분배는 계층 내 재분배로, 동일 계층 간에 이루어지는 재분배이다. 수평적 재분배의 예는 건강보험의 경우 건강한 사람으로부터 질병에 걸린 사람으로, 고용보험의 경우 실직하지 않은 사람으로부터 실직한 사람에게로, 산재보험의 경우 산재를 당하지 않은 사람으로부터 산재를 당한 사람으로 수평적 재분배가 이루어진다.

셋째, 세대 간 재분배는 젊은 세대와 노령세대, 현재 세대와 미래 세대 간에 이루어지는 재분배이다. 국민연금의 운영방식이 축적된 기금에 의하여 지급하는 적립방식이 아닌 현재 일하고 있는 세대의 기여금으로 운영되는 부과방식(pay-as-you-go system)일 경우에 세대 간 재분배 효과가 일어난다. 또한 기초연금도 65세 이상의 노인은 전혀 부담을 하지 않고 근로세대가 부담하는 세금으로 일정액의 급여를 받는다는 점에서 세대 간 소득재분배 효과가 발생한다. 즉, 세대 간 재분배는 현재의 근로세대가 비용(보험료)을 부담해서 노령계층을 부양하는 경우이다.

(3) 경제적 기능

사회보장제도는 경기안정 기능, 경제안정화 기능, 자본축적 기능 등의 경제적 기능을 수행한다.

첫째, 경기안정 기능은 경기가 상승하면 그것이 과열되지 않도록 막아주고, 경기가 하락하면 더 이상 하락하지 않도록 막아주는 것을 말한다. 특히, 실업급여와 공공부조의 사회보장 지출은 경기변동과 상반되는 방향으로 움직임으로써 적극적으로 자동안정장치 기능을 수행한다. 즉, 실업급여와 공공부조의 급여지출은 경기 호황일 때에는 그 수요가 감소하여 줄여줌으로써 경기가 과열되는 것을 방지하는 역할을 수행하고, 반대로 경기가 불황일 때에는 그 수요가 증대하여 유효수요를 증대시킴으로써 경기침체를 방지하는 역할을 한다.

둘째, 경제안정화 기능은 사회보장제도가 경제구조의 개편 또는 산업구조의 변화에 대응한 사회적 안정장치의 역할을 수행하는 것을 말한다. 즉, 직업창출, 직업교육훈련, 직업알선 등을 통해 노동력이 산업구조 변화에 적응할 수 있도록 지원하는 역할을 한다.

셋째, 자본축적의 기능은 사회보장제도 중 재정운영 방식이 적립방식인 공적연금의 경우에는 기여금이 적립됨으로써 기여와 급여 간에 시간적 격차가 발생해 자본이 축적되는 것을 말한다. 축적된 적립금은 규모가 크기 때문에 경제발전 및 경기안정을 위한 자금으로 유용하게 활용할 수 있다.

(4) 사회공동체 형성 기능

퍼니스와 틸톤(Funiss & Tilton, 1979)은 복지국가가 지향하는 가치로 평등, 자유, 민주주의, 공동체 의식(결속, 연대), 안정성, 경제적 효율성을 들고 있다. 현대복지국가의 기본 이념은 사회적 평등을 기초로 하고 있다. 그렇다고 해서 자본주의의 본질인 자유가 도외시될 수는 없다. 자유와 평등의 가치는 적절하게 조화되도록 해야 한다. 즉, 자유민주주의를 바탕으로 하면서 복지국가를 건설하는 것이 곧 국민의 생존권을 보장하는 길이다.

자유라는 터전 위에서 실질적인 평등을 실현하기 위해서는 사회구성원 간의 연대 내지 결속을 이끌어 낼 수 있는 사회공동체를 형성하여야 한다. 사회구성원들의 극단적 빈부격차는 구성원들의 공동체 의식을 말살시킨다. 사회보장은 이러한 극단적 빈부격차를 해소함으로써 복지국가가 지향하는 사회적 평등 및 통합의 가치를 실현할 수 있다. 따라서, 실질적 평등에 기초하는 복지국가를 건설하기 위한 사회보장은 사회구성원이 서로 연대하여 결속하는 사회공동체를 형성하는 기능을 수행한다.

2) 사회보장의 역기능

사회보장은 국가와 사회에 부정적인 기능, 즉 역기능을 나타내기도 한다. 역기능에 대해 살펴보면 다음과 같다.

첫째, 조세부담이 증가된다.

사회보장의 재원은 상당부분 국민의 세금으로 충당된다. 따라서, 사회보장의 확대는 국민의 조세부담 증가로 이어진다. 국민의 조세부담을 측정하는 지표는 조세부담률인데 이는 국내총생산액(Gross Domestic Product, GDP)에서 조세

(국세와 지방세)가 차지하는 비중을 말한다. 조세와 사회보장기여금이 차지하는 비중을 의미하는 것으로는 국민부담률이 있다. 국민부담률은 국내총생산 액에서 조세와 사회보장기여금이 차지하는 비중을 말한다.

둘째, 수혜자의 노동의욕을 감소시킨다.

사회보장급여는 노동을 하지 않아도 얻어지는 일종의 이전소득(transfer income)으로, 수급자의 노동윤리를 손상시키고 노동의욕을 저하시키며, 결과적으로 생산성을 낮추고, 경제성장에 부정적인 영향을 미칠 수도 있다.

셋째, 개인의 저축을 감소시킬 수도 있다.

국민연금과 같은 사회보험식 공적연금은 노령이라는 장래의 시점에서 누리게 될 미래의 자산으로 인식되어 미래를 대비한 자발적 저축을 감소시키는 대체효과를 나타낼 수도 있다. 그러나 이와 반대되는 의견도 있다. 즉, 공적연금제도가 도입된 이후 연금제도에 대한 의미가 확산되어 자발적 저축으로 개인연금과 같은 사적연금제도가 오히려 발달되었다.

넷째, 경제성장에 필요한 투자자원을 감소시킬 수 있다.

사회보장은 생산적이라기보다는 소비적인 것으로 간주되어 정부가 사회보장지출을 증가시키면, 상대적으로 경제분야에 지출 가능한 자원의 양이 줄어들기 때문에 경제가 위축된다고 주장하기도 한다.

다섯째, 복지의존성(welfare dependency)이 생긴다.

복지의존은 장기간 동안 복지혜택에 의존하며 생활하는 현상으로, 오랫동안 스스로 자립하지 못하고 자기책임 정신이 손상되어 빈곤문제가 악화되는 것을 말한다. 이를 '복지함정(welfare trap)'이라고도 한다.

4. 사회보장의 형태

사회보장은 어떤 형태나 형식으로 사회적 위험을 해결하려고 하는가? 다시 말해서 사회보장은 어떻게 구성되어 있는가? 사회보장의 형태 역시 역사적으로 진전 · 변화되어왔다. 처음에는 사회적 위험을 해소하기 위하여 국가 사회적으로 제공할 수 있는 급여형태는 주로 현금 중심이었고, 가능한 한 현금으로 환원할 수 있는 급여로 제공되었다. 그 다음으로는 보건의료의 중요성을 인정하면서부터 보건의료급여가 중요한 급여로 부가되었다. 현금과 보건의료로 해결할 수 없는 심리사회적 문제나 위험이 발생함으로써 혹은 존재함으로써 다시금 사회복지서비스 혹은 사회서비스가 새롭게 사회보장의 급여체계에 첨가되었던 것이다.

다른 측면에서는 사회적 위험에 처한 인구집단을 위한 사회보장 대응방식 역시 각국의 정치적 · 경제적 상황과 여건에 따라 다르게 진행되었다. 한 국가에서는 공공부조 방식으로 다른 국가는 사회보험방식으로 시작되어 일정한 역사적 시점에서는 이 두 가지 제도가 수렴되고 혼합되는 모습을 띠어갔다. 일반적으로 사회보장의 내용은 다음과 같다(이성기 외, 2020: 38~81 ; 현외성, 2018: 19~20).

1) 사회보험

사회보험은 사회구성원들이 일상생활에서 직면하는 사회적 위험을 보험방식으로 대처하여, 주로 소득과 건강을 보장하기 위해 국가가 강제보험 형식으로 시행하는 보험을 말한다. 사회보험의 시행 주체는 국가이며 그 대상은 국민이다. 국민인 사용자와 노동자, 경우에 따라서는 국가가 일부 부담하는 보험료를 정기적으로 납입하고 미리 예정하여 만들어진 사회적 위험에 대응한 정형화된 보험사고에 국민이 직면하였을 때 보험급여를 제공받는 형식이다. 따라서, 사회보험은 임금근로자를 주된 대상으로 하면서 정기적으로 보험료를 갹출할 수 있는 인구집단을 대상으로 하면서 일반 민간보험 원칙을 적용하는 특징을 가진다.

일반적으로 사회보험은 연금보험, 산재보험, 건강보험, 실업보험(고용보험) 등이 주류이고, 농민보험, (노인)장기요양보험, 선원보험 등 다양한 사회보험이 있다.

2) 공공부조

공공부조는 스스로가 생활유지능력이 없거나, 어려운 사람들을 대상으로 국가가 인간다운 생활을 영위하도록 돕는 제도이다. 공공부조의 대상은 주로 자본주의 사회에서 근로능력이 없고 자산을 갖지 못한 사회적 취약계층이며, 이들은 국가에서 설정해 놓은 인간다운 생활을 영위하기 위해 필요한 최소한의 생활수준(최저생계비 등) 이하의 저소득 혹은 절대 빈곤층이 그 핵심을 이룬다.

공공부조는 국가에서 국민에게 받는 세금을 재원으로 운영되며, 현금급여에서부터 건강, 사회복지 및 사회서비스급여 등이 포함된다. 공공부조는 국가에서 설정해 놓은 일정 수준 이하의 소득과 자산을 가진 경우에 자산조사를 거쳐 급여대상자로 선정한다.

사회보험과 공공부조의 비교는 〈표 12-1〉와 같다.

〈표 12-1〉 사회보험과 공공부조의 비교

구분	사회보험	공공부조
목적	산업재해 · 노령 · 실업 등에 따른 미래 사회의 불안에 대처생활	생활무능력자의 최저생활보장
대상	보험료 부담 능력이 있는 국민	생활무능력자
비용부담	수혜자 국민, 국가, 기업	국가 전액 부담
종류	국민건강보험, 노인장기요양보험, 국민연금, 고용보험, 산업재해보상보험	생활보호, 의료보호, 재해구호
특징	강제 가입이 원칙, 능력별 부담, 비영리 보험으로 상호부조적 성격이 강함.	소득재분배 효과가 크지만, 국가의 재정부담이 크고, 근로의욕을 상실시킬 우려가 있음.

3) 사회수당

사회수당은 사회보험과 공공부조를 통해 특정한 사회적 사고에 대응하기 어려운 경우에 일정한 조건을 기반으로 현금급여를 제공하는 사회보장의 한 형태이다. 사회수당은 급여대상자로부터 보험료를 받지 않고 국가예산을 통해 현금급여를 제공하는 점에서 공공부조의 성격을 지니고 있으나, 자산조사도 없기 때문에 사회보험적 특성도 지닌다. 하지만 사회수당 급여대상자는 공공부조 대상자와 같이 빈곤대상자가 아니라 하더라도 일정 부분 제한적인 자산조사는 고려되며, 경우에 따라서는 특별한 사회적 가치에 따라 제공되는 사회통합적 의미를 가지는 급여이기도 하다. 아동수당, 노령수당, 장애인수당, 가족수당과 같은 수당 등 다양한 사회수당이 존재한다.

4) 사회복지서비스

사회보장의 한 형태로서 사회복지서비스는 현금이나 현금으로 환원할 수 있는 경제적 급여 이외에 제공되는 급여이다. 주로 인적(human)인 대인(personal) 활동이나 노력을 통해서 제공되는 급여로서의 특성을 지닌다. 사회구성원들이 생활상 직면하게 되는 심리사회적인 문제나 가족 및 인간관계로 말미암은 사회적 사고문제에 대응하는 급여인데, 이는 특별히 서비스급여라고 표현되는 급여이다.

사회복지서비스는 통상 사회복지(social welfare) 혹은 사회사업(social work)이라는 전문적인(professional) 노력을 통하여 제공되는 급여를 말한다. 따라서, 사회복지서비스급여 역시 대상자로부터 서비스급여 접수(intake) 후 상담과 조사를 거쳐 급여가 제공되는 특징이 있어서 일종의 선별적 급여인 동시에, 국가예산을 통하여 제공되는 사회보장제도의 일종이다.

5) 사회서비스

사회서비스는 사회복지서비스를 포함한 더 넓은 범위의 서비스급여를 의미한다. 주로 보건의료 교육, 고용, 주거, 문화, 환경 등의 분야에서 사회구성원으로 하여금 인간다운 생활을 보장하고, 상담, 재활, 돌봄, 정보의 제공, 관련 시설의 이용, 역량 개발, 사회참여 지원 등을 통하여 삶의 질이 향상되도록 지원하는 사회보장제도를 말한다.

복잡하고 다원화된 현대사회에서 일상생활상 겪게 되는 다양한 사회적 위험에 대응하여 사회보험, 공공부조, 사회복지서비스를 넘어 한층 복잡한 전문서비스 급여를 사회구성원들이 필요로 하는 것이 전제되어 있다. 따라서, 사회서비스급여 역시 사회복지서비스와 같은 특징을 지니고 있으며, 급여용이 보다 다양하다.

5. 사회보장제도의 문제점

현대사회에서 사회보장은 중요한 역할을 하고 있다. 그러나 현대사회의 사회보장제도는 많은 비판을 받고 있다. 이런 비판에 제대로 다루지 못할 경우, 사회구성원은 사회보장제도에 대해 덜 지지할 수 있다. 그리고 이런 비판을 제대로 다루지 못할 경우, 사회보장제도의 존재 자체에 의문을 가지는 상황에 이를 수도 있다(Midgley and Tracy, 1996). 따라서, 현대의 사회보장제도의 문제점을 파악해 대처할 필요가 있다. 현대에 들어 사회보장제도에서 문제가 발생하는 배경과 문제점을 정리하면 다음과 같다.

1) 사회보장제도의 문제 발생 배경

1950년대와 1960년대에 사회보장제도를 확대한 이유는, 사회보장제도에 대해 정치적으로 폭넓게 의견이 일치하였기 때문이었다. 이 당시에 거의 모든 정당은 사회보장제도를 확대하는 것에 대해 동의하고 있었다. 그런데 사회보장제도의 확대와 관련해 이렇게 정치적으로 의견이 일치한 것은, 당시에 경제가 크게 발달한 것과 밀접하게 관련되고 있었다. 즉, 선진국에서 제2차 세계대전 이후에 사회보장제도에 대해 긍정적으로 인식한 것이 1970년대에 들어서 비판을 받게 된 배경에는, 이념적 측면보다는 물질적 측면이 더 크게 자리 잡고 있었다. 왜냐하면 사회보장제도를 확대하는 것에 대해 크게 의문을 가지게 된 계기는, 세계 경제가 어려움을 겪게 만든 석유파동이기 때문이다(George & Miller, 1995).

1970년대 이후 전 세계와 일부 지역에서 재정적 위기를 몇 차례 겪어 왔다. 이런 상황은 고용영역, 소득영역, 의료영역에서 크게 영향을 미쳤다. 그 결과, 이런 영역과 관련된 사회보장제도에서 문제가 발생하게 되었다. 이에 따라, 여러 국가에서는 이런 문제에 대해 대처해 오고 있다(Gongcheng & Scholz, 2019).

2) 사회보장제도의 문제점

사회보장과 관련된 여러 학자와 기관은 사회보장제도가 가지는 문제점을 오래전부터 제시해 왔다. 그동안 일부 학자와 기관이 현대 사회보장제도의 문제점으로 정리한 것을 몇 가지 살펴보면 다음과 같다.

(1) 밋글리

밋글리와 트레이시(James Midgley and Martin B. Tracy)는 1996년 그들의 저서 「사회안전에 대한 도전들(*Challenges to Social Security: An International Exploration*)」에서, 사회보장제도에 대한 비판의 주요한 내용을 다음과 같이 정리한다.

① 사회보장은 정부의 재정에 부정적으로 영향을 미치고 있다.
② 사회보장은 노인의 이익을 대변하는 역할을 하고 있다.
③ 사회보장은 효율적이지 않게 운영되고 있고, 이에 따라 사회보장에는 낭비적 요소가 많다.
④ 사회보장은 경제성장에 부정적으로 영향을 미치고 있다.
⑤ 사회보장은 공적으로 도와줄 필요가 거의 없는 사람들에게 자원을 재분배하고 있다.

(2) 아벨-스미스

일부 학자와 전문가의 경우, 1970년대 초기 이후에 선진국에서 경제성장이 더디어진 이유들 가운데 하나는, 사회보장제도에서 비용을 많이 지불한 것이라고 주장해 왔다. 아벨-스미스(Brian Abel-Smith)는 1994년 그의 저서 「사회안전(*Social security: Government program*)」에서, 이런 주장을 다음과 같은 세 가지 형태로 구분하고 있다.

① 실업급여의 수준이 높기 때문에 유급 일자리에서 일하려는 동기가 줄어든다는 주장이 있다.

② 사회보장과 관련된 세금과 기여금(보험료)을 납부하여야 하기 때문에 근로자는 임금을 더 요구하고 물가는 오르고 정부의 재정은 적자가 더 난다는 주장이 있다.

③ 사람들이 사회보장 급여를 받을 수 있는 권리를 가지기 때문에 사람들이 저축을 할 가능성이 낮아진다는 주장이 있다. 그리고 이런 주장에 따르면, 저축을 할 가능성이 낮아지기 때문에 투자를 더 적게 하게 되고, 그 결과로 경제가 성장하는 비율이 더 낮아지게 된다.

(3) 국제노동기구

현대의 사회보장제도는 보수주의자와 진보주의자 모두에게서 비판이 있는데, 국제노동기구는 이런 비판의 중요한 부분을 다음과 같이 정리한다(International Labor Organization, 1984).

첫째, 보수주의자의 경우, 사회보장 때문에 다음과 같은 상황이 나타났고, 그 결과로 경제 위기가 발생하였다고 주장하고 있다.

① 저축이 줄어든다.

② 투자가 줄어든다.

③ 물가가 오른다.

④ 실업률이 높아진다.

⑤ 일하려는 의욕이 줄어든다.

둘째, 진보주의자의 경우, 사회보장은 다음과 문제를 가진다고 비판하고 있다.

① 빈곤문제를 해결하지 못한다.

② 여성에 대한 차별을 없애지 못한다.

③ 동일한 욕구를 가진 사람을 똑같이 취급하지 못한다.

(4) 영국의 사례연구

영국의 맥락에서 사회보장제도는 다음과 같은 문제가 있다고 비판을 받은 바 있다(Evans & Piachaud, 1996).

① 사회보장과 관련해 현재 필요한 지출과 미래에 필요한 비용 사이에 균형을 이루기 어렵다.

② 현재의 사회보장에서는 빈곤층이 아닌 사람에게 급여를 제공하고 있고, 이에 따라 사회보장에 낭비하는 측면이 나타나고 있다.

③ 사회보장에서 급여를 잘 제공하기 때문에 일하려는 의욕과 저축하려는 의욕이 줄어들고 있다. 결국 이것은 경제가 발달하는 데 부정적으로 영향을 미치고 있다.

④ 사회보장 때문에 경제영역에서 행동이 변할 뿐만 아니라, 사회관계도 변하고 있다. 예를 들어, 사회보장에서 제공하는 급여가 너무 관대하거나, 급여를 너무 쉽게 이용할 수 있기 때문에 다음과 같은 현상이 나타나고 있다.

- 미혼모가 늘어난다.
- 이혼하는 사례가 많아진다.
- 젊은 노숙인이 생긴다. 이와 관련하여 사회보장은 '공짜로 받아먹는 사회'를 만든다고 영국의 사회보장부 장관은 공식적으로 비판한 바 있다.

앞에서 설명한 내용에 근거할 경우, 일반적으로 현대 사회보장제도에서 크게 주목하는 문제점을 다음과 같다.

첫째, 사회보장은 근로의욕을 줄이고 있다.

둘째, 사회보장은 경제발전에 부정적으로 작용하고 있다.

셋째, 사회보장은 재정을 악화시키고 있다.

연습문제

1. 현행 우리나라 사회보장기본법에서 정의하는 사회보장의 영역으로 옳은 것은?
   ① 사회보험, 공공부조, 사회서비스
   ② 사회보험, 공공부조, 사회복지서비스, 관련 복지제도
   ③ 사회보험, 공공부조, 사회복지서비스, 사회수당
   ④ 사회보험, 공공부조, 사회복지서비스, 사회수당, 관련복지제도
   ⑤ 사회보험, 공공부조, 사회서비스, 사회수당, 사회보훈, 관련복지제도

2. 다음 중 사회보장제도의 문제점이 아닌 것은?
   ① 사회보장은 근로 의욕을 줄이고 있다.
   ② 사회보장은 경제발전에 부정적으로 작용하고 있다.
   ③ 사회보장은 재정을 악화시키고 있다.
   ④ 비판 배경에는 물질적 측면이 관련된다.
   ⑤ 사치품의 판매가 왕성하다.

3. 소득빈곤 및 소득불평등의 측정에 관한 설명을 옳지 않은 것은?
   ① 지니계수는 그 값이 클수록 더 불평등한 수준을 의미한다.
   ② 상대적 빈곤은 소득불평등과 관계가 있다.
   ③ 소득빈곤의 측정만으로 삶의 다양한 문제를 모두 포착하기는 어렵다.
   ④ 소득불평등 수준이 같은 국가라도 계층이동성의 수준이 상이할 수 있다.
   ⑤ 로렌츠 곡선에서 수직선은 모든 개인이 동일한 수준의 소득을 가지고 있다는 것을 의미한다.

4. 우리나라의 소득불평등에 관한 설명으로 옳지 않은 것은?
   ① 소득 불평등을 측정하는 지니계수는 로렌츠(Lorenz) 곡선에서 도출된다.
   ② 소득 1분위와 10분위의 소득비율로 소득 불평등을 측정하기도 한다.
   ③ 1997년 외환위기 이전에 비해 소득 불평등이 심화되었다.
   ④ 공적 이전소득의 소득 불평등 완화효과는 OECD 평균 소득이다.
   ⑤ 비정규직 고용의 증가는 일반적으로 불평등을 심화시킨다.

정답 1. ① 2. ⑤ 3. ⑤ 4. ④

Chapter 13

한국 사회복지의 미래

학습목표

1. 사회복지에 대한 전반적인 이해 필요
2. 한국적 상황에 맞는 사회복지시스템의 개발
3. 한국 사회복지에 대한 인식 제고

학습내용

1. 한국 사회복지의 과제
2. 한국 사회복지의 전망

개 요

한국 사회복지는 향후 사회복지의 국제화 진행, 사회복지운동의 전개, 사회복지 토착화와 지역화, 사회적 갈등의 증가, 사회복지의 수급자 확대와 전문화 등으로 전개될 것이 예상된다. 따라서, 이에 대한 과제 또한 우리 앞에 놓여 있다. 즉, 한국 사회복지는 사회보장제도를 통한 복지기반의 확충, 복지 수요에 대한 적극적 대응, 양극화 문제 해소, 전문사회복지사들의 탁월성 추구, 통일 대비 등 무거운 주제를 안고 있다. 본 장에서는 한국 사회복지의 전망과 그에 따른 과제를 논하고자 한다.

Chapter 13
한국 사회복지의 미래

1. 한국 사회복지의 과제

사회복지는 국민의 생활향상과 사회보장을 위한 국가의 제도 그리고 이 제도를 구체적으로 실현하기 위한 정부의 시책을 포함한 사회정책 수행을 위한 조직과 시설 등을 통틀어 이르는 말이다. 즉, 교육, 문화, 의료, 노동 등 국민의 사회생활 전반에 걸친 다양한 분야에 관여하는 휴먼서비스(human service)라고 할 수 있다.

변화하는 정치적 · 사회적 · 경제적 환경에 대하여 어떤 모습으로 대응하느냐에 따라 한 나라의 사회복지가 달라질 수 있다. 따라서, 한국 사회복지의 전망과 과제는 세계화 속에서 통일을 추구하는 한국적 상황이 가져올 다양한 변인까지를 고려하여 제시되어야 한다.

향후 한국 사회복지는 사회복지정책의 확대를 통하여 더욱 발전할 것이다. 사회복지정책은 정부의 여러 가지 정책 가운데 한 분야이며, 사회복지정책을 결정하는 데는 정치적 · 경제적 · 사회적 · 문화적 요소들이 모두 영향을 미친다. 따라서, 상황이 변화할 때마다 사회복지정책은 영향을 받게 마련이다. 그러한 변수들을 고려하면서 앞으로의 한국 사회복지를 사회보장제도를 중심으로 전망해 보면 다음과 같다(정무성 외, 2019: 429~431).

1) 사회보장제도를 통한 복지기반의 확충

사회보장제도는 전 국민의 개인소득을 재분배에 의해 일정 한도 이상으로 보장하고 최저한도의 생활을 확보하게 하기 위한 제도상의 모든 체계를 말한다. 향후 국민기초생활보장제도를 통한 최저생계비 보장의 보호수준이 향상되어 기본적 생활보장은 물론 자활 · 자립지원 시책 등 복지기반이 더 확충될 것이다. 산재보험, 국민건강보험, 국민연금, 고용보험, 노인장기요양보험의 5대 사회보험제도 또한 확대 통합되어 보다 효율적인 전달체계로 운영될 것이다.

사회복지서비스도 크게 확충될 것이다. 가족 및 지역사회 중심의 예방적 서비스와 재가복지서비스의 확충은 물론 장애인과 노인 등의 편의시설 설치 확대와 직업안정제도에 대한 지원을 통해 소외계층의 사회참여가 확대될 것이다. NGO 및 NPO와의 협력체계에 의한 사회복지활동이 활발해지고 사회복지시설 기관 단체의 정보화 및 전산화가 이루어져 국민이 손쉽게 사회복지정보와 혜택을 받을 수 있을 것이다.

복지수요 또한 확대되고 다양화될 것이다. 사회변화는 우리가 예견하는 것보다 훨씬 다양할 것이며, 이에 따른 사회적 복지요구도 다양화될 것이며 아울러 복지수급 주체도 보다 조직화될 것이다. 국민들의 자원봉사활동의 생활화도 전망해 볼 수 있다.

2) 일자리와 복지

IMF 외환위기 이후 신자유주의 세계경제질서하에서 성장의 시대를 맞았지만, 고용 없는 성장의 구조화와 사회적 양극화로 인한 빈부격차 심화, 사회서비스 수요증가라는 복지국가의 위기를 수반하였다. 짧은 기간 동안 공공근로, 자활, 사회적 일자리 사업 등의 정부지원에 의한 일자리 확대와 사회서비스 확충을 시도하였지만, 단기적이고 저임금 일자리라는 비판으로 근본적인 개선의 필요성이 대두되었다. 이에 2000년대에 들어 유럽의 사회적 기업 제도의 도입과 관련한 논의가 본격화되어 비영리법인과 민간단체 등 제3 섹터에 의한 사회서비스 제공 모델로서 구체화되기 시작하였다. 우리나라는 사회적 일자리 창출 방안의 하나로, 자활공동체의 연장 혹은 자활공동체가 발전된 형태로서 사회적 기업에 대한 관심이 집중된 가운데, 지난 2006년 「사회적 기업 육성법」이 제정되었다. 외환위기 이후 민간에서부터 주목하기 시작했으나, 정부차원의 실업에 대한 일자리 창출과 사회적 서비스 해소에 대한 관심으로부터 적극적으로 개입하여 정부 주도하에 급속히 법적 틀을 갖추게 되었다.

구조적인 고실업을 경험한 대다수의 선진국에서 새롭게 창출되는 일자리의 90%는 서비스 부문에서 나타나고 있다. 우리나라는 현재 공공서비스 및 교육·보건의료·복지 부문의 일자리 비중이 낮아 이 영역에서 일자리를 창출할 여지가 매우 높다. 더욱이 사회서비스 부문의 일자리는 저기술·저학력 및 중고령의 취약 취업계층 노동자에게 좋은 일자리를 제공할 수 있게 됨으로써 일자리의 양극화 경향을 억제하는 데에도 중요한 역할을 수행할 수 있을 것으로 기대된다. 따라서, 사회적 기업의 창출 정책은 특히 빈곤계층으로 하여금 사회적으로 유용한 서비스를 공급하게 함으로써 국가적으로는 저비용으로 사회복지서비스를 확충하고, 빈곤 근로계층에게는 적합한 일자리를 제공함으로써 실업과 삶의 질에 대한 저하의 문제를 동시에 해결할 수 있다.

사회서비스를 제공하여 국민들의 삶의 질을 향상하면서, 동시에 양질의 고용을 창출하는 사회적 기업 방식은 이미 선진복지국가의 일반적 추세가 되었다. 특히, 일을 통한 복지(workfare)라는 차원에서 관심이 증가하고 있다. 국가의 전통과 이념에 따라 시장 지향적인 기업의 성격이 강한 방식이 있고, 정부 보조금에 대한 의존도가 높은 방식이 있지만, 어느 경우든 국가의 복지재정이 절감되고 사회서비스는 확대되는 효과가 있다.

이제 우리나라도 선진국형 사회로 발전하면서 사회서비스 고용비중을 확대해야 한다. 사회적 기업에 있어 상당한 노하우를 축적하고 있는 유럽 복지국가에서는 사회서비스를 기업방식을 통해 제공하는 공익성에 중점을 두는 반면에, 미국에서는 사회적 기업에 참여하는 저소득층에게 일자리 창출을 통해 자립할 수 있게 한다는 점을 강조하고 있다. 한국의 사회적 기업은 사회서비스 제공, 친환경 사업 등 공익적 성격을 띤 사업의 필요성도 증가하고 있고, 일자리를 갖지 못한 취약계층의 일자리 제공으로서의 의미도 동시에 강조될 필요가 있다.

세계적으로 유례없는 한국의 급격한 출산율 저하와 고령화의 진행으로 인해 이제 더 이상 사회복지의 책임을 개인과 가정에만 떠맡길 수 없게 되었다. 공공사회서비스의 확충이야말로 더 이상 미룰 수 없는 과제라고 할 수 있다. 따라서, 정부는 사회적 기업을 통해 다양한 사회서비스를 제공할 수 있는 생태계를 만들어 주어야 한다.

사회적 기업을 통한 사회서비스의 확충은 고실업사회로 진입한 한국사회에서 고용창출의 돌파구가 될 수 있다. 그러나 사회서비스 분야의 고용창출이 기존의 저임금구조로만 이루어진다면, 빈곤해결이나 고용확대의 효과를 충분히 기대할 수 없다.

그러므로 양질의 서비스가 제공되어 가사노동의 사회화와 시장화를 이루면서 동시에 적절한 임금이 제공되는 방식으로 고용창출을 통한 빈곤율 감소의 효과를 동시에 달성할 수 있도록 되어야 한다.

3) 양극화 문제 해소

최근에 우리 사회의 양극화 문제는 핵심적인 이슈가 되고 있다. 다수의 사회구성원이 지속적인 경제성장의 혜택을 누릴 수 있었던 외환위기 이전 시기에는 빈곤문제는 소수 노인이나 장애인 등 취약계층의 문제로 집중되었고, 대다수 사회구성원의 삶과는 그다지 관련이 없는 것으로 받아들여졌다. 그러나 IMF 외환위기 이후 절박한 처지에 놓인 빈곤층의 급증을 초래하였고, 빈곤문제를 우리사회의 우선적인 현안의 하나로 등장시켰다.

계층양극현상은 바로 중산층의 몰락으로 표현된다. 특히, 근로소득이 없는 전통적인 비취업 빈곤계층 외에도 근로를 하는데도 빈곤한 근로빈곤층(working poor)의 증가가 새롭게 관찰되고 있다. 성장과 발전의 결실이 특정 장소, 특정

세대, 특정 계층에만 국한됨에 따라 사회적 격차가 심화되고 있는 것이다. 1990년대를 거치며 우리 사회에서는 빈곤문제의 악화를 초래할 수 있는 다양한 사회적 변화가 지속되었다. 비정규직 양산 등으로 표현되는 노동시장의 구조변화, 급속한 고령화의 진행, 이혼 등 가족해체 증가 등 과거 우리사회의 특징과는 사뭇 다른 구조적 변화들이 우리 사회의 곳곳에서 감지되었다.

이러한 변화는 소득분배구조의 악화, 빈곤에 취약한 특성을 지닌 가구의 증가를 시사하는 것이다. 나아가서 소외집단의 상대적 박탈감이 지나치게 확대되어 사회의 지속가능성까지 위협하는 수준에 이르고 있다. 따라서, 사회변화에 따른 새로운 공동체를 지역사회 내에 형성하고 유지 · 발전시켜 나가는 노력은 중요한 시대적 과제라고 할 수 있다.

그러므로 지역사회 내에서 소외계층의 사회적 배제를 극복하고 사회통합을 이루기 위해서는 각 부문별로 종합적인 접근이 요구된다. 특히, 사회복지서비스 강화 및 네트워크 구축과 함께 주민들 스스로 문제를 해결할 수 있는 주민역량의 강화, 지역공동체 활성화 등이 필요하다. 정부가 우선 부처 간의 이해관계나 파워게임의 구태를 벗고 진정으로 주민의 입장에서 서비스 전달체계를 통합하려는 의지를 보여주어야 한다.

4) 전문사회복지사들의 탁월성 추구

사회복지는 전문성에 있어서 아직은 고도의 전문직이기보다는 누구나 쉽게 도전하고 다른 전문직과 공유할 수 있는 전문직으로 생각하는 경향이 많은 듯하다. 그러나 향후 사회복지는 고도의 분화되고 전문화된 전문기술로 발전될 것이라 생각한다.

앞으로 사회복지사들은 사회복지의 전문적 이론과 실전기술을 겸비하여 사회복지문제를 해결해 나감에 있어서 타 전문직종과 구별되는 탁월성을 발휘해야 한다. 우리나라의 사회복지 교육계는 1970년대에 들어오면서 미국식 사회사업 교육을 무비판적으로 받아들인 데 대한 자성의 소리가 높아지기 시작했고, 사회복지(사회사업)교육의 토착화 과제가 강하게 대두되기에 이르렀다. 이리하여 한국의 실정에 맞는 사회복지교육이 이루어져야 한다는 견해가 대세를 이루어, 미시적 접근에서 거시적 접근으로, 사회사업실천에서 사회복지정책으로, 사회사업에서 사회복지로 교육의 패러다임 전환을 가져왔다. 이 결과 대부분의 학교가 '사회복지학과'로 명칭을 바꾸었고, 사회사업가 대신에 '사회복지사'라는 법적 용어가 통일적으로 사용되기에 이르렀다. 사회복지학 연구를 고찰해 보면, 사회복지학은 '응용' 또는 '실천' 과학이지만, 사회복지현상을 이론적으로 연구하는 기능도 있다. 사회복지 토착화를 위해 거시적 접근을 강조하게 되면서, 사회복지실천에 대한 중요성이 덜 강조되었고, 사회복지현상을 이론적으로 연구하려는 경향이 강하게 나타났다. 이 결과, 지난 20여 년 동안 우리나라 임상사회사업의 발전속도는 매우 느리게 나타났다. 그리고 사회복지사들의 정체성은 더욱 혼란에 빠지게 되었다고 볼 수 있다.

앞으로 사회복지의 교육은 임상사회사업가의 전문적 탁월성을 추구해야 할 것이다. 이제 한국은 1970년대의 개발도상국도 아니고 중진국도 아니며, 선진국 대열에 들어서고 있다. 비록 빈곤의 문제가 계속 남아 있다고 해도 오늘날 우리나라에서 대두되고 있는 사회문제들의 성격을 보면, 서구 여러 나라의 사회문제들과 크게 다를 것이 없다. 고령사회의 진입, 복지욕구의 다양화, 복지의 질 향상 욕구 증대, 고도의 전문적 개입을 요구하는 사회문제의 대두 등 임상사회사업의 중요성이 다시 강조되는 시기이다. 특히, 지구화, 정보기술화 등 일련의 지구촌 변화는 한국의 사회(복지)문제를 독립적으로 고찰할 수 없게 만들고 있다.

지난 20세기 후반기에 우리나라 사회복지계가 도입한 소위 토착화의 패러다임들에 대한 재평가와 함께 사회현상과 급속히 변하는 미래의 사회현상을 날카롭게 직시하며, 여기에 대처할 수 있는 사회복지의 패러다임을 구축하여야 할 것이다. 미시적 접근을 도외시한 채, 거시적 접근으로만 사회복지를 이해하려는 경향은 사회복지계의 정체성 정립이나 사회복지의 사회적 실용성을 감안할 때, 많은 문제점을 내포하고 있기 때문에 이러한 패러다임에 중시적 접근을 접목시킬 필요가 있다. 또한 사회복지사는 기관, 클라이언트 전문 사회복지사라는 구체적인 실천의 장(setting)을 갖고 있는 전문직이다.

그러므로 사회복지계, 사회서비스 프로그램을 조직하는 기관체계(agency system) 사이에서 전문적으로 서비스를 제공할 수 있는 탁월한 능력을 지닌 사회복지사(사회사업가) 체계(social worker or professional system)를 더욱 강화 · 전문화시켜야 한다.

5) 통일 대비

남북한 분단의 고착화로 인해 통일에 대한 강한 열망과 함께, 분단 조국으로 인한 정치적 · 사상적 측면의 갈등과 이질화가 더욱 심화되고, 통일 후 예상되는 문제도 그 심각성이 더해질 것으로 예상하고 있다. 이러한 통일 한국에 대비한 사회복지계의 대응이 필요한 시점이다. 즉, 남북한의 복지정책의 명확한 차이점은 남북한 정권의 경제능력과 복지수요에 대한 정책적 차이점이라고 볼 수 있다. 북한식 사회주의자들은 독재체제의 성격상 경제성장이나 경제능력에 관계없이 국가는 사회복지의 전적 책임을 지는 것으로, 형식상으로는 헌법에 규정하고 있지만 실제로는 사회복지를 희생시키면서 전쟁에 의한 적화통일 전략노선을 견지하며 군사력 증강에 주력하고 있다. 북한은 남북한 복지경쟁에서 낙오하여 국민들을 기아선상에 방치하고, 국민복지를 완전히 외면하고, 공산적화통일로 남한을 정복함으로써 사회복지문제를 일거에 해결하고자 하는 정치적 경향을 보이고 있다.

이러한 현실에서 통일 한국의 사회복지의식을 점검해야 한다. 통일 후 북한 사회복지의 물질적 측면만이 아니라, 정신적인 측면도 고려해야 하는데, 50여 년간 남북한의 상반되는 체제하에서 이를 동질화하는 것이 통일 후의 기반 조성에 중요한 과제가 될 것이다.

2. 한국 사회복지의 전망

한국사회복지의 전망은 다음과 같다(정민숙 외, 2017: 309~313 ; 오종희, 2018: 325~328).

1) 사회복지의 국제화 진행

우리나라는 세계화를 부르짖으며, 경제적인 부문과 함께 다양한 영역에서 문호를 개방하며, 세계 속의 한국의 위상을 높이기 위해 노력하고 있다. 이러한 세계화 속에서 영향을 받고 세계화에 영향을 줄 수 있는 부분이 바로 사회복지 영역이라고 할 수 있다. 과거 많은 영역과 부분에서 외국의 사회복지의 영향을 받고 많은 발전을 이루어 온 한국은 이제는 세계화 속에서 지구촌의 사회복지문제에 관심을 가져야 할 때가 도래한 것이다.

우리나라의 사회복지문제는 그 원인이 더 이상 우리나라에 한정되어 있는 것이 아니라, 국제적 맥락에서 이해되어야 할 때이다. 그것은 곧 세계화 추세가 우리나라에서 자체적으로 전개되고 있는 것이 아니라, 국제적 맥락에서 우리나라도 본격적으로 참여하기 시작하였기 때문이다. 이에 따르는 부정적인 결과들 중 몇 가지 예를 든다면, 빈곤의 악화와 불평등의 강조, 임금하락과 그로 인한 생활수준의 저하, 이윤을 극대화할 수 있는 지역으로의 직업이동과 그에 따른 대량 실직, 인간 면역 결핍 바이러스(human immunodeficiency virus, HIV) · 후천성 면역 결핍증(Acquired Immune Deficiency Syndrome, AIDS)과 같은 전염병 질병의 확산, 구조적 재조정의 의미로서 사회복지예산 삭감이 요구되는 긴축예산명령, 아동노동, 아동매춘, 국제범죄와 약물남용의 증가 등을 들 수 있다. 이러한 현상은 지난 수십 년간 우리나라도 어느 정도 경험했으며, 앞으로는 더욱 심각한 문제로 대두되어 결국 우리나라의 사회복지도 국제화될 수밖에 없는 실정이다.

물론 세계화의 긍정적인 면, 즉 자유로운 시장개방과 민주주의의 강화, 생활수준의 향상, 생명연장, 높은 문자 해독률 그리고 보다 건강한 삶에 기여하는 면도 있다. 그러나 세계화 과정에 대해서 적절한 평가를 하자면, 세계화는 경제성장에 기여 하지만, 승자와 패자를 만들어 낸다고 말할 수 있다. 사회복지가 패자로 남겨진 많은 사람들에 대해 무관심할 수는 없다.

그러므로 앞으로 사회복지 교육은 국제사회복지를 전문적으로 교육하는 프로그램이 대학이나 사회복지 전문교육기관의 주도하에 이루어져야 할 것이다. 여기에서 전문적으로 훈련된 국제사회복지 전문가들이 UN 관련 기관, 국제 NGO 기관, 국내의 국제사회복지 관련 기관 등 국제무대에서 활동할 수 있는 기회가 주어질 것이다.

2) 사회복지운동의 전개

사회복지의 문제해결방식은 문제가 되는 개인의 해결능력 강화뿐만 아니라, 문제의 근원이 될 수 있는 환경문제에 대한 지속적인 관심을 갖는다. 특별히 이러한 지역사회 환경변화에 관련된 것이 사회복지운동이다. 사회복지운동이란, 사회운동(social action)의 한 부분으로 집합행동의 성격을 갖고 있으며, 사회복지라는 목표를 달성하기 위해 관련 당사자, 넓게는 모든 국민이나 사회복지 전문가, 사회복지대상자, 노동자 등의 주체적인 참여와 행동을 통하여 사회복지 목표 달성을 위해 의도적으로 추진해 나가는 사회운동을 뜻한다고 할 수 있다. 사회운동 중 사회복지운동은 우리나라에서는 활성화되어 있지 못한 실정인데, 사회복지사업 자체가 관주도의 일방적 사업을 진행하는 경우가 많아서, 민간의 자율적인 사회복지운동 성격을 갖기는 어려움이 있었다. 그러나 최근 지방분권과 재정분권에 따라 민관협력과 지역사회 중심의 복지운동이 지역문제를 해결하는 새로운 패러다임으로 나타나고 있다.

이러한 복지운동이 안정적이고 체계적으로 지역사회에 뿌리를 내리고 지역문제를 해결하는 중심적인 운동이 되기 위해서는 다음과 같은 과업을 해결해야 한다.

첫째, 시민들의 권리의식을 활성화시켜야 한다.

둘째, 사회복지운동은 대상자 중심의 운동조직을 가져야 한다.

셋째, 사회복지전문가들의 사회복지 현장에의 일상적인 참여를 활성화해야 한다.

넷째, 사회복지운동은 정치운동으로의 발전을 고려해야 한다.

다섯째, 사회운동은 부문운동들과의 연대를 통한 사회변혁운동에 동참하여야 한다.

사회복지운동은 민간 사회복지 단체나 기관을 대상으로 사회복지운동이 전개될 수 있고, 전 국민이나 지역주민의 복지의식 개발이나 반복지적 행동에 대한 저항이나 교정을 중심으로 전개할 수도 있으며, 더 나아가 정부의 복지정책, 재정확보, 전달체계 등 거국적 차원에서도 전개할 수 있다.

우리나라 정부의 복지정책은 신자유주의 이념을 수용하는 경향이 있다. 신자유주의의 이념을 신봉하는 신우파 정권들(예, 영국의 대처 정부, 미국의 레이건 정부 등)은 복지국가의 해체를 공약으로 제시하였다. 신우파정권들은 과도한 사회복지지출의 경제성장을 둔화시키고 정부의 재정위기를 불러왔다는 신념을 기반으로 복지비용의 삭감, 지출구성의 변화, 공공서비스를 포함한 공공부문의 민영화 및 기업에 대한 규제 완화, 지방정부로의 역할 축소, 노조를 포함한 사회세력의 약화 등의 정책기조를 유지하고 있다. 그러나 박근혜 정부에 이은 문재인 정부의 등장으로 좌파적 성격의 사회복지운동이 국정 전반에서 시행될 것으로 보인다.

3) 사회복지 토착화와 지역화

한국의 사회복지는 이론적인 측면에서는 미국을 중심으로 발전한 전문적 지식을 가져왔고, 실천적인 측면에서는 가까운 일본의 행정 및 정책을 받아들여 왔다. 이러한 선진 외국들의 발전된 이론과 실천기술들이 이제는 한국적 상황에서 발전의 계기를 마련하는 기회가 되었지만, 우리나라만의 고유한 특색에 맞는 사회복지를 발전시켜 나가는 데에는 어려움이 있었으며, 많은 이론과 실천기술들이 시행착오를 거쳐 상당 부분 발전하였고, 향후 지속적인 한국형 사회복지가 발전할 것으로 보인다.

우리나라는 모든 분야에서 서울, 수도권을 중심으로 지나치게 집중되어 지역불균형이 심하게 발전되어 왔다. 이는 짧은 기간 동안 경제성장 위주의 개발중심 정책을 추진하다보니 많은 부작용을 낳았다. 그러나 이제는 지방자치제 실시와 더불어 지방분권 중심으로 국토균형 발전이라는 측면에서 지역복지정책을 펼쳐나가는 방향으로 전환해야 할 것이다. 구체적인 삶의 현장인 지방자치단체야말로 지역특성 현상을 더욱 정확하게 파악할 수 있기 때문에, 지역주민이 적극 참여할 수 있고, 지역사회마다의 고유한 특성을 사회복지사업에 반영할 수 있기 때문이다. 아울러 지역주민이 중심이 되고 지역마다 알맞은 사회복지 프로그램을 실시하면서 사회복지를 통합, 시행하는 데 그 의미가 있으며, 지역사회의 주민복지를 위한 실질적인 지역복지정책을 펼쳐나가야 할 것이다.

그러므로 우리 실정에 맞는 사회복지의 토착화와 지역정책의 특성을 고려한 지역화는 서로 보완관계로 정착 · 발전시킬 필요가 있다.

4) 사회적 갈등의 증가

한국사회의 갈등의 양상은 부부갈등, 노사갈등, 빈부갈등, 학생 간 갈등, 공공과 민간 간 갈등 등 다양하게 나타나고 있다. 특별히 부부갈등과 이혼율이 증가하고 있고, 이에 대한 사회복지대책의 필요성이 확대되고 있는 상황이다. 가족해체, 가정폭력으로 인한 아동과 여성의 보호, 소년범죄와 비행으로 인한 소년보호에 대한 대책 등은 법률적인 접근과 복지적인 접근이 동시에 이루어져야 한다. 선진국에서는 아동과 소년, 가사의 소송과 관련된 영역에서 각 지역별 독립된 가정법원이 설치되어 있고, 이를 법원에서 법률적 판결과 함께 행정적인 보호와 서비스가 이루어질 수 있도록 명령과 보호처분을 행하여 소송당사자와 가족의 삶의 질을 보호하고 있다. 우리나라에서는 소년사건에 대해서는 이러한 보호처분과 서비스가 이루어지고 있으나, 가사사건의 가족구성원인 여성과 아동에 관한 사법부의 보호는 극히 미흡한 실정이다.

IMF 경제난 이후 가정들이 점진적으로 해체되기 시작하여 사회적으로 많은 문제점을 낳고 있고, 현 시점에서 다양한 사회복지 대상자들 중 빈민, 소외된 아동과 노인, 장애인, 그리고 문제를 갖고 있는 가정에 대해서 통합적이고 체계적인 사회복지 프로그램이 필요한 것이다.

앞으로 우리나라는 인구 및 가족구성의 변화에 있어서 저출산 · 고령화로 인하여 많은 변화가 예상되고 있다. 이러한 인구구성 및 가족변화에 적절히 대응하여 건강한 가족을 유지 · 강화하기 위해서 가정복지를 위한 전반적인 노력이 요구된다. 앞으로 평균수명 증가로 인하여 고령화사회에서 고령사회로 진입하는 시기를 위해 노인복지 확대정책을 해야 한다는 점이다.

우리사회는 전반적으로 노인빈곤 및 장애문제와 노인문화의 문제를 동시에 생각해야 하는 시대에 접어들었고, 이제부터 노인복지정책에 대한 장기발전계획을 세우고 제도적인 대책과 사회환경을 마련해야 할 것이다. 이러한 전문 프로그램들이 갈등의 현장에서 많이 활용될 수 있도록 학계와 사회복지계에서는 부단한 노력을 하여야 할 것이다.

5) 사회복지의 수급자 확대와 전문화

그동안 사회복지정책 주요 사업이 요보호계층을 위한 수혜사업 정도의 정책을 수행해 왔다는 점이다. 그러나 이제 복지국가에 지향하는 시점에서 국민들의 복지수요가 다양화되고 고도화, 정보화되면서 삶의 질을 위한 건강, 여가, 문화 정보까지 포함하는 참여복지로의 정책이 필요한 시점에 이르렀다.

복지적 수준이 높은 국가일수록 국민들의 삶의 질을 포괄적으로 추진하고, 가능한 한 많은 다양한 사람들을 대상으로 정책을 시행하고 있다. 뿐만 아니라, 갑자기 어려운 생활이 발생하더라도, 어느 정도의 기본적인 혜택을 제공하고 있으며, 국민대상으로 재분배 효과가 큰 복지 프로그램 정책을 시행하고 있다.

향후 국민들의 복지욕구 수준이 갈수록 높아지기 때문에, 사회복지 수혜자 대상의 취약계층 중심에서 벗어나서 국민 전체를 포함하는 개개인의 생애주기에 따른 보편적인 권리로서의 복지의 필요성이 요구된다. 결국 사회복지정책이 사회환경 변화에 따라 요보호계층의 수혜자대상 중심의 참여복지를 위한 여가, 문화, 건강 등 삶의 질을 높일 수 있는 종합적인 복지를 추구해야 할 것이다.

우리나라는 앞으로 국민의 삶의 질을 위해 사회복지의 다양한 수요가 증가할 것이다. 이에 대한 사회복지정책을 펼쳐나가는 데 있어서 많은 인력수요와 전문화가 요구되고 있다. 인력수요 면에서 대인사회서비스를 위한 분야별 · 수준별 전문가수요가 증가하고, 공무원 사회복지사와 NGO 사회복지사의 수요가 증가하며, 복지기관의 최고 경영자와 중간관리자 수요가 증가할 것이다. 아울러 노인과 장애인을 위한 수발자 수요자도 증가하게 된다. 따라서, 이를 위해 사회복지 전문인력으로 선호되는 대상자들은 임상능력을 갖춘 사회복지사, 프로그램 개발과 평가능력을 갖춘 사회복지사, 국제적 감각과 정보관리 능력이 있는 사회복지사, 다른 전문직들과 수평적 팀워크를 이루어 일할 수 있는 사회복지사, 경쟁력을 갖춘 사회복지사들이 선호될 것이기 때문에 전문성과 교육이 시급한 실정이다.

이외에도 국가부문과 민간부문 사이의 사회복지역할 분담이 원활하게 이루어져야 하며, 세계화의 경쟁력을 위해 전문성 있는 사회복지사 육성을 위해 새로운 교육 패러다임이 요청되고 있다.

연습문제

1. 한국 사회복지의 전망이 아닌 것은?
   ① 사회복지의 국제화 진행
   ② 사회복지운동의 전개
   ③ 사회복지 토착화와 지역화
   ④ 사회적 갈등의 증가
   ⑤ 미국의 사회복지 예속

2. 해결해야 할 과업이 아닌 것은?
   ① 시민들의 권리의식을 활성화시켜야 한다.
   ② 사회복지운동은 대상자 중심의 운동조직을 가져야 한다.
   ③ 사회복지전문가들의 사회복지 현장에의 일상적인 참여를 배제하여야 한다.
   ④ 사회복지운동은 정치운동으로의 발전을 고려해야 한다.
   ⑤ 사회운동은 부문운동들과의 연대를 통한 사회변혁운동에 동참하여야 한다.

3. 한국 사회복지의 과제가 아닌 것은?
   ① 사회보장제도를 통한 복지기반의 확충
   ② 마르크스주의의 도입
   ③ 복지 수요에 대한 적극적 대응
   ④ 전문사회복지사들의 탁월성 추구
   ⑤ 양극화 문제 해소

4. 통일 한국의 사회복지 체계에서 가장 중요한 점은?
   ① 노인개념의 정의
   ② 사회복지의식의 동질화
   ③ 여성의 지위 향상
   ④ 청소년 교류
   ⑤ 유아교육의 통일

정답 1. ⑤ 2. ③ 3. ② 4. ②

참고문헌

1. 국내문헌

강상경(2018). 『인간행동과 사회환경』. 서울: 학지사.
강용규 외(2020). 『사회복지개론』. 경기: 지식공동체.
강정희(2021). 『사회복지법제와 실천』. 서울: 박영사.
고명석(2019). 『사회복지와 인권』. 서울: 동문사.
고세훈(2000). 『복지국가의 이해』. 서울: 고려대학교출판부.
고수현 외(2016). 『사회복지행정론』. 경기: 양성원.
고수현(2020). 『사회복지법제와 실천』. 경기: 정민사.
고재욱 외(2016). 『사회복지행정론』. 경기: 정민사.
구혜영(2015). 『인간행동과 사회환경』. 서울: 신정.
권승(2021). 『사회복지개론』. 서울: 박영사.
권중돈(2021). 『인간행동과 사회복지실천』. 서울: 학지사.
길귀숙 외(2015). 『사회복지실천기술론』. 경기: 양서원.
길귀숙 외(2018). 『사회복지실천론』. 경기: 양서원.
김경우 외(2021). 『사회복지개론』. 서울: 동문사.
김경은 외(2020). 『인간행동과 사회환경』. 경기: 양성원.
김구(2021). 『사회복 지법제와 실천』. 경기: 어가.
김기원(2019). 『사회복지법제와 실천』. 서울: 학지사.
김기원(2020). 『사회복지정책론』. 서울: 학지사.
김동기 외 (2021). 『사회복지조사론』. 서울: 학지사.
김보기 외(2016). 『최신 사회문제론』. 경기: 양서원.
김보기 외(2017a). 『인간행동과 사회환경』. 경기: 양서원.
김보기 외(2017b). 『상담이론과 실제』. 경기: 양서원.
김보기 외(2017c). 『인간행동이해를 위한 심리학』. 경기: 양서원.
김보기 외(2019a). 『사회복지실천론』. 경기: 양성원.
김보기 외(2019b). 『인간행동과 사회환경』. 경기: 양성원.
김보기 외(2021a). 『가족상담 및 가족치료』. 서울: 조은.
김보기 외(2021b). 『사회복지실천기술론』. 서울: 정원.
김보기 외(2022a). 『사회복지정책론』. 서울: 박영스토리.
김보기 외(2022b). 『복지국가론』. 서울: 동문사.
김보기 외(2022c). 『사회복지와 문화다양성』. 서울: 동문사.

김수목(2021). 『사회복지행정론』. 서울: 조은.
김양미(2022). 『사회복지법제와 실천』. 경기: 공동체.
김영종(2017). 『사회복지행정론』. 서울: 학지사.
김영철 외(2022). 『인간행동과 사회환경』. 서울: 박영사.
김영화 외(2020). 『사회정의실현을 위한 사회복지정책론』. 경기: 공동체.
김철진 외(2016). 『사회복지실천론』. 서울: 형지사.
김태성 외(2010, 2019). 『복지국가론』. 경기: 나남.
김현호 외(2017). 『사회복지실천기술론』. 경기: 정민사.
김현호 외(2017). 『지역사회복지론』. 경기: 양서원.
김형수 외(2018). 『사회복지행정론』. 경기: 정민사.
김효선 외(2018). 『사회복지실천론』. 경기: 공동체.
노기남 외(2020). 『사회복지법제와 실천』. 서울: 동문사.
노안영·강영신(2011). 『성격심리학』. 서울: 학지사.
류기형 외(2018). 『사회복지개론』. 경기: 양서원.
류연규(2021). 『사회복지정책론』. 서울: 신정.
박경일(2020). 『사회복지정책론』. 경기: 공동체.
박계자 외(2022). 『프로이트 정신분석상담』. 서울: 조은..
박병금 외(2016). 『사회복지실천기술론』. 경기: 정민사.
박병금·최은희(2016). 『사회복지실천기술론』. 경기: 정민사.
박병현(2015). 『사회복지정책론』. 경기: 정민사.
박언하 외(2019). 『인간행동과 사회환경』. 서울: 동문사.
박옥희 51(2020). 『사회복지조사론』. 서울: 학지사.
박원진 외(2018). 『사회복지행정론』. 경기: 양성원.
박주현(2021). 『사회복지정책론』. 서울: 어가.
박진화 외(2020). 『사회복지법제와 실천』. 경기: 지식공동체.
박태정(2020). 『사회복지역사』. 경기: 공동체.
박희숙·강민희(2017). 『인간행동과 사회환경』. 서울: 창지사.
백윤철 외(2020). 『사회복지법제와 실천』. 서울: 박영사.
서동명(2020). 『사회복지법제와 실천』. 서울: 신정.
서보준 외(2018). 『사회복지조사』. 경기: 정민사.
서보준 외(2018a). 『사회복지정책론』. 경기: 지식공동체.
서보준 외(2020). 『사회복지개론』. 경기: 지식공동체.
서보준(2021). 『사회복지행정론』. 경기: 양성원.

서정민 외 (2020). 『사회복지조사론』. 서울: 동문사.
손병덕 외(2019). 『인강행동과 사회환경』. 서울: 학지사.
손병덕(2020). 『사회복지정책론』. 서울: 학지사
송진영(2020). 『사회복지조사론』. 경기: 지식공동체.
신기원 외(2016). 『인간행동과 사회환경』. 경기: 공동체.
신성자 외(2017). 『사회복지실천기술론』. 경기: 양성원.
심상용 외(2021). 『사회복지역사』. 서울: 학지사
심상용(2017). 『사회복지행정론』. 서울: 학지사.
안범희(2011). 『성격심리학』. 서울: 하우.
양정하 외(2017). 『지역사회복지론』. 서울: 공동체.
양정하 외(2020). 『사회복지정책론』. 경기: 양서원.
엄명용 외(2018). 『사회복지실천의 이해』. 서울: 학지사.
엄태완 외(2020). 『인간행동과 사회환경』. 경기: 공동체.
염일열 외(2021). 『사회복지실천기술론』. 서울: 동문사.
오봉욱 외(2020). 『사회복지실천기술론』. 서울: 동문사.
오봉욱 외(2020). 『사회복지실천기술론』. 서울: 동문사.
오세영(2021). 『사회복지정책론』. 서울: 신정.
오종희 외(2021). 『사회복지개론』. 경기: 정민사.
오종희 희(2021). 『사회복지행정론』. 서울: 학지사.
우수명 외(2021). 『지역사회복지론』. 경기: 지식공동체.
원석조(2019). 『사회복지발달사』. 경기: 공동체.
원석조(2020). 『사회복지정책론』. 경기: 공동체.
유동철·홍재봉(2017). 『지역사회복지론』. 경기: 양서원.
유영준(2021). 『사회복지조사론의 이해』. 서울: 학지사.
윤가현 외(2019). 『심리학의 이해』. 서울: 학지사.
이경준 외(2020). 『사회복지실천론』. 서울: 동문사.
이봉재(2018). 『사회복지조사론』. 서울: 신정.
이세형(2019). 『사회복지조사론』. 경기: 양성원.
이영호 외(2018). 『인간행동과 사회환경』. 경기: 공동체.
이용재(2020). 『사회복지법제와 실천』. 경기: 양서원.
이우언 외(2017). 『인간행동과 사회환경』. 서울: 동문사.
이정서 외(2021). 『사회복지행정론』. 경기: 정민사.

이주희 외(2013). 『심리학의 이해』. 경기: 공동체.
임정문 외(2021). 『사회복지개론』. 서울: 동문사.
임정문 외(2020a). 『노인복지론』. 서울: 동문사.
임정문 외(2020b). 『사회복지정책론』. 서울: 동문사.
장갑수 외(2019). 『사회복지역사』. 경기: 양성원.
장수미 외(2017). 『사회복지실천기술론』. 서울: 학지사.
장수한 외(2017). 『인간행동과 사회환경』. 경기: 공동체.
장혜령 외(2021). 『사회복지조사론』. 서울: 조은
전해황 외(2016, 2021). 『사회복지행정론』. 경기: 양서원.
정무성 외(2019). 『현대사회복지개론』. 서울: 신정.
정서영 외(2017a). 『인간행동과 사회환경』. 경기: 양서원.
정서영 외(2017b). 『상담이론과 실제』. 경기: 양서원.
정서영 외(2018). 『상담심리학』. 경기: 양성원.
정서영 외(2020). 『상담이론과 실제』. 서울: 하나의학사.
정영일 외 (2021). 『조사방법론』. 서울: 한국방송통신대학교출판문화원.
정옥분(2015). 『전생애 인간발달의 이론』. 서울: 학지사.
조미숙 외(2020). 『사회복지실천론』. 서울: 동문사.
조미숙 외(2020). 『사회복지실천기술론』. 서울: 동문사.
조추용 외(2021). 『사회복지정책론』. 서울: 신정.
조학래(2019). 『사회복지실천론』. 서울: 신정.
조학래(2020). 『사회복지조사의 이해』. 서울: 신정.
주경필(2021). 『사회복지실천론』. 서울: 한국방송통신대학교출판문화원.
지은구·조성숙(2012). 『지역사회복지론』. 서울: 학지사.
최덕경 외(2015). 『사회복지실천론』. 경기: 공동체.
최세영 외(2020). 『사회복지조사론』. 경기: 어가.
최옥채 외(2017). 『사회복지실천론』. 경기: 양서원.
최옥채 외(2021). 『인간행동과 사회환경』. 경기: 양서원.
최원규 외(2021). 『사회복지역사』. 서울: 학지사.
최일섭 외(2018). 『사회복지개론』. 서울: 지식공동체.
최해경(2017). 『사회복지실천론』. 서울: 학지사.
최혜지 외(2021). 『사회복지실천론』. 서울: 학지사.
표갑수 외(2017). 『사회복지실천론』. 서울: 신정.
표갑수 외(2021). 『인간행동과 사회환경』. 서울: 신정.

한신애 외(2018). 『사회복지개론』. 경기: 양서원.
허완중(2020). 『헌법으뜸편(기본권론)』. 서울: 박영사.
홍봉수 외(2017). 『사회복지개론』. 서울: 공동체.
홍봉수 외(2019). 『사회복지실천기술론』. 경기: 공동체.
홍봉수 외(2021). 『사회복지법제와 실천』. 경기: 지식공동체.
홍봉수(2018). 『사회복지조사론』. 경기: 공동체.
황인옥(2020). 『사회복지조사론』. 서울: 동문사.
황인옥(2020a). 『사회복지실천론기술론』. 경기: 지식공동체.
고광신 외(2017). 『사회복지정책론』. 서울: 동문사.

2. 외국문헌

Abel−Smith, B.(1994). The Beveridge Report: Its origins and outcomes. In Beveridge and Social Security: An International Retrospective. edited by J. Hills, J. Ditch, and H. Glennerster. Oxford, UK: Oxford University Press.

Abel−Smith, B.(2015). Social security: Government program. http://global. britannica.com/topic/social−security−government−program.

Baker, R. L.(1991). The social work dictionary, Silver Spring. MD: National association of Social Workers.

Berger, R. L., & Federico, R. C.(1982). Human behavior: A social work perspective. London: Longman.

Berlin, I.(2002). Liberty: Incorporating Four Essays on Liberty (2nd Edition). Oxford University Press.

Biestek, F. P.(1957). The Case Work Relationship. London: George Allen & Unwin.

Collier, D., & Messick, R. E.(1975). Prerequisites versus diffusion; Testing alternative explanations of social security adoption. American Political Science Review, 69(1) : 299−315.

Compton, B. et al.(2004). Social Work Processes (6th ed.). Cengage Learning.

Cooper, M., & Lesser, J.(2014). Clinical social work practice: An integrated approach (5th ed.). Pearson.

Corey, G.(2016). Theory and Practice of Counseling and Psychotherapy (10th ed.). Cengage Learning.

Cournoyer, B. R.(2016). The Social Work Skills Workbook (8th Edition). Cengage Learning.

Dunham, A.(1970). The New Community Organization. New York: Thomas Y. Crowell Co.

Erikson, E. H. et al.(1994). Vital Involvement in Old Age. New York: W. W. Norton & Company.

Erikson, E. H.(1950, 1993a). Childhood and Society. New York: W. W. Norton & Company.

Erikson, E. H.(1959, 1994a). Identity and the Life Cycle (Kindle Edition). New York: W. W. Norton & Company.

Erikson, E. H.(1962). Young Man Luther. Peter Smith Pub Inc.

Erikson, E. H.(1963, 1978). Childhood and Society. New York: W. W. Norton & Co.

Erikson, E. H.(1965, 1994b). Identity: Youth and Crisis. New York: W. W. Norton & Company.

Erikson, E. H.(1970, 1993b). Gandhi's Truth: On the Origins of Militant Nonviolence. New York: W. W. Norton & Company.

Erikson, E. H.(1974, 1979). Dimensions of a New Identity. New York: W. W. Norton & Company.

Erikson, E. H.(1975). Life History and Historical Moment. NY: Norton.

Erikson, E. H.(1978). Adulthood. New York: W. W. Norton & Co Inc.

Erikson, E. H.(1993c). Young Man Luther: A Study in Psychoanalysis and History. New York: W. W. Norton & Company.

Erikson, E. H., & Coles, R.(2001). The Erik Erikson Reader. New York: W. W. Norton & Company.

Erikson, E. H., & Erikson, J. M.(1982, 1997). The Life Cycle Completed (Extended Version). New York: W. W. Norton & Company.

Erikson, E. H., & Kakar, S.(1993). Identity and Adulthood. Oxford University Press.

Esping-Andersen, G.(1990). The Three Worlds of Welfare Capitalism (1st edition Kindle Edition). Polity Press.

Evans, M. and Piachaud, D.(1996). Social security in Britain: The challenge of needs versus costs. In Challenges to Social Security: An International Exploration. edited by J. Midgley and M. B. Tracy. Westport, CT: Auburn.

Fitzpatrick, T.(2011). Welfare Theory. New York: Palgrave Macmillan.

Freud, A.(1900, 2021). Die Traumdeutung (German Edition). Neopubli GmbH

Freud, A.(1936, 1946). The ego and the mechanisms of defense. New York: International Universities Press.

Freud, A.(1943). Infants without families: The case for and against residential nurseries.

London: G. Allen & Unwin.

Freud, A.(1965, 2018). Normality and pathology in childhood: Assessments of development (1st Edition, Kindle Edition). Routledge.

Freud, A.(1966–1980). The Writings of Anna Freud (8 Volumes). New York: Indiana University of Pennsylvania.

Freud, A.(1968). Indications for child analysis and other papers, 1945~1956. International Universities Press.

Freud, A.(1968). The writings of Freud, A. New York: International Universities Press.

Freud, A.(1974). Introduction to psychoanalysis' Lectures for child analysts and teachers, 1922–1935. New York: International Universities Press.

Freud, A., & Burlingham, D.(1942). Young children in wartime: A year's work in a residential nursery. London: G. Allen & Unwin.

Freud, S.(1905, 2021). Three essays on the theory of sexuality (Special Edition). Independently published.

Freud, S.(1908, 1959). Character and anal eroticism (J. Riviere, trans.). Collected Papers (Vol. 2). New York: Basic Books.

Freud, S.(1913, 1959). The excretory functions in psychoanalysis and folklore (J. Riviere, trans.). Collected Papers (Vol. 2). New York: Basic Books.

Freud, S.(1920, 2020). Beyond the pleasure principle. Digireads.com Publishing.

Freud, S.(1923, 2018). The Ego and the Id. (Dover Thrift Editions). Dover Publications.

Freud, S.(1924a, 1989). The dissolution of the Oedipus complex. In P. Gay (Ed.). The Freud reader. New York: W. W. Norton (Original work published in 1924), 661–666.

Freud, S.(1924b, 1959). The passing of the Oedipus complex (J. Riviere, trans.). Collected Papers (Vol. 2). New York: Basic Books.

Freud, S.(1925, 1961). Some psychological consequences of the anatomical distinction between the sexes. In J. Strachey (Ed., & trans.). The Standard Edition of the Complete Psychological Works of Sigmund Freud (Vol. 19). London: Hogarth Press.

Freud, S.(1940, 2014). An outline of psychoanalysis (Kindle Edition). Brown Press

Freud, S.(1943). A general introduction to psychoanalysis (J. Riviere Ed., & Trans.). New York: Garden City Publishing Co.

Freud, S.(1949, 1977). Three essays on the theory of sexuality. In A. Richards (Ed.), On sexuality: Three essays on the theory of sexuality and other works. London and

Harmondsworth: Penguin Books, 31-170.

Freud, S.(1964). Why War? In J. Strachey (Ed.). Standard Edition of the Complete Psychological Works of Sigmund Freud (Vol. 22). London: Hogarth Press.

Freud, S.(1966). Introductory Lectures on Psychoanalysis. N.Y.: Norton.

Furniss, N. and T. Tilton.(1977, 1979). The Case for the Welfare State: From social security to social equality. Bloomington: India Univ. Press.

Garland, D.(2016). The Welfare State: A Very Short Introduction (1st edition). Oxford University Press.

George V. and Wilding, P.(1984). Impact of Social Policy. London: Routledge and Kegan Paul.

George, V and Wilding, P.(1985, 2013). Ideology and Social Welfare. Routledge.

George, V. and Wilding, P.(1993, 1994). Welfare and Ideology (Revised edition). Hertfordshire. UK: Harvester Wheatsheaf. George, V.(2018). Social Security: Beveridge and After (1st Edition, Kindle Edition). Routledge.

George, V. and Wilding, P.(1994). Globalisation and Human Welfare (2002nd Edition, Kindle Edition). Red Globe Press.

Giddens, A.(1988, 2008). The Third Way: The Renewal of Social Democracy. Cambridge: Polity Press. Giddens, A.(1991). The Consequences of Modernity (1st Edition Polity Press). Stanford University Press.

Giddens, A.(2000, 2013). The Third Way and its Critics (1st Edition, Kindle Edition). Polity Press.

Giddens, A.(2001). The Global Third Way Debate. Cambridge: Polity Press.

Giddens, A.(2013a). Social Theory and Modern Sociology (1st Edition, Kindle Edition). Polity Press.

Giddens, A.(2021). Sociology (9th edition). Polity Press.

Giddens, A.(2021a). Essential Concepts in Sociology (3rd Edition, Kindle Edition). Polity Press.

Gil, D.(1992). Unravelling Social Policy: Theory, Analysis, and Political Action towards Social Equality (Subsequent edition). Cambridge. Mass.: Schenkman Publishing Company.

Gilbert, N. and Specht, H.(1974, 1998). Dimensions of Social Welfare Policy. Englewood.

Gilbert, N. and Terrell, P.(2014). Dimensions of Social Welfare Policy. Pearson.

Gilbert, N.(1983). Capitalism and the Welfare State: Dilemmas of Social Benevolence.

New Haven: Yale University Press.

Gilbert, N.(2004). Transformation of the Welfare State: The Silent Surrender of Public Responsibility. Oxford: Oxford University Press.

Goldstein, H.(1973). Social Work Practice: A Unitary Approach. Columbia: Univ. of South Carolina Press.

Gutierrez, G.(1992). Poverty from the perspective of the liberalization theory. in Hubert Campfens(ed.) New Reality of Poverty and Struggle for Social Transformation. Vienna, International Association of Schools of Social Work.

Hall, M. P.(1952, 2013). The Social Services of Modern England (1st Edition, Kindle). Routledge.

Hollis, F.(1964, 1972). Casework: A Psychosocial Therapy (Second Edition). Random House, Incorporated.

International Labor Organization(1984). Into the Twenty-First Century: The Development of Social Security. Geneva: ILO.

Johnson, D.(2015). Social Welfare: Politics and Public Policy (8th Edition). Pearson.

Johnson, F. E. et al.(1997). Chapter 3 'Rapport empathy, and reflection. In M. Hersen & V. Van Hasselt(eds.), Basic Interviewing: A Practical Guide for Counselors and Clinicians. Mahwah, NJ: Lawrence Erlbaum Associates Pub.

Johnson, L. C., & Yanca, S. J.(1989, 1998, 2015). Social Work Practice: A Generalist Approach (10th eds.), Boston: Person Education, Inc.

Johnson, P. J., & Rubin, A.(1983). Case management in mental health: A social work Domain? Social work, 28(1).

Kahn, A.(1979). Social Policy and Social Services. New York: Random House.

Lowe, R.(1993). The Welfare State in Britain since 1945. London: Palgrave Macmillan.

Marshall, T. H.(1963). Sociology at The Crossroads and other Essays. London: Heinemann.

Midgley, J., & Tracy, M. B.(1996). Challenges facing social security In Challenges to Social Security: An International Exploration. Praeger.

Mishra. R.(1984). The Welfare State in Crisis: Social Thought and Social Change. Sussex: Wheatsheaf Books.

Norlin, J. M. et al.(2008). Human Behavior and the Social Environment: Social System Theory (6th ed.). N.Y.: Pearson.

O'Connor, J.(1973, 2001, 2017). The Fiscal Crisis of the State (1st Edition, Kindle Edition).

Routledge.

Pampel, F. C. and Williamson, J. B.(1989, 1992). Age, Class, Politics, and the Welfare State. Cambridge: Cambridge Univ. Press.

Perlman, H. H.(1957, 1965). Social Casework: A Problem-Solving Process-A Fresh, Unifying Approach to Casework Practice. University Of Chicago Press.

Perlman. H. H.(1974, 1986, 2017). The problem-solving model. In F. Turner(Eds.). Social Work Treatment: Interlocking theoretical approaches (6th ed.). Oxford University Press.

Phillips, H.(1957). Essentials of Social Group Skills. New York: Columbia University Press.

Piaget, J.(1923). Le langage et la pensée chez l'anfant. Switzerland: Delachaux & Niestlé.

Piaget, J.(1924). Le Jugement et la raisonnement chez l'anfant. Switzerland: Delachaux & Niestle.

Piaget, J.(1948). La Naissance de l'intelligence chez l'enfant. Switzerland: Delachaux & Niestle.

Piaget, J.(1952, 2013). The Origins of Intelligence in Children. New York: Norton.

Piaget, J.(1954, 2013). The Construction Of Reality In The Child (The International Library of Psychology). New York: Routledge.

Piaget, J.(1956, 2013). The Children's Conception of Space. Routledge.

Piaget, J.(1963, 2001). The Psychology of Intelligence (Routledge Classics) (Volume 92). New York: Routledge.

Piaget, J.(1973). The Child and Reality: Problems of Genetic Psychology. New York: Grossman Publishers.

Piaget, J.(1985). The Equilibration of Cognitive Structures: The Central Problem of Intellectual Development. Chicago: University of Chicago Press.

Piaget, J.(2015). The Child's Conception Of The World. CreateSpace Independent Publishing Platform.

Piaget, J., & Inhelder, B.(1969, 2019). The Psychology of the Child (Kindle Edition). New York: Basic Books.

Pincus, A.(1973). Social Work Practice: Model and method. E. Peacock Publishers. Inc.

Piven, F. F., & Cloward, R. A.(1971, 1993). Regulating the Poor: The Functions of Public Welfare (Updated ed. edition). Vintage.

Rawls, J. B.(1971, 1999). A Theory of Justice (2nd Edition) Belknap Press.

Reid, K. E.(1996). Social Work Practice with Groups: A Clinical Perspective (2nd ed.). Pacific Grove, CA: Brooks Cole.

Reid, W. J., & Epstein, L.(ed.)(1972, 1977). Task−Centered Practice. NY: Columbia University Press.

Roberts, R. W., & Nee, R. H.(1970). Theories of Social Casework. Chicago: The University of Chicago Press.

Rogers, C. R.(1951, 2020). Client−Centered Therapy (Audiobook) Hachette Audio UK.

Rogers, C. R.(1954). Psychotherapy and Personality Change. Chicago: Univ. Press.

Rogers, C. R.(1957). The Necessary and Sufficient Conditions of Therapeutic Personality Change. Journal of Counseling Psychology, 21 : 95−103.

Rogers, C. R.(1959). A Theory of Personality and Interpersonal Relationships as Developed in the Client−centered Framework. In S. Koch (ed.). Psychology, A Study of Science: Formulations of the Person and the Social Context, 3 : 184−256. NY: McGraw−Hill.

Rogers, C. R.(1965, 2020). Client Centered Therapy. Hachette Audio UK

Rogers, C. R.(1967). Autobiography. In E. Boring, & G. Lindzey (eds.). A History of Psychology in Autobiography, 5 : 341−384. NY: Appleton−Cenairy−Crofts.

Rogers, C. R.(1969, 1987). Freedom to Learn: A view of what education might become. Columbus: Charles Merrill.

Rogers, C. R.(196l). On Becoming a person A therapist's view of psychotherapy. Boston: Houghtin Minfflin.

Rogers, C. R.(1977). Carl Rogers on Personal Power: Inner Strength and Its Revolutionary Impact. NY: Delacote.

Rogers, C. R.(1980). A Way of Being. Boston: Houghton Mifflin.

Rogers. C. R.(1942, 2007). Counseling and Psychotherapy. Rogers Press.

Romanyshyn, J. M.(1971). Social Welfare: Charity to Justice. Random House.

Rothman, J.(1995, 2005). Approaches to community intervention. In J. Rothman, J. L. & Erlich, J. E. Tropman(Eds.). Strategies of community intervention. Itasca. IL: F. E. Peacock.

Rothman, J.(2007). Multi Modes of intervention at the macro level. Journal of community practice, 75(4) : 11−40.

Saville, J.(1957−1958). The Welfare State: an historical approach. New Reasoner, 3(25).

Sheafor, B. W. et al.(1997, 2017). Techniques and Guidelines for Social Work Practice

(10th ed.). New York: Pearson.

Skidmore, M. G. T. et al.(1991). Introduction to Social Work (5th. ed.). NJ: Prentice-Hall.

Smally, R. E.(1967). Theory for Social Work Practice. New York: Columbia University Press.

Swain, P.(2002). In the shadow of the law: The legal context of social work practice. Sydney: The Federation Press.

Temple, W.(1941). Citizen and Churchman (2nd Edition). London: Eyre And Spottiswoode.

Titmuss. R. M.(1974). Social Policy: An introduction. London: George Allen & Unwin.

Townsend, P.(1979). Poverty in the United Kingdom: A survey of household resources and standards of living. Harmonds Worth, Penguin.

Wagner, A.(1891). Über soziale Finanz und Steuerpolitik, Archiv Für Soziale Gesetzgebung und Statistik Bd. IV.

Weinbach, R. W.(1993, 2014). The Social Worker as Manager-A Practical Guide to Success (7 th ed.). Pearson Educaction.

Wempe, B.(2017) T.H. Green's Theory of Positive Freedom(3rd edition). Imprint Academic.

Wilensky, H. L.(1958). Industrial society and social welfare: The impact of industrialization on the supply and organization of social welfare services in the United States. Russell Sage Foundation.

저자소개

이정자

- 성결대학교 사회복지대학원 사회복지학과 석사
- School of Bible Seminary & University 교육학 전공 교육학 박사
- 대신대학원대학교 사회복지학과 박사(Ph.D)
- 대한신학대학원대학교 특임교수
- 칼빈대학교 교수
- 호원대학교 사회복지학과 책임교수
- 〈저서〉 사회복지개론, 빈곤론

박현승

- 미국 Calvin Bible 대학교 대학원 철학박사(Ph.D)
- 한성대학교 행정대학원 사회복지학과 석사(M.S.W)
- 경기대학교 일반대학원 사회복지학과 박사
- 사) 대한노인복지진흥회 대표이사
- 힘찬미래복지재단 대표
- 힘찬사회사업 푸드뱅크 대표
- 베풀고 나누고 돌보는 운동본부 대표
- 유쾌한 복지교육원 원장
- 한국청소년복지연구소 소장
- 햇빛요양보호사교육원 교수
- 서울디지털대학교 겸임교수
- 〈저서〉 사회복지학개론, 사회복지와 문화다양성

양준의(영수)

- 단국대학교 행정법무대학원 사회복지학과 석사
- 서울기독대학교 대학원 사회복지학과 박사
- 서울시 간호조무사협회 대의원
- 한국시니어교육협회 총무국장
- 대한힐링교육센터 경인본부장
- 국제보건교육실천협회 서울본부장
- 서울 사회복지대학원 대학교 평생교육원 지도교수
- 〈저서〉 사회복지개론, 심리학, 사회복지행정론, 사회복지조사론, 복지국가론, 미래유망자격증, 공공기관 합격노하우, 신중년 도전과 열정, 신중년 N잡러가 경쟁력이다.

임채윤

- 단국대학교 생명자원과학부 학사
- 건국대학교 대학원 상담심리교육학 수료
- 국제문화대학원대학교 사회복지교육학 석사
- 한국사회복지실천정책학회 교수
- 목포과학대학교 평생교육복지과 외래교수
- 〈저서〉 사회복지개론

장선아(혜령)

- 서울 사회복지대학원 대학교 사회복지학과 석사
- 칼빈대학교 대학원 사회복지학과 박사(Ph.D)
- 동방대학학원대학교 교육학과 박사(Ph.D)
- 한국문화복지콘텐츠 총무이사
- 동방대학원대학교 예술심리상담전공 박사(Ph.D)
- 〈저서〉 사회복지와 문화다양성, 사회복지행정론, 사회복지조사론, 사회복지개론, 심리학

한중구

- 한양대학교 건축공학과 졸업
- 중앙대학교 건설대학원 건축구조학과 석사
- 순복음대학원대학교 CEO 전문가과정 이수
- 순복음대학원대학교 사회복지학과 박사과정
- 주) 수림 회장
- GCC, BHC & 네오스타이엘씨 총괄사장
- 〈저서〉 사회복지개론

AN INTRODUCTION TO SOCIAL WELFARE

사회복지개론

인쇄일 2022년 3월 2일

발행일 2022년 3월 2일

공저자 이정자 · 박현승 · 양준의
임채윤 · 장해령 · 한중구

발행인 김화인

발행처 조 은

편집인 김진순

주소 서울시 중구 을지로20길 12 대성빌딩 405호(인현동)

전화 (02)2273-2408

팩스 (02)2272-1391

출판등록 1995년 7월 5일 신고번호 제1995-000098호

ISBN 979-11-91735-23-9

정가 24,000원

♠ 강의자료(PPT) 신청 : skk33333@naver.com